国家"双一流"建设学科
辽宁大学应用经济学系列丛书
===== 学术系列 =====
总主编◎林木西

全球经济治理与国际经贸规则重构博弈：
动因、影响与经验研究

The Global Economic Governance and
the Game of International Economic and Trade Rules Reconstruction:
Motivation, Influence and Experience

王厚双　孙　丽　刘向丽　等著

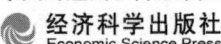

中国财经出版传媒集团
经济科学出版社
Economic Science Press

图书在版编目（CIP）数据

全球经济治理与国际经贸规则重构博弈：动因、影响与经验研究/王厚双等著. —北京：经济科学出版社，2020.12

（辽宁大学应用经济学系列丛书. 学术系列）

ISBN 978 – 7 – 5218 – 2279 – 3

Ⅰ. ①全… Ⅱ. ①王… Ⅲ. ①世界经济 – 经济治理 – 研究②进出口贸易商用规则 – 研究 Ⅳ. ①F113②F746

中国版本图书馆 CIP 数据核字（2020）第 266565 号

责任编辑：刘战兵
责任校对：郑淑艳
责任印制：范　艳

全球经济治理与国际经贸规则重构博弈：动因、影响与经验研究

王厚双　孙　丽　刘向丽　等著

经济科学出版社出版、发行　新华书店经销

社址：北京市海淀区阜成路甲 28 号　邮编：100142

总编部电话：010 – 88191217　发行部电话：010 – 88191522

网址：www.esp.com.cn

电子邮箱：esp@esp.com.cn

天猫网店：经济科学出版社旗舰店

网址：http://jjkxcbs.tmall.com

北京季蜂印刷有限公司印装

710×1000　16 开　24 印张　360000 字

2021 年 6 月第 1 版　2021 年 6 月第 1 次印刷

ISBN 978 – 7 – 5218 – 2279 – 3　定价：96.00 元

(图书出现印装问题，本社负责调换。电话：010 – 88191510)

(版权所有　侵权必究　打击盗版　举报热线：010 – 88191661

QQ：2242791300　营销中心电话：010 – 88191537

电子邮箱：dbts@esp.com.cn)

总　序

本丛书为国家"双一流"建设学科"辽宁大学应用经济学"系列丛书，也是我主编的第三套系列丛书。前两套系列丛书出版后，总体看效果还可以：第一套是《国民经济学系列丛书》（2005年至今已出版13部），2011年被列入"十二五"国家重点出版物出版规划项目；第二套是《东北老工业基地全面振兴系列丛书》（共10部），在列入"十二五"国家重点出版物出版规划项目的同时，还被确定为2011年"十二五"规划400种精品项目（社科与人文科学155种），围绕这两套系列丛书取得了一系列成果，获得了一些奖项。

主编系列丛书从某种意义上说是"打造概念"。比如说第一套系列丛书也是全国第一套国民经济学系列丛书，主要为辽宁大学国民经济学国家重点学科"树立形象"；第二套则是在辽宁大学连续主持国家社会科学基金"八五"至"十一五"重大（点）项目，围绕东北（辽宁）老工业基地调整改造和全面振兴进行系统研究和滚动研究的基础上持续进行探索的结果，为促进我校区域经济学学科建设、服务地方经济社会发展做出贡献。在这一过程中，既出成果也带队伍、建平台、组团队，使得我校应用经济学学科建设不断跃上新台阶。

主编这套系列丛书旨在使辽宁大学应用经济学学科建设有一个更大的发展。辽宁大学应用经济学学科的历史说长不长、说短不短。早在1958年建校伊始，便设立了经济系、财税系、计统系等9个系，其中经济系由原东北财经学院的工业经济、农业经济、贸易经济三系合成，财税系和计统系即原东北财经学院的财信系、计统系。1959年院系调整，将经济系留在沈阳的辽宁大学，将财税系、计统系迁到大连组建辽宁财经学院（即现东北财经大学前身），将工业经济、农业经济、贸易经济三个专业的学生培养到毕业为止。由此形成了辽宁大学重点发展理论经济学（主要是政治经济学）、辽宁财经学院重点发展应用经济学的大体格局。实际上，后来辽宁大学也发展了应用经济学，东北财经大学也发展了理论经济学，发展得都不错。1978年，辽宁大学恢复招收工业经济本科生，1980年受人民银行总行委托、经教育部批准开始招收国际金融本科生，1984年辽宁大学在全国第一批成立了经济管理学院，增设计划统计、会计、保险、投资经济、国际贸易等本科专业。到20世纪90年代中期，辽宁大学已有西方经济学、世界经济、国民经济计划与管理、国际金融、工业经济5个二级学科博士点，当时在全国同类院校似不多见。1998年，建立国家重点教学基地"辽宁大学国家经济学基础人才培养基地"。2000年，获批建设第二批教育部人文社会科学重点研究基地"辽宁大学比较经济体制研究中心"（2010年经教育部社会科学司批准更名为"转型国家经济政治研究中心"）；同年，在理论经济学一级学科博士点评审中名列全国第一。2003年，在应用经济学一级学科博士点评审中并列全国第一。2010年，新增金融、应用统计、税务、国际商务、保险等全国首批应用经济学类专业学位硕士点；2011年，获全国第一批统计学一级学科博士点，从而实现经济学、统计学一级学科博士点"大满贯"。

在二级学科重点学科建设方面，1984年，外国经济思想史（即后来的西方经济学）和政治经济学被评为省级重点学科；1995年，西方经济学被评为省级重点学科，国民经济管理被确定为省级重点扶持学科；1997年，西方经济学、国际经济学、国民经济管理被评为省级重点学科和重点扶持学科；2002年、2007年国民经济学、世界经济连续两届被评为国家重点学科；2007年，金融学被评为国家重点学科。

在应用经济学一级学科重点学科建设方面，2017年9月被教育部、财政部、国家发展和改革委员会确定为国家"双一流"建设学科，成为东北地区唯一一个经济学科国家"双一流"建设学科。这是我校继

1997年成为"211"工程重点建设高校20年之后学科建设的又一次重大跨越，也是辽宁大学经济学科三代人共同努力的结果。此前，2008年被评为第一批一级学科省级重点学科，2009年被确定为辽宁省"提升高等学校核心竞争力特色学科建设工程"高水平重点学科，2014年被确定为辽宁省一流特色学科第一层次学科，2016年被辽宁省人民政府确定为省一流学科。

在"211"工程建设方面，在"九五"立项的重点学科建设项目是"国民经济学与城市发展"和"世界经济与金融"，"十五"立项的重点学科建设项目是"辽宁城市经济"，"211"工程三期立项的重点学科建设项目是"东北老工业基地全面振兴"和"金融可持续协调发展理论与政策"，基本上是围绕国家重点学科和省级重点学科而展开的。

经过多年的积淀与发展，辽宁大学应用经济学、理论经济学、统计学"三箭齐发"，国民经济学、世界经济、金融学国家重点学科"率先突破"，由"万人计划"领军人才、长江学者特聘教授领衔，中青年学术骨干梯次跟进，形成了一大批高水平的学术成果，培养出一批又一批优秀人才，多次获得国家级教学和科研奖励，在服务东北老工业基地全面振兴等方面做出了积极贡献。

编写这套《辽宁大学应用经济学系列丛书》主要有三个目的：

一是促进应用经济学一流学科全面发展。以往辽宁大学应用经济学主要依托国民经济学和金融学国家重点学科和省级重点学科进行建设，取得了重要进展。这个"特色发展"的总体思路无疑是正确的。进入"十三五"时期，根据"双一流"建设需要，本学科确定了"区域经济学、产业经济学与东北振兴""世界经济、国际贸易学与东北亚合作""国民经济学与地方政府创新""金融学、财政学与区域发展""政治经济学与理论创新"五个学科方向。其目标是到2020年，努力将本学科建设成为立足于东北经济社会发展、为东北振兴和东北亚区域合作做出应有贡献的一流学科。因此，本套丛书旨在为实现这一目标提供更大的平台支持。

二是加快培养中青年骨干教师茁壮成长。目前，本学科已形成包括长江学者特聘教授、国家高层次人才特殊支持计划领军人才、全国先进工作者、"万人计划"教学名师、"万人计划"哲学社会科学领军人才、国务院学位委员会学科评议组成员、全国专业学位研究生教育指导委员会委员、文化名家暨"四个一批"人才、国家"百千万"人才工程入选者、国家级教学名师、全国模范教师、教育部新世纪优秀人才、教育部高等学校教学指导委员会主任委员和委员、国家社会科学基金重大项目首席专家等在内的学科团队。本丛书设学术、青年学者、教材、智库四个子系列,重点出版中青年教师的学术著作,带动他们尽快脱颖而出,力争早日担纲学科建设。

三是在新时代东北全面振兴、全方位振兴中做出更大贡献。面对新形势、新任务、新考验,我们力争提供更多具有原创性的科研成果、具有较大影响的教学改革成果、具有更高决策咨询价值的智库成果。丛书的部分成果为中国智库索引来源智库"辽宁大学东北振兴研究中心"和"辽宁省东北地区面向东北亚区域开放协同创新中心"及省级重点新型智库研究成果,部分成果为国家社会科学基金项目、国家自然科学基金项目、教育部人文社会科学研究项目和其他省部级重点科研项目阶段研究成果,部分成果为财政部"十三五"规划教材,这些为东北振兴提供了有力的理论支撑和智力支持。

这套系列丛书的出版,得到了辽宁大学党委书记周浩波、校长潘一山和中国财经出版传媒集团副总经理吕萍的大力支持。在丛书出版之际,谨向所有关心支持辽宁大学应用经济学建设与发展的各界朋友,向辛勤付出的学科团队成员表示衷心感谢!

林木西

2019 年 10 月

目 录

绪论 ·· 1
 第一节 本书的理论价值与实践价值 ···························· 1
 第二节 国内外相关研究的学术史梳理或综述 ···················· 5

第一章 全球价值链分工、全球经济失衡与全球经济治理 ············ 50

 第一节 全球价值链分工的内涵及其产生与发展的动因 ·········· 50
 第二节 全球价值链分工的内在矛盾与全球经济失衡 ············ 53
 第三节 全球经济失衡与全球经济治理的内涵 ···················· 56
 第四节 全球经济治理的新特点 ···································· 59
 第五节 全球经济治理与国际经贸规则重构博弈的关系 ·········· 73

第二章 全球经济治理与国际经贸规则重构博弈 ····················· 78

 第一节 G20在全球经济治理与国际经贸规则重构博弈中的作用 ·· 78
 第二节 全球经济治理与美国再工业化战略及其影响 ············ 86
 第三节 全球经济治理与日本的"去工业化""再工业化" ········ 96

第三章　中国在全球经济治理与国际经贸规则重构博弈中的话语权 ………… 119

第一节　影响全球经济治理与国际经贸规则重构博弈话语权的因素 ………… 119

第二节　中国在全球经济治理与国际经贸规则重构博弈中的话语权测算 ………… 134

第三节　中国获取全球经济治理与国际经贸规则重构博弈话语权的现状与问题 ………… 179

第四章　逆经济全球化对全球经济治理的影响 ………… 183

第一节　经济全球化、反经济全球化与逆经济全球化：内涵的辨析 ………… 183

第二节　经济全球化与逆经济全球化：逆向而行的潮流 ……… 185

第三节　逆经济全球化新浪潮对全球经济治理影响的表现 …… 189

第五章　全球经济治理与国际经贸规则重构博弈的国际经验借鉴 ………… 193

第一节　战后美国主导全球经济治理的经验及启示 ………… 193

第二节　战后日本参与全球经济治理的经验及启示 ………… 218

第三节　日本争夺国际经贸规则制定主导权的经验与启示 …… 259

第六章　中国参与全球经济治理与国际经贸规则重构博弈的战略与策略 ………… 289

第一节　中国参与全球经济治理与国际经贸规则重构博弈的顶层设计 ………… 289

第二节　中国参与全球经济治理与国际经贸规则重构博弈的战略重点 ………… 293

第三节　中国获取更大的全球经济治理与国际经贸规则重构
　　　　博弈话语权的路径创新 ………………………………… 296
第四节　中国要通过积极参与全球经济治理成为经济全球化的
　　　　"稳定器" …………………………………………………… 303
第五节　打造人类命运共同体，推动全球经济治理向公平
　　　　公正合理的方向发展 …………………………………… 304

第七章　推动中国开放型经济转型升级的战略与策略 …… 306

第一节　以深化"一带一路"倡议为依托打造更高水平的
　　　　全方位对外开放格局 …………………………………… 306
第二节　快速推进自由贸易区战略的实施 ……………………… 323
第三节　依托自由贸易试验区（港）强化对外开放的风险与
　　　　压力测试 ………………………………………………… 330
第四节　全方位地推动中国开放型经济转型升级的
　　　　具体措施 ………………………………………………… 340

参考文献 ……………………………………………………………… 345
后记 …………………………………………………………………… 371

绪　　论

第一节　本书的理论价值与实践价值

一、本书的理论价值

全球经济失衡、全球经济治理对我国开放型经济转型升级影响问题是当前管理学、国际贸易学、国际政治经济学等研究领域的研究热点和重点问题。特别是在逆经济全球化新浪潮的新形势下，全球经济失衡有可能进一步加剧，全球经济治理将会面临更大的困境和挑战。基于此，本书在借鉴已有研究成果的基础上，尝试性地构建了一个全球经济失衡、全球经济治理对我国开放型经济转型升级影响这一重大理论与实践问题的研究框架：第一，从理论上深度揭示全球价值链分工与全球经济失衡之间的关系：从历史发展的脉络中深入研究国际分工的演化历程，以此揭示国际分工的产生、发展和深化的规律；从信息技术革命、国际产业转移、世界各国经济体制的趋同、多边贸易体制的建立和健全等多个角度深入研究全球价值链分工产生与发展的动因；深入研究了全球价值链分工的内在矛盾与全球经济失衡的关系。第二，在从理论上深刻剖析全球经济失衡与全球经济治理的内涵、性质的基础上，对全球经济治理的本质进行了深入的研究，对全球经济治理与国际经贸规则重构博弈的关系进行了深入的研究。第三，在对影响全球经济治理与国际经贸规则重构博弈话语权的因素进行全面深入研究的基础上，对中国全球经济治理与国际经贸规则重构博弈话语权的现状及存在的问题进行全面深入的定性研究，进而对中国在全球经济治理与国际经贸规则重构博弈话语权中的地位进行测算，从而为中国参与全球经济治理的国际经贸规则重构博弈、提高中国在全球经济治理中的话语权提供了理论依据。第四，对全球经济失衡、全球经济治理与逆经济全球化的关系进行了研究，对全球经济失衡与治理背景下中美贸易摩擦产生的原因、影响进行了分析，以中美贸易摩擦对辽宁经济发展的影响为案例进行了探讨，特别是对全球经济治理与国际经贸规则重构博弈对中国重点行业的影响进行了深入研究。在此基础上，对全球经济失衡与治理对中国开放型经济转型升级外部环境的影响进行了全面深入的研究。第五，课题组认为，中国要有效地参与全球经济治理，特别是要有效地参与国际经贸规则重构的博弈，除了自身通过实践积累经验以外，借鉴他国的经验尤为重要。基于此，本书对战后美国主导全球经济治理的经验、战后日本参与全球经济治理的经验以及日本处理日美贸易摩擦的经验及其启示进行了全面深入的研究。第六，在上述深入研究的基础上，本书对中国参与全球经济治理与国际经贸规则重构博弈的顶层设计，中国参与全球经济治理与国际经贸规则重构博弈的战略重点，中国获取更大的全球经济治理与国际经贸规则重构博弈话语权的路径，中国如何通过积极参与全球经济治理成为经济全球化的"稳定器"，中国如何通过打造人类命运共同体来推动全球经济治理向着公平、公正、合理的方向发展，以及在全球经济失衡与治理背景下如何以深化"一带一路"倡议为依托打造更高水平的全方位对外开放格局，如何快速推进自由贸易区战略的实施，如何依托自由贸易试验区（港）强化对外开放的风险、压力测试，如何全方位地推动中国开放型经济转型升级等进行了全面深入的研究。因此，本书的研究具有重要的理论价值。

二、本书的实践价值

（一）有助于中国开放型经济转型升级战略目标的科学设定

经过40年的改革开放，中国的开放型经济发展业已取得了举世瞩目的成就。然而，在全球经济失衡、全球经济治理新背景下，特别是在逆经济全球化新浪潮背景下，中国的开放型经济如何进一步健康地发展，如何应对逆经济全球化新浪潮所带来的一系列严峻的挑战，特别是如何应对以美国挑起的空前激烈对华贸易摩擦，是迫在眉睫的问题。正如《中共中央关于制定国民经济和社会发展的第十三个五年规划的建议》所指出的那样："坚持开放发展，必须顺应我国经济深度融入世界经济发展的趋势，奉行互利共赢的开放战略，发展更高层次的开放型经济，积极参与全球经济治理和公共产品供给，提高我国在全球经济治理中的制度性话语权，构建广泛的利益共同体。开创对外开放新格局，必须丰富对外开放内涵，提高对外开放水平，协同推进战略互信、经贸合作、人文交流，努力形成深度融合的互利合作格局。"[①] 这是我国在全球经济失衡、全球经济治理新背景下，特别是在逆经济全球化新浪潮背景下，顺应世界经济健康发展的客观要求、保障我国自身发展需要的必然选择，也是履行我国作为负责任大国的责任与义务的体现。而我国开放型经济转型升级的实质就在于：如何从发展战略理念上进行大规模的、彻底的调整，即对内如何进一步调整经济发展战略，调整经济结构、产业结构，实现内部经济发展的平衡；对外如何进一步快速调整对出口导向型发展的过度依赖，提高内需对本国经济发展的拉动力，快速摆脱我国在当前国际分工中的被动地位，实现外部经济发展的平衡。对

[①] 中共中央关于制定国民经济和社会发展的第十三个五年规划的建议［R/OL］. http：//www. gov. cn/xinwen/2015 – 11/03/content_5004093. htm.

于上述问题深入而创新的研究既有助于在逆经济全球化新浪潮背景下对我国开放型经济转型升级进行科学的顶层设计,更有助于我国有效地应对全球经济失衡与治理的新挑战。①

(二) 有助于我国开放型经济转型升级具体措施的制定

经过40年全面的改革开放,我国的开放型经济已站在了新的历史起点上,即我国"开放型经济进入新阶段",正如习近平总书记在党的十八大报告中明确指出的那样,在全球经济失衡、全球经济治理新背景下,特别是在逆经济全球化新浪潮背景下,中国要"全面提高开放型经济水平","必须实行更加积极主动的开放战略,完善互利共赢、多元平衡、安全高效的开放型经济体系"。习近平总书记在党的十九大报告中进一步明确指出,要科学地构建我国全面开放的新格局。本书正是在这一历史大背景下,通过对全球经济失衡与治理对中国开放型经济转型升级外部环境影响的研究,对全球经济失衡与治理和中国开放型经济转型升级的战略与策略设计进行深入、系统的研究,这一研究将有助于中国开放型经济转型升级具体措施的制定。

(三) 有助于为政府、行业和企业提供有价值的决策参考

本书的研究不仅有助于为政府提供决策参考,也能够为行业协会规范行业的管理提供参考的体系,为企业市场竞争战略与对策提供决策依据,如本项目的研究成果之一就是形成了中国对外贸易政策分析的数据库,这个数据库的建立将会为企业提升自身的竞争力提供重要的参考指标体系和方法,因此,本书具有很高的应用价值。

---

① 王厚双,宋春子. 我国开放型经济转轨升级的内外约束与突破路径 [J]. 新兴经济体发展与广东对外经贸合作新机遇——中国新兴经济体研究会2013年会暨新兴经济体合作与发展论坛论文集 (下),2013 (6):32-38.

第二节 国内外相关研究的学术史梳理或综述

2008年全球金融危机爆发以来,全球经济失衡与全球经济再平衡问题引起了学术界和政策制定者的高度关注。由于各国经济发展仍未完全摆脱金融危机的困扰,全球经济失衡风险日益加剧,全球经济再平衡已经成为全球经济治理的一项重要内容,对其的研究也越来越广泛、深入。全球经济失衡与全球经济再平衡问题发展的新动态值得处在此问题旋涡之中的中国给予足够的关注。①

一、对全球经济失衡与全球经济治理的研究

(一) 对全球经济失衡的表现、可持续性的研究

1. 全球经济失衡的表现

关于全球经济失衡的表现,甚至全球经济失衡是否存在,目前并没有统一的定论,理论界对全球经济失衡的表现主要有以下两种观点:第一种观点认为全球经济失衡主要表现为贸易失衡。2005年,国际货币基金组织总裁雷托(Rato)首次正式提出了全球经济失衡(global imbalance)的概念,指出全球经济失衡的表现是美国存在巨额的贸易和财政赤字,而新兴经济体及石油国家则存在巨额的贸易盈余。此外,奥伯斯特菲尔德(Obstfeld, 2004)②、库珀(Cooper, 2006)③、刘威和陈继

---

① 王厚双,李艳秀. 全球经济失衡与全球经济再平衡研究新进展 [J]. 经济学家, 2015 (3): 84-92.

② Obstfeld M. The Unsustainable US Current Account Position Revisited [R]. NBER Working Paper Series, No. 10869, 2004.

③ Cooper R N. Understanding Global Imbalances [M]. Mimeo, Harvard University, 2006.

勇（2007）[①]等也认为全球经济失衡主要是指贸易失衡。第二种观点认为全球经济失衡表现为多方面的不平衡。谷内满（Mitsuru Taniuchi，2006）[②]认为全球经济失衡包括经常项目不平衡和资本项目不平衡。张燕生（2006）[③]认为全球经济失衡包括总量失衡、系统性失衡和经济全球化制度失衡。刘志明（2011）[④]认为全球经济失衡表现为贸易失衡、部分国家储蓄消费失衡、世界财富分配失衡、资源拥有和消耗失衡、国际货币体系失衡等许多方面的失衡。黄薇（2012）[⑤]认为全球经济失衡表现为外部失衡、国内失衡以及金融往来失衡。还有学者认为全球经济失衡是一种伪命题，即并不存在全球经济失衡。持此观点的主要代表性人物是豪斯曼（Hausmann，2007）[⑥]，他提出了暗物质假说，认为并不存在全球经济失衡。我国学者周宇（2011）[⑦]认为以贸易收支差额衡量的全球经济失衡是一个伪命题，经济全球化背景下发展中国家的贸易顺差是发达国家企业追求利润最大化的结果。

2. 全球经济失衡的可持续性

关于全球经济失衡可持续性问题，理论界也存在很大的争论，可持续论者和不可持续论者都从机制方面分析了该问题。

（1）可持续论。杜利、福科茨—兰道和加伯（Dooley, Folkerts - Landau and Garber，2004）提出的"布雷顿森林体系Ⅱ"认为，全球经济失衡通过外围国家对美元的需求这一机制得到维持。麦金农和施纳伯（McKinnon and Schnabl，2004）认为当前国际货币体系使美元拥有持续

[①] 刘威，陈继勇. 全球经济失衡理论若干问题的研究综述 [D]//全国美国经济学会第八届会员代表大会论文集，2007.
[②] Mitsuru Taniuchi. Global Imbalances and Asian Economies [J]. JBICI Review, 2006 (14)：1 - 38.
[③] 张燕生. 全球经济失衡条件下的政策选择 [J]. 国际经济评论，2006 (3 - 4)：40 - 42.
[④] 刘志明. 全球经济失衡原因析论——西方若干观点透视 [J]. 开放导报，2011 (6)：106 - 109.
[⑤] 黄薇. 全球经济治理之全球经济再平衡 [J]. 南开学报，2012 (1)：77 - 88.
[⑥] Hausmann R. The Missing Dark Matter in the Wealth of Nations and Its Implications for Global Imbalancees [J]. Economic Policy, 2007 (51)：469 - 518.
[⑦] 周宇. 全球经济治理与中国的参与战略 [J]. 世界经济研究，2011 (11)：26 - 33.

向外借款的特权，因此全球经济失衡是可持续的。① 大卫·道奇（David Dodge，2006）认为，非弹性的劳动力市场、不完全的资本市场和扭曲的政府政策将导致世界范围内的经常账户失衡有可能持续下去。② 廖泽芳、彭刚（2013）基于美国中心的视角，从货币中心、美国进口消费增长模式及外围国家对美国依赖三方面的可持续性说明了全球经济失衡是可持续的。

（2）不可持续论。费尔德斯坦（Feldstein，2008）③、谷内满（Mitsuru Taniuchi，2006）④ 从流入美国的资产方面分析了该问题，他们认为美元资产收益率下降、美国融资方式、突发政治或经济事件导致流入美国的资本减少将最终会导致美元贬值，从而导致全球经济失衡不可持续。有些学者（Camarero，Carrion-i-Silvestre，Tamarit，2007）对经济合作与发展组织（OECD）国家1970~2006年的净国外资产存量和经常项目余额做了静态面板数据分析，研究表明除意大利和新西兰外的其他国家都显示出了不可持续的特性，进而认为全球经济失衡是不可持续的。我国学者也从经常账户等不同的视角分析了全球经济失衡的不可持续性问题。陈继勇、吴宏（2008）⑤，攸频、万志宏（2009）⑥ 从贸易角度说明了全球经济失衡的不可持续性问题，顾国达、郭爱美、牟群月（2013）从耦合机制视角考察了该问题，⑦ 王厚双等（2015）通过实证研究得出了

---

① McKinnon R, Schnabl G. A Return to Soft Dollar Pegging in East Asia? Mitigating Conflicted Virtue [J]. International Finance, 2004, 7 (2): 169-201.

② Dodge D. Global imbalances-Why worry? What to do? [R]. New York Association for Business Economics, New York, 29 March 2006.

③ Feldstein M. Resolving the global imbalance: The dollar and the U.S. saving rate [J]. Journal of Economic Perspectives, 2008, 22 (3): 113-125.

④ Mitsuru Taniuchi. Global Imbalances and Asian Economies [J]. JBICI Review, 2006 (14): 1-38.

⑤ 陈继勇，吴宏. 全球经济失衡的可持续性问题研究——基于美中贸易失衡的角度 [J]. 武汉大学学报，2008 (7): 454-458.

⑥ 攸频，万志宏. 全球经济失衡的可持续性与经济危机——基于经常账户平稳性的视角 [J]. 上海经济研究，2009 (5): 12-21.

⑦ 顾国达，郭爱美，牟群月. 论本轮全球经济失衡的可持续性——基于耦合机制视角的分析 [J]. 探索，2013 (1): 74-79.

由于"收敛悖论"和"特里芬难题"的存在，全球经济失衡将难以维持的结论。①

3. 全球经济失衡的影响

对于全球经济失衡的影响主要有两种观点：第一种观点认为全球经济失衡可以实现"双赢"：杜利等（Dooley et al., 2004）认为全球经济失衡通过"新布雷顿森林体系"，曼恩（Mann, 2004）认为全球经济失衡通过相互依存，不仅使美国获益，也使盈余国家获得收益，即是"双赢"的。第二种观点认为全球经济失衡对各国和世界经济都造成了损失。麦克法兰和拉詹（Macfarlane and Rajan, 2005）② 认为新兴经济体的经常账户余额和外汇储备积累是以牺牲消费和投资为代价的，1996~2004年，亚洲国家的投资占GDP的比重已经下降了接近9%，拉丁美洲下降约为3%。沃尔夫（Martin Wolf）、克鲁格曼（Paul Krugman）认为中国的经常账户盈余不利于世界经济的发展，甚至已经对世界经济造成伤害。在这种观点中，还有一些研究集中在本次金融危机与全球经济失衡的关系上。伯南克（Bernanke, 2009）认为全球经济失衡是本次金融危机的关键原因。③ 考登（Corden, 2012）认为全球经济失衡导致世界利率降低，可得信贷量增加，而这些增加的信贷大多数投入了房地产、金融市场和战争，不明智的投资决策导致了此次金融危机。④ 朱月（2009）也认为全球经济失衡导致了资产泡沫，从而造成危机。⑤

---

① 王厚双，李艳秀. 全球经济失衡与全球经济再平衡研究新进展 [J]. 经济学家，2015（3）：84-92.

② Macfarlane I J. Payments Imbalances [C/OL]. Presentation of the Governor of the Reserve Bank of Australia to the Chinese Academy of Social Sciences, Beijing, May 12, 2005.

③ Bernanke B S. Financial Reform to Address Systemic Risk [C/OL]. Speech at the Council on Foreign Relations, Washington, D. C., March 10, 2009, http://www.federalreserve.gov/news-events/speech/bernanke 20090310a.htm.

④ Corden W M. Global imbalances and the paradox of thrift [J]. Oxford Review of Economic Policy, 2012, 28（3）：431-443.

⑤ 朱月. 全球经济失衡与全球金融危机 [J]. 管理世界，2009（12）：172-173.

(二) 对全球经济失衡原因的研究

近年来,国内外学者从多个角度对全球经济失衡的原因进行了研究,重点对美国存在贸易赤字和资本盈余,而以中国为代表的新兴经济体存在贸易盈余的原因进行了分析。在对以往文献进行梳理的基础上,按照不同的视角分为以下 6 个方面[①]:

1. 储蓄——投资失衡角度

根据最简单的国民经济恒等式,$CA = S - I$,即经常账户余额等于储蓄减投资,因此任何扩张性的财政政策都会降低政府储蓄,从而造成经常账户恶化。如果把私人储蓄和投资决定内生化,财政扩张导致国内利率高于国外利率,从而导致外国资本流入,经常账户出现赤字。从这一角度来分析全球经济失衡的原因又进一步分为两个视角:一是美国国内双赤字假说和其他国家的高储蓄率:钦恩(Chinn,2005)[②] 和克莱因(Cline,2005)[③] 认为美国的经常账户赤字和财政赤字呈现明显的正相关性,扩张性财政政策导致预算赤字增加,经常账户恶化。伊藤宏之和钦恩(Ito and Chinn,2008)[④] 用实证分析测算出财政预算增加 1% 将导致经常账户余额减少 0.5%。门多萨等(Mendoza et al.,2007)[⑤]、卡巴莱罗等(Caballero et al.,2008)[⑥] 认为新兴经济体落后的金融市场、缺乏投资机会等问题

[①] 王厚双, 李艳秀. 全球经济失衡与全球经济再平衡研究新进展 [J]. 经济学家, 2015 (3): 84 - 92.

[②] Chinn M D. Getting Serious about the Twin Deficits [R]. CSR NO. 10, September 2005 Council on Foreign Relations.

[③] Cline W R. The United States as a Debtor Nation [M]. Washington D. C. Institute for International Economics, 2005.

[④] Ito H, Chinn M. East Asia and Global Imbalances: Saving, Investment, and Financial Development [R/OL]. February 29, 2008. http://ihome.ust.hk/~elai/pdf/My_comments_on_Chinn_4.pdf.

[⑤] Mendoza E G, Ostry J D. International Evidence on Fiscal Solvency: Is Fiscal Policy "Responsible" [R]. IMF Working Paper, WP/07/56, 2007.

[⑥] Caballero R J, Farhi E, Gourinchas P - O. An Equilibrium Model of "Global Imbalances" and Low Interest Rates [J]. American Economic Review, 2008, 98 (1): 358 - 393.

导致其预防性储蓄增加,从而导致了高储蓄率。张礼卿(2007)[①]从经济增长、改革开放、金融体系效率以及社会保障四个结构性因素考察了中国的高储蓄现象。二是全球储蓄过剩论(global saving glut):伯南克(Bernanke,2005)[②]认为由亚洲国家通过各种干预政策扩大出口、石油价格上升、发达国家缺乏投资机会及人口老龄化造成的全球储蓄过剩是造成全球经济失衡的原因。其他一些学者(Gruber and Kamin,2005;Eichengreen et al.,2006[③];Hubbard,2006;Park and Shin,2009)也认为全球经济失衡的原因是全球储蓄过剩。高登(Corden,2012)[④]认为全球经济失衡的原因是"储蓄过剩"国家尤其是中国的储蓄增加,导致了低世界利率水平和高信贷水平,特别是美国的高借贷水平。[⑤]

2. 汇率角度

汇率是分析贸易差额问题的重要指标,也是发达国家对包括中国在内的新兴经济体进行抨击的重要问题,他们认为新兴经济体的贸易盈余是通过操纵汇率实现的。杜利等(Dooley et al.,2004)提出的"布雷顿森林体系Ⅱ"以及曼恩(Mann,2004)[⑥]提出的"相互依赖"理论都认为美国的贸易伙伴(特别是亚洲国家)通过操纵汇率来提高其出口能力。奥伯斯特菲尔德、戈尔德斯坦和拉迪(Obstfeld,Goldstein and Lardy,2008),以及克鲁格曼(Krugman,2010)认为全球经济失衡的重要原因是以中国为代表的新兴经济体低估本币汇率,并认为如果美国要恢复经常账户平衡,美元至少要再贬值20%~25%。但有许多专家

[①] 张礼卿. 从结构性的视角考察全球经济失衡[J]. 中国金融,2007(12):32-33.

[②] Bernanke B S. The global saving glut and the US current account deficit [J]. BIS Review, 2005(16).

[③] Eichengreen B, Park Y C. Global Imbalances and Emerging Markets [R/OL]. November 2006. www.fondad.org.

[④] Corden W M. Global imbalances and the paradox of thrift [J]. Oxford Review of Economic Policy, 2012, 28(3):431-443.

[⑤] 王厚双,李艳秀. 全球经济失衡与全球经济再平衡研究新进展[J]. 经济学家,2015(3):84-92.

[⑥] Mann C L. The US Current Account, New Economy Services, and Implications for Sustainability [J]. Review of International Economics, 2004, 12(2):262-276.

学者进行了实证研究,否认了汇率是造成美国贸易赤字的主要原因:姚洋计算了各主要因素在中国对美贸易盈余中的贡献率,结果表明,人民币汇率低估的贡献率低于2%。麦考利和麦奎尔(McCauley and McGuire, 2009)[①]的研究表明,金融危机以来美元已经实现了升值,但全球经济失衡的局面并没有改变。伯里奥和迪斯亚塔(Borio and Disyatat, 2011)[②]通过分析1991~2011年美国经常账户和有效汇率之间的关系表明,美元贬值并没有减少美国的净资本流入。[③]

3. 以主权货币为中心的国际货币体系

罗伯特·特里芬(1960)首先提出了布雷顿森林体系无法解决的内在矛盾——"特里芬两难",该命题强调了以任何一个国家的货币作为国际储备资产都不会适应国际清偿能力的客观需要,最终会导致国际货币体系崩溃。麦金农(McKinnon, 2005)[④]、陈炳才(2007)[⑤]、蒙代尔(Mundell, 2007)、王国刚(2010)[⑥]认为现今国际货币体系是以美元为本位的,目前美元作为世界计价、结算和储备货币的地位是造成美国经常账户长期赤字的主要原因。斯基德尔斯基和约什(Joshi and Skidelsky, 2010)[⑦]认为东亚地区和美国贸易账户失衡的主要原因是当前国际货币体系缺乏自动和对称的调节体系。彭刚(2010)[⑧]也得出了

[①] McCauley R N, McGuire P. Dollar appreciation in 2008: safe haven, carry trades, dollar shortage and overhedging [J]. BIS Quarterly Review, 2009 (12): 85 – 93.

[②] Borio C, Disyatat P. Global imbalances and the financial crisis: Link or no link? [R]. BIS Working Papers, No. 346, 2011.

[③] 王厚双,李艳秀. 全球经济失衡与全球经济再平衡研究新进展 [J]. 经济学家,2015 (3): 84 – 92.

[④] McKinnon R. Exchange rate under the east asian dollar standard: Living with conflicted virtue [M]. Cambridge MA: MIT Press, 2005.

[⑤] 陈炳才. 国际经济失衡的另类解说 [C]. 全国美国经济学会第八届会员代表大会论文集, 2007 (3).

[⑥] 王国刚. 走出全球经济再平衡的误区 [J]. 财贸经济, 2010 (10): 5 – 12.

[⑦] Joshi V, Skidelsky R. Keynes, Global Imbalances, and International Monetary Reform, Today [EB/OL]. http: // www. skidelskyr. com/site/article/keynes – global – imbalances – and – international – monetary – reform – today/, 2010.

[⑧] 彭刚. 美元本位制下的全球经济失衡与调整——对当前金融危机的思考 [J]. 中国人民大学学报, 2010 (5): 52 – 60.

相同的结论。王汉儒（2012）认为，当前的国际货币体系存在"特里芬两难"和"谨慎动机与信心悖论"两方面的缺陷，并通过经常账户传导机制与资本账户传导机制导致全球经济失衡。

4. 长期因素

从长期因素来考察全球经济失衡的原因主要是从国际产业分工和人口结构两个角度来进行分析。

（1）国际产业分工。从这一角度分析全球经济失衡主要是建立在比较优势的基础上。根据比较优势原则，美国出口服务业，中国等新兴经济体的比较优势则在于制造业，而两个市场开放程度、发展成熟度的差异是造成全球经济失衡的重要原因。巴拉蒂埃里（Barattieri，2014）[①]认为美国的比较优势在服务业，而中国等新兴经济体的比较优势在制造业，并通过模型说明了商品贸易和服务贸易的开放程度不对称（中国等对服务部门的开放程度低）是造成全球经济失衡的重要原因。姚洋（2009）[②]认为全球经济失衡是由于国际分工这个长期因素以及金融市场的摩擦所造成的。根据比较优势原则，美英等国出口金融产品，日本、德国以及中国等出口制造品。他还测算出长期因素至少可以解释中国对美贸易盈余的2/3。张幼文（2006）[③]认为全球经济失衡在于历史性长期因素。他指出，目前世界经济体系处于要素合作阶段，高级要素和低级要素流动的不对称性导致了金融财富向美国等高级国家返流，从而导致了美国的贸易逆差，申蕾（2013）通过构建数理模型的方式进一步证明了这一结论。[④]

（2）人口结构因素。根据生命周期理论和永久性收入理论，储蓄和人口年龄结构相关。年轻人和老年人人口比例高的国家储蓄率较低，根据国民经济恒等式，低储蓄率会导致经常账户余额减少。亨里克森

---

① Barattieri A. Comparative advantage, service trade, and global imbalances [J]. Journal of International Economics, 2014 (92): 1 – 13.
② 姚洋. 如何治愈全球经济失衡 [J]. 中国金融, 2009 (18): 36 – 39.
③ 张幼文. 要素流动与全球经济失衡的历史影响 [J]. 国际经济评论, 2006 (3): 43 – 45.
④ 申蕾. 要素流动与全球经济失衡 [J]. 世界经济研究, 2013 (6): 22 – 26.

(Henriksen, 2002)① 建立了美国和日本的两国 OLG 模型，发现日本的低生育率、低移民率和低死亡率导致了日本处于工作年龄的人口高于美国，进而导致了高储蓄率和经常账户盈余。巴蒂尼等（Batini, Callen and McKibbin, 2006）② 研究了经常项目和人口结构之间的关系，研究表明工作年龄的人口比重高的国家存在经常账户顺差。费罗利（Feroli, 2006）③ 模拟了一个多地区代际交叠模型，发现人口结构是造成过去20年发达国家间资本流动模式（相对年轻的国家为资本净流出国）的重要原因。林博（2013）④ 对126个国家1961～2011年的全球面板数据进行了分析，结论显示经常账户余额和人口抚养比之间存在逆向关系，从而证明了人口结构是影响资本流动和全球经济失衡的一个长期稳定性因素。

5. 美国生产率增长和金融发展优势

（1）生产率增长优势论。生产率的增长可以提高资本和劳动力的收益，从而会刺激资本流入和消费，导致贸易逆差。反之则可能导致贸易顺差的出现。1975～1995年，美国的劳动力生产率年均增长近1.5个百分点，而之后的年均增长率接近3个百分点，经济增长提高了资本的回报率，导致资本流入和美元升值。而预期更高的资本回报率增加了美国国内投资，提高了股票价格和长期利率水平，从而刺激了消费。埃尔采格、古斯特和圭雷里（Erceg, Gust and Guerrieri, 2005）⑤ 的研究表明，这些增长是美国贸易赤字的重要原因。爱德华兹（Edwards, 2007）⑥ 认为欧洲和日本的经常项目盈余是由于其相对较慢的经济增长

---

① Henriksen E R. A Demographic Explanation of U. S. and Japanese Current Account Behavior [R]. Mimeo, Carnegie Mellon University, 2002.
② Batini N, Callen T, McKibbin W. The Global Impact of Demographic Change [R]. IMF Working Paper, WP/06/9, 2006.
③ Feroli M. Global Aging and the Current Account [R]. NBER Working Paper, 2006.
④ 林博. 人口结构、资本流动与全球经济失衡 [J]. 世界经济研究, 2013 (7): 8-14.
⑤ Erceg C J, Gust C, Guerrieri L. A New Open Economy Model for Policy Analysis [R]. Board of Governors of the Federal Reserve System, International Discussion Paper, No. 835, 2005.
⑥ Edwards S. Is the U. S. Current Account Deficit Sustainable? If Not, How Costly is Adjustment Likely to Be? [R]. Brookings Papers on Economic Activity, 2007: 211-287.

率造成的。

（2）金融发展优势论。从金融发展差异角度来分析全球经济失衡主要是建立在金融发展与国际分工之间关系基础之上的，美国相对完善和成熟的金融市场导致其金融服务贸易具有比较优势。伊藤宏之和钦恩（Ito and Chinn，2005）[①] 的研究表明，具有完善的法律体系和发达的金融市场的国家倾向于更低的经常账户余额。卡巴莱罗、法里和古兰沙（Caballero，Fahri and Gourinchas，2008）[②] 认为，金融市场发达的国家会通过国际借贷来对金融市场发展程度较低国家的高风险资产进行投资，从而导致其经常账户赤字。祝丹涛（2008）认为，金融市场发达的国家通过向金融发展落后的国家输出金融中介功能来帮助落后国家实现由储蓄向投资的转化，金融发达国家储蓄小于投资，经常账户处于逆差。有些学者（Smaghi，2007；Gruber and Kamin，2007；Cooper，2008）认为，美国的低储蓄率和高资本流入主要是由于其相对完善的金融市场和产权保护制度，以及灵活的金融创新造成的。[③]

6. 统计规则

豪斯曼（Hausmann，2007）[④] 承认美国巨额贸易赤字的存在，但认为传统的经常账户统计指标大大高估了美国的经常账户赤字，如果用暗物质统计指标进行统计，美国并不存在经常账户失衡。张文才和秦月星（2007）[⑤] 认为，现行的国际收支统计规则——原产地统计规则，尤其是在加工贸易条件下，高估了跨国公司海外子公司东道国的贸易顺差和母国的贸易逆差，使全球经济失衡被夸大。李丽芬测算，如果按所有权

[①] Ito H，Chinn M. What matters for financial development？Capital controls，Institutions，and Interactions [R]. NBER Working Paper No. 11370，2005.

[②] Caballero R J，Fahri E，Gourinchas P‑O. An Equilibrium Model of "Global Imbalances" and Low Interest Rates [J]. American Economic Review，2008，98（1）：358 – 393.

[③] 王厚双，李艳秀. 全球经济失衡与全球经济再平衡研究新进展 [J]. 经济学家，2015（3）：84 – 92.

[④] Hausmann R. The Missing Dark Matter in the Wealth of Nations and Its Implications for Global Imbalancees [J]. Economic Policy，2007（51）：469 – 518.

[⑤] 张文才，秦月星. 全球经济失衡下东亚区域政策选择 [J]. 世界经济，2007（6）：13 – 18.

统计规则进行统计，美国的贸易逆差仅为目前的 3/4。①

(三) 对全球经济失衡调整的研究

一些研究表明，全球经济失衡持续时间越长，金融市场不稳定性等因素增加，对全球经济的危害越大。事实表明全球经济再平衡过程已经开始。关于全球经济失衡调整这一问题，大多数研究把调整对象定位为美国和中国。而调整方式方面，由于无序调整全球经济需要付出巨大代价，单独调整困难重重，目前学术界基本已经达成了以合作、有序的调整方式调整全球经济失衡的共识，并分析了全球经济再平衡的影响。

1. 全球经济失衡调整的内容和措施

以往的文献显示，全球经济失衡调整主要是通过改善发展中国家的投资和法制环境，调整各国汇率、利率、贸易政策、需求结构、要素流动、国际金融监管等内容来改善经常账户和金融账户。自 20 世纪 80 年代起，美国的贸易逆差在全球贸易逆差中的占比一直在 2/3 以上，而中国是主要盈余国家之一，因此很多研究都集中在中美两国应该采取什么措施对其贸易失衡进行调整。

(1) 汇率、储蓄——投资视角。一些学者测算了美国消除贸易赤字的汇率条件，这些研究主要是通过实证分析测算美国消除贸易赤字所需的美元贬值幅度。小川英次和工藤健（Ogawa and Kudo，2007）② 模拟了在 2004 年第二季度美元不同幅度贬值对改善经常账户的作用，如果要使美国的经常账户赤字占 GDP 的 2%，则 10%、30% 和 50% 的贬值幅度将分别需要 14 年、7 年和 4 年的时间。奥伯斯特菲尔德和罗格夫

---

① 王厚双，李艳秀. 全球经济失衡与全球经济再平衡研究新进展 [J]. 经济学家，2015 (3)：84 - 92.

② Ogawa E, Kudo T. Possible Depreciation of the US Dollar for Unsustainable Current Account Deficit in the United States [R]. CESifo Forum, No. 4, 2007：24 - 30.

(Obstfeld and Rogoff，2007)[①] 测算，如果美国要消除占GDP 5%的经常账户赤字，美元需要贬值20%，在汇率对价格存在不完全传导效应的时候，甚至需要贬值40%。艾钦格林和鲁阿 (Eichengreen and Rua，2011)[②] 用 Obstfeld - Rogoff 模型测算了调整美国贸易赤字的条件，认为在固定弹性下，消除美国贸易赤字需要美元贬值32.3%。利用克莱茵和威廉姆森 (Cline and Williamson，2012) 的研究，爱德华兹和劳伦斯 (Edwards and Lawrence，2013) 测算，为消除美国的贸易赤字，美元的贸易加权汇率需要下跌15%。还有一些学者以中美两国为研究对象分析其各自应该采取的措施。岳 (Yueh，2013)[③] 认为，通过FDI而非购买政府债券的方式重新分配东西方储蓄是调整经济失衡的有效方式。中国需要提高资本账户的开放度和汇率的灵活性，而美国则需要去杠杆化和增加储蓄。有些学者 (Bénassy - Quéré，Carton，Gauvin，2013)[④] 在不同的货币制度下建立了中美两国DGE模型，研究表明，如果美国的货币政策遵循泰勒规则，而中国进行结构性改革以降低储蓄，将会是全球经济再平衡的重要驱动力。昌忠则 (2008)[⑤] 认为，全球经济失衡调整的关键是调整储蓄和投资之间的关系，并认为中国应该通过扩张性的财政政策和人民币升值的政策组合来实现依靠内需的、更加均衡的高速增长。而美国的调整路径则是美元在亚洲国家的配合下缓慢贬值，削减财政赤字和鼓励储蓄相结合。张明 (2010)[⑥] 认为，除以上措施外，美国还需促进科技革命及放松高科技出口限制，而中国则还需要改变初次分

[①] Obstfeld M, Rogoff K. Global imbalances and exchange rate adjustment [J]. Journal of Policy Modeling, 2007 (29): 705 - 709.
[②] Eichengreen B, Rua G. Exchange Rates and Global Rebalancing [R]. ADBI Working Paper 278, 2011.
[③] Yueh L. Understanding Global Imbalances. Selected Papers of Beijing Forum 2009 [J]. Procedia - Social and Behavioral Sciences, 2013 (77): 31 - 36.
[④] Bénassy - Quéré A, Carton B, Gauvin L. China and global rebalancing: A two-country approach [J]. China Economic Review, 2013 (26): 118 - 139.
[⑤] 昌忠则. 全球经济失衡背景下的调整路径选择 [J]. 学术月刊, 2008 (1): 70 - 76.
[⑥] 张明. 全球经济再平衡：美国和中国的角色 [J]. 世界经济与政治, 2010 (9): 132 - 148.

配结构失衡、取消出口退税等扭曲性出口促进政策。

（2）国际货币体系视角。以美元为中心的国际货币体系很难避免周期性的全球经济失衡，因此改革当前的国际货币体系迫在眉睫。联合国成立了国际货币金融体系改革委员会。2008年金融危机之后，国际货币体系改革的研究主要集中在国际储备货币和国际货币基金组织（IMF）改革两个层面上。[①] 关于国际储备货币改革，第一种观点是在现有的国际货币体系基础上建立永久性、系统性的货币互换合作（Farhi, Gourinchas and Rey, 2011）[②]。第二种观点是建立一种超主权货币作为储备货币。凯恩斯首先在20世纪40年代提出了建立国际货币单位"Bancor"的设想，但这仅仅停留在理论层面，并没有付诸实践。近来把特别提款权（SDR）作为储备货币的呼声增大（Camdessus, 2009；周小川，2009；国际货币金融体系改革委员会，2009；Padoa - Schioppa, 2010, Geoffrey Riddell, 2012），而且牙买加体系建立之初这种设想就存在，即逐步把SDR发展为国际储备货币。为更好地体现各种货币在全球交易和金融系统中发挥的作用，G20戛纳峰会宣布在2015年或之前按照当时的标准对SDR的货币组成进行评估。第三种观点是建立一个汇率协调的多元储备货币体系（Mundell, 2000；戴相龙，2012）。国际货币基金组织改革主要是对份额和投票权以及贷款方面的改革。随着新兴经济体的发展，其经济规模和在国际货币基金组织的份额呈现出严重不符的现象，因此提高发展中国家在国际货币基金组织中份额的要求越来越强烈。G20在2010年首尔峰会上宣布国际货币基金组织份额由发达国家向新兴市场和发展中国家转移6%。前国际货币基金组织总裁康德苏[③]表示："在国际货币基金组织份额改革方面，不仅要体现新兴经济体的代表性，也要提高最落后国家的代表性。"在投票权方面，美国

[①] 王新新，杜曙光．中国破解"中等收入陷阱"的条件分析［J］．理论学刊，2013(8)：43-47．

[②] Farhi E, Gourinchas P - O, Rey H. Reforming the International Monetary System [R]. London: Centre for Economic Policy Research, 27 March 2011.

[③] 根据财新网资料整理：http://special.caixin.com/2013 - 04 - 24/100519116.html．

和欧洲在国际货币基金组织中具有一票否决权，这使许多改革措施不能付诸实践，因此降低投票门槛的呼声越来越高。目前的最低投票门槛是85%，国际货币体系改革"名人小组"建议将最低门槛降至70%～75%，以避免任何国家有一票否决权。贷款方面的改革主要包括增加国际货币基金组织可贷款资源，推行并进一步加强弹性贷款机制、预防性贷款机制及全球稳定机制，扩展国际货币基金组织的融资机制，改革汇率监察机制等。①

2. 全球经济失衡调整的影响

全球经济再平衡在长期中将有利于全球经济的可持续发展。在短期中，依据各国在调整过程中承担的责任和调整速度的不同，以及各国国际收支盈余和赤字程度的不同，全球经济再平衡将会对不同的国家造成不同的影响。雷恩和米莱西—费雷蒂（Lane and Milesi – Ferretti, 2012）②认为，全球经济再平衡将使经济危机前由经济基本面导致的经常账户盈余国家外部平衡恶化程度最大。梅耶（Mayer, 2012）③认为，全球经济再平衡过程必将降低美国的家庭消费、进口和总需求，而中国的消费、进口和总需求将会增加。在一定的条件下，盈余国家的出口和就业将会受到影响，全球外贸环境恶化。李晓、丁一兵（2007）④认为，在全球失衡的调整过程中，由于美国霸权和美元特权的存在，调整全球失衡的压力将主要由东亚地区经济体承担。刘伟丽（2011）⑤认为，全球经济再平衡过程可能导致新贸易保护主义抬头、全球流动性过剩继续增加、国际货币体系重新调整及更加关注可持续发展等问题。李刚、唐慧

---

① 王厚双，李艳秀. 全球经济失衡与全球经济再平衡研究新进展 [J]. 经济学家，2015 (3)：84 – 92.

② Lane P R, Milesi – Ferretti G M. External adjustment and the global crisis [J]. Journal of International Economics, 2012 (88): 252 – 265.

③ Mayer J. Global rebalancing: Effects on trade and employment [J]. Journal of Asian Economics, 2012 (23): 627 – 642.

④ 李晓，丁一兵. 现阶段全球经济失衡与中国的作用 [J]. 吉林大学社会科学学报，2007 (1)：17 – 26.

⑤ 刘伟丽. 全球经济失衡与再平衡问题研究 [J]. 经济学动态，2011 (4)：84 – 87.

超（2013）[①]强调了全球经济调整过程中的贸易保护主义、汇率和资本流动无序波动的风险。[②]

（四）国际分工和全球贸易治理关系

国际分工和增加值贸易的发展对世界各国之间的贸易关系、一国经济和贸易政策产生了重要影响，当前关于国际分工与全球贸易治理关系的研究主要集中在如何通过贸易治理规则和政策的变化促进国际贸易的发展和升级，研究方法基本为规范研究。

鲍德温（Baldwin，2012）[③]分析了国际分工背景下贸易谈判的博弈过程，认为国际贸易的政治经济学从20世纪的"市场准入互换"转变为21世纪的"北方国家公司专有技术换南方国家市场改革"，博弈过程中的参与者不再是政府与政府，而是发达国家跨国公司与发展中国家政府，同时认为，在国际贸易谈判中发展中国家的差别待遇应该被消除，而盛斌（2016）[④]则认为，WTO《贸易便利化协定》谈判中对发展中成员的特殊和差别待遇对多边贸易谈判有重大的借鉴作用。萨利（Sally，2013）[⑤]也认为，国际分工给了生产者更多的激励去支持自由贸易政策，并动摇了特定产业保护政策。布朗和斯特恩（Brown and Stern，2011）[⑥]从规则制定权归属角度出发分析了贸易谈判过程中的权力不对称问题，认为区域贸易协定（RTAs）中的一些WTO + 条款是建

---

① 李刚，唐慧超. 危机后全球经济再平衡：趋势及影响 [J]. 国际关系研究，2013（6）：132 – 144.

② 王厚双，李艳秀. 全球经济失衡与全球经济再平衡研究新进展 [J]. 经济学家，2015（3）：84 – 92.

③ Baldwin R. WTO 2.0：Global governance of supply chain trade [R]. Centre for Economic Policy Research Policy Insight No. 64，December 2012.

④ 盛斌. WTO《贸易便利化协定》评估及对中国的影响研究 [J]. 国际贸易，2016（1）：4 – 13.

⑤ Sally R，NUS. Global value chains，trade policy and Asia [EB/OL]. http：//www. eastasyaform. org/2013/06/13global – value – chains – trade – policy – and – asia/.

⑥ Brown A G，Stern R M. Free trade agreement and governance of the global trading system [R]. IPC Working Paper Series Number 113，2011.

立在强权基础之上的，不仅是不公平的，也会使国际社会对强权国家对多边贸易体制的承诺失去信心。

有些学者（Baldwin，2010[①]；Ravwnhill，2013[②]；刘衡，2013[③]；盛斌，2014[④]；尹正平，2015[⑤]）认为，双边、区域和多边贸易协定是未来全球贸易治理改革的主要驱动器，在多边贸易协议难以达成的情况下，当前全球贸易治理规则制定的主要平台已从 WTO 转向了大型区域和双边贸易协定，全球贸易治理呈现出一种由美日欧加主导的碎片化和排外化模式。在规则内容变化方面，研究者普遍认为边境内规则对国际分工的影响超过边境措施，比较具有代表性的是鲍德温（Baldwin，2012），他系统分析了国际分工对全球贸易治理规则提出的新要求，包括中间品关税、非关税壁垒、运输及 ICT 基础设施、服务贸易壁垒及商业流动等在内的全球供应链无缝对接规则，以及包括边境内措施改革、知识产权、当地营商环境、资本流动、竞争政策和国有企业在内的外包规则。

霍克曼（Hoekman，2013）[⑥] 从重新设计国内政策形成机制和加强国际合作方面分析了国际分工对全球贸易治理的政策要求，主要包括：选择一系列供应链或贸易航线；认清影响最大的政策群；达成行动协议；设定执行指标；对政策实施效果进行审查。格瑞菲（Gereffi，2014）[⑦] 从产业政策方面为新兴经济体可持续发展提出了建议，认为新

---

① Baldwin R. 21st century regionalism: Filling the gap between 21st century trade and 20th centry trade rules [R]. WTO Staff Working Paper, ERSD -2011 -08, 2011.

② Ravwnhill J. Global value chains: Implications for trade, investment and development policies [EB/OL]. http://www.lowyinstitute.org/files/pubfiles/ravenhill_for_lowy.pdf.

③ 刘衡. WTO 全球贸易治理中的中国与欧盟 [J]. 世界贸易组织动态与研究，2013 (9)：5 -18.

④ 盛斌. 迎接国际贸易与投资新规则的机遇与挑战 [J]. 国际贸易，2014 (2)：4 -9.

⑤ 尹正平. 国际金融危机以来国际经贸规则演变的新趋势与我国对策 [J]. 经济纵横，2015 (11)：119 -123.

⑥ Hoekman B. Supporting supply chain trade [R]. Robert Schuman Centre for Advanced Studies, European University Institute and CEPR October 5, 2013.

⑦ Gereffi G. A global value chain perspective on industrial policy and development in emerging markets [EB/OL]. http://scholarship.law.duke.edu/cgi/viewcontent.cgi?article =1404&context = djcil.

兴经济体应在全球范围内进行大胆和灵活的改革，促进新一代包容性发展政策和机构安排的推出。为促进国际分工运行的顺畅并实现其可持续发展，史蒂芬逊（Stephenson，2016）[①] 分别从单边和多边层面提出了短中期和长期建议。

（五）WTO 与全球经济治理

关于 WTO 与价值链分工背景下全球经济治理的研究较多，主要集中在 WTO 在全球经济治理方面取得的成就和面临的挑战。

1. WTO 在新时期面临的挑战

一些学者（Elsing，2016a[②]；Baldwin，2012a；Abbott，2012[③]；Gallagher，2012[④]；Velde，2011[⑤]；Deere – Birkbeck，2012[⑥]；Shahin，2012[⑦]；Elsig and Cottier，2011[⑧]；Hoekman，2011[⑨]；于津平，2012a[⑩]；

[①] Stephenson S. Trade governance frameworks in a world of global value chains [C]. ICTSD Policy Options Paper, 2016 (1).

[②] Elsing M. The functioning of the WTO: options for reform and enhanced performance [EB/OL]. http://www3.weforum.org/docs/E15/WEF_Functioning_WTO_Options_Reform_Enhanced_Performance_report_2015_1401.pdf.

[③] Abbott R. The future of the multilateral trading system and the WTO [R]. ICTSD The future and the WTO: Confronting the challenges, 2012.

[④] Gallagher K P. Challenging opportunities for the multilateral trade regime [R]. ICTSD The future and the WTO: Confronting the challenges, 2012.

[⑤] Keane J, Velde D W. The new landscape of global economic governance: Strengthening the role of emerging economies. https://www.odi.org/publications/5800 – new – landscape – global – economic – governance – strengthening – role – emerging – economies.

[⑥] Deere – Birkbeck C. The Future of the WTO: Governing Trade for a Fairer, More Sustainable Future [R]. ICTSD The future and the WTO: Confronting the challenges, 2012.

[⑦] Shahin M. There is nothing wrong with the WTO [R]. ICTSD The future and the WTO: Confronting the challenges, 2012.

[⑧] Elsig M, Cottier T. Reforming the WTO: The decision-making triangle revisited [R]//Cottier T, Elsig M. Governing the World Trade Organization: Past, Present and Beyond Doha. Cambridga: Cambridge University Press, 2011: 289 – 312.

[⑨] Hoekman B. Proposals for WTO Reform: A Synthesis and Assessment [R]. World Bank Policy Research Working Paper 5525, 2011.

[⑩] 于津平. 国际贸易新格局与全球经济治理 [J]. 南开学报（哲学社会科学版），2012 (1): 70 – 76.

孙云峰，2004①）从不同方面分析了 WTO 在新时期面临的挑战，总结起来主要包括：（1）治理内容。生产网络和国际分工使边境内规则的重要性超越市场准入谈判，而 WTO 仍陷于传统议题泥潭不能自拔，WTO 有边缘化的危险；贸易保护抬头造成的危机管理挑战；贸易政策审议结果缺乏强制约束力；WTO 三大机制缺乏联系和协作。（2）治理结构。新兴经济体的崛起及其与欧美发达国家在市场准入类型和受保护部门上的分歧导致多哈回合的僵局；民主赤字的存在使其合法性问题受到挑战；发展中国家利益难以得到保证；与国际货币基金组织（IMF）、世界银行等国际机构缺乏协调；WTO 成员和议题的开放与包容性、协商一致的决策方式和一揽子接受方式造成了其谈判的效率低下。（3）其他方面。优惠贸易安排对 WTO 提出挑战，当前新区域主义需要 WTO 做出不同的反应；食品和气候危机；WTO 改革缺乏被广泛接受的方案等；贸易自由化成本升高而收益日益降低；全球货币金融系统的不稳定性；互联网、电子数据及支付系统的广泛使用等。

2. WTO 全球经济治理的成就

刘光溪（2002）②、余敏友和刘横（2010）③、米切尔（Mitchell，2009）④ 等用规范分析法从不同方面分析了 WTO 在全球经济治理中的成就：（1）促进了贸易自由化。通过持续降低关税和非关税壁垒、增加调整范围和成员国及普及贸易自由化观念促进了贸易自由化；通过 WTO 谈判机制签订了一系列多边、诸边协定促进了行业自由化；争端解决机制有效保证了 WTO 规则的执行等。（2）发展和减贫。通过设立贸易与发展委员会、开展对贫穷国家的技术援助和培训、减贫、特别关注不发达成员等方式促进了世界发展；促进了国际贸易法治的发展，包

---

① 孙云峰. 对 WTO 贸易政策审议机制的探讨 [J]. 财经科学，2004（5）：386－388.
② 刘光溪. 试析 WTO 贸易政策审议机制的理论与应用价值 [J]. 世界贸易组织动态与研究，2002（4）：1－5.
③ 余敏友，刘横. WTO 与全球经济治理：演变、成就与挑战 [J]. 吉林大学社会科学学报，2010（9）：140－146.
④ Mitchell A D. Global governance：The world trade organization's contribution [R/OL]. http：//scholarship. law. georgetown. edu/facpub/386.

括边境措施和边境内措施;为国际政策协调提供了平台。(3)提高了各国国内政策透明度及民主和法治。WTO贸易政策审议机制强化了透明度原则和多边贸易体制对成员国的监督作用,为成员在制定国别政策、加强国内各部门之间贸易政策合作及对发展中成员技术合作提供了有价值的信息;WTO争端解决机制及决策方式促进了民主和法治的发展。

(六)区域贸易协定与全球经济治理

随着区域贸易协定逐渐成为贸易治理的主要平台,其在全球经济治理中的作用越来越重要,关于区域贸易协定的研究也越来越多,但由于区域贸易协定数量众多、信息获取困难等原因,现有研究主要集中在区域贸易协定对价值链贸易的影响和区域贸易协定在全球经济治理中的局限性方面。

1. 区域贸易协定和贸易治理

关于区域贸易协定对贸易的影响,传统的分析(Viner,1950[①];Frankel,1997[②];Goldstein,Tomz and Rivers,2007[③])主要集中在歧视性关税导致的贸易创造和贸易转移效应上,肯定了区域贸易协定对成员国的贸易创造效应。汤姆兹和瑞沃斯(Tomz and Rivers,2007)的实证研究表明区域贸易协定对成员国的贸易促进作用高达34%,且其促进作用随着时间的延长而增大。但近期的研究表明区域贸易协定不仅对成员国具有贸易创造效应,对非成员国也有贸易创造效应。安特拉斯和弗雷(Antras and Foley,2011)[④]关于东盟自由贸易区(AFTA)对美国跨

---

① Viner J. The Customs Union Issue [M]. New York: Carnegie Endowment for International Peace, 1950.

② Frankel. Regional Trading Blocs in the World Economic System [M]. Washington, D. C.: Institute for International Economics, 1997.

③ Goldstein J, Tomz M, Rivers D. Institutions in International Relations: Understanding the Effects of the GATT and the WTO on World Trade [J]. International Organization, 2007, 61 (1): 37 - 67.

④ Antras, Foley. Regional Trade Integration and Multinational Firm Strategies [EB/OL]. http://scholar.harvard.edu/antras/publications.

国公司活动影响的分析也证明了此结论，AFTA 增加了美国公司对其成员的投资数量，并提高了在 AFTA 的美国子公司的市场规模和销售量。随着价值链分工的深入发展，近来一些学者研究了区域贸易协定中 WTO + 和 WTO - X 条款（深层边境措施和边境内措施）与价值链贸易的关系，主要包括：杜尔、巴希尼和艾尔辛（Dür, Baccini and Elsig, 2014）[①] 从区域贸易协定内容和设计差异视角实证分析了区域贸易协定对贸易的作用，其研究表明区域贸易协定促进了贸易发展，但这种促进作用主要是由包含边境内条款的深度区域贸易协定发挥的，边境内条款对贸易的促进作用更大。奥里菲斯和罗查（Orefice and Rocha, 2011）[②] 通过主成分分析法构建了区域贸易协定深度指标，分析了区域贸易协定各条款对中间品贸易的影响，结论显示 WTO - X 和 WTO + 条款均有利于两国中间品贸易的增加，且前者的作用大于后者（分别为 0.013 和 0.015），深层次区域贸易协定将在成员间促进生产网络间的贸易。文章同时实证了两个已经存在生产网络贸易的国家也更倾向于签订深层次的区域贸易协定。达慕里（Damuri, 2012）[③] 的研究也表明广泛参与生产网络的国家更倾向于签订深层次的区域贸易协定，特别是与其生产合作关系密切的伙伴。他还将生产共享与深层次区域贸易协定的关系分解为一般效应和双边效应，深层次区域贸易协定对这两种效应均有体现，但更重要的是一般效应，即一国想要加入生产网络的迫切程度是由其参与多边贸易的程度决定的。诺格拉（Noguera, 2012）[④] 用引力模型分析了包括边境内措施和边境措施造成的贸易成本对双边增加值出口贸易的影

[①] Dür A, Baccini L, Elsig M. The design of international trade agreements: introducing a new dataset [J]. The Review of International Organizations, 2014, 9 (3): 353–375.

[②] Orefice G, Rocha N. Deep integration and production networks: an empirical analysis [R]. WTO Staff Working Paper ERSD - 2011 - 11, 2011.

[③] Damuri Y R. 21st century regionalism and production sharing practice [EB/OL]. CTEI Working Papers, http://graduateinstitute.ch/files/live/sites/iheid/files/sites/ctei/shared/CTEI/working_papers/CTEI - 2012 - 04.pdf.

[④] Noguera G. Trade Costs and Gravity for Gross and Value Added Trade [EB/OL]. http://www.iu.edu/~econdept/workshops/Spring_2013_Papers/GUILLERMO%20NOGUERA%20PAPER.pdf.

响，其研究表明加入区域贸易协定五年后可以提高增加值出口贸易23%的份额；与第三国签订区域贸易协定也可以增加两国之间的增加值贸易出口，特别是与第三国签订深度区域贸易协定（RTAs），而两国之间的地理距离对贸易的重要性随着时间减弱。

2. 区域贸易协定规则特点

（1）关税壁垒。区域贸易协定中的原产地规则是决定市场准入程度的重要因素，是实施歧视性关税的重要依据。原产地规则的实施是为了提升区域内贸易，防止区外国家通过各种手段获得低关税待遇，但随着全球经济一体化特别是价值链分工的深入发展，严格的原产地规则反而限制了成员国之间的贸易，不利于专业化的发展。埃斯特瓦德达尔（Estevadeordal，1999[①]，2004[②]）通过构建原产地规则限制程度指标测定了 NAFTA、PANEURO、EFTA – MEXICO 等贸易协定中原产地规则的限制作用：两国的最惠国关税水平差异越大及产业关系越密切，原产地规则的限制作用越大；对与各国政治经济利益联系越密切的部门限制作用也越大。部分学者（Estevadeordal and Suominen，2005[③]；Brenton，2011[④]）的研究表明，尽管区域贸易协定会促进贸易，但严格的、专门化的原产地规则会限制贸易，并认为其对发展中国家贸易的限制作用更大。拉夫希尔（John Ravwnhill，2013a）提出为避免严格复杂的原产地规则限制贸易，应在区域和诸边贸易协定中加入最惠国待遇原则，更松散的原产地规则有利于友好型价值链的建设和提高企业的生产力。长期

[①] Estevadeordal A. Negotiating Preferential Market Access: The case of the North American Free Trade Agreement [R]. ITD Working Paper 3，June 1999.

[②] Estevadeordal A, Suominen K. Rules of origin: A world map and trade effects [EB/OL]. http://siteresources.worldbank.org/INTRANETTRADE/Resources/WBI – Training/288464 – 1119888387789/Mapping & Measuring Rules Of Origin_around The World_Antoni Estevadeordal & Kati Suominen.pdf.

[③] Estevadeordal A, Suominen K. What are the effects of rules of origin on trade? [EB/OL]. http://siteresources.worldbank.org/INTRANETTRADE/Resources/WBI – Training/288464 – 1119888387789/RulesOfOrigin_TradeEffects.pdf.

[④] Brenton P. Preferential rules of origins [M]//Chauffour J – P, Maur J – C. Preferential trade agreement policies for development: A handbook. The World Bank, 2011: 161 – 177.

中，应对诸边和区域贸易协定进行整合并多边化，以避免"意大利面条碗效应"。有学者（Estevadeordal，Shearer and Suominen，2008[1]；Crawford J-A，2012）[2] 分别以42个区域贸易协定和至2010年在WTO通报的全部互惠性质的、覆盖商品贸易的区域贸易协定中与市场准入相关的问题进行了分析，共同的结论包括：尽管区域贸易协定的自由化程度较高，但有很强的产品和国别结构异质性问题；农产品自由化程度较低，中间品的自由化程度较高；许多区域贸易协定中包含将问题滞后解决的条款。后者还分析了将优惠贸易安排多边化问题，有15%的样本区域贸易协定包含最惠国待遇（MFN）条款，但限制性很强；1/3的区域贸易协定允许第三方国家加入其中，但一般在地理位置等因素上有很强的限制性。

（2）非关税壁垒。莫里纳和克罗沙维纳（Molina and Khoroshavina，2015）[3] 以238个区域贸易协定为样本分析了区域贸易协定中技术贸易壁垒（TBT）条款与WTO《贸易技术壁垒协议》中条款的异同，研究表明有171个区域贸易协定至少包含一个TBT条款，特别是2010年之后签订的区域贸易协定中包含的TBT条款更具体，其规则对WTO《贸易技术壁垒协议》和透明度条款的参考和引用较高。尽管因TBT与价值链贸易紧密相关会增加出口商的成本和阻碍贸易，但仅有极少数区域贸易协定中的TBT条款在广度和深度上超过了WTO的TBT协议。克劳福德、麦基格和托尔斯托娃（Crawford，Mckeagg and Tolstova，2013）[4] 以232个区域贸易协定为样本分析了其中的保障措施条款，并以关税及贸易总协定（GATT）/WTO与之相关的条款和协议为基准分析了双边

---

[1] Estevadeordal A, Shearer M, Suominen K. Market access provisions in regional trade agreements [R]. INT Working Paper 01, 2nd quarter 2008.

[2] Crawford J-A. Market access provisions on trade in goods in regional trade agreements [R]. WTO Staff Working Paper ERSD-2012-20, 2012.

[3] Molina A C, Khoroshavina V. TBT provisions in regional trade agreements: to what extent do they go beyond the WTO TBT agreement? [R]. WTO Staff Working Paper ERSD-2015-9.

[4] Crawford J-A, Mckeagg J, Tolstova J. Mapping of safeguard provisions in regional trade agreements [R]. WTO Staff Working Paper ERSD-2013-10, 2013.

保障条款是否比多边保障措施条款更严格。结论显示，尽管区域贸易协定中的保障措施条款在设计方面具有很大的异质性，但其规范性越来越强，区域贸易协定在保障措施方面对非成员国具有歧视性，其有关保障条款的规定较为松散，且使用率很低。诺菲尔德（Neufeld, 2014）[①] 分析了区域层面的贸易便利化现状和其主要驱动力，认为贸易便利化条款在区域贸易协定中的数量和质量都在提高，与 WTO 颁布的 TFA 相比，其特点主要包括：区域贸易协定中的贸易便利化条款覆盖范围广泛，一些条款在深度上高于 WTO 的 TFA 条款，但对不发达国家缺乏灵活性条款、缺少技术援助和能力建设条款；缺少强制执行能力。发展趋势包括：第一，解决的重点问题不仅是边境措施，而更加强调深度化的、边境内障碍；第二，其承诺更详细和全面；第三，区域内和区域间贸易便利化方式和目标的一致性增强。

（3）知识产权保护。瓦尔德斯和塔文瓦（Valdes and Tavengwa, 2012）[②] 以 194 个区域贸易协定为样本分析了其中的知识产权保护（IP）条款，分析结果表明约有 2/3 的样本中含有知识产权保护或合作承诺，但针对专门领域的知识产权法较少；IP 条款有很强的中心—外围特征，每个中心国与其他国家签订的区域贸易协定中的 IP 条款相似性很高。根据作者所建指标，发达国家参与的区域贸易协定知识产权保护条款更全面且执行力度更高。芬克（Fink, 2011）[③] 的研究也表明美国和欧盟等发达国家和地区所签订的区域贸易协定中的知识产权（IP）条款更全面、水平更高，特别是美国的区域贸易协定中的 IP 条款有很强的《与贸易有关的知识产权协议》（TRIPs）的特征。后者通过对亚太地区的区域贸易协定研究还发现发展中国家之间签订区域贸易协定时

---

① Neufeld N. Trade facilitation provisions in regional trade agreements traits and trends [R]. WTO Staff Working Paper ERSD – 2014 – 1, 2014.

② Valdes R, Tavengwa R. Intellectual property provisions in regional trade agreements [R]. WTO Staff Working Paper ERSD – 2012 – 21, 2012.

③ Fink C. Intellectual property rights [M]//Chauffour J – P, Maur J – C. Preferential trade agreement policies for development: A handbook. The World Bank, 2011: 387 – 407.

不追求高水平知识产权条款，在区域贸易协定中增加 IP 条款的压力主要来自发达国家。但区域贸易协定的签订促进了发展中国家国内知识产权保护改革，发展中国家对知识产权条款存在许多执行挑战：IP 法律框架修改、管理能力及司法能力建设的落后导致其执行困难。

（4）竞争政策。为防止反竞争政策侵蚀边境壁垒降低和消除所致的贸易和投资自由化，一些区域贸易协定特别是成员国包括欧盟和美国的区域贸易协定对竞争政策做出了详细规定。索拉诺和森内卡普（Solano and Sennekamp, 2006）[1] 对 86 个区域贸易协定中的竞争条款进行了分析，有关竞争政策的主要规则包括：保持和应用竞争法；竞争政策执行机构间协调和合作；遵循非歧视、正当程序和透明度原则；争端解决；对发展中国家的特殊和差别待遇等。区域贸易协定中对竞争政策的规定也有明显的大国主导性特征，成员国包括欧盟的区域贸易协定规定比较规范，以欧盟的标准为区域贸易协定成员国适用标准；而美国则更加重视与各国竞争法规的协调和合作。鲍德温（Baldwin, 2014）[2] 认为，由于竞争政策关注的重点在于公平和经济效率，区域贸易协定中该规则很少有明显的歧视性条款存在，并认为由于缺乏歧视性技术，区域贸易协定中的竞争条款有自动多边化的作用。

（5）争端解决机制。有些学者（Smith, 2000[3]; Jo and Hyun, 2012a[4]; Chase, Yanovich, Crawford and Ugaz, 2013[5]）分别以 62221

---

[1] Solano O, Sennekamp A. Competition provisions in regional trade agreements [R]. OECD Trade Policy Working Paper No. 31, 2006.

[2] Baldwin R. Multilateralsing 21st century regionalism [R]. OECD Conference Centre, Paris, February 2014.

[3] Smith J M. The Politics of Dispute Settlement Design: Explaining Legalism in Regional Trade Pacts [J]. International Organization, 2000, 54 (1): 147 – 150.

[4] Jo H, Hyun N, Dispute Settlement Mechanisms in Preferential Trade Agreements: Democracy, Boilerplates, and the Multilateral Trade Regime [J]. Journal of Conflict Resolution, 2012, 56 (6): 1041 – 1068.

[5] Chase C, Yanovich A, Crawford J – A, Ugaz P. Mapping of dispute settlement mechanisms in regional trade agreement – Innovative or variations on a theme [R]. WTO Staff Working, ERSD – 2013 – 07, 2013.

个和226个区域贸易协定为样本分析了其中的争端解决机制条款，并根据其规范性和法制性强弱进行了分类，虽然归类有差异，但样本区域贸易协定基本可为政治/外交型、准司法型和司法型三种类型。有学者（Jo and Hyun，2012a）探索了影响区域贸易协定中争端解决机制法制性的影响因素，认为国内政治体制、竞争激励和多边贸易体制的发展共同决定了其法制性。样本分析得出如下结论：民主国家更倾向于采用严格的争端解决机制；贸易伙伴之间通过采用相似的法律类型进行相互竞争；多边贸易体制的发展促进了区域贸易协定中争端解决机制的法治发展。切斯、亚诺维奇、克劳福德和乌佳兹（Chase，Yanovich，Crawford and Ugaz，2013）的分类中，三个类型分别占样本总量的30.5%、65%和4.5%，大部分区域贸易协定中的争端解决机制介于外交型和司法型之间。对其内容分析显示虽然区域贸易协定中的争端解决机制类型多变，但创新较少，且利用率极低，绝大部分区域贸易协定成员仍采用WTO争端解决机制。阮新山（Nguyen Tan Son，2008）[①] 对2008年之前的区域贸易协定中的争端解决机制条款所进行的考察也得出了类似的结论：尽管许多区域贸易协定中的争端解决条款都很复杂，但从来没被利用过，并认为最主要的原因是区域贸易协定成员国的关系不仅具有商业性，而且具有很强的政治性和战略性；其他原因包括WTO的争端解决机制更严密、区域贸易协定缺乏有效的执行机制、WTO的决策更具法制性等。

（七）进一步研究的方向

纵观现有的代表性研究成果，可以发现，无论从理论上还是从实践上看，抑或是从研究的切入角度、研究方法上看，尚缺乏一个完整、科学的分析框架来研究全球经济治理对我国开放型经济转型升级的影响以及我国的对策。中国的大多数学者大多是遵循上述西方学者

---

① Nguyen Tan Son. Towards a compatible interaction between dispute settlement under WTO and regional trade agreements [J]. Macquarie Journal of Business Law，2008（5）：113-135.

的研究思路在进行全球经济治理与消除中国经济内外失衡问题的研究，还没有提出具有根本性的、系统性的、可操作性的适合全球经济治理要求的、适用于中国开放型经济转型升级内在要求的理论与对策。本书研究目的就是试图努力填补这一空白。既然所有的既成理论都没有提出一套具有根本性的、系统性的、可操作性的适合全球经济治理要求的、适用于中国开放型经济转型升级内在要求的理论与对策的研究切入角度、研究框架和研究方法，而全球经济治理，特别是中国的国情和经济发展又要求中国开放型经济必须加快转型升级的步伐，这就要求在理论上和实践上进行突破，打破传统的分析思路和框架，从理论与实践上加快中国开放型经济转型升级的步伐，推动全球经济治理的步伐。中国开放型经济经历了特殊政策探索阶段、规范化制度形成阶段、体制国际化接轨阶段，目前正进入新的制度创新阶段。在新的制度创新阶段，中国开放型经济面临国际环境新变化、新压力。国内外形势的发展要求中国开放型经济必须加快转型升级的步伐以进一步全面提高中国开放型经济发展的水平，以进一步适应全球经济失衡、全球经济治理新背景下，特别是在逆经济全球化新浪潮背景下，中国的开放型经济如何进一步健康发展的新要求。

二、对逆经济全球化的研究

（一）对逆经济全球化的主导者和表现形式的研究

大多数学者认为，逆经济全球化的主要倡导者为传统发达国家，如美国、英国、意大利、比利时、法国等。其主要表现为美国特朗普当选以及美国退出 TTP、英国脱欧、意大利公投、比利时民众游行抗议 TTIP、法国大选等，社会民主主义思潮开始复兴。[①]

郭强（2013）认为，经济全球化的发展一方面导致发达资本主义

---

① 辛向阳. 马克思主义在当今世界的磅礴力量 [J]. 领导科学论坛，2018（16）：3-20.

国家相对衰落,但另一方面又会促进全球资本主义再崛起。历史经验多次表明,在经济全球化发展过程中,为了一己私利的实现,发达资本主义国家应对全球经济大危机、金融危机等的基本战略就是推行以邻为壑的逆经济全球化政策。① 保建云(2017)认为,逆经济全球化与新兴保护主义是世界经济发展面临的不确定性风险的主要来源,西方国家是主要推动力量。② 姜凌、支宏娟(2017)认为,特朗普上任后,将"美国第一"或"美国优先"的全球利益再分配作为"特朗普主义"的核心,宣布美国退出 TPP,要求重新谈判 NAFTA,甚至威胁退出 WTO。这些行动成为当前新一轮逆经济全球化的重要表现。③ 张茉楠(2017)认为,美国正式开启的"特朗普主义"的核心是"美国优先"的全球利益再分配,因此,无论是就业政策、产业政策、贸易政策、能源政策以及外交政策无不以所谓的纠偏"经济全球化轨道"为出发点,重构全球秩序与格局。④ 丁嘉伦(2017)认为,英国脱欧、比利时民众游行抗议 TTIP、特朗普当选以及美国退出 TTP 等"黑天鹅"事件的发生,使得"逆经济全球化"成为世界经济的关键词。⑤ 盛玮(2017)认为,2016 年的英国脱欧、美国大选、意大利公投和 2017 年法国大选,背后折射出西方"逆经济全球化"思潮暗流涌动。短短一年时间,西方发达国家已经从第二次世界大战后蓬勃发展经济全球化的主要推手转变成了经济全球化的反对者。⑥ 张颐武(2016)认为,特朗普出人意料地当选美国总统和英国义无反顾地脱欧带来了西方发达资本主义国家参与经

---

① 郭强. 逆全球化:资本主义最新动向研究[J]. 当代世界与社会主义,2013(4):16-21.
② 保建云. 如何应对逆全球化与新兴保护主义——对当前世界经济不确定性风险的分析研判[J]. 人民论坛·学术前沿,2017(7):12-19.
③ 姜凌,支宏娟. 新一轮逆全球化浪潮下的南北经济一体化关系走向——基于美国退出 TPP 和重谈 NAFTA 的分析[J]. 四川大学学报(哲学社会科学版),2017(5):129-137.
④ 张茉楠. "特朗普主义"下的逆全球化冲击与新的全球化机遇[J]. 求知,2017(4):41-43.
⑤ 丁嘉伦. "逆全球化"背景下中国金融如何安全平稳开放[J]. 国际融资,2017(9):39-42.
⑥ 盛玮. "逆全球化":新自由主义泛滥的恶果[J]. 理论导报,2017(6):16.

济全球化理念的大转折。其最大冲击是"逆经济全球化"的潮流从发达国家崛起,形成了趋势。[1] 廉晓梅、许涛(2017)认为,"逆经济全球化"浪潮日趋高涨,其中最突出的表现是反对政府对外让渡经济主权,贸易保护主义不断泛滥,对外来移民和难民的排斥日趋强烈。[2] 蔡明阳(2017)认为,英国全民公决脱欧的行为,预示第二次世界大战后快速发展的欧洲一体化进程出现了巨大的倒退,而特朗普当选美国总统后的"退群"行为以及大幅提高关税、对华挑起贸易摩擦等一系列反经济全球化举措,凸显了当今经济全球化进程的困境。[3] 芬纳—霍尼曼(Finel – Honigman,2011)认为,欧盟逆经济全球化的表现为反对WTO、多边组织和欧洲联盟。[4]

综上所述,逆经济全球化浪潮是以美国、英国、意大利、比利时、法国等发达资本主义国家主导的反经济全球化浪潮的直接体现。应对全球金融危机,西方发达国家已经从曾经的经济全球化主要推手变成了当今逆经济全球化的始作俑者和主要的推动者。因此,当下的逆经济全球化浪潮集中暴露了发达国家主导下的传统经济全球化的诸多弊端。

(二) 对逆经济全球化实质的研究

逆经济全球化不是全盘反对经济全球化,而是反对经济全球化带来的负面影响。

贺之昺(2017)认为,反经济全球化、逆经济全球化、一体化是经济全球化进程的伴生物。[5] 金碚(2017)认为,"逆经济全球化"从

---

[1] 张颐武. "逆全球化"的挑战:从特朗普看西方内部的"颜色革命" [J]. 中关村,2016 (12): 90 – 91.
[2] 廉晓梅,许涛. "逆全球化"与东亚区域经济合作的发展前景 [J]. 东北亚论坛,2017 (5): 68 – 77 + 128.
[3] 蔡明阳. 逆全球化背景下的中国对外开放策略 [J]. 当代经济管理,2017 (5): 53 – 56.
[4] Finel – Honigman I. EU Enlargement and Anti – Globalization: New Paradox or Old Paradigm [J]. Global Economy Journal, 2011, 4 (1).
[5] 贺之昺. 欧洲反全球化浪潮的表现及原因 [J]. 新视野,2017 (4): 121 – 128.

来就是经济全球化的伴生现象。① 徐坚（2017）认为，逆经济全球化与经济全球化带来的社会分配不公、国家间发展失衡等问题密切相关。逆经济全球化虽使经济全球化前行阻力加大、风险增多，但亦可被转化为经济全球化转型的动力，可通过观念更新、机制规范调整、注入新动力以及整顿运行环境等，实现普惠、包容的新型经济全球化。② 唐解云（2017）认为，"逆经济全球化"现象的出现是经济全球化进程中的"失语"，是人与环境相协调的产物，是人性发展在经济、政治、文化三个维度上所体现的阶段性特征。③ 张宇燕（2017）认为，逆经济全球化的声浪与潮流，其大背景在于当今经济全球化的进程并未按照多数人当初期待的方向演进。④ 有学者认为，逆经济全球化运动不是反对经济全球化，而是反对经济全球化带来的负面影响（Rong Tang，2009）。⑤ 乌雅迪诺维奇（Vujadinović，2009）认为，逆经济全球化运动是对目前经济全球化进程中产生的负面影响的纠正。⑥

综述代表性学者的主要观点，当今逆经济全球化浪潮的出现，其实质是经济全球化的发展已经进入了深度的自我调整或深度的自我矫正、修复阶段。因为在经济全球化迅猛发展的过程中，出现了各国在经济全球化过程中的获益并不平衡、经济发展与贫富严重分化、政治极化与社会多元化、内部矛盾尖锐且难以调和等问题，揭示了经济全球化在其发展过程中存在的弊端，需要进行深度修补和全面完善。

（三）关于逆经济全球化浪潮产生原因的主要观点

西方资本主义国家主导的逆经济全球化是对经济全球化的纠正。学

---

① 金碚. 全球化新时代产业转型升级新思维 [J]. 中国中小企业，2017（8）：27-28.
② 徐坚. 逆全球化风潮与全球化的转型发展 [J]. 社会科学文摘，2017（8）：46-48.
③ 唐解云. "逆全球化"：人性展现的钟摆效应——回到《德意志意识形态》"费尔巴哈"章 [J]. 齐齐哈尔大学学报（哲学社会科学版），2017（9）：27-31.
④ 张宇燕. 全球化之殇：涵义、诊断与矫正 [J]. 国际金融，2017（7）：3-4.
⑤ Rong Tang. Describe the Anti-globalisation Movement and Identify Its Motivation and Goals [J]. International Journal of Business and Management，2009，2（6）.
⑥ Vujadinović D. Global Civil Society as Concept and Practice in the Processes of Globalization [J]. Synthesis Philosophica，2009，24（1）.

者们对其产生原因的认识不尽相同,有的认为是经济全球化内在矛盾的彰显,有的则强调全球经济失衡是其主要的原因。

(1)逆经济全球化新浪潮的产生是经济全球化内在矛盾的彰显。持这种观点的学者认为,当今逆经济全球化产生的原因在于经济全球化内在矛盾长期发展和积累。迅猛发展的经济全球化不断加剧不同国家之间和国家内部不同阶层之间的贫富差距,引发国家之间和国家内部矛盾激化;在迅猛发展的经济全球化过程中,环境的恶化激化了与环保主义者的矛盾;全球经济风险、金融风险不断增强等问题,导致自由主义者和贸易保护主义者之间的矛盾等。这些矛盾是经济全球化发展过程的内在矛盾,也是逆经济全球化思潮产生的原因。宗良、黄雪菲(2017)认为,"逆经济全球化"思潮出现的根源在于现有的全球经济治理体系不能适应未来发展的需要,认为打造"新型经济全球化"才是正确的路径选择。[1] 沈骏霖(2017)认为,逆经济全球化的根源是世界各国在全面的经济全球化、政治民主制、完全主权三者中无法做到兼顾、达到平衡所致,在当前以民族国家为主组成的国际体系下,经济全球化在本质上无法完全实现。[2] 陈小远(2005)认为,经济全球化不但致使发达资本主义国家与发展中国家间的贫富差距进一步加大,而且经济全球化严重冲击了发达国家内部经济利益,经济全球化思想与民族主义传统思想相矛盾,且经济全球化激化了与环保主义者的矛盾。[3]

(2)逆经济全球化产生的原因:经济全球化带来的经济失衡。经济基础决定上层建筑,经济全球化带来全球经济的大发展,但也出现了增长不平衡、国家利益分配不均衡的问题。所谓利益分配"输家"——西方传统发达国家,为了维护自身的国家利益,发出了逆经济全球化的声音。不同国家间利益分配的失衡,是导致爱国主义、民族主义和贸易保护主义最直接的原因。陈建奇(2017)认为,2008年金融

---

[1] 宗良,黄雪菲. 新型全球化的前景、路径与中国角色[J]. 金融论坛,2017,22(6):7–13.
[2] 沈骏霖. 逆全球化现象浅析[J]. 甘肃广播电视大学学报,2017(3):64–68.
[3] 陈小远. 反全球化在中国[J]. 珠江经济,2005(6):91–96.

危机导致一些欧美国家发出了反对经济全球化的声音。逆经济全球化问题的核心是全球经济失衡，即各个国家在经济全球化过程中获益不平衡。① 徐坚（2017）认为，逆经济全球化在全球泛滥与经济全球化带来的社会分配不公、国家间发展失衡等问题密切相关。② 陈小远（2005）认为，经济全球化造成发达国家与发展中国家间的贫富差距进一步扩大。③ 关秀丽（2017）认为，"逆经济全球化"逆的不是经济全球化，是各国应对自身利益结构失衡的"无奈"举措。④ 万雅琴（2017）认为，在发达国家内部，不同阶层在经济全球化过程中所获得的利益分配不均衡，社会精英阶层获得更多的收入，而作为主要价值创造者的中低阶层收入正在逐渐下降。因此，发达国家中低收入阶层支持"逆经济全球化"。⑤ 郑春荣（2017）认为，当今"逆经济全球化"思潮产生的原因在于，经济全球化全面深度发展导致在西方发达国家内部产生了对经济全球化进一步发展新的结构性分歧，这种分歧集中体现在经济全球化发展过程中"赢家"与"输家"立场之间的严重对立。如果把经济全球化视为一种现代化进程的话，那么西方发达国家内部的"现代化输家"的立场、论点总体上可以解释"逆经济全球化"思潮出现和迅速发展形成一股新浪潮的根本原因。西方发达国家内部的"现代化输家"认为，在经济全球化迅猛发展的过程中，西方发达国家内部的经济、社会、文化与政治也处于持续变迁的过程之中，而那些低收入、受教育程度低、适应能力较弱的群体不能适应这一现代化进程，在自身越来越处于经济边缘、社会地位与社会声誉越来越受到影响以及遭受社会排斥的情况下，这些群体必然会表现出强烈的反经济全球

---

① 陈建奇. 当代逆全球化问题及应对［J］. 领导科学论坛，2017（10）：3-17.
② 徐坚. 逆全球化风潮与全球化的转型发展［J］. 国际问题研究，2017（3）：1-15+125.
③ 陈小远. 反全球化在中国［J］. 珠江经济，2005（6）：91-96.
④ 关秀丽. "一带一路"与"逆全球化"［J］. 中国经贸导刊，2017（11）：10-11.
⑤ 万雅琴. "逆全球化"思潮缘何暗流涌动［J］. 人民论坛，2017（13）：118-119.

化和反精英的态度。[1]

课题组认为,逆经济全球化是多个因素长期作用的结果,将其简单归因于某一种理论都有失公允。总结学者的观点不难看出,无论是从哪个角度看,经济全球化都存在弊端,需要修正和完善。

(四) 关于逆经济全球化影响的主要观点

逆经济全球化是一把双刃剑,对世界政治、经济、文化等方面既有其积极的助力作用,也存在局限性。

1. 逆经济全球化的负面影响

(1) 催生了新一轮贸易保护主义。张琪如(2017)认为,西方发达国家因自身在经济全球化进程中利益受损而倒戈、发起并推动的"逆经济全球化"思潮在全世界范围不断蔓延,导致了如下结果:在经济政策层面,导致了全球贸易保护主义的盛行;在政治抉择层面,导致了推进经济全球化、全球经济治理意愿、能力的下降;在社会文化层面,导致了全球民族主义、民粹主义情绪高涨;在社会层面,导致了两极分化、移民危机、恐怖主义等非传统安全问题的加剧。[2] 陈伟光、蔡伟宏(2017)认为,当前欧美国家正在掀起一股逆经济全球化的新浪潮,体现为政治保守主义、经济保护主义、外交孤立主义和社会民粹主义。[3] 戴磊(2017)认为,在经济危机和发展中国家崛起的双重挑战下,发达资本主义国家采取了以"贸易保护"和"再工业化"为主要特征的逆经济全球化战略。[4] 佟家栋等(2017)认为,"逆经济全球化"不仅表现在逆多边主义的选择,还表现在逆区域主义的选择,以及一系列维

---

[1] 郑春荣. 欧盟逆全球化思潮涌动的原因与表现 [J]. 国际展望, 2017 (1): 34 – 51 + 145 – 146.

[2] 张琪如. "一带一路":"逆全球化"思潮下的中国方案 [J]. 中国经贸导刊 (理论版), 2017 (26): 15 – 17.

[3] 陈伟光, 蔡伟宏. 逆全球化现象的政治经济学分析 [J]. 社会科学文摘, 2017 (8): 49 – 51.

[4] 戴磊. 逆全球化的演变及中国的经济对策 [J]. 发展改革理论与实践, 2017 (5): 55 – 58 + 12.

护本国利益的国际保护主义。① 梁国勇（2016）认为，逆经济全球化的负面影响主要表现在部分国家国内政治上的民粹主义、民族主义和国际政策上的孤立主义、保护主义。② 高荣伟（2017）认为，英国脱欧和特朗普新政的核心都在预示着"逆经济全球化"潮流的到来。毋庸置疑，逆经济全球化对国际贸易和国际航运来说肯定是一个负面因素。③

（2）在一定程度上抑制了全球经济的发展。吴春（2017）认为，"逆经济全球化"思潮的涌现，导致贸易保护主义、分离主义、利己主义的蔓延，严重阻碍全球经济的健康发展，给各国经济发展带来极大的挑战和问题。④ 胡鞍钢（2017）认为，历史上每一次经济全球化中断或出现逆流，都会带来经济和民生的倒退。⑤ 徐秀军（2017）认为，逆经济全球化思潮的日益盛行，在很大程度上掣肘了经济全球化的深入发展。⑥ 高芳（2017）认为，2016年，"逆经济全球化"日益凸显，特别是美国这一世界第一大经济体近期对经济全球化的复杂态度和对既有环境政策的种种"倒退"，既给仍没有走出全球金融危机影响的世界经济的健康运行进一步带来了巨大不确定性，更对脆弱的全球经济可持续发展带来重大挑战。⑦ 张晓兰（2017）认为，"逆经济全球化"思潮和贸易保护主义等外部环境正在对全球贸易发展前景形成威胁。⑧ 陈伟光、蔡伟宏（2017）认为，逆经济全球化是霸权国家主导下市场力量的释放持续损害经济全球化过程中以中产阶级为主的劳动力群体导致社会冲突积聚从而引起社会自我保护的结果，而且逆经济全球化必然与经济危

---

① 佟家栋等."逆全球化"与实经济转型升级笔谈［J］. 中国工业经济，2017（6）：5-59.
② 梁国勇. 逆全球化应对需要"新"转型［N］. 中华工商时报，2016（12）.
③ 高荣伟. 全球航运业复苏［J］. 时代金融，2017（19）：51.
④ 吴春. 以"一带一路"战略阻挡"逆全球化"问题分析［J］. 商场现代化，2017（12）：42-43.
⑤ 胡鞍钢."一带一路"是驱散逆全球化阴霾的东风［J］. 实践（思想理论版），2017（6）：9.
⑥ 徐秀军. 逆全化思潮下中国全球治理观的对外传播［J］. 对外传播，2017（3）：4-6.
⑦ 高芳. 从"逆全球化"到"新全球化"［J］. 世界环境，2017（2）：68-69.
⑧ 张晓兰. 前全球贸易形势及未来发展趋势［J］. 宏观经济管理，2017（7）：84-87+92.

机相伴随。① 储昭根（2017）认为，经济全球化的发展直接导致了各国内部矛盾尖锐且难以调和，民众参与政治的热情空前及对不平等、不公正经济全球化的强力反弹，国家领导人的领导力面临空前挑战，全球局势动荡加剧。经济全球化进入深度调整或自我修复阶段，社会民主主义思潮开始复兴，世界在寻找新的方向。② 普若德罗（Proedrou，2010）认为，经济全球化的诞生源于自由主义在世界体系中的主导地位。然而，今天经济全球化的新自由主义的形式受到了攻击。逆经济全球化的运动得到关注。在经济和政治方面，俄罗斯基本上选择了逆经济全球化，它反对资本主义，坚持国家对经济行为的强权。俄罗斯致力于和邻国建立一个由其领导的区域化的合作体系，这势必会阻碍经济全球化的趋势。③

2. 逆经济全球化的正面影响

（1）经济全球化的修正。有的学者认为逆经济全球化最主要的正面影响体现在对经济全球化的修正方面。逆经济全球化促进了经济全球化的健康发展，是经济全球化的安全阀，使经济全球化向着更有活力、更加包容、更可持续的方向发展。关立新（2001）认为，逆经济全球化不仅是对当今世界矛盾的不满、攻击，而且它揭露了"经济全球化时代"各种世界性问题的严重性。逆经济全球化浪潮的出现和迅猛发展提醒世人，经济全球化并不是各国共同繁荣发展的田园牧歌。经济全球化既能够给各国带来巨大的国际分工利益，同时也蕴含着一系列经济社会风险。④ 陈宗胜、康健（2017）认为，逆经济全球化使经济全球化面临严重的挑战，不确定性加剧，但是经济全球化不断深化的长期趋势不会逆转。新兴经济体的崛起与技术、资本、劳动力、制度等要素在全球范

---

① 陈伟光，蔡伟宏. 逆全球化现象的政治经济学分析——基于"双向运动"理论的视角 [J]. 国际观察，2017（3）：1-19.

② 储昭根. 是政治家治国还是经济学家理政 [J]. 领导科学，2017（15）：20.

③ Proedrou F. Russia's Re-emergence in the Global System: Globalising or Anti-Globalising Force? [J]. Journal of Contemporary European Studies，2010，18（1）：79-86.

④ 关立新. 经济全球化与反全球化的理论思辨 [J]. 哈尔滨工业大学学报（社会科学版），2001（4）：48-52.

围内的重新配置、流动、整合形成互动，共同形成驱动经济全球化的动力源泉，必将推动经济全球化向不断深化的方向前进。① 王跃生、李宇轩（2017）认为，传统经济全球化下的世界经济"中心—外围"结构固有矛盾导致了全球经济失衡与危机，进而引发世界经济长期萧条和"逆经济全球化"思潮。重振世界经济增长需要一个更有活力、更加包容、更可持续的新型经济全球化。②

（2）国际经贸规则的重构。一部分学者认为，逆经济全球化导致了国际经贸规则的重构。蔡明阳（2017）认为，英国脱欧、特朗普当选美国总统及其一系列逆经济全球化的言行，凸显了在逆经济全球化浪潮下，世界经济格局正在发生重大的变化：发达经济体相对衰落，而发展中经济体群体性崛起，全球贸易规则面临重构。③ 王跃生、李宇轩（2017）认为，逆经济全球化将打造一个新型经济全球化，从而呈现出国际经贸规则制定权博弈集团与一对一并存、高标准与差异化双轨并存、区域化在一定程度上替代经济全球化三大新趋势。④

综合以上观点，课题组认为，逆经济全球化导致的保护主义、民族主义阻碍了世界经济的发展。同时，逆经济全球化是对经济全球化不合理之处的修正，是对经济全球化的深度调整，逆经济全球化用反向的方式，推动了经济全球化，促进了世界经济的良性发展。此外，在逆经济全球化的时代背景下，传统经贸规则已经难以满足当前全球经济贸易投资发展的需要，要求改革国际经贸规则。

---

① 陈宗胜，康健. 反全球化的逆流与经济全球化的深化 [J]. 中国特色社会主义研究，2017（6）：18 – 41.
②④ 王跃生，李宇轩. 新型全球化下国际经贸规则新趋势与中国对策 [J]. 中国特色社会主义研究，2017（2）：28 – 33.
③ 蔡明阳. 逆全球化背景下的中国对外开放策略 [J]. 当代经济管理，2017（5）：53 – 56.

(五) 逆经济全球化对策方面的主要观点

1. 以"一带一路"倡议为抓手提升国力,引领经济全球化

经济全球化与自由贸易让数十亿人变得更自由、更富有,但也导致了严重的社会分配不公。近年来,贸易保护主义等逆经济全球化思潮愈演愈烈。在全球面临抉择的重要历史节点上,"一带一路"倡议提出"共商、共建、共享"精神,为新型经济全球化贡献了中国智慧。辜胜阻、吴沁沁、王建润(2017)认为,当前世界经济仍处于深度调整期,逆经济全球化趋势和保护主义抬头。在此背景下,本书探讨了"一带一路"作为经济全球化升级的载体,为新型经济全球化带来革新、联通、共赢、善治的战略意义,为新型经济全球化在打造国际合作新平台、构建互联互通网络、形成命运共同体、优化全球治理等方面提供的新机遇。[①] 傅梦孜、徐刚(2017)认为,"一带一路"倡议提出以来,顶层设计逐步完善,支撑措施和保障体系陆续建立,在逆经济全球化的大背景下,中国应该把"一带一路"作为引领新一轮经济全球化的抓手。[②] 陈建奇(2017)认为,逆经济全球化问题的核心是全球失衡,即各个国家在经济全球化过程中获益不平衡。中国作为经济全球化的受益者,应该通过"一带一路"倡议与合作伙伴共商共建,推动合作共赢开放新体制的构建。[③] 郑红亮(2017)认为,"开放也是改革"。设立经济特区、引进外资、加入WTO、沪港通、上海自由贸易试验区试点、"一带一路"倡议等,是开放促进改革的成功案例。[④] 葛成、杨晓萍(2016)认为,在逆经济全球化时代,中国的对外战略必然依托自身发展优势,服务于国家崛起的根本目标。利用自身市场优势、投资优势构建符合中国利益的对外经济合作

[①] 辜胜阻,吴沁沁,王建润.新型全球化与"一带一路"国际合作研究[J].国际金融研究,2017(8):24-32.

[②] 傅梦孜,徐刚."一带一路":进展、挑战与应对[J].国际问题研究,2017(3):87-96+126.

[③] 陈建奇.当代逆全球化问题及应对[J].领导科学论坛,2017(10):3-17.

[④] 郑红亮.以开放促改革:一个中国成功发展的经验[J].深圳大学学报(人文社会科学版),2017,34(3):33-37.

体系,"一带一路"倡议就是其中最显著的例子。① 宋志平(2017)认为,面对"逆经济全球化"浪潮,中国维护经济全球化健康发展责任重大。"一带一路"沿线国家大部分是发展中国家和中等发达国家,我国改革开放40年积累的丰富的对外开放、城镇化、工业化的经验很适合它们,中国企业要顺应时代潮流,在"一带一路"倡议中发挥积极作用。② 蓝江(2017)认为,在逆经济全球化的大背景下,中国坚持推进经济全球化发展,积极发挥自身在国际舞台上的作用,高举和平发展的旗帜,努力发展与沿线国家的经济合作伙伴关系,全面推进"一带一路"建设,共同打造政治上高度互信、经济上深度融合、文化上广泛包容的利益共同体、命运共同体和责任共同体。破除资本主义发展所带来的魔咒,在逆经济全球化的背景下推动真正意义上的经济全球化。③

2. 坚持改革开放,积极参与全球经济治理,推进经济全球化

刘志中(2017)认为,随着中国等新兴市场国家在世界经济中发挥的作用越来越重要,这些国家在全球经济治理中的话语权也不断增强,美欧等发达国家在国际经贸规则中的领导地位受到了挑战。为此,美欧等发达国家希望重塑国际经贸规则,重新掌握国际经贸规则的领导权,抑制中国等新兴市场国家日益上升的影响力。中国应积极参与和引领国际经贸新规则的制定,提升自身在国际经贸新规则中的话语权。④ 陈伟光、郭晴(2017)认为,当前的经济全球化范式存在一系列问题,主要大国操纵了经济全球化,国家主义与经济全球化存在巨大冲突。为此,需要对当前的经济全球化及其治理范式进行重塑,从理念、内容、目标以及实现路径等方面着手,充分发挥中国的大国角色和作用,以提

---

① 葛成,杨晓萍."逆全球化"时代的中印经济合作展望[J].南亚研究季刊,2016(4):45-51+112.
② 宋志平.中国企业如何应对逆全球化冲击与新全球化机遇——在第三届中国与全球化圆桌论坛的发言[EB/OL].http://www.cbmd.cn/artrice/6752.html,2017.
③ 蓝江.逆全球化形势下的中国担当[N].中国社会科学报,2017-4-20.
④ 刘志中."一带一路"倡议与全球经济贸易机制变革[J].东北亚论坛,2017(6):46-55.

振全球经济。① 王学东、孙梓青（2017）认为，"逆经济全球化"态势反映了参与者对全球经济治理体系的不满，暴露出原有治理模式的缺陷。在此情况下，各国需要对原有治理模式进行改革，调整原先的不完全合同，推动全球气候治理模式的转型，在新共同知识的基础上形成新的气候治理体系。中国要在推动全球气候治理中发挥积极的引领作用，促进全球气候治理体系向更为公平、公正、平衡的方向演化。在其他领域，中国同样要发挥引领性作用，为全球治理贡献"中国智慧"。②

3. 积极推进开放、包容、共享的经济全球化进程

徐坚（2017）认为，逆经济全球化可被转化为经济全球化转型的动力，可通过观念更新、机制规范调整、注入新动力以及整顿运行环境等，实现普惠、包容的新型经济全球化。③ 胡鞍钢、王蔚（2017）认为，面对逆经济全球化潮流下的贸易保护主义，中国的解决之道在于建立政治上更平衡、安全上更稳定、经济上更开放更包容、文明上更非排他、生态上更可持续的"新经济全球化"体系。中国要充分利用"天时""地利""国和"的各种契机，搭好台唱好"主角"，积极倡导"共赢主义"，打造人类命运共同体，全面参与全球治理，形成"五个全面"战略布局，推动"逆经济全球化"迈向"新经济全球化"，与世界各国共商、共创、共建、共享发展红利、机会红利、开放红利。④

综上所述，可以看出，逆经济全球化的起因是经济全球化发展的失衡，即各个国家在经济全球化过程中获益多寡的失衡或不平衡。从历史经验来看，经济全球化在其发展过程中存在一定的问题（经济与贫富分化、政治极化与社会多元化、各国内部矛盾尖锐且难以调和），需要不

---

① 陈伟光，郭晴. 逆全球化机理分析与新型全球化及其治理重塑 [J]. 南开学报（哲学社会科学版），2017（5）：58-70.

② 王学东，孙梓青. "逆全球化"态势下中国引领全球气候治理的作用分析——基于演化经济学的视角 [J]. 南京工业大学学报（社会科学版），2017（3）：14-21.

③ 徐坚. 逆全球化风潮与全球化的转型发展 [J]. 国际问题研究，2017（3）：1-15+125.

④ 胡鞍钢，王蔚. 从"逆全球化"到"新全球化"：中国角色与世界作用 [J]. 学术界，2017（3）：5-17+322.

断地修补和化解。逆经济全球化是经济全球化进入深度调整或自我修复阶段的体现。经济全球化面临严重的挑战，不确定性加剧，但是经济全球化不断深化的长期趋势不会逆转。

三、逆经济全球化背景下国际经贸规则重构研究综述

（一）关于影响国际经贸规则重构因素的主要观点

李向阳（2017）认为，在经济全球化背景下，国际经济规则对民族国家的约束力越来越强，因而任何国家都必然会关注规则的形成机制。[①] 关于影响国际经贸规则重构因素的主要观点如下：

1. 全球价值链分工重构的影响

陆燕（2015）认为，当前国际经贸规则体系正处于前所未有的重构期。新一轮贸易规则制定更加强调宽领域、高标准，有其复杂性和丰富内容，而围绕规则重构的博弈在多边、诸边、区域等层面同时展开，发达经济体与新兴经济体是主要的博弈力量。[②] 刘志中（2017）认为，随着中国等新兴市场国家在世界经济中发挥的作用越来越重要，这些国家在全球经济治理中的话语权也不断增强，美欧等发达国家在国际经贸规则中的领导地位受到了挑战。为此，美欧等发达国家希望重塑国际经贸规则，重新掌握国际经贸规则的领导权，抑制中国等新兴市场国家日益上升的影响力。[③] 张国庆（2017）认为，当前全球经济治理、世界秩序运行、大国政治关系以及国际社会思潮的发展都正在经历着重大

[①] 李向阳．"反全球化"背景下中国引领经济全球化的成本与收益［J］．中国工业经济，2017（6）：30－35＋59．

[②] 陆燕．在全球价值链中寻求制度性话语权——新一轮国际贸易规则重构与中国应对［J］．人民论坛·学术前沿，2015（23）：6－18．

[③] 刘志中．"一带一路"倡议与全球贸易治理机制变革［J］．东北亚论坛，2017（6）：46－55．

而深刻的调整。① 逆经济全球化思潮在一些国家勃然兴起。一些地区一体化方案遭受挫折,全球贸易增速下滑,保守主义抬头流行,经济全球化的核心价值理念——自由、开放、合作受到质疑。②

2. 国际经贸规则重构的趋势方面的主要观点

逆经济全球化背景下,国际经贸规则重构的趋势出现了:不少国家,特别是以美国为代表的发达国家试图用区域经济一体化的规则来替代经济全球化的规则,导致了国际经贸规则的区域性、碎片化发展态势。宋晨(2015)认为,当前国际贸易投资规则在逆经济全球化浪潮背景下开始向区域性、碎片化态势发展,并且国际贸易投资规则体系正面临着前所未有的重大调整,甚至是根本性、颠覆性的重塑,具体表现为推行更高标准的贸易自由化、投资自由化和服务贸易自由化,而且还在不断地拓展区域经贸安排和国际贸易投资规则。③ 张晓君(2014)认为,区域化、拓展化和差异化现象是逆经济全球化浪潮背景下国际经贸规则发展的主要特征。④ 尹政平(2015)认为,2008 年全球金融危机爆发后,国际经贸规则重塑呈现出以下新趋势:从边境上措施向边境后措施演进;规则性质从自愿型向强制型演进;规则执行从概念化向可操作演进;规则制定主导权的博弈更趋激烈等。

因此,在逆经济全球化浪潮背景下,新的国际经贸规则受到全球价值链分工重构的深度影响,开始转向区域性、碎片化方向发展,并且国际经贸规则体系正面临重大调整,甚至是颠覆性重塑。高标准的国际经贸新规则将对中国经济转型升级、开放型经济升级产生重大的影响。对于中国如何积极推进国内体制改革与参与国际经贸规则重构,营造有利的外部制度环境,在融入现有规则体系过程中逐渐获得主导权等方面,

---

①② 张国庆."一带一路"为共同发展提供中国方案[J]. 全球化,2017(7):116-119.

③ 宋晨. 国际贸易投资新规则及对上海自贸试验区启示研究[D]. 上海:上海社会科学院,2015.

④ 张晓君. 国际经贸规则发展的新趋势与中国的立场[J]. 现代法学,2014,36(3):154-160.

我们应继续献计献策。

(二) 关于逆经济全球化下国际经贸规则重构与中国对策的研究

对于在逆经济全球化的背景下中国应对国际贸易重构策略的研究，笔者主要从国内和国外两个方面进行梳理。一部分学者认为，我国应该积极推进国内体制改革，通过自身的发展适应规则的变化；另一部分学者则认为，中国应该引领规则的构建，加强国际合作，不断提升我国在全球经济当中的话语权和影响力。

对内，要对标当今新的高标准的国际经贸新规则，积极推进国内经济体制特别是涉外经贸体制的改革。冯玉光、郎斌 (2017) 认为，在目前"逆经济全球化"的背景下，我国现有的外经贸管理体制还难以有效适应高标准的国际经贸新规则的发展趋势的要求，必须要对标新的高标准的国际经贸新规则，快速地制定出更加完善的既符合国内经济发展的实际，又能够顺应当今新的高标准的国际经贸新规则的政策，突破目前的发展瓶颈。① 宋晨 (2015) 认为，面对当今新的高标准的国际经贸新规则的快速推进，中国应在 RCEP、中日韩 FTA 等自由贸易协议谈判中发挥主导作用，从战略高度设计出既适合中国经济社会发展特点和未来发展要求，又能够兼顾其他国家正当利益的适时适当的高标准的国际经贸规则。② 桑百川、王园园 (2015) 认为，2008 年金融危机爆发后，全球价值链分工加速重构，要求改革国际经贸规则，为其开辟道路，而新兴经济体和广大发展中国家希望赢得与其经济实力相匹配的制度性权利，形成更加平衡的全球治理格局，由此引发全球经济治理机制进入变革期。美欧等发达国家谋求在新一轮经济全球化中主导制定更严格的国际经贸规则，确保所谓的"公平竞争"，维护其竞争优势。作为

---

① 冯玉光，郎斌. 我国外贸产业供应链的重建与创新 [J]. 人民论坛，2017 (15)：86-87.

② 宋晨. 国际贸易投资新规则及对上海自贸试验区启示研究 [D]. 上海：上海社会科学院，2015.

管理全球贸易的多边体系 WTO 正面临世界经济贸易规则体系变迁的冲击。中国应从制度、战略和企业等层面积极应对世界经济贸易规则的变迁。[①] 付丽（2017）认为，面对美欧等发达国家竭力倡导的新的高标准、多领域的国际经贸规则体系，中国必须从自身发展的实际需要出发，在准确把握中国国内改革和对外开放节奏的前提下，全面实现统筹国内发展需要和全球经济治理要求的相互促进，积极参与并引领全球经济治理新的高标准、多领域国际经贸规则的重构，提高中国的国际竞争力，从而在全球范围内新的高标准、多领域的国际经贸规则重构中更好地维护国家的核心利益。[②] 综上所述，为了更好地适应国际经贸规则的重构，中国需要进一步深化改革，实施创新驱动发展，维持世界经济开放的动力。

对外，要积极参与国际经贸规则重构和全球经济治理。一部分学者认为，在逆经济全球化下，面对国际经贸规则重构的挑战，我们应该发挥更为积极的引领作用，推动完善国际经济秩序的规则制定，协调各国、各组织的利益，实现全球可持续发展，争取公正、平等的新秩序。集中体现在以下两方面：

第一，自由贸易区战略视角。王金强（2016）认为，亚太区域的价值链分工构建呈现出明显的相互交叉、相互重叠的复杂特点。中国需要以深化内部经济改革和参与构建亚太价值链的实践为基础，主动调整在全球价值链分工中的运行结构和状态，实现内部机制与外部机制的对接。同时，中国应积极在未来的自由贸易区谈判中尝试接纳和运行 TPP 达成的高标准经贸规则。[③] 王原雪、张二震（2016）认为，面对国际贸易投资规则重塑的严峻挑战，我国应扎实推进自由贸易区战略，努力构

---

① 桑百川，王园园. 中国与世界贸易规则体系的未来 [J]. 人民论坛·学术前沿，2015 (23)：30 - 37.
② 付丽. 美欧国际贸易规则重构战略及其对中国的影响 [J]. 国际经济合作，2017 (1)：56 - 59.
③ 王金强. TPP 背景下国际经贸规则的变革与亚太价值链的构建 [J]. 东北亚论坛，2016 (3)：80 - 93 + 128.

筑中国主导的自由贸易区网络；中国要由国际贸易新规则制定的参与者向国际贸易新规则制定的主导者快速转变。[①] 朱博恩、马骆茹（2016）认为，TPP 原本作为美国试图主导未来国际经贸规则的重要平台，随着特朗普的当选而出现了重大转折，使得 TPP 的发展前景不容乐观。TPP 在诸多非传统议题上的开创性探索体现了其先进性，然而 TPP 在新议题领域过高的标准以及明显的美国利益导向也体现了其局限性。我国在加快实施自由贸易试验区战略过程中，TPP 所体现的先进性和局限性都值得我们深思，应加快我国经济体制的改革和规则体系的完善，才能在未来的国际经贸规则制定中获得更强的话语权。[②] 王思语、展金泳（2017）认为，传统经贸规则已经难以满足当前全球经济贸易投资发展的需要，发达国家为了在全球治理中获取领导权，通过 TPP/CPTPP、TTIP 与 TISA 等谈判来构建更高层级的经贸新规则。我国应在维护以 WTO 为代表的多边贸易体制的基础上，全方位参与国际经贸规则重构，全面参与和国际经贸规则重构有关的各种谈判和讨论。[③]

第二，"一带一路"倡议的视角。蓝庆新（2017）认为，当前，世界发展的不确定性增强，"逆经济全球化"动向不断显现。我国应坚定推进"一带一路"经济合作，塑造"双环流"国际经济治理新格局、形成世界经济新的增长引擎、促进世界范围内的均衡发展、推动自由公平的经济全球化发展进程，从而为世界发展创造良好前景。[④] 张彬彬（2016）认为，在国际经贸规则的深刻调整下，中国所面临的发展问题愈加突出。"一带一路"就是中国积极寻求发展的一条重要"道路"。[⑤]

---

① 王原雪，张二震. 全球价值链视角下的区域经济一体化及中国的策略 [J]. 南京社会科学，2016（8）：10 - 17.
② 朱博恩，马骆茹. TPP 对我国自贸区战略发展的借鉴——基于国际贸易规则的视角 [J]. 新经济，2016（36）：11 - 12.
③ 王思语，展金泳. 全球治理演变经贸规则重构与我国的应对策略探索 [J]. 现代科学管理，2017（2）：88 - 90.
④ 蓝庆新. "一带一路"经济合作共谱和谐世界新篇章 [J]. 人民论坛，2017（27）：87 - 88.
⑤ 张彬彬. "一带一路"面临的挑战 [J]. 现代经济信息，2016（15）：8 + 10.

郝洁（2016）认为，当前，国际经贸规则进入了全方位的深度变革与重构期，一些超大型的区域贸易协定已成为构建国际经贸规则新体系的重要平台，一系列高标准、广覆盖的国际贸易投资规则正在逐步成型。国际经贸规则的重构使我国在参与全球经济治理与区域经济合作方面面临新的巨大压力，国际经贸规则的重构显著地抬高了我国参与全球经济治理与经济全球化的门槛。因此，我国应审时度势进一步增强在全球经济治理中的话语权和影响力，要以"一带一路"为主线构建起符合我国核心利益的国际经贸规则体系：一是要通过各种途径来积极影响全球治理经济相关规则的变革进程的方向；二是要推动与"一带一路"沿线国家构建与国际经贸新规则相衔接的贸易投资合作机制；三是要通过构建亚太自由贸易试验区，争取亚太区域经贸规则协调的主动权；四是要进一步全面深化国内经济体制改革，以适应国际经贸规则重构的要求。[①] 这两种国际贸易新规则的较量与博弈将给我国的国际贸易造成前所未有的新变化，所以必须分析掌握其最新环境加以应对。其提出中国的应对策略为：一是服务贸易将成为国际贸易新核心；二是国际贸易涉及的领域将越来越宽泛；三是国际贸易标准将发生变化；四是人民币国际化的速度将加快；五是跨国公司的地位将进一步上升。[②]

（三）进一步研究的方向

一是多维度的视角。国内外学者分别从理论和实证方面、从不同的分析角度解释了逆经济全球化新浪潮这一现象。历史经验表明，逆经济全球化新浪潮的出现是多种因素共同作用的结果，并不是某一方面因素造成的，而现有的研究大多集中在对某一方面的分析。逆经济全球化新浪潮是多个因素长期共同作用的结果，将其简单归因于某一方面会有失公允。随着对这一问题分析的深入，需要研究者从多角度去综合分析这

---

① 郝洁. 国际经贸规则重构对我国的挑战及应对 [J]. 中国经贸导刊，2016（10）：52 – 53.
② 于国庆. TPP 时代的国际贸易新环境分析及应对 [J]. 现代经济信息，2016（12）：152.

一问题。二是实证研究视角。目前，关于逆经济全球化新浪潮与中国对策的研究主要集中在理论方面，缺乏更深入的实证研究。三是系统研究视角。尽管很多学者分析了逆经济全球化与中国的影响，但系统、深入的研究尚需进一步加强。四是微观视角。对应对逆经济全球化新浪潮的中国对策研究，大多集中在宏观层面，而很少从微观视角去分析并提出相应的具体可操作的对策。可以从政府、企业、行业协会等多个维度对逆经济全球化新浪潮背景下中国的战略与策略设计进行深入研究。比如，研究逆经济全球化新浪潮对各个行业的具体影响并提出切实可行的应对之策。

第一章

全球价值链分工、全球经济失衡与全球经济治理

第一节 全球价值链分工的内涵及其产生与发展的动因

一、全球价值链分工的内涵

国际分工是社会生产力发展到一定阶段的产物，同时，国际分工的发展又促进了社会生产力的发展。到目前为止，国际分工经历了产业间分工（以宗主国与殖民地之间的分工、工业国与农业国之间的分工为代表）、产业内分工（以发达国家之间的分工为代表）与产品内分工（以发达国家之间、发达国家与发展中国家之间的分工为代表）三种主要形式。其中，产业间分工是以经济发展水平不同国家之间产业作为界限所进行的分工，属于国际垂直分工的范畴；产业内分工是以经济发展水平相似的不同国家之间同一或同类产业的产品作为界限所进行的分工，属于国际水平分工的范畴；产品内分工是以技术发展水平不同的国家之间同一或同类产业的产品的价值链增值环节作为界限所进行的更为细化的

国际分工。① 20 世纪六七十年代后，随着科技革命的推进，国际分工向更为细化的方向快速发展，产品的价值链增值环节被快速地细分，从而出现了不同经济、技术发展水平的国家（地区）之间，在发达国家，特别是发达国家跨国公司的主导下，按照统一产业或产品的价值链增值环节或工艺工序的不同环节进行细致的国际分工现象，进而形成了前所未有的全球供应链分工或全球价值链分工，即全球价值链分工是指一国或地区在发达国家，特别是在发达国家跨国公司的主导下，通过全球产品价值链不同环节的跨国分工而进行的连续化、专业化生产或提供服务，以完成产品价值链最终产品的生产、消费的循环。② 全球价值链分工是当今国际分工发展的最新阶段和最高阶段。③

二、全球价值链分工产生与发展的动因

（一）信息技术革命是全球价值链分工产生的动力

第二次世界大战后，信息技术得到了迅猛的发展。信息技术革命不仅对全球各国经济活动方式的变革带来了深刻影响，而且全面提升了产品生产过程的技术特性，使产品的生产空间具有了可分离性和经济全球化生产标准的统一性，从而为经济全球化的中间产品、零部件生产提供了坚实的技术保障和标准质量的保障。例如，美国生产波音 747 飞机所需要的 450 万个零部件既不是由波音公司自己提供，也不是完全由美国本土厂家来提供，而是由世界 8 个国家近 1.7 万个大中小型企业分工生产，并在美国西雅图完成最后的组装。可见，信息技术革命推动了生产过程、生产环节、价值增值环节的细分，即世界各国可以独立承担产品

---

① 王子先. 世界经济进入全球价值链时代 中国对外开放面临新选择 [J]. 全球化, 2014 (5): 61 – 71.
② 周维富. 借鉴国际经验推动我国连续流程产业价值链升级的政策建议 [J]. 经济纵横, 2016 (11): 70 – 75.
③ 宋春子. 全球价值链分工对国际贸易摩擦的影响研究 [D]. 沈阳: 辽宁大学, 2014.

设计、生产、组装的某一个环节或某几个环节,并最终联合起来共同完成整件产品的生产过程。同时,快速发展的信息技术使得主导全球价值链分工的跨国公司不但能够对分布在全球各个角落的中间产品、零部件生产企业实现远距离控制,能够实现全球各个角落的企业之间在全球价值链分工中协调生产和监控整个生产过程,而且能够使处于全球价值链分工不同环节企业之间的交易成本不断下降,从而使全球价值链分工能够顺利发展。[①]

(二) 国际产业转移是全球价值链发展的路径

从20世纪50年代开始至90年代初,已完成了具有全球影响力的三次大规模产业转移,目前正在进行的是第四次全球产业转移浪潮。20世纪90年代至今,随着科技革命、经济全球化的发展,发达国家把生产的不同环节转移到具有不同比较优势的国家和地区,从而形成第四次国际产业转移浪潮。这四次国际产业转移大大增强了不同发展水平的国家之间的产业结构互动性和关联性,从而出现了以价值链分工为纽带的新的国际分工现象,即随着国际产业转移浪潮的发展,全球价值链分工也在不断拓展和进一步快速升级。

(三) 各经济体制的趋同是全球价值链分工产生的制度基础

冷战结束后,原实施计划经济体制的国家或通过"休克疗法"进行了彻底的经济体制转型,或开始进行大规模的以市场经济体制为导向的经济体制改革,特别是中国从计划经济体制向社会主义市场经济体制转型的成功,使市场经济体制成为世界各国经济体制的主流,同时也使世界各国的经济体制出现了趋同现象。与此同时,自20世纪80年代起,西方发达国家也开始了以放松经济规制为核心的规制改革,并积极推动以贸易投资自由化和金融自由化为核心的经济全球化。世界各国经

[①] 宋春子. 全球价值链分工对国际贸易摩擦的影响研究 [D]. 沈阳:辽宁大学,2014.

济体制趋同化的快速发展为全球价值链分工奠定了制度基础和制度支持，打开了广阔的制度空间。①

（四）多边贸易体制的建立和健全是全球价值链分工运行的规则

第二次世界大战后，以关税及贸易总协定（GATT）/WTO 为代表的世界多边贸易体制的建立和健全，为以全球范围内贸易投资的便利化、自由化为特征的经济全球化提供了一整套较为有效的运行规则。与此同时，在世界众多国家积极推动下，多边的、双边的区域经济一体化组织得到了空前的发展，截至 2018 年 7 月，WTO 通告的各种自由贸易协定数量已经达到 673 个，其中 459 个为已生效的协定。国际投资协定的制定也在快速发展之中。因此，以关税及贸易总协定（GATT）/WTO 为代表的世界多边贸易体制、规则的建立，为全球价值链分工的健康发展提供了规则保障。②

第二节 全球价值链分工的内在矛盾与全球经济失衡

一、全球价值链分工的内在矛盾

（一）全球价值链分工改变了主导国际分工的主体

在以往的国际分工体系中，政府是这种国际分工的主体和主导者。

---

① 刘洪钟，杨攻研. 全球经济失衡的调整及中国对策：一种政治经济解释 [J]. 经济学家，2011（5）：20-27.
② 宋春子. 全球价值链分工对国际贸易摩擦的影响研究 [D]. 沈阳：辽宁大学，2014.

而在全球价值链分工这一新的国际分工体系中，政府的主导作用在减小，跨国公司，特别是发达国家的巨型跨国公司已成为当代国际分工——全球价值链分工的主导者。发达国家的巨型跨国公司通过细化全球价值链分工的各个价值增值环节，通过把其他利润率低下的环节分包给世界各国的独立公司和合同制造商来主导全球价值链分工。于是，在当今世界，生产什么、在哪里生产、为谁生产、生产多少、何时生产、如何生产等都要唯发达国家巨型跨国公司的"指令"是听。由此可见，跨国公司，特别是发达国家的巨型跨国公司已逐渐取代各国政府成为全球价值链分工的主导者。[①]

（二）全球价值链分工深刻地改变了国家间经济联系的形式和性质

在全球价值链分工背景下，参与全球价值链分工的各国之间经济联系形式发生了前所未有的深刻变化，昔日由国际分工产生的各国间以"贸易"关联为主迅速地转变为各国间以"生产"关联为主；另外，由于跨国公司，特别是发达国家的巨型跨国公司主导了全球价值链分工，发达国家与发展中国家之间国际分工关系，变成了"创造"与"制造"、"发包"与"承包"、"高端"与"低端"、"老板"与"打工者"的新的复杂关系。[②]

（三）全球价值链分工改变了国际分工的利益分配机制和国际经济竞争的焦点

在全球价值链分工背景下，全球价值链分工的主导者、国家间经济联系方式的重大变化，使全球价值链分工的利益分配也发生了重大变

[①] 邓斌，薛杨. 中国参与世界经济失衡调整的战略研究[J]. 现代管理科学，2012(11)：74-76.

[②] 张桂梅，张平. 价值链分工背景的产业发展风险分析及其庇护[J]. 改革，2011(5)：50-55.

化，在当今世界，一国或地区在全球价值链分工中获取利益的多寡，最终取决于一国或地区以什么层级生产要素参与全球价值链分工、在全球价值链分工中的地位如何、占据的价值链高增值环节的多少以及该国对整个价值链控制能力的大小等。处于价值链高端位置的国家将会在全球价值链分工的价值创造和分配中处于有利地位，进而获得较多的利得。① 与之相对应，处于全球价值链分工环节低端位置的国家将会在全球价值链分工的价值创造和分配中处于不利地位，其所获得的利得自然较少。因此，全球价值链分工的发展使国际竞争变成了全球价值链分工环节、位置的竞争。全球价值链分工对国际分工的利益分配机制的巨大改变也深刻地改变了国际经济竞争的焦点。②

二、全球价值链分工下的矛盾冲突与全球经济失衡

在全球价值链分工背景下，由于发达国家专注于研究与开发、设计和品牌、采购、金融、物流、营销等全球价值链分工高附加值环节，而发展中国家特别是新兴经济体则主要从事加工、组装、制造等低附加值环节，这种全球价值链分工的安排，使得全球的生产和消费出现"脱节"现象：发展中国家特别是新兴经济体变成了主要的"生产者"，而发达国家则变成了主要的"消费者"。与之相对应的是，发展中国家特别是新兴经济体对外贸易得到了快速发展，也获得了一定生产和贸易利益，特别是贸易顺差所带来的外汇储备的增加，而发达国家则获得了来自主导全球价值链分工的巨额利润，获得了来自发展中国家特别是新兴经济体大量廉价的消费品，支持了其居高不下的超前消费，同时也使发达国家处于巨额的贸易逆差状态，从而使发达国家与发展中国家特别是新兴经济体之间出现严重的"生产与消费失衡""贸易失衡"。而全球价值链分工正常运行的重要一环，就是发

---

① 张桂梅. 价值链分工下发展中国家贸易利益研究 [D]. 沈阳：辽宁大学, 2011.
② 宋春子. 全球价值链分工对国际贸易摩擦的影响研究 [D]. 沈阳：辽宁大学, 2014.

达国家不断地增加向发展中国家特别是新兴经济体进行以投资为依托的国际产业转移，从而使发达国家与发展中国家特别是新兴经济体之间出现严重的"投资失衡"，引发发达国家"产业空心化"的恐慌。全球价值链分工下的这种矛盾冲突的不断发展导致发达国家对全球经济失衡的担忧。[①]

第三节 全球经济失衡与全球经济治理的内涵

一、全球经济失衡的内涵及其性质

全球经济失衡主要指的是全球经常账户收支失衡。其具体表现为：某一部分国家拥有大量对外贸易（经常账户）逆差（赤字），而另外一部分国家则拥有大量的对外贸易（经常账户）顺差（黑字）。[②] 全球经济发展的严重失衡已经对经济全球化的可持续发展、对全球各国经济之间联系的可持续发展和各国国内经济的可持续发展构成了严重威胁，因此，以纠正全球经济发展的严重失衡为核心的全球经济治理迫在眉睫。明确全球经济治理的必要性、紧迫性是达成治理全球经济发展严重失衡共识的前提。

二、全球经济治理的内涵

所谓全球经济治理，就是在全球经济失衡的面前，各国通过对本国经济发展战略、经济发展政策的深度调整，特别是通过本国涉外经济发

[①] 刘洪钟，杨攻研. 全球经济失衡的调整及中国对策：一种政治经济解释 [J]. 经济学家，2011（5）：20-27.

[②] 王必锋. 要素市场扭曲对中国经济外部失衡的影响研究 [D]. 沈阳：辽宁大学，2013.

展战略、涉外经贸政策的深度调整，防止全球经济失衡的继续发展，特别是防止全球经济失衡主要集中在少数经济大国之间。① 全球经济治理是狭义上的全球治理，是指为了维持正常稳定的国际经济秩序与全球经济的繁荣和稳定，主权国家通过具有约束力和规范作用的国际机制和规则解决全球性经济问题失衡。因此，全球经济治理成为推动全球经济稳定、繁荣与健康发展的重要基础之一。②

三、全球经济失衡与全球经济治理

全球经济失衡是全球经济长期发展过程中各种问题积累而最终的结果。而当全球经济失衡双方都试图进行经济发展的内外失衡治理的时候，就会发现，这种内外经济失衡治理所面临的困难可谓极为复杂，面临的各种挑战可谓极为严峻。因为全球经济治理的过程是依据某种规则进行全球经济治理的博弈过程，是一种全球经济利益大调整的过程，是争夺这一大调整过程主导权的过程，即全球经济治理的过程是世界各国之间复杂的利益、权力争夺的过程中，全球经济治理的实质是国际经贸规则主导权争夺的激烈博弈过程。

（一）顺差国一方内部经济的治理与经济的内外再平衡

顺差国在宏观上既要进行其经济发展战略的大调整——从出口导向型经济发展战略向内需主导型经济发展战略进行根本的转换，又要进行产业结构的调整和升级（这显然不是在短期内可以完成的工作）。在微观上，全球经济失衡中的顺差国不得不减少对出口的依赖，特别是对少数国家的过度依赖，实施市场多元化战略，这显然也不是可以

---

① 彭冬冬，杨培祥. 全球价值链分工如何影响贸易保护壁垒的实施——以反倾销为例[J]. 国际贸易问题，2018（6）：105-118.
② 王卓. 全球经济治理变革的路径选择[D]. 北京：外交学院，2018.

一蹴而就的工作。因为，全球经济失衡中的顺差国在长期的出口导向型经济发展战略、政策导向激励下，长期从事对外贸易的相关企业及相关部门，不但累积了大量的财富，而且形成了对国内政策制定的较大影响力，从而在国内占据着较强势的地位。例如，中国对外贸易依存度曾经高达70%，虽然经过调整现在降到了39%，但仍是居高不下。而南方开放度比较高的省市对外贸易依存度仍高达70%~90%，甚至超过100%。与其相对应的是，相关企业及相关部门对政府政策走向的影响力巨大而且隐秘。因此，在出口导向型经济发展战略向内需主导型经济发展战略进行根本转换的过程中，经济发展战略的调整与转换不但有经济的调整与转换，甚至还有政治和社会的调整与转换，其难度可想而知。[①]

（二）全球经济治理中的逆差国内部调整与再平衡

在全球经济失衡与治理中，逆差国与顺差国类似于镜像关系：在全球金融危机爆发前，由于顺差国大量廉价商品和资金的流入，使得逆差国的消费者和非贸易部门享受着全球经济失衡所带来的利益，是全球经济失衡的最大赢家。例如，在美国，随着顺差国廉价商品和资金的大规模流入，特别是金融经济取代制造业成为美国经济发展主导的所谓"新经济"、金融创新花样翻新、借贷消费更加便利，在美国造成了永久收入提高的假象，从而对严重的失衡熟视无睹。而当全球经济失衡难以为继、全球金融危机爆发、被迫进行全球经济治理时，这些部门便成了全球经济治理成本的最大分担者。因此，全球经济治理中的逆差国内部调整与再平衡也可谓困难重重。

---

① 刘洪钟，杨攻研. 后危机时代的东亚贸易与生产网络的挑战与政策含义 [J]. 中国市场，2012（50）：68-73.

第四节 全球经济治理的新特点

一、全球经济治理形式向多样化方向发展

(一) 多边贸易体制仍是全球经济治理的重要力量

以关税及贸易总协定(GATT)/WTO 为中心的多边贸易体系在全球经济治理中具有非常重要的作用。一方面,通过谈判,可以在多边层面扩大市场准入,从而极大地促进国际贸易的发展;另一方面,通过制定及规范贸易规则、完善贸易政策和争端解决机制,为全球贸易的发展提供较为透明、稳定的环境,确保各协议的顺利实施,成员方自觉履行相关义务,稳定全球贸易秩序。

尽管 WTO 自创立起所发起的仅有的多边贸易谈判——多哈回合谈判处于中断状态,但是 WTO 在全球经济治理方面依旧扮演着举足轻重的角色:关税与非关税壁垒逐渐减少,国际贸易自由化水平提升。自创建 WTO 起,除了危机阶段,经济发展程度不一的各个国家大多均保持了进出口贸易的正增长;通过持续的谈判与实践,优化与统一了贸易规制,减少了贸易冲突;为成员国创建了协商与审核贸易政策的多边渠道,提升了贸易市场的公开度与公平度;调动了发展中国家参与全球贸易的积极性,推动了其贸易的长远发展;贸易与环保的有机融合,有力推动了世界经济的长足发展。[1]

整体来说,尽管在 WTO 中发展中国家的总数占比较高,贸易发展步伐也不断加快,然而因为贸易质量明显赶不上数量,且自身经济发展

---

[1] 王厚双,孙丽. 战后日本参与全球经济治理的经验研究[J]. 日本学刊,2017(1): 92–118.

能力不足，人才资源匮乏，在贸易治理过程中，发展中国家尚且缺少表决与决策的主动权，在 WTO 常规活动的参与度较低，甚至在部分经济落后的国家中，WTO 并未建立常驻工作团队。发展中国家在 WTO 的表决、决策与管理权限仍旧不足。

（二）国家集团在全球经济治理中的地位、作用上升

在 2008 年世界金融危机未出现时，七国集团（G7）凭借自身雄厚的综合实力，长期掌握着全球经济与全球经济治理的主动权；但是 2008 年世界金融危机对七国集团的经济造成了巨大的打击，经济增幅与发展水平大幅下滑，失业率激增，进而影响到世界经济的发展，而受经济危机打击较小的新兴经济体经济增长强劲，逐渐成长为推动世界经济发展的支柱。受到经济危机的影响，七国集团失去了全球经济治理的主导权，为使全球经济治理能够继续拥有必要的公共产品作为保障，国际社会将更多责任和义务转移到发展中国家身上，2009 年，G20 匹兹堡会议对外正式公布，由 G20 接替 G7，充当全球经济治理的核心平台。

在过去的会议上，G20 反复提到了多边主义对于全球经济治理的重大意义，由此可以看出，多边贸易制度是全球公认的、能够实现全球经济治理的最有力工具，这反映出诸多大国并未舍弃多边会谈。尽管受到技术与意见分歧等因素的影响，多哈回合谈判的进度严重滞后，然而《贸易便捷化协议》的成功签署增强了多边贸易谈判的信心，并创造了有利条件。自 2012 年起，G20 便意识到了国际分工在世界经济发展方面的重大作用，同时采取了多种措施以调动贫困国家和中小企业参与国际分工的积极性，推动国际分工的长远发展。在 2016 年杭州峰会上，关于全球经济治理的倡议更为丰富、全面，既包含了过去会谈中的内容，也增加了新的议题，提出了促进贫困国家实现国际分工转型、推动地区与多边贸易规则的统一性等诸多体现当前全球经济治理方面亟待解决的问题。

(三) 全球经济治理主体多样化

从宏观角度分析，全球经济治理的参与机构主要有全球性组织、地区性组织、国家集团与主权国家等，而身为微观参与机构的跨国公司与民间机构在其中则分别充当着实施者与参与者的角色。伴随着科技的不断进步与全球经济一体化的迅速推进，跨国公司慢慢变成了世界经济的领跑者，尤其是发达国家的大型跨国公司，借助在世界各国大范围地整合与分配生产、物资与人力资源，占据着国际生产与贸易体系的主导位置。在国际分工环境下，跨国企业此种最为关键的跨国经济参与者甚至能够改变发展中国家的贸易与投资战略。发展中国家要想加入国际分工，必须改善国内投资、法律、基础设施和营商环境，从而获得更多的投资。另外，发展中国家的本土企业则需要遵守跨国公司的相关技术标准进行相关生产活动。跨国公司增加投资能够倒逼发展中国家实施改革、完善基础设施建设、加大开放市场力度、加快经济发展并提升就业率。并且，跨国公司对全球各项贸易与生产标准的落实和完善也推动了贸易制度与治理模式的优化。最后，跨国公司掌握着大量的物资与人力资源，能够为 WTO 扶持项目提供有力的物质与人员保障。

但是，跨国公司也为世界贸易治理提出了新的挑战：一方面，跨国公司这种利益团体掌握着强大的经济与政治能力，能够借助游说等手段改变国家政策，使得政府出台多项能够推动自身发展的经济贸易战略。而且不同国家跨国公司的倾向与诉求有着极大的不同，势必增加多边贸易谈判的物质和时间成本，甚至导致谈判中断或彻底取消。另一方面，跨国公司凭借自身雄厚的经济实力以及在世界市场的主导地位，在诸多领域的权力甚至超过了国家和世界组织。当下，国际缺乏全面且通行的投资规则，这为跨国公司躲避主权国家以及有关政策的约束提供了机会。最后，跨国公司在生产经营环节还会产生诸多的消极公共影响，如损害自然环境、行贿受贿等严重阻碍国际贸易发展的问题，甚至导致全球经济治理陷入新的困境。

公共社会组织是拥有共同利益和价值观的成员组成的非政府、非市场的仅体现发展、平等与民主等的团体或组织，诸如行业联盟、协会、社区机构、非政府组织以及慈善组织等。社会文明的发展不但加速了公共社会组织的发展，并逐步构建起了全球秩序，在全球经济治理方面的作用越发明显。在全球经济治理方面，公共社会组织大多是借助参与WTO部长级会谈、游说政府、给予贸易公司建议、以非官方渠道参与WTO分歧处理、抗议和游行等方式向国家及国际组织施压，为具体问题提出倡议或建议。公共社会组织能够切实提升全球经济治理的民主化水平，强化公众对多边贸易体系与贸易自由化的信心，增强贸易协商的公正性与兼容性。

二、全球经济治理结构依然不合理

（一）多边、区域及双边层面贸易治理均存在着"民主赤字"问题

国际贸易谈判的主题与最终结果是各国之间不断博弈所得的成果，然而博弈成果产生的基础是国家的综合能力，并非国家的贸易规模。所以，多边、地区或双边贸易投资谈判都蕴含着霸权的意味。"民主赤字"是诸多贸易治理模式均会面临的困境。在乌拉圭回合谈判前，欧美国家拥有多边贸易谈判的主动权；但是从乌拉圭回合谈判"绿屋会议"创立起，审议贸易提议与设定贸易谈判内容的权力转移到了日欧美加四大贸易集团手中。印度与巴西经济快速发展，逐步取代了日本与加拿大的核心位置；尽管"绿屋会议"的成员国数量增加到了30个，然而众多的发展中国家与贫困国家被排除在外，即便是成员也未必享有表决与决策的权力，这与其在全球贸易总额中的高额比重形成了鲜明的对比。在多边贸易方面，"民主赤字"还反映在WTO管理层与工作人员的国别组成并不合理，2015年，在WTO来自78个成员的共计634位工作人员中，发达国家的总人数高达449位。

在地区或双边贸易方面,综合国力强的参与国拥有贸易谈判与规则制定的控制权。日欧美同别国所签订的区域贸易协定(RTAs)往往表现出鲜明的中心国特性,由美国参与的区域贸易协定大部分是基于美国现行的法规设计的,此种情况在欧盟国家也十分常见。

(二) 国际经贸规则的发展落后于国际经贸模式的变化

常言道,"无规矩难成方圆",全球经贸的可持续发展离不开健全的国际经贸规则,国际经贸规则存在的缺陷不但会导致贸易成本的增加,同时还会产生贸易摩擦甚至是贸易战争。然而现阶段的多边、双边和地区贸易协议,配套规则建设步伐根本赶不上贸易形式变化的速度。基于 WTO 的多边国际经贸规则大多关注市场准入层面,主要通过多方协商以减少或消除关税和非关税壁垒,提高准入水平。多边国际经贸规则系统主要管理的对象有服务贸易、农业或工业产品贸易、技术类贸易壁垒、海关流程、出口税、卫生和动植物检疫、反补贴、公共采购、贸易投资战略及知识产权保护、反倾销等。因为多边贸易成员国数量众多且经济发展程度存在较大差异,再加上协商统一的决策模式使得多边国际经贸规则的设定标准较为宽松,无法满足全球价值链贸易发展对国家经贸规则的新的诉求,即便是对传统国际经贸规则也十分保守,并未深入发展,尤其是针对国际贸易、国际投资与知识产权保护的规则建设仍停留在较低水平之上。尽管区域贸易协定不但将 WTO 规则进一步拓展,而且还扩大了贸易谈判主题的覆盖面,谈判新增了更多的贸易议题,同时设立了一些与价值链贸易息息相关的国际经贸规则,然而此类新国际经贸规则大多不具执行效力,使用率低且无法准确评估实质效果。要想推动价值链贸易发展,首先应将制定国际经贸规则的核心由规范市场准入调整为国内规则与国际规则相融合,但当前多边贸易体系仍受制于传统贸易谈判模式而无法获得重大突破。不断涌现的区域贸易协定以及各国或各区域国际经贸规则的显著差异使得地区国际经贸规则体系越发复杂与烦琐,无法实现统一,国际经贸规则的构建远远跟不上贸易模式的变化。

（三）全球经济治理与全球投资、金融治理缺乏协调

回顾全球政治经济局势的发展史可知，G7 与 G20 在不同的阶段充当了全球经济治理主导者的角色，而国际货币基金组织（IMF）、WTO、世界银行（WB）和创建于 2009 年的金融稳定委员会（FSB）则是全球经济、金融、贸易发展的治理方案制定与执行机构，这些机构促进了协调国家间经济政策、规范各经济贸易领域的行为、制定相关国际经贸规则。尽管早在刚刚创立时 WTO 便和国际货币基金组织以及世界银行达成了合作协议，然而因为缺乏明确的分工合作制度，使得管理部门与执行部门间、执行部门之间仍旧处在各自为政的状态，缺少科学的协调与相互监督制度，带来了较为消极的外在影响。尤其是在价值链分工使知识产权保护、投资、贸易、服务与资本相融合的情况下，各自为政，缺少协调与沟通，严重阻碍了世界经济的复苏与长远发展。

对全球经济治理来说，尽管世界银行与国际货币基金组织通过为主权国家提供贷款及帮助其能力建设，推动了国际尤其是发展中国家贸易自由化以及市场开放，然而汇率机制的转变和汇率波动所引发的贸易保护主义对 WTO 形成了巨大的挑战。另外，世界银行与 WTO 两者的贸易和发展职能有所重复，且彼此合作程序和义务不具体、不完善，造成资源的浪费甚至职能冲突。自 G20 创立起就和 WTO 存在着紧密的合作关系，WTO 给予 G20 关于全球贸易的咨询意见并落实 G20 所提出的各项贸易决策，同时督促 G20 成员全面抵制各种贸易保护主义政策。然而 WTO 是一种以成员方为主导的多边国际组织，再加上 G20 的有限代表性，这些都增加了两者合作的难度。

三、WTO 在全球经济治理中的作用被削弱

从 1947 年关税及贸易总协定（GATT）创立，尤其是 1995 年 WTO

创立以来，多边贸易体系不但为各国创造了贸易往来与贸易政策协调的渠道，同时为成员方营造了稳健且积极的新贸易环境，有效提升了贸易自由化，推动了全球经济的发展。并且，关税及贸易总协定（GATT）/WTO明确了全球经济治理的组织框架和法律依据，二战结束后长期占据着全球经济治理的核心位置。经济危机后，全球政治经济格局发生了重大变革（主要表现为新兴经济体迅速成长、全球经济政治权益意识日益增强），WTO自身的体制漏洞日益凸显，因此，目标更为明确、方式更加灵活的地区贸易协定（FTA、RTA、关税联盟、大型地区贸易协定，诸如RECP、TPP和TTIP等）、单边改革以及双边投资协定（BITs）逐步成为新规则产生的渠道，但大多由发达国家掌控着规则制定的主导权，"民主赤字"问题十分突出。发展中国家以及工业贸易强国围绕着市场准则与保护对象等议题存在着极大的分歧，再加上WTO充分达成统一的决策模式与"一揽子"的协商模式使得多哈回合谈判长时间止步不前，进而导致WTO无法终止传统贸易谈判，极大地削弱了多边贸易体系的贸易治理功能。

（一）WTO内在制度存在缺陷

毋庸置疑，在20世纪，关税及贸易总协定（GATT）/WTO在监管各国贸易活动、优化贸易格局以及贸易管理等领域走在前列，有力地推动了国际经济的大融合和贸易自由化。尤其是在一些特殊阶段，WTO的贸易政策审核机制、谈判制度和冲突处理制度等对于遏制贸易保护势力、避免贸易战的出现等均做出了巨大贡献。然而在国际价值链分工越发细致的当下，新的商业与贸易规范为全球经济治理提出了更多的要求，WTO自身的制度漏洞日益凸显。

第一，决策制度是多边贸易体系的重要构成要素。按照《构建国际贸易组织的马拉喀什协定》，WTO内部存在两种决策方式：协商一致与投票机制。前者即为参会所有成员未对议题提出正式反对意见，不表态、弃权和一般性评论，均视为支持决议。后者则主要在难以通过协商的方式获得共识的情况下使用，各成员均具有一票，按照多数、2/3多数或3/4多数的标准制定决策。然而WTO是一个以成员为主导的全球性机构,仅仅实现了表面的决策民主,投票机制难以落实,同时极易出现多数派系掌握公共事务决策权的情况,本质上仅仅存在着一种决策模式,即协商一致。尽管此种模式凸显了公平与民主的原则,给予了发展中国家参与公共事务决策与阐述本国利益需求的机会,然而现阶段全球共有164个国家和地区加入WTO,采用上述两种决策模式都将影响决策的效率,使得谈判进展过慢甚至被迫中断。[①]

为了全面改善协商一致导致效率低下的问题,WTO对内还采取了一种遵循惯例的非正式的决策模式,即"绿屋会议"。此会议源自乌拉圭回合谈判,属于一种少数国家参与的协商与决策形式,议题首先在参会的少数成员中形成共识,接着利用与会国的影响力最终使其他成员达成共识。早期的参会国只局限于美欧日加四个主要贸易国,如今已扩大为25~30个国家(涵盖了传统贸易四国、部分发达国家和新兴经济体,并未涵盖大部分发展中国家)。"绿屋会议"尽管从某种层面上提升了WTO的决策效率,然而此会议存在公开度低和民主赤字的弊端,始终饱受质疑。[②]

第二,从乌拉圭回合谈判起,关税及贸易总协定开始施行"一揽子"协议谈判模式,"一揽子"协议就是指成员各方对多个议题、多个领域进行同时谈判,结果或者全盘推翻,或者全盘认同,禁止出现部分认同或部分推翻的情形。此种模式借助议题与利益互换的手段权衡了偏好不同的众多成员的利益,提升了谈判成功的概率并减少了搭"顺风车"的机会,加快了谈判速度。但"一揽子"协商模式为实力强大的发达国家创造了掌控谈判主题与进度的机会,有失民主。由多哈回合的发展历程可知,WTO协商一致决策模式与"一揽子"谈判模式无法促进多边贸易机制的优化与健全,此种低效的谈判与决策模式已经阻碍了

---

① 徐崇利. 现行国际经济秩序的重构与中国的责任 [J]. 国际经济法学刊, 2010 (2): 1-13.

② 张晓君. 国际经贸规则发展的新趋势与中国的立场 [J]. 现代法学, 2014 (3): 154-160.

多哈回合谈判。其一，议题削减，如"新加坡议题"（不包括贸易便捷化）从谈判议题中被排除；其二，此种决议模式增加了时间成本，导致政策无法及时发挥效力；其三，多边贸易机制停滞加速了地区贸易会谈的发展，由此既导致谈判成本上涨，又使得规则体系越发烦琐复杂，导致利益各方规则执行成本增加。[①]

（二）各国之间矛盾不可调和导致多边国际经贸规则谈判停滞

除了WTO自身的制度漏洞，各国间无法调解的冲突同样是导致多哈回合谈判中止的原因。矛盾既存在于经济发展程度不一的各个国家集团间，又存在于经济发展程度相当的国家间。WTO创立后在新加坡举行了首次部长级会谈，在发达国家的反复呼吁下，此次会谈的议题加入了包含了政府采购公开、贸易和投资、贸易便捷化以及贸易与竞争的新加坡议题，发达国家尝试着组织深度的贸易会谈，然而西雅图会谈在发展中国家的反复抗议下终止。随后，在2001年的多哈部长级会谈上，发展中国家与发达国家两大阵营通过反复的协商与交流，提出了"多哈回合发展议程"，由此标志着多哈回合谈判正式开始。议题囊括了农业、服务贸易、贸易相关的知识产权保护以及投资方式、非农产品市场准入和政府采购等，因为发达国家与发展中国家对农业与非农业市场准入这一议题有着较为明显的分歧，因此谈判没有遵循既定的议程进行。随后，在多哈回合会谈的中期评审——坎昆会谈上，因为发达国家与主要发展中农业国组成的"二十二国集团"就农产品市场开放以及农产品补助这一议题存在矛盾，以及发展中国家与发达国家在新加坡议题上存在分歧，使得此次会谈最终未能达成一致。随后，在2005年的中国香港会谈上，成员方为了防止再度失败而选择了彼此让步，由此达成了《香港宣言》，然而就农业补贴、非农产品关税优惠等问题仍旧没有获

---

① 檀江林，李莉. 美国奥巴马政府"重返亚太"战略的成因探析——基于国际关系"层次分析法"的考察 [J]. 东南亚研究，2013（1）：30-36.

得突破。次年,多哈回合会谈正式中断。同时,日美两国在农业方面的争议以及欧美对于知识产权保护相关议题的分歧均从某种层面上阻碍多哈回合谈判的进行。到了 2007 年 1 月末,WTO 开始全方位重启多哈回合谈判,然而在关键议题上仍旧无法形成共识。2014 年 11 月,多哈回合通过了首个多边协议——《贸易便利化协议》,这是多哈回合唯一的标志性成果。①

(三) WTO 现行规则不能完全反映国际分工快速发展的要求

尽管相较于之前的谈判,如今的多哈回合谈判议题更为丰富,囊括了非农产品市场准入、农业、贸易相关投资措施以及知识产权保护和政府采购等内容,然而有关贸易治理的议题则以边境政策相关的市场准入规则为主,没有进一步包含边境内规则的融合。各国在基于双赢直接削减关税并放宽市场准入标准的同时,基于 WTO 体系签署了一系列多边贸易协议,如《政府采购协议》《技术性贸易壁垒协议》《反倾销协定》等,以削减贸易壁垒。WTO 规则的深度难以满足全球价值链贸易的需求,并且在议题广度上也落后于目前世界经济发展的步伐。尽管"多哈发展议程"中已包含了竞争策略、环保、投资、电子商务、技术协作与转移等多个价值链贸易相关的议题,然而谈判面临着巨大的阻力,几乎没有达成任何协议。反观诸多地区贸易协议的议题,已涵盖了劳工标准、国有企业、中小企业以及消费者权益保障等丰富的内容,同时明确了对应的规章准则。

尽管边境内规则包含了大部分发展中国家短时间内尚无法接受的规则,然而,制定出既符合发达国家跨国公司的需求,又能适应发展中国家加入国际分工进而优化国际分工诉求的边境内规则是大势所趋。全新贸易与投资规范的产生已变成了既定事实,然而谈判

---

① 刘志中,王曼莹. 国际经贸规则演变的新趋向、影响及中国的对策 [J]. 经济纵横,2016 (6):106 – 110.

议程中应该涵盖哪些关于国际分工的议题、通过怎样的形式在哪种层面上执行边境内规则、怎样设置多边贸易机制实施的流程与方式，尚未得到明确的答案。上述问题也是 WTO 多边贸易机制亟待化解的重大难题。

四、区域贸易协定（RTAs）在全球经济治理中的地位上升

区域贸易协定是一种国家间进行贸易往来、维系政治联系的常用工具，在多哈回合谈判中断期间得到了迅速的发展，其突出特点为：成员数量增加。经济发展程度各异的多国间的往来越发频繁，区域贸易协定成员数量持续增多，当下，区域贸易协定实现了 WTO 的全面覆盖；在成员方经济发展程度上，发展中国家与发达国家间以及发展中国家间的区域贸易协定数量增多，自 21 世纪起，两种区域贸易协定的新增数量占总数的比重分别达到了 90.2% 和 73.7%。在地理位置方面，诸多国家不再仅仅与相邻或同一地区的国家进行贸易往来，区域贸易协定不断增多。在合作模式方面，相较于多边合作，双边合作更受成员的青睐，当下在区域贸易协定中，双边合作的比重占到了 59%。在合作种类方面，自由贸易协定（FTA）是最为常见的合作类型，占比为 56%，紧随其后的依次是经济一体化协定（EIA）、关税同盟（CU）以及优惠安排（PSA），比重分别为 32%、6% 和 6%。在内容覆盖上，相较于 WTO，传统区域贸易协定的条款更为广泛且深入，表现出突出的"WTO－X"与"WTO＋"特点，不再只是将有限的边境作为其治理的核心，同时开始关注各种边境内措施，尤其是发达国家与发展中国家间区域贸易协定中关于边境内政策的议题在广度与深度上均达到了较高水平。有些学者（Baccini, Dur, Elsig and Milewicz, 2014）全方位分析了 618 个 FTA 的主要条款，站在服务贸易、知识产权保护、政府采购、投资与竞争战略等多角度全面评价与考量这些 FTA 的深度。文章基于巴奇尼（Leonardo Baccini）等的结论，按照 FTA 成员国的经济发展程度，

梳理与归纳了上述的 FTA，其中约有 25 个 FTA 包括了以上六方面内容，发达国家间的深度 RTA 仅有两个，即美国—澳大利亚自贸协议以及美国—韩国自贸协议，其余协议均由发达国家/区域和发展中国家/区域签署，经济发展程度较为接近的成员间、发展中国家间签署的深度区域贸易协定并不多，上述现象从某种层面上反映出在贸易谈判方面，发展中国家与发达国家两者地位的不对等性。发展中国家所签署的深度区域贸易协定以诸如巴拿马、墨西哥和智利等美洲国家的 FTA 为主，但往往未涉及竞争和知识产权保护等相关内容。

（一）区域贸易协定与国际经贸规则

WTO 数据库所设定的 WTO－X 与 WTO＋规则，依次包含了 38 条和 14 条内容。数据库记录了 1958～2011 年期间共计 100 个地区贸易协定，签订国涵盖了最不发达国家，众多的发展中国家、发达国家以及新兴经济体，数据更具典型性。数据库详细记录了 100 个区域贸易协定中 WTO－X 与 WTO＋的条目，同时根据内容是否被涉及、是否存在法律效力加以归纳和整理。相较于 WTO－X 条款，区域贸易协定对 WTO＋条款的执行力较高；WTO＋条款中，诸如卫生动植物检疫规章、多边贸易治理系统中公共采购以及国有贸易企业谈判难度大、技术贸易壁垒与贸易投资战略等无法明确定义且形成共识的内容同样难以落实，其中，和贸易与投资密切联系的知识产权保护、资本流动、投资与竞争战略四项条款的落实度较高，其余内容的实施都极差。因此可知，尽管区域贸易协定中涉及了诸多多边贸易治理体系所不具有的 WTO－X 条款，且基于区域贸易协定明确了对应的规则，然而实施力度不足；现有 WTO 议题的高要求同样表现出鲜明的异质性，在多边贸易治理机制下难以成功谈判的主题在区域贸易协定谈判中同样面临着诸多难以调和的矛盾。

（二）区域贸易协定全球经济治理碎片化和排外化

在区域贸易协定不断增多的当下，由于国家间经济发展水平、设置区域贸易协定核心出发点、各国和各地区的文化政策倾向存在差异,由此形成了各类纵横交错、烦琐复杂的地区贸易规则网络,即巴格瓦蒂(Bhagwati)所定义的"意大利面条碗"效应。当下,WTO 所有成员均签署了 RTA,各种 RTA 既包含了市场准入有关的传统边境规范,同时也涉及了 WTO 谈判没有涵盖的边境内规则,此类规则和 WTO 当下包含的规则有着诸多区别,即便是相同国家与各个贸易对象所签署的区域贸易协定,其各项条款的设置与表达也有着显著的不同,贸易规则兼容性与统一性欠缺不但增加了出口方的贸易成本,不利于其合理利用地区贸易协议中的优惠条款,同时也使得贸易治理越发分散与低效。

欧美国家为了再一次获得世界贸易规则的主导权,率先发起了 TTIP 与 TPP 谈判,这被视作引领未来世界贸易规则制定与推广的两项重要协议,所以谈判的主题势必将涉及环保、知识产权、中小企业和人力资源等边境内条款,贸易规则的标准一定更高。由目前的协定或方案可知,谈判内容已涵盖了边境内规则,贸易投资规则也将体现高标准及高要求的特点。TTIP 和 TTP 谈判均将印度、巴西、中国、俄罗斯以及南非等新兴经济体排除在外,尤其是对我国表现出明确的抵触态度。此种排斥新兴经济体签订大型跨区贸易协议的行为将加剧全球经济治理的排外现象,进而削弱全球经济治理的代表性与合法性,阻碍了发展中国家的长远发展,有损国际贸易的公平性。

这种区域贸易协定的排外行为对域外国家的负面影响既取决于域外国家出口贸易的多样性、商品的差异性及其采取措施追赶的能力,又取决于地区贸易规则的深度,尤其是边境内规则的深度,其对其他域外国家的副作用将随着该区域各国间监管合作水平的提升而越发明显。显而易见,除印度、中国、巴西等新兴经济体掌握着更多的市场资源、出口市场,具备丰富的贸易商品与较高的政治影响力外,大多数发展中国家无法有效应对由于排外行为而引发的贸易转移问题,同时经济落后国家产品的出口范围相对狭窄,同质化严重,尤其是资源型国家,出口商品单一的缺陷尤为明显。对于消除排外行为所引发的不良影响,多数发展中国家倾向于开始大幅度的内部改革、与大区域贸易协定成员展开贸易协商并签署相应的协议、优化目前一体化水平不高的区域贸易协议、基于 WTO 组织构架展开多边合作等方式实现，不管是采取上述何种方式，发展中国家都不得不担负高昂的成本、花费较长的时间。大区域主义严重削弱了发展中国家贸易的公平性，主要表现为削弱了其在地区或多边贸易谈判过程中的主动权及影响力。区域内各成员的一体化水平越高、规则融合度越高，则对域外国家贸易转移与市场竞争力所带来的负面影响就越强，尤其是在基于价值链分工的大环境下，此种负面作用将越发明显：发展中国家大多是以加工贸易的形式参与国际分工，国际价值链上游跨国公司掌握着生产标准的话语权，各个跨国公司的生产和技术标准有着显著的区别，所以发展中国家所出口的商品难以达到区域内标准和技术要求。

五、逆经济全球化浪潮影响国际经贸规则的重构

如前所述，逆经济全球化浪潮主要是西方发达国家主导的新浪潮，是在经济全球化过程中出现的国家间及国家内部经济利益不均衡所导致的。经济全球化在使世界各国获益的同时，也出现了经济利益的不均衡，作为"输家"的西方传统发达国家发动了一系列贸易保护主义的逆经济全球化的行为。大多数学者认为，逆经济全球化的主要倡导者为传统发达国家，如美国、英国、意大利、比利时、法国等，主要表现为美国特朗普当选以及美国退出 TTP、英国脱欧、意大利公投、比利时民众游行抗议 TTIP、法国大选等，社会民主主义思潮开始复兴。

逆经济全球化的实质是经济全球化进入了深度调整或自我的修复阶段。经济全球化过程中，各个国家获益不平衡、经济与贫富分化、政治多极化与社会多元化、内部矛盾尖锐且难以调和等问题，揭示了经济全球化在其发展过程中存在一定的弊端，需要修补和完善。逆经济全球化是一把双刃剑，对世界政治、经济、文化等方面既有其积极的助力作用，也有其消极的影响。逆经济全球化不是全盘反对经济全球化，而是反对经济全球化带来的负面影响。逆经济全球化导致的保护主义、民族主义，阻碍了世界经济的发展。同时，逆经济全球化是对经济全球化不

合理之处的修正,是对经济全球化的深度调整,逆经济全球化用反向的方式,推动了经济全球化,促进了世界经济的良性发展。此外,在逆经济全球化的时代背景下,传统国际经贸规则已经难以满足当前全球经济贸易投资发展的需要,应改革国际经贸规则。

第五节 全球经济治理与国际经贸规则重构博弈的关系

一、全球经济治理是市场力量和国际经贸规则重构博弈的统一

全球经济治理是经济全球化向纵深发展,特别是经济全球化发展进程中各种问题、矛盾暴露的必然要求。经济全球化的产生和发展的过程就是世界各国通过推行自由贸易政策、鼓励资本的自由流动,逐步减少对劳动力自由流动的限制,从而使生产要素能够走出国界,实现生产要素在全球的优化配置的自然历史过程,是各国经济相互交织、相互影响,融合成统一的整体,形成"全球统一市场"的过程。同时,经济全球化还是一种国际经贸规则(官方的与非官方的、权威的与约定俗成的)安排,是一种公共产品(public goods)。在这个过程中,在世界范围内建立了规范全球经济国际经贸行为的规则,并以此为基础建立了"全球统一市场"的运行机制。因此,一方面,经济全球化的实质就是在社会生产力发展的推动下,特别是在科学技术发展的推动下,世界各国通过消除阻碍生产要素自由流动的各种障碍,实现全球范围内各国经济的深度融合,并按照市场经济发展规律,特别是国际分工的内在要求,保证生产要素在全球能够自由流动和实现合理配置的历史过程;另一方面,经济全球化是保证生产要素能够自由地走出国界实现其在全球优化配置的自然历史过程和根据这一自然历史过程发展的要求而进行国际经贸规则全球性安排过程的统一。

由此可见，经济全球化的进程是市场力量和国际经贸规则安排的高度统一，[1]全球经济治理是市场力量和国际经贸规则重构博弈的统一，全球经济治理的本质是国际经贸规则重构的博弈。

二、国际经贸规则的重构与实施需要主导国家来推动

不管其是官方的与非官方的，还是约定俗成的，国际经贸规则都是一种公共产品。从历史经验来看，新的国际经贸规则的制定与推行往往需要实力强大的国家或国家集团推断为前提，因为只有实力强大的国家或国家集团才能够有实力提供这种公共产品，并维护其可持续供给，即在经济全球化过程中，需要有主导国家来创建、推行和维护一种体现当时最具权威的、最能够适应经济全球化发展要求的国际经贸新规则。在19世纪，适应经济全球化发展要求的国际经贸新规则由当时国家经济实力最强的英国来主导；在20世纪40年代末，适应经济全球化发展要求的国际经贸新规则则是由当时国家经济实力最强的美国来主导。然而，经济全球化是一个不断发展深化的过程，随着这一过程的不断深入发展，经济全球化会面临许多新的问题。而经济全球化深入发展带来许多新问题，需要新的国际经贸规则来解决、约束、引导以保证经济全球化的健康发展。即国际经贸规则体系产生后，在一定时期是能够适应经济全球化发展内在要求的。而随着经济全球化的进一步深入发展，这一套国际经贸规则体系可能会难以适应经济全球化进一步发展的内在要求，甚至会变成经济全球化进一步发展的绊脚石，即某一套国际经贸规则体系在经历了产生、发展、成熟到衰弱的过程后，会出现无法适应经济全球化进一步发展的内在要求的整体性的体系危机，于是，能够适应经济全球化进一步发展的内在要求新的国际经贸规则体系必然会替代这种旧的国际经贸规则体系而走上经济全球化的新舞台。纵观当今全球经

---

[1] 曾凡. 重大国际贸易投资规则变化与上海自贸试验区建设联动机制研究[J]. 科学发展，2015（3）：76-84.

济治理规则嬗变的三种推进方式，可以发现，美国等发达国家是 21 世纪国际经贸规则体系创建的主导者与推进者。美国等发达国家正在全力推进由美国在 20 世纪 40 年代末主导创立的、由以美国为首的发达国家在 20 世纪 70 年代共同制定的一整套国际经贸规则。之所以出现这种"自掘坟墓"的现象，是因为，面对广大发展中国家特别是新兴经济体的快速崛起，以美国为代表的发达国家有一种危机感和紧迫感：自己辛辛苦苦所建立起来的一整套国际经贸规则被广大发展中国家特别是新兴经济体"搭便车"，这套经贸规则发展、运行到现在已经不能够很好地维护他们的利益，更不用说能够趁机获取额外的利益。面对这种尴尬的情况，以美国为代表的发达国家便千方百计地对昔日自己所创建的国际经贸规则进行大刀阔斧的改革，它们力图打造面向 21 世纪的能够在经济全球化新形势下更好地维护自身利益的一整套国际经贸新规则，从而进一步强化以美国为代表的发达国家对国际经贸规则的领导力、影响力，遏制发展中国家特别是新兴经济体如中国、印度等对国际经贸规则的话语权、影响力的提升，试图使国际经贸新规则体系继续维持"中心（以美国为代表的发达国家继续作为国际经贸规则制定者）—外围（发展中国家特别是新兴经济体继续作为国际经贸规则接受者）"的格局。这是因为，无论是从全球经济治理的历史经验来看，还是从全球经济治理的未来来看，其存在着一条铁律：谁拥有了国际经贸新规则的制定权，谁就拥有了垄断经济全球化所带来的各种利益的排他优势；谁拥有了国际经贸新规则的制定权，谁就可以主导国际经贸新规则各种议题的设置以使自身利益最大化；谁拥有了国际经贸新规则的制定权，谁就拥有了通过国际经贸新规则的制定来构建对其他国家增设各种难以逾越的规则门槛的权力，从而阻碍其他国家利益诉求的实现，因为国际经贸规则制定的过程实质上是经济全球化利益的分配过程。

三、国际经贸规则重构博弈的双重作用

20 世纪末期和 21 世纪初期，特别是 2008 年全球金融危机爆发以

来，蓬勃发展的经济全球化所蕴藏的各种矛盾、各种问题进一步暴露出来，重新制定适应经济全球化发展要求的，能够有效解决经济全球化所蕴藏的各种矛盾、各种问题的国际经贸规则的呼声持续高涨，而对以WTO为主导的国际经贸规则进行全面改革的呼声尤其高涨。然而，面对多哈回合谈判陷入僵局，面对发展中国家特别是新兴经济体的迅速崛起，以美国为代表的发达国家另辟蹊径，开始弱化以WTO为主导的多边国际经贸规则的作用，试图寻求创建能够实现其自身利益最大化的一整套新的国际经贸规则。于是，跨太平洋伙伴关系协定（TPP/CPTPP）和跨大西洋贸易与投资伙伴关系协定（TTIP）、日欧EPA、美欧日EPA等各种大型和超大型的区域经济一体化安排迅猛发展。以美国为代表的发达国家试图依托各种大型和超大型的区域经济一体化安排来创建一整套高标准的国际经贸规则来进一步主导能够实现其利益最大化的经济全球化。面对以美国为代表的发达国家在国际经贸规则制定上咄咄逼人的态势，发展中国家特别是新兴经济体，既受益于以WTO为主导的经济全球化多边国际经贸规则，同时也有对其存在的弊端进行改革的要求，同时，发展中国家特别是新兴经济体也希望在更好地维护自身利益的前提下来创建高标准的、适应经济全球化发展新要求的国际经贸规则，而要达到这一目的，就必须在国际经贸规则制定的过程中拥有更多、更大的发言权。

国际经贸规则是一种由少数经济实力强大的国家提供的公共产品。国际经贸规则作为非中性的国际经贸运行的制度安排，由于各国经济实力发展的差异性、不平衡性，能够提供国际经贸规则公共产品的国家必然会因此获得更多的国际经贸规则红利，但也必须容忍那些不能提供国际经贸规则公共产品的国家可能的"搭便车"行为。而当那些能够提供国际经贸规则公共产品的国家和"搭便车"的国家之间产生激烈利益冲突时，那些提供国际经贸规则公共产品的国家就可能出现"倒车"行为或"退群"行为，甚至出现昔日的经济全球化的推动者转变成为"逆经济全球化"的急先锋，如特朗普上台后的言行就是如此。因此，经济全球化与逆经济全球化始终是围绕着国际经贸规则的制定、存废、创新而展开。当国际经贸规则安排顺应市场力量发展的要求时，会推动经济全球化的发展；而当国际经贸规则不能适应市场力量发展的要求时，则会阻碍经济全球化的发展，甚至形成"逆经济全球化"发展的新浪潮。当前的逆经济全球化新浪潮正是国际经贸规则重构博弈的反映。

四、逆经济全球化新浪潮使国际经贸规则重构博弈复杂化

在创建高标准的、适应经济全球化发展新要求的国际经贸规则问题上，以美国为代表的发达国家和发展中国家，特别是新兴经济体的诉求既有重合的地方——都希望改革现有的国际经贸规则，也有矛盾冲突的地方——都希望实现自身利益的最大化。推动创建高标准的、适应经济全球化发展新要求的国际经贸规则制定的过程必然是双方深度博弈的过程。就以美国为代表的发达国家来说，其在国际经贸新规则制定中仍然占据着主导的地位。以美国为代表的发达国家通过力推 TPP、TTIP 和 TISA 等一系列国际经贸新规则的谈判，抢占国际经贸规则重构的先机。以美国为代表的发达国家试图通过"强强联合"，进一步加强合作来主导国际经贸规则的重构，引领全球经贸新规则制定的走向，积极推动国际经贸规则重构路径的多元化，试图通过构建大型或超大型的双边或多边自由贸易协定来搭建国际经贸规则制定的新平台。对于发展中国家特别是新兴经济体来说，新的高标准的国际经贸规则势必对它们的经济改革、对外开放带来巨大的压力和挑战。因为此类国际经贸规则已经超过了它们所能承受的压力。而发展中国家特别是新兴经济体却又是必须积极参与新的高标准的国际经贸规则的制定，避免在新一轮经贸规则重构中丧失发言机会、被彻底边缘化。因此，以美国为代表的发达国家与发展中国家特别是新兴经济体之间关于新的高标准的国际经贸规则重构中的博弈将呈现出极为复杂的特征。①

---

① 陈伟光，蔡伟宏. 逆全球化现象的政治经济学分析——基于"双向运动"理论的视角 [J]. 国际观察，2017 (3)：1-19.

第二章

全球经济治理与国际经贸规则重构博弈

第一节 G20 在全球经济治理与国际经贸规则重构博弈中的作用

一、G20 的由来

二十国集团（Group 20，G20）创建于1999年9月25日的八国集团财长华盛顿会议，目的是防止类似于1997年亚洲金融危机的灾难重演，试图通过让有关国家就国际经济、货币政策举行非正式对话，来稳定国际金融和货币体系。

G20 的诞生及其发展壮大的原因在于：一方面，随着经济全球化的深入发展以及国家间的交流日益频繁，全球性问题和挑战不断增多，需要各国的共同努力才能有效解决。同时发展中国家特别是新兴经济体快速发展，全球力量格局发生重大变化，新兴经济体尤其是金砖五国的国际地位不断提升，而发达经济体的地位相对下降，特别是在全球金融危机之后，世界问题的解决需要发达经济体和新兴经济体的共同参与。

G20是以金砖国家为代表的发展中国家首次站到全球经济治理的权力中心。另一方面，全球金融危机的爆发及蔓延促使G20走向全球经济治理的前台。随着世界经济发展中的共同问题越来越尖锐化，2007年，加拿大学者彼得·哈吉纳尔根据国际经济、金融形势的发展要求，建议将G20财长和央行行长会议升级为更高层级的、更有权威的G20领导人峰会。2008年全球金融危机爆发后，世界各国，特别是发达国家，迫切地要求进行世界范围的干预和协调，于是，G20财长和央行行长会议迅速由原来的部长级会议升格为首脑峰会，并逐步成为应对全球金融危机等全球性经济问题的重要国际平台。2008年11月14日至15日，G20首次峰会在华盛顿举行，20国领导人就如何加强合作以促进经济发展、处理全球金融危机和避免未来再次发生类似危机等问题达成广泛一致。2009年4月，G20伦敦峰会对银行和金融市场加强监管，以及未来如何避免第二次世界大战后最严重的全球金融危机再次发生达成一致意见。2009年9月，G20取代八国集团（G8）成为全球经济治理合作的主要论坛和最重要平台。[①]

二、G20在全球经济治理与国际经贸规则重构博弈中的主要作用

（一）G20的创建，使全球经济治理有了合法的载体

G20是为了应对全球金融危机以及防止全球性金融危机的蔓延而成立的一个政府间全球经济合作论坛。G20由以美国为首的发达经济体和以金砖国家为代表的新兴经济体组成，是一种布雷顿森林体系框架内的非正式对话机制。G20的GDP总量约占世界的90%，人口约为40亿，占世界总人口的2/3，国际贸易占世界总量的80%，参与国家多、涵盖

---

① 唐彦林.20国集团变革国际经济秩序探析［J］.现代经济探讨，2011（10）：57-60.

面广、代表性强、影响面大。2008年，全球金融危机爆发以后，G20的主要任务是刺激全球经济的复苏、反对贸易保护主义、加强国际金融监管和改革国际金融秩序。随着G20从危机应对机制向长效治理机制转型，其议题领域也逐渐扩展，发展、气候变化、能源、粮食安全等议题进入了G20议程，这表明G20在全球经济治理中的影响和作用越来越大。G20将新兴经济体纳入体系，使其更具有代表性，使全球经济治理有了合法的载体。

（二）G20为全球经济治理提供了平台

作为全球经济治理国际机制，G20有以下优点：G20所达成的协议没有法律约束力，不构成成员国的法律义务，做出的国际承诺不是法律型承诺，可以避免有形的或者是正式的保证；具有灵活性，可以快速达成协议；可以省去国内外烦琐的审批程序，降低交易成本；协议可以随时根据当前国际经济形势的变化进行及时的修正或者重新谈判；参与者可以自由、开放、坦率地表达意见，进行非正式的交流，降低紧张气氛。当然，G20作为一种非正式机制也具有一定局限性：G20是由欧美等西方发达国家成立并主导的，代表西方国家的利益；G20没有执行结构，导致其缺乏合法性；在反对贸易保护问题上的治理效果不明显。

（三）G20为全球经济治理提供了新模式

G20的创建，顺应了世界经济格局变化的大趋势和全球经济治理的要求，使越来越多的国家能够参与到全球经济治理体系之中，这对于强化其制度化进程、提升G20在全球经济治理中的领导地位、推进全球经济治理的有效进行作用极大。G20参与全球经济治理的一个显著成效是推动了国际金融体系改革，增加了新兴和发展中经济体在国际货币基金组织、世界银行等国际金融机构中的发言权和代表性。G20是新兴经济体和发达经济体共同参与全球经济治理的一个重要平台，使全球经济管理由西方单一管理转向西方和非西方共同管理，扩大了全球经济治理的合法性、民主性与有效性。G20发挥了沟通功能，对世界大国之间、发达国家与新兴经济体之间的政策进行协调。G20 创建的"协商与共识"模式是当今全球经济治理中为数不多的协商民主机制,这一机制为经济全球化新形势下的全球经济治理提供了新的范式。通过 G20 的"协商与共识"模式,新兴经济体在全球经济治理中的地位日益重要,并且获得了与西方发达经济体平等对话的机会,使主要发展中国家在全球经济治理中有了一定的发言权,迎合了发展中国家的诉求,减轻了发达国家的负担,在一定程度上推动了全球经济治理向民主、平衡、公正的方向前进。[1]

G20 缓和了发达国家和发展中国家的关系,使发达经济体和新兴经济体可以共同抑制全球经济金融危机,共同确保世界经济的复苏,促进世界经济的稳定发展。

此外,G20 还可以减少贫困,缩小贫富、发展差距,同时积极推进有关全球气候问题、能源治理、食品安全等方面的治理,不断促进各国全面、公平地参与全球经济治理。

三、不同国家依托 G20 推动全球经济治理与国际经贸规则重构博弈的价值取向

(一) 美国的价值取向

2008 年全球金融危机爆发后,美国经济受到了沉重的打击,美国需要通过借助新兴市场国家经济的发展以及全球经济的迅速好转来拉动本国经济的复苏和发展,即美国试图通过 G20 整顿各国的财政政策,加强金融监管,确立全球通用的金融监管框架。美国希望与各国探讨国际金融机构的治理改革等问题,利用 G20 机制维护美国本国的利益及优势地位,通过规则设置、议题选取等手段巩固经济复苏势头。

---

[1] 邹亚宝,王凯. 论 G20 机制化及中国在全球经济治理中的策略 [J]. 战略决策研究,2011 (6): 32-38.

首先,对全球经济治理持较为积极参与和支持的态度。为了确保对全球经济治理的影响力,美国对全球经济治理持较为积极的态度,以此达到使全球经济治理过程及其结果能够更好地为美国的国家利益服务,进而推行美国全球经济治理改革的理念和方式的目的。

其次,部分顺应发展中国家特别是新兴经济体的要求,同时对有损美国利益的议题毫不犹豫地予以驳回。面对2008年全球金融危机的冲击,G20提升了发展中国家特别是新兴经济体在全球经济治理中的地位。在此背景下,美国一方面在承认发展中国家特别是新兴经济体在全球经济治理中地位与作用的上升,以此减轻它们对美国作为全球金融危机发源地的疑虑和不满,缓解它们与美国的矛盾和紧张关系,使全球经济治理改革的对象成功地从全球金融危机问题转向全球经济失衡问题之上;另一方面,美国趁机将提供全球经济治理的责任更多、更快地转移到其他国家特别是新兴经济体身上,如要求中国、印度和巴西等新兴经济体承担更多的全球经济治理的国际义务和责任。把全球经济治理的义务和责任更多地分配给发展中国家特别是新兴经济体,既可以大大减轻美国的责任,更能够维护美国本国利益和世界大国地位。[1]

最后,借助G20平台与新兴经济体合作应对全球金融危机。一方面,美国希望依托G20,将新兴经济体纳入既有的全球经济治理体系,使迅速崛起的新兴经济体与美国合作,从而带动美国经济复苏和发展,进而拉动世界经济复苏和增长,走出全球金融危机的困境;另一方面,美国希望确保自己在今后的全球经济治理体系改革中继续担当领导者的角色,最大限度地维护美国的国家地位和利益。[2]

(二) 其他发达经济体的价值取向

全球经济和金融危机之后,国际经济形势和国际贸易格局不断变

---

[1] 邹志强. 全球经济治理变革对中国与新兴国家合作的启示 [J]. 世界经济与政治论坛, 2014 (7): 72 - 84, 127.
[2] 房广顺, 唐彦林. 奥巴马政府的二十国集团战略评析 [J]. 美国研究, 2011 (2): 70 - 80.

化,现有的如 WTO、IMF 这样的治理体系很难满足发达经济体的需求,也很难维持发达经济体经济的持续增长,西方发达经济体都在另辟蹊径,发展本国经济和贸易,促进本国经济的持续稳定发展。这就需要依靠新兴大国的实力和潜在力量,把它们视为实现经济复苏不可替代的合作伙伴,发达国家会主动提出召开二十国集团(G20)峰会来协调解决一些重大而紧迫的问题。欧盟积极推动二十国集团的产生和发展,以促进美欧地位平等。欧洲对于美国所控制的全球金融体系以及美元霸权不满,通过积极参与 G20,通过加强与东亚地区国家特别是东亚地区新兴大国的广泛合作,使自己的全球经济治理构想能够受到更广泛的支持,与新兴经济体共同重构世界经济秩序。日本对于 G20 机制的参与和支持是为了维持本国的国际秩序"现状维护者"的地位,以及在 G20 中的领袖地位和东亚地区经济代表的地位。但是 G20 制度化会对日本的国家地位构成威胁,尤其是中国这样的新兴大国的崛起。日本为了维护其领袖和代表的地位,极力反对 G20 制度化并积极主张和支持 G20 的扩张计划,通过增加 G20 成员国的数量来削弱 G20 现有成员国的影响,以维持日本在 G8 中的地位。韩国和澳大利亚不是传统的七国集团首脑会议(G7)的成员国,它们处在全球经济治理中的边缘位置,这使得它们积极参与到 G20 中,以充分发挥本国在全球经济治理中的作用,提高本国在全球经济治理中的地位和影响力,同时加大两国在东亚地区的影响力。

(三)新兴经济体的价值取向

以金砖国家为代表的新兴经济体参与全球经济治理,为全球经济治理注入了新的动力。以金砖国家为代表的新兴经济体在 G20 中积极参与到全球经济治理的进程之中,其价值取向:一方面,以金砖国家为代表的新兴经济体具有参与全球经济治理的强烈动机;另一方面,以金砖国家为代表的新兴经济体都希望通过参与到全球经济治理的核心以在经济治理中扮演重要角色。G20 的转型升级,使得新兴经济体能够在全球经济治理中与发达国家平等对话。而以金砖国家为代表的新兴经济体追求的平等不仅是形式上的与发达国家平等对话，更是实质内容上和决策过程中的与发达国家平等的对话。因为随着自身的经济、贸易和金融稳定而快速的增长，以金砖国家为代表的新兴经济体更希望能与发达国家平等对话，提高话语权，促进本国经济更快速地发展。而且，长期以来，新兴经济体处在全球价值链分工比较低端的位置，在全球经济治理中的地位相对较低，对于大多数的国际规则只能被动地接受，这使得以金砖国家为代表的新兴经济体提高其在全球经济治理中的地位和话语权、与发达经济体平等对话的要求更加迫切。G20 为发展中国家提供了这个机会，因此，新兴经济体积极主动地参与和推动 G20 的发展，利用 G20 开展协商，以提高发展中国家特别是以金砖国家为代表的新兴经济体在全球经济治理中的代表权和话语权，最终建立新形势下符合各国利益的国际经济新秩序，建立多元的全球经济治理机制。当然，以金砖国家为代表的新兴经济体在参与全球经济治理过程中也各有自己的考虑。例如，巴西受到全球金融危机的影响严重，提出希望建立一个新型国际资本流动调整机制协助其走出困境。印度的 G20 战略把克服全球金融危机对本国的影响视为重点，同时发展本国经济，摆脱贫穷的现状，加强基础设施建设，寻求良好的全球经济环境来提高本国战胜挑战的能力。俄罗斯是全球面积最大的国家，也希望能参与制定全球经济的游戏规则。沙特阿拉伯是世界上最重要的石油产地和输出国，石油贸易是其经济的决定性因素。沙特阿拉伯的对外贸易依存度较高，具有较强的商品进口能力，为了发展本国经济和解决当前的石油问题，获得更大的发展机遇和提高发言权，也积极参与到全球经济治理中。[1] 其他发展中国家试图通过 G20 不断提高本国内部凝聚力，扩大合作与沟通，同时加强与发达国家的交流和合作，努力缩小差距，实现共同发展。

---

[1] 邹志强. G20 成员沙特参加与全球经济治理研究［D］. 上海：上海外国语大学，2013.

(四) 中国的价值取向及其角色与作用

1. 中国在 G20 中的价值取向

首先,中国共产党十八届五中全会明确指出,中国要"发展更高层次的开放型经济,积极参与全球经济治理和公共产品供给,提高我国在全球经济治理中的制度性话语权,构建广泛的利益共同体"。① 要对全球经济治理中不合理不公平的机制进行变革,求同存异,化异为同,使全球经济治理机制能更加公平地反映大多数国家的利益和意愿,积极打造更具包容性的全球经济治理的利益共同体。其次,在 G20 平台中,中国对于全球经济治理承担了更多的责任,但是其在 G20 中的地位与权力与之不符,中国需要增加在全球经济治理中的话语权。在 G20 中,中国要主张中国理念,引领全球经济治理机制的改革与完善,参与全球制度的塑造。② 最后,利用双边渠道争取美国支持,与美国建立良好关系。以更加开放的积极姿态参与全球经济治理,争取与西方发达国家和发展中国家在全球经济治理中的广泛合作,全面发展良好的贸易伙伴关系,快速提高自身在全球经济治理中的影响力,促进本国经济的可持续发展。③ 同时中国需要寻找长期利益的支撑点,在不同的阶段选择不同的合作伙伴,促进改革效果的累加。④

2. 中国在全球经济治理中的角色和作用的定位

中国希望在以 G20 为核心的全球经济治理中发挥着越来越重要的作用:第一,G20(中国)杭州峰会的取得了创新性、开放性、导向性的积极成果,获得了 G20 成员广泛支持,是以 G20 为核心的全球经济治理发展史上的重要里程碑。第二,主动提出一系列创新理念,积极主动

---

① 王毅. 为世界经济治理提供中国方案 [N]. 人民日报, 2016 – 09 – 20.
② 赵进东. 中国在 G20 中的角色定位与来路 [J]. 改革, 2016 (6): 60 – 67.
③ 戴翔, 张二震, 王原雪. 习近平开放发展思想研究 [J]. 中共中央党校学报, 2018 (2): 12 – 22.
④ 洪邮生, 方晴. 全球经济治理力量重心的转移: G20 与大国的战略 [J]. 现代国际关系, 2012 (3): 38 – 46.

参与引导全球经济会议议程，强化国际贸易、投资、金融等领域的协调机制。同发达国家和新兴经济体主动加强政策协调，推动全球经济治理机制的改革。同时，主动参与并积极引领对全球经贸规则的制定与修改，推动国际经贸规则实现公正、合理、透明。在 G20 机制中充分维护发展中国家利益，加强新兴经济金融合作，以抗衡发达经济体的国际金融霸权。中国发起设立亚投行，有助于破解亚洲基础设施投资瓶颈，同时为全球经济治理提供了一个重要的平台。第三，积极建立命运共同体，采取合作化的方式，搭建新兴经济体与发达国家沟通合作的桥梁，为全球经济治理提供经验，逐渐推动全球经济治理机制改革。① 不断向世界提供多种形式的公共产品，帮助发展中国家解决现实难题，也为发达国家摆脱困境提供了机遇。通过加快实施自由贸易区战略，构建开放型经济体制，改革完善全球经济治理体系。②

第二节　全球经济治理与美国再工业化战略及其影响

一、"去工业化""再工业化"的内涵及其关系

（一）"去工业化"的内涵

"去工业化"这一概念首先是由巴里·布鲁斯顿和贝尼斯·哈里森在他们 1982 年出版的《美国的去工业化》一书中首先提出的。他们认为，一国将投资、劳动力等生产要素快速地从制造业广泛而又系统地转

---

① 郭晴，陈伟光. 经济外交与全球经济治理：基于中美互动的视角 [J]. 复旦国际关系评论，2017（1）：110 – 135.
② 张雷声. 论习近平新时代中国特色社会主义经济思想的理论创新 [J]. 马克思主义理论学科研究，2018（2）：25 – 36.

移向服务业，从而导致制造业的产出、就业相对衰落的现象便是"去工业化"。[1] 巴里·布鲁斯顿和贝尼斯·哈里森对"去工业化"内涵的界定也成为一国是否处于"去工业化"进程之中的衡量标准，即一国一旦出现制造业的产出、就业相对衰落，经济的重心由制造业向服务业转移的现象，则该国就处于"去工业化"进程之中。目前学界对于"去工业化"的内涵主要从两个不同角度去进行界定：

一是从地理学角度去界定"去工业化"的内涵。这种界定又包括两种。第一种指的是，一国内部已实现了工业化的地区，面对着制造业发展成本不断上升、制造业衰落的压力，将制造业向国内制造业相对落后的地区转移而本地区经济结构从制造业向服务业转型的过程，这种"去工业化"现象可称之为区域性或局部性"去工业化"。第二种指的是，由于企业生产成本、居民环境保护意识增强等原因，一国通过对外直接投资将制造业向生产成本较低的国家转移，本土只留下其核心技术研发部门，由此造成该国本土的大量制造业工厂关闭，制造业的就业率、制造业的规模相对地不断下降的现象（章嘉琳，1987）。[2] 这种"去工业化"现象可称之为全国性或全局性"去工业化"。本书所研究的"去工业化"主要指的是第二种现象。

二是从宏观经济的角度去界定"去工业化"的内涵。这种界定又有狭义和广义的两种。前者是指一国在完成工业化后，其制造业产业产值、就业数量持续相对下降，导致制造业部门陷入衰退、萧条的现象。[3] 后者是指一国的产业快速地从第二产业向第三产业转型，从而使第三产业在 GDP 中的份额、第三产业就业份额在总就业中的比重都相对地不断增加，从而使一国的产业结构、就业结构、投资机构等向"轻型化"发展的现象（Rowthorn and Ramaswamy, 1999; Mavow, 2007;

---

[1] Bluestone B, Harrison B. The Deindustrialization of America, Plant Closings, Community Abandonment, and the Dismantling of Basic Industry [M]. New York: Basic Books, 1982: 4-6.

[2] 章嘉琳. 美国工业的"空心化"及其后果 [N]. 人民日报, 1987-08-29.

[3] Krugman P. Domestic Distortions and the Deindustrialization Hypothesis [R]. NBER Working Paper, No. 5473, March, 1996.

Doussard, 2009)。卡利诺（Carlino, 1989）认为，"去工业化"是指一国通过大力发展服务业，从工业经济转向服务经济（高级经济），以此推动经济增长和吸纳就业，更少地受商业周期影响的过程。[1] 基于此，罗纳德·麦金农认为，所谓"去工业化"是指一国的投资、产业结构人为地向服务业倾斜，特别是向金融业倾斜，以及将一些生产环节向海外转移从而导致以制造业为代表的实体经济衰落的现象。综合现有的研究，本书认为，所谓"去工业化"是指一国的经济发展战略、产业结构、投资结构等从以制造业为核心转向以服务业为核心，甚至转向以金融业为核心，同时将低端产业和产业价值链中的低端环节向成本更低的国家转移而专注于高端产业和产业价值链中附加值较高的环节，使一国经济向"服务化""金融化""虚拟化"发展，导致以制造业为核心的实体经济衰落的过程。[2]

（二）"再工业化"的内涵

学术界普遍认为，"再工业化"一词最早是由美国学者阿米泰·埃兹厄尼在1977年首先提出来的。埃兹厄尼所谓的"再工业化"，其本意指的是美国东北部地区、德国的鲁尔地区及法国洛林等发达工业化国家的重工业基地的改造和重新振兴的政策或行动。罗斯维尔和扎格维尔德（Rothwell and Zegveld, 1985）将"再工业化"定义为：一国政府通过制定一系列政策使"产业向具有更高附加值、更加知识密集型的部门和产品组合以及服务于新市场的产业和产品的转型"的过程，据此，《韦氏大词典》认为，"再工业化"指的是通过政府政策的支持，一国不仅要通过技术改造、技术更新，使整个制造业乃至一国整个经济得以快速地发展，即所谓的"再工业化"本质上是一国刺激经济增长的策略。据此，本书认为，所谓"再工业化"是指一国在对"去工业化"纠偏

---

[1] Carlino G A. What Can Output Measures Tell Us about Deindustrialization in the Nation and its Regions? [J]. Business Review, 1989 (1/2): 16.

[2] 杨成林. 去工业化的发生机制及影响研究 [D]. 天津：南开大学，2012.

的基础上,采取一系列政策措施,重新确立制造业在国民经济发展中的核心地位,提升制造业国际竞争力的过程。

(三)"去工业化""再工业化"之间的关系

一方面,"去工业化"是一国产业结构演变的"自然现象"或"一般规律":当一国经济的发展、人均收入水平提高到一定程度时,劳动力将会首先从第一产业(农业)向第二产业(制造业)大规模地转移;随着一国经济的持续发展,劳动力便会大规模地从第二产业向第三产业(商业和服务业)转移。由此也带来了三次产业地位的嬗变:一国经济的发展将会出现第一产业、第二产业和第三产业占主导地位的递进嬗变。这种嬗变虽然是一种经验性的结论,但一般认为其是一国产业结构发展进程中的"自然现象"或"一般规律"。

另一方面,由于一国经济发展过程并非是一种完全的"自然"过程,而是"自然现象"和"人为的政策导向"的叠加过程。而这种"自然现象"和"人为的政策导向"的叠加常常使一国的"去工业化"呈现出复杂的特征。例如,片面理解所谓的"一般规律",人为地过度超前地发展服务业,使一国经济发展呈现出"服务化""金融化""虚拟化"特征,甚至呈现出"投机化"特征。因此,一国经济发展的"自然现象"和"人为的政策导向"的叠加、交互作用既有可能使其沿着正确的方向发展,也有可能使其偏离正确轨道,甚至酿成重大危机。然而,残酷的现实却是后一种情况居多,从而给人们留下了关于以"配第—克拉克定理"为指导的"去工业化"问题的重新思考,特别是对"去工业化"的道路如何走等一系列问题的再思考。而"再工业化"的政策及其进程正是对"去工业化"失误的纠偏或矫正。[1]

---

[1] 姚海琳. 西方国家"再工业化"浪潮:解读与启示 [J]. 经济问题探索, 2012 (8): 165 – 171.

二、美国的"去工业化"和"再工业化"进程

(一) 美国的"去工业化"进程

美国的"去工业化"始于20世纪50年代。在第二次世界大战中,不但美国本土没有遭到战火摧残,而且美国还充分地利用了第二次世界大战的契机,大发战争财,从而使其制造业得到了空前的发展:到二战结束时,美国的制造业产值竟然占到了全世界制造业产值的53%,其中汽车、钢铁产业的产量分别占世界总产量的80%和57%。[1] 然而20世纪50年代以后,随着世界大战特需的消失,特别是随着德国和日本制造业的快速恢复和发展,美国制造业的战时辉煌不但一去不复返,而且无论是从国内三大产业发展状态的比较来看,还是从全世界制造业发展状况的比较来看,美国的制造业都处于相对衰落的状态,特别是在20世纪70年代末80年初期,美国制造业不但增长速度明显放缓,而且制造业占GDP的比重、就业比重也在快速下降,工厂大量倒闭,贸易逆差日益扩大。[2] 面对制造业的衰落,美国初期是将制造业从国内发达地区向落后地区转移,后期则是从国内向日本等国家转移,从而开启了美国"去工业化"进程。

(二) 美国的"再工业化"进程

自20世纪70年代末开始,美国进行了三次"再工业化"进程。

美国的第一次"再工业化"始于1978年美国时任总统吉米·卡特。美国的第一次"再工业化"主要是要试图解决两个问题:一是要解决美国传统的东北部和中西部制造业基地急剧衰落的问题;二是要解

---

[1] 金慰祖,于孝同. 美国的"再工业化"问题 [J]. 外国经济与管理,1980 (10): 3-14.

[2] Bluestone B, Harrison B. The Deindustrialization of America: Plant Closing, Comminity Abandonment and the Dismantling of Basic Industry [M]. New York: Basic Books, 1982: 9.

决在石油危机、美元危机等的冲击下，美国的制造业出现的投资停滞不前、失业率不断攀升、国际竞争力不断下降、对外贸易平衡日趋恶化等问题，特别是要解决前期"去工业化"进程导致的产业空心化加深、服务业对经济增长拉动动力不足等问题。但由于卡特提出"再工业化"思想后距他离任只剩下不到两年的时间，其"再工业化"思想并没有完全落实到实际行动上，其效果也没有时间显示出来。

美国的第二次"再工业化"始于1980年美国时任总统罗纳德·里根。在"再工业化"对内政策方面，里根总统提出了要通过减少政府对企业的干预、减税、财政资助等措施来复兴美国的钢铁产业、汽车等传统制造业。与此同时，采取强有力的政策重点扶植新兴工业部门，增强以制造业为核心的美国经济的国际竞争力等。[1] 特别值得注意的是，在里根总统的积极推动下，美国国会连续地颁布了一系列法律：《1982年加恩—圣杰曼法》全面实现了利率的市场化。《1987年银行公平竞争法》允许商业银行涉足证券投资等非传统银行业务。这一系列放松金融管制、实施金融自由化的相关法律，打破了美国坚持了近半个世纪对银行业发展的众多限制，推动了大规模的金融创新、金融产品的自由定价、各类金融机构业务的交叉以及金融市场的国际化，为支持"再工业化"对内政策的实施创造出了宽松的金融环境。在"再工业化"对外政策方面，里根总统推动国会全面修改《1974年贸易法》，制定了《1988年综合贸易与竞争法》，推出了用单边政策强力打开国外市场的"301"条款，以此为美国的"再工业化"创造出更大的市场空间，以减少巨额的外贸逆差，恢复和加强美国制造业的国际竞争力。

客观来讲，美国的第二次"再工业化"政策的目标并没有完全达到，反而是由于其政策的失误和行动的偏离积累了越来越多的问题，特别是里根总统在推进第二次"再工业化"进程中，由于大幅度地放松金融规制，助长了金融投机，终于在1987年10月19日酿成引发全球

---

[1] 佟福全. 美国的"再工业化"战略 [J]. 世界经济, 1982 (7): 59–63.

恐慌的"黑色星期一"。① 但由于人们大多将"黑色星期一"出现的原因简单地归结于技术的原因、羊群心理的作用,并没有从美国"再工业化"政策中寻找根源,并没有反思美国"再工业化"政策的弊端。特别是由于里根总统在任的 8 年时间里是美国经济发展最好的 8 年,② 更掩盖了其可能存在的负面影响。比尔·克林顿 1992 年就任总统后基本延续了里根总统的政策思维,推出了《金融服务现代化法》,进一步推动了金融自由化进程,给金融业的发展带来了历史性的变革。美国一系列的金融自由化政策累积了大量的金融风险,最终导致了 2007 年次贷危机的爆发进而演变成为全球金融危机。

美国的第三次"再工业化"始于 2009 年美国时任总统巴拉克·奥巴马。2007 年美国次贷危机爆发后,美国经济尤其是美国制造业遭到了重创:制造业开工率只有 65%,是二战结束以来的历史最低点;汽车、钢铁产业、化工等行业全面亏损,导致企业倒闭潮和失业潮的叠加。③ 面对此种困境,奥巴马开启了美国的第三次"再工业化"进程:自 2009 年 12 月起,时任总统奥巴马签署了一系列美国"再工业化"战略,如推出了《美国制造业振兴框架报告》、《制造业促进法案》(2010 年 8 月)、《先进制造业伙伴计划》(2011 年 6 月)、《先进制造业国家战略计划》(2012 年 2 月)、《机器人技术路线图:从互联网到机器人》(2013 年 3 月)、《振兴美国先进制造业 2.0 版》(2014 年 10 月)、《振兴美国制造业和创新法案》(2014 年 11 月)、2015 年 10 月,《美国创新战略》(2015 版)(2015 年 10 月)。而对奥巴马一系列执政理念持否定态度的特朗普上台后,采取了对内降税、对外征收高关税、鼓励制造业回归等更激进的政策措施对美国的"再工业化"进程加以推进。

---

① "黑色星期一"是指 1987 年 10 月 19 日美国股票市场毫无征兆地发生大股灾,使股民账面财富瞬间消失数百亿美元而人们束手无策的恐慌情况。当日道琼斯指数下跌了 22%,道琼斯工业平均指数下跌 508 点,并且美国的股灾迅速在全球蔓延,从而引发世界性的恐慌。

② 从 1982 年末到 1988 年(里根任期),美国 GDP 增长率都维持在 3.5% 以上;1987 年"黑色星期一"之后经过调整,美国股市走出了长达 13 年的大牛市。

③ 姚海琳. 西方国家"再工业化"浪潮:解读与启示 [J]. 经济问题探索,2013(8):165 – 171.

三、美国"去工业化""再工业化"进程中两种价值取向的摩擦

(一)两种价值取向的较量与美国"去工业化""再工业化"进程

在美国"去工业化""再工业化"进程中,始终存在着两种价值取向的激烈摩擦与较量:第一种价值取向是:对内,按照"配第—克拉克定理",通过引导投资、产业结构向服务业转移,使服务业成为主导产业,以此使经济能够保持可持续的发展;对外,通过对外直接投资将价值链中附加值较低的制造业环节转移到国外,集中精力专注于附加值较高的环节,以保持和提升制造业的国际竞争力。第二种价值取向是:在"去工业化""再工业化"进程中,不但要驱使投资、产业结构向服务业转移,使服务业成为主导产业,而且要使金融业成为服务业的核心,即不但要使经济"服务化",而且要使经济"金融化"。在美国的"去工业化""再工业化"进程中,两种价值取向的激烈摩擦与较量的结果是第二种价值取向始终占据主导地位,在上述理念的支配下,特别是由于受资本逐利本性的驱使,美国的"去工业化""再工业化"进程演变成为经济的"服务化""金融化",乃至演变成"投机化""虚拟化",从而使美国的"去工业化""再工业化"走入歧途,最终导致虚拟经济崩溃、次贷危机爆发,留下了沉痛的教训。[①]

(二)两种价值取向的较量与美国经济的"服务化"

如前所述,虽然两种价值取向有着本质的不同,但它们对发展服务业的价值取向却差别不大,于是在这两种价值取向的推动下,美国的服

---

① 杨楠. 再工业化背景下中国制造业的转型之路 [J]. 中国市场, 2018 (3): 231.

务业得到了超常的发展。在"去工业化"的20世纪50年代,美国服务业产值占GDP的比重、服务业吸纳就业的比重就超过了50%,到2004年,服务业占美国GDP的83%,吸纳了美国85%的就业,服务业的发展也使美国成为世界上最大的服务贸易顺差国,这和美国货物贸易长期存在着巨额的贸易逆差形成了鲜明的反差。[1] 然而,虽然美国服务业的发展符合"配第—克拉克定理",但在"去工业化""再工业化"的进程中,美国却教条式理解三次产业发展的一般规律,进而人为推动服务业脱离实体经济发展需要超常发展,导致美国经济的"服务化"。

(三) 两种价值取向的较量与美国经济的"金融化"

在美国经济"服务化"的过程中,美国的金融自由化得到了快速发展。美国出台的《1982年加恩—圣杰曼法》《1987年银行公平竞争法》,特别是1999年出台的《金融服务现代化法》,使金融业的自由化得到了快速的发展,不但使其获得了独立的地位,而且使其成为美国经济的支柱产业,大量的资源不断地向金融业转移,从而使美国经济快速地向金融化方向发展。[2]

随着美国经济金融化的深化,一方面,美国金融业巨头们获得了对政府政策的超强的议价能力,甚至在某种程度上也绑架了美国政府的决策;另一方面,"金融思维"既成为美国经济发展的主导思维,也成为美国应对金融危机的主导思维。例如,2008年金融危机爆发后,美国联邦政府救助计划的"金融思维"特征极为鲜明:2008年金融危机爆发后,美国政府的应对之策是出资收购不良资产,拯救金融体系从而引发了普通民众反对用他们的钱来拯救华尔街金融大鳄们的"占领华尔街"运动。[3] 不但如此,美国经济的过度金融化,特别是脱离实体经济

---

[1] 黄永春,郑江淮,杨以文,祝吕静. 中国"去工业化"与美国"再工业化"冲突之谜解析 [J]. 中国工业经济, 2013 (3): 7-19.

[2] 杨晓辉,陈诗瑶. 发达国家"再工业化"战略的提出背景及成效简析——以美国为例 [J]. 现代商业, 2015 (29): 66-67.

[3] 孙兴杰,李黎明. 美国的制造业复苏之难 [J]. 中国工业评论, 2017 (1): 18-23.

的过度金融创新和金融投机行为泛滥造成了世界性严重的"金融污染"①。到了 2007 年,全球金融资产价值达到了 230 万亿美元,即 1980 年到 2007 年,全球金融资产价值增加了 18.2 倍,而同期全球的 GDP 总量只增加了 4.55 倍。②

(四) 两种价值取向的较量与美国经济的"虚拟化"

随着美国经济的"金融化",资本的趋利性被进一步激发,大量的资本投向了回报率畸高的金融业、金融产品,使美国经济呈现出明显的虚拟化特征——大量的资金流向了房地产、股票、债券和金融衍生产品市场进行投机炒作。值得注意的是,美国经济虚拟化的发展使制造业越来越受到各种资源特别是金融资源的冷落,相反,各种资源不断地流出以制造业为核心的实体经济,使实体经济处于"失血"状态。即使在2008 年金融危机爆发后,美国政府实施了多次大幅度的量化宽松政策来解决债务积累问题,但也没有解决资金流向的问题,信贷和新增的货币并没有流入实体经济甚至流通领域,而是在虚拟经济体系内循环。

(五) 两种价值取向的较量与美国产业的"空心化"

一国的"产业空心化"程度通常是用"制造业投资流出指数"③ 来测算。通过测算可以发现,在 20 世纪 80 年代初到 90 年代末的 20 年时间里,美国的制造业投资流出指数一直是大于 1,这说明这个时期美国的"产业空心化"是由其对外直接投资造成的。但值得注意的是,这个时期美国对外直接投资的产业构成中,制造业投资只是略高于金融保险及房地产投资,因此,即使在这个时期也不能说美国的"产业空心

---

① 所谓金融"污染"是指金融体系自身有无限度扩张的体系缺陷,一旦超出正常的资金配置的需求,金融服务业的发展便会具有某种负外部性,就像经济活动可能会造成环境污染一样。

② 朱炳元. 资本主义发达国家的经济正在加速金融化和虚拟化 [J]. 唯实 (现代管理), 2012 (7):17-19.

③ 制造业投资流出指数 = 制造业对外直接投资额/制造业吸引的国外直接投资额。

化"完全是由对外直接投资造成的。而自1998年至今,美国的制造业投资流出指数开始小于1并呈长期的下降趋势,说明这个时期,美国制造业吸引的国外直接投资额大于美国制造业对外直接投资额。由此可见,制造业对外直接投资并非是导致美国"产业空心化"的主要原因。研究发现,在美国经济"服务化""金融化""虚拟化"的过程中,美国制造业资产平均收益率的快速下跌,[1] 促使产业资本逃离制造业寻找资本回报率更高的产业。于是,大量的产业资本涌入了非生产性的虚拟经济领域。产业资本"离制造化"成为美国"产业空心化"的根本特征,这有别于日本等国的"产业空心化"特征。[2]

第三节 全球经济治理与日本的"去工业化""再工业化"

一、美国"去工业化""再工业化"的模仿者

美国是"去工业化""再工业化"的实践者,更是"去工业化""再工业化"的示范者,而一向以美国为师的日本,几乎是亦步亦趋地跟随、模仿美国"去工业化""再工业化"的理念、政策及其行为模式。

首先,日本充分地利用了美国"去工业化"所带来的契机,加速了自身的工业化进程——20世纪50年代至70年代,美国便开始了"去工业化"进程,而此期间正是日本完成工业化的收官期。日本充分

---

[1] 据统计,美国制造业资产平均收益率1963~1966年为15.5%,1967~1970年为12.7%,1970~1973年为10.1%,1975~1978年为9.7%,总体下降幅度为59.8%,呈现出一路下行的趋势。
[2] 胡立君,薛福根,王宇,后工业化阶段的产业空心化机理及治理——以日本和美国为例 [J]. 中国工业经济, 2013 (8): 122-134.

利用了这个时期美国"去工业化"进程中产业转移的契机,加速了自身的工业化和产业结构调整的进程,日本的工业化质量得到了大幅度的提升,日本产品的质量享誉全球。与此同时,当日本完成工业化进程后,自 20 世纪 70 年代开始,随着日本产业结构的调整,日本开始模仿美国产业转移的模式,有序地将劳动力密集型产业、资本密集型产业甚至技术密集型产业向东南亚国家和地区转移,开启了自己的"去工业化"进程。

其次,正当日本"去工业化"进程开始起步、其问题还没有充分暴露时,美国却自 20 世纪 70 年代初开始了其"再工业化"进程。美国"再工业化"进程的雄心壮志及其初期所显现出的良好效果,促使日本也开始其"再工业化"进程。于是,在日本出现了"去工业化"进程和"再工业化"进程的叠加,即日本经济在跟随、模仿美国"去工业化"进程与"再工业化"进程的游移、摇摆中发展。这导致了两方面的结果:一方面,日本亦步亦趋地模仿美国的"去工业化""再工业化"进程的理念、政策及其行为模式,使日本难以及时发现美国的"去工业化""再工业化"进程的理念、政策的弊端,甚至是重大的失误(实际上,这种弊端甚至是重大的失误在短时间内也不易显示出来)。另一方面,美国的"去工业化""再工业化"进程需要打造与之相适应的国际环境,如为了配合"去工业化""再工业化"战略的实施,美国通过各种手段敲开日本千方百计封闭的市场,敦促日本进行放松国内规制的改革,迫使日本进行了几次大规模的贸易自由化、金融自由化改革,达成广场协议促使日元升值,等等。美国这两方面的影响与压力不但导致了日本经济发展战略迷失了方向,日本"去工业化""再工业化"政策偏离正确轨道,而且使日本放大了美国"去工业化""再工业化"的政策失误,这是日本泡沫经济崩溃大大地早于美国金融危机爆发,日本泡沫经济崩溃后迟迟难以走出困境、产业"空心化"进一步加剧以及日本制造面临质量问题巨大挑战内在的共同根源。

最后,特别值得注意的是,2008 年全球金融危机爆发后,在以美国为代表的其他发达国家都在掀起"再工业化"浪潮之时,日本仍继续沉迷于美国"去工业化"浪潮时的快感而不能自拔,"制造业毁灭日本"、日本应继续进行经济金融化的思维仍有极大的市场和影响力,这势必将影响日本"再工业化"进程的正确方向。①

二、日本的"去工业化""再工业化"的政策及其特征

20世纪90年代以来,日本经济出现了三大引起世界高度关注的现象:一是泡沫经济崩溃后的日本经济至今还没有完全走出其阴影;二是日本产业"空心化"进一步加剧;三是随着一系列严重质量问题、造假问题的不断暴露,日本制造业正从"日本制造等于高质量"的"神坛"上跌落下来。从表面上看,这三大现象之间似乎互不相干,但透过表象进行深入的实质分析可以发现,上述三大现象的出现有着共同的根源,而且彼此相互影响:在跟随、模仿美国"去工业化"与"再工业化"的过程中,日本经济发展战略出现了重大的失误:一方面,日本并没有把握好"去工业化"与"再工业化"的精髓,却放大了美国"去工业化"与"再工业化"政策的失误和行动的偏差,使日本经济陷入了泥潭;另一方面,在美国开始大力纠正"去工业化"与"再工业化"进程中的政策失误、矫正其行动偏差的时候,日本不但仍徘徊于陈旧的理念之中,行动迟缓,甚至有不少人仍坚持认为是"制造业毁灭了日本",试图使日本在"脱实向虚"的道路上继续前行。日本的经验教训值得正处于工业化进程之中的中国进行深入研究与借鉴。

(一) 日本"去工业化"的表现

第二次世界大战后,经过仅20年的努力,日本在20世纪六七十年代完成了其工业化进程。随着国内外经济形势的变化,日本也开始了其

---

① 苏宏伟. 日本制造业产业结构合理化与高级化研究 [D]. 长春:吉林大学,2017.

"去工业化"进程。①具体表现在以下几个方面：

第一，制造业产出、就业人数、企业数量的变化。

20世纪70年代，日本制造业产出额达到了36.00%，而在2010年日本制造业的产出额则下降到了19.38%，下降幅度达到了85.8%。同期，制造业就业人数从1377万人下降到997万人，下降了27.5%；制造业就业占比则下降了62.1%；日本制造业的企业数更是从652931户下降到224403户，下降了65.6%。

第二，从三大产业就业情况的变化来看，由表2-1可以看出，自20世纪70年代以来，日本第二产业的就业份额处于不断下降的状态，1970年日本第二产业的就业份额为35.2%，2011年日本则下降到24.6%，下降幅度达43%。而与之对应的是，1970年日本第三产业就业份额为47.3%，2011年上升至70.7%，呈现出大幅度上升的态势，上升幅度达49.5%②。

第三，日本的对外直接投资与日本产业的"空心化"。日本在20世纪六七十年代基本完成工业化后，为了进一步承接国际产业的转移，特别是为了规避日美之间的贸易摩擦，便开始通过对外直接投资向海外转移生产基地，最初是将其纺织服装产业等劳动力密集型、部分资本密集型产业转移至东南亚国家和地区，即转移到"亚洲四小龙"等国家和地区。而在1985年"广场协议"③后，随着日本产业结构的升级，特别是在日元大幅度升值的压力之下，日本制造业的对外转移也从最初以劳动力密集型产业为主，发展到大规模地向"亚洲四小龙"、东南亚国家和地区以及南亚、中国转移资本密集型产业、技术密集型产业生产

---

① 通常情况下，一国"去工业化"的情况，主要采用制造业产值及其占国内生产总值（GDP）的比重、制造业就业人数及其占总的就业人数的比重、制造业企业数量、资本外流造成的制造业海外生产比率变化、对外直接投资变化、贸易差额等几个指标来衡量。

② 赵晋平. 20世纪90年代以来日本产业结构的演变及其启示［J］. 国际贸易，2007（9）：39-45.

③ 《广场协议》（Plaza Accord）：美国、日本、英国、法国、联邦德国等工业发达国家于1985年9月22日签署的协议。目的在于干预外汇市场，使美元对日元、英镑等货币有秩序地下调，以解决美国巨额贸易赤字，从而导致日元大幅升值。

基地。日本产业生产基地连续向外不断转移的直接后果，便是日本国内制造业产量份额、就业份额不断下降。1990 年日本制造业海外生产比率为 6.4%，1995 年达到 9.1%，2001 年达到 16.7%，日本的大多数制造业产业的海外生产比率递增趋势明显。从表 2-1 中可以看出，虽然日本对外直接投资占 GDP 比重变化不是特别大，但却显示出不断扩大的趋势，由此也带来了贸易差额的较大变化，日本从 1990 年以来一直呈贸易顺差状态，但到 2011 年却出现了 16170 亿日元的逆差，这种变化也从一个侧面说明，日本"去工业化"进程在加快。①

表 2-1　　　　　　日本"去工业化"指标的具体衡量

年份	FDI（10 亿日元）	FDI/GDP（%）	对外贸易差额（10 亿日元）
1990	7352	1.66	10053
2000	3401	0.67	12372
2001	4659	0.93	8401
2002	4048	0.81	11550
2003	3339	0.67	11977
2004	3349	0.66	13902
2005	5046	1.00	10335
2006	5846	1.15	9464
2007	8661	1.69	12322
2008	13232	2.64	4028
2009	6990	1.48	4038
2010	4939	1.03	7979
2011	9126	1.95	-1617

资料来源：日本总务省统计局网站。

---

① 胡立君，薛福根，王宇. 后工业化阶段的产业空心化机理及治理——以日本和美国为例 [J]. 中国工业经济，2013（8）：122-134.

(二) 日本的"再工业化"政策及其特征

1. 日本的"再工业化"政策

作为一个后工业化国家，在20世纪六七十年代完成了其工业化进程后，日本也开启了其"去工业化"进程。然而，正当日本"去工业化"进程起步之时，美国却开始了其"再工业化"进程。美国"再工业化"进程的雄心壮志及其初期所显现出的良好效果，促使日本也开始了其模仿美国"再工业化"的进程，推出了一系列"再工业化"政策：1978年，日本产业结构审议会根据其《20世纪70年代的展望》报告又推出了《特定机械产业振兴临时措施法》《20世纪80年代的通商产业政策》等。为了快速走出由于泡沫经济崩溃导致的日本经济持续低迷的困境，20世纪90年代日本提出了"科技创造立国"的方针。1995年，日本提出，日本要重点开发新的产业领域，并向高附加值产业转移，为此要通过放松管制、促进竞争来创造必要的政策环境。为了重点开发新的产业领域，1995年日本确立了21世纪文化立国战略。2004年，日本知识财产战略本部内容专门调查会提出了要将内容产业定位于重要支柱产业的设想及其十项改革措施，[①] 并将其作为振兴内容产业的根本政策依据。随后，日本一直都在致力于内容产业的发展，并制定了相关的优惠、优先政策，期望将软实力产业转化为增长动力。[②] 2009年8月，经济产业省提出，要在强调传统制造业技术创新必要性的基础上，强调产业政策的重点要放在可再生资源、IT等新兴产业的发展之上。2008年全球金融危机爆发后，面对美国的"再工业化"政策的压力，特别是面对德国掀起的"工业4.0"浪潮的压力，2013年6月，安倍内阁发布了《日本复兴战略》，该战略推出了产业复兴、战略性市场创造、国际化战略等一系列行动计划，并制定了5年内要使日本全球竞争力的世

---

① 刘水长. 加快中国动漫游戏产业发展的对策思考——基于发达国家的成功经验 [J]. 经济研究导刊, 2011 (16): 160 – 162.

② 平力群. 从振兴内容产业看日本国家软实力资源建设 [J]. 日本学刊, 2012 (2): 128 – 144.

界排名从第五位跃升至第一位的奋斗目标。为了推进《日本复兴战略》的实施，日本政府此后又连续三年推出了《科技创新战略》，明确表示，"面对新层次日本创造的挑战"，要"架设通往创造未来的创新之桥"，要充分发挥日本在科技创新方面的优势，构建智能道路交通、新型制造、全能型材料开发、本地万能健康保健和游客接待五个系统。为了跟上乃至引领全球"再工业化"新浪潮，继 2016 年 1 月日本政府首次提出"社会 5.0"（超智慧社会）① 的概念后，在 2016 年 5 月修订的《科技创新战略 2016》中表示，日本将加大力度来推进实现日本"社会 5.0"的平台建设及其基础技术的强化工作，以此来快速建设"由科技创新引领社会变革而诞生的一种新型社会"。② 2016 年 6 月初，日本政府提出，要寻求在未来的制造业竞争中占据制高点。③

2. 日本"再工业化"政策的特征

正当日本"去工业化"进程起步之时，美国却开始了其"再工业化"进程。于是，日本的"再工业化"政策便呈现出在"去工业化""再工业化"之间摇摆的"混沌"特征。

一是日本所采取的"再工业化"的政策措施既有美国的"再工业化"政策的内涵——寻求在未来全球制造业竞争中占据制高点，又有自己独到的特征——十分注重对环境污染的治理，例如，早在 1970 年，日本就设立了"公害对策本部"，1971 年设立了专门的环境厅，加强对环境污染的治理。

二是在美国的"再工业化"政策内涵、外延及其政策都已在进行大规模调整的时候，日本的"再工业化"政策仍在国家经济的发展究竟是以是实体经济（制造业）为核心还是以服务业（金融业）为核心

---

① 根据日本《科学技术基本计划》第五期的描述，所谓超智慧社会是指"能够将必需的物品和服务在必需的时间以必需的数量提供给必需的人，以无微不至地满足社会各种需求，使所有人都能够享受到高品质服务，不受因年龄、性别、地区、语言等各种差异带来的影响而快乐舒适地生活的社会"。

② 刘平，陈建勋. 日本新一轮科技创新战略："新层次日本创造"与"社会 5.0"[J]. 现代日本经济，2017（5）：1-8.

③ 徐梅. 如何看待日本神户制钢造假事件[J]. 世界知识，2017（22）：23-25.

的选择之间摇摆。如上所述，日本产业政策的重心逐渐从传统的制造业转向IT、服务业、文化产业、旅游产业等产业，例如，1995年日本确立了21世纪文化立国战略。2006年，日本经济产业省公布了《新经济增长战略大纲》。在该大纲中，对传统制造业的支持只涉及清洁型飞机制造、汽车电池液发展等少数几个领域。而且根据该大纲，日本政府期望经过十年的努力，到2015年，日本制造业的就业份额由2003年的17.4%下降至15.9%，下降幅度为9.4%；同期服务业的附加价值份额由33.3%上升至36.2%，上升幅度为8.7%，就业份额由37.8%上升至40.8%，上升幅度为7.9%。[①] 在"安倍经济学"三支箭中，以旅游经济拉动日本经济复苏的政策被放在了重要的地位。这意味着日本的"再工业化"产业政策不但在美国的三次"再工业化"进程中一直是摇摆不定，而且在美国的第三次"再工业化"战略已进行了实质性调整的时候，日本的"再工业化"政策仍然没有摆脱摇摆不定、方向不明的困扰。正如日本半导体产业观察者汤之上隆在其《失去的制造业》一书中批评的那样：即使日本已经提出了应该向美国学习"振兴制造业"的说法，但是却没有推出切实可行的振兴日本制造业的措施和路径，更没有像奥巴马政府那样引领美国制造业的回归。更有甚者，即使到了2012年，在全球众多国家开始深入反思美国的"去工业化""再工业化"政策的失误所带来的沉痛教训时，日本却反其道而行之，发出了"制造业毁灭了日本"的呐喊。例如，日本著名官厅经济学家野口悠纪雄在其2012年出版的《日本的反省：制造业毁灭日本》一书中坚定地认为，制造业立国的经济发展战略是日本经济发展长期停滞不前的罪魁祸首，是制造业毁灭了日本经济。面对经济困境，日本必须改变以往的制造业立国模式，应该对日本经济结构进行彻底的调整：应该向美国学习，全力发展以金融为中心的服务业，以确立以"人才开国""富人模式"为目标的新兴成长模式，这样就能彻底地解决日本资源不足、

---

① 日本经济产业省. 日本新经济增长战略 [M]. 林家彬译. 北京：中信出版社，2009：252.

电力供应紧张、劳动力短缺、环境压力大等问题，实现日本的再次繁荣。野口悠纪雄的观点起初是在钻石在线（DIAMOND online）上连载引起了巨大的反响，后来在钻石社书籍编辑局、《钻石周刊》编辑部的支持下公开出版。实际上，野口悠纪雄在《未曾有的经济危机战胜方法》《世界经济恢复，为什么唯独落下日本？》等著作中都表达了类似的观点。① 可见野口悠纪雄对于日本经济陷入困境原因的分析以及实现日本再次繁荣路径的观点在日本国内外拥有众多的支持者，这也是其相关的著作在国内外畅销的重要原因。②

三、日本的模仿式"去工业化""再工业化"政策的后果

如前所述，日本不但亦步亦趋地模仿美国的"去工业化""再工业化"进程的理念、政策及其行为模式，而且放大了美国"去工业化""再工业化"理念、政策的失误，从而给日本经济发展造成了严重的后果。

（一）虚拟资本脱离实际经济的独特运动最终导致泡沫经济崩溃

在美国贸易自由化、金融自由化压力的推动下，日本被迫实行了从"外需主导"到"内需主导"的经济发展战略的转变，特别是开始了其放松金融管制，实施金融自由化的转变。而金融自由化政策的实施对日本放大美国"再工业化"的失误、推动日本泡沫经济膨胀的影响最大。日本的金融自由化政策主要包括：一是放松银行业务的限制，如解除对银行金融商品开发的限制，解除对银行公债买卖业务的禁令等。二是放松非银行金融机构的业务限制，允许非银行金融机构经营存款业务。三

---

① 野口悠纪雄. 日本的反省：依赖美国的罪与罚 [M]. 贾成中译. 北京：东方出版社，2010.

② 野口悠纪雄. 日本的反省：制造业毁灭日本 [M]. 杨雅虹译. 北京：东方出版社，2014.

是加速银行利率市场化进程。1985年前，日本官定利率连续四次下调，从1985年的8.5%降至5%。特别是为了配合"内需主导型"战略的实施，连续五次将中央银行贴息率由5%降至2.5%的低水平。四是实行金融的国际化。从20世纪70年代起，日本就开始允许非居民发行日元计价外国债券（1970年12月），取消了外汇集中制（1972年5月），建立了东京美元短期同业拆借市场（1972年4月），建立了外汇贷款制度（1972年9月），开始欧洲日元交易等。五是实行资本自由化。在20世纪60年代两次资本自由化的基础上，日本在70年代进行了三次大的资本自由化。经过五次大规模的资本自由化进程，日本基本上取消了对外国投资的限制。①

金融自由化是一把"双刃剑"。一方面，金融自由化为企业的融资提供了方便，在一定时期内，有利于满足企业的设备投资需求，促进经济的发展；另一方面，金融自由化也带来了巨大的负面效应：

对银行来讲，金融自由化使银行的注意力逐渐偏离了为实体经济服务的轨道。在金融自由化的条件下，银行的主要客户——大企业可以通过发行股票、债券筹资，增加自有资金，对银行融资的依赖性明显减弱。为避免银行业务的萎缩，银行将贷款大规模地贷给了房地产业。于是，银行与房地产业结成了利益共同体：房地产业的发展，使银行贷款业务发展有了保障；银行贷款对房地产业的偏爱，使房地产业发展得到了及时而大量的资金保障。而当房地产业泡沫膨胀时，银行账面价值得到迅速而大幅度的攀升，房地产业从而被银行视为发展前景良好的优质放贷行业，能够得到银行巨量资金的进一步支持，房地产泡沫进一步膨胀。与此同时，银行对制造业的支持力度进一步减弱，制造业的发展得不到应有的资金支持。②

对于企业来说，金融自由化政策使一些企业醉心于财技术的运用以

---

① 王厚双.日本经济与世界经济接轨的经验浅析［J］.日本学刊，1997（1）：96-110.
② 郑良芳.从日本泡沫经济破灭说起——正确处理虚拟经济和实体经济关系问题的研究［J］.广西农村金融研究，2003（4）：42-45.

获取巨额的收益:在资本市场上,日本企业通过大量发行债券、股票、可转换公司债券和认股权证等来动员大量的资金以从事财技术业务获取投机利益。1985~1990年,日本企业利用财技术业务在股市共赚取了85万亿日元利润。[①] 在房地产市场上,房地产泡沫的膨胀使企业纷纷参与到房地产投机大潮之中。于是,企业在房地产泡沫膨胀期间本来应该用于本业的大量资金逃离制造业,导致制造业"失血",形成了专注于本业经营的企业生存陷入困境的不明智的氛围。而当房地产泡沫破裂、房地产价格快速下跌时,企业在房地产泡沫膨胀时期用于购买土地的资金则被迫大量"沉淀"在房地产市场而无法转移到本业生产领域,使企业在本业经营和房地产经营上进退两难,给企业本业的发展和整体经济的发展带来难以克服的难题。

对个人来讲,一方面,金融自由化政策的实施和金融商品的不断开发使个人的投资渠道进一步拓宽,特别是日本实行长期低利率政策,银行存款收益对个人资金几乎丧失了吸引力。于是,个人纷纷将手中的货币资金投到股票、地产业市场进行投机活动,而不是将其存入银行。1984年后日本推出的"特定金钱信托"等制度凭借其专业性以及其号称"旱涝保收"的宣传又助长了个人参与投机的热情。由此造成巨额投机资金涌入股市,刺激了股价的迅速膨胀。另一方面,投机活动的高收益及其持续不断看涨的预期,也改变了日本人的消费观念。1985年日本的个人消费高利借款只有5600亿日元,而到1989年则扩大到54900亿日元,4年就增长了8.8倍。个人消费观念的改变又进一步助长了人们参与投机的热情。

银行、企业、个人投机行为提高了虚拟经济膨胀的速度与幅度:一是股价狂涨。1989年12月29日日经指数达到了38915点的历史最高点,比1983年的8800点上涨了3.4倍,远远超过同期国民生产总值(GNP)51%的增长率。二是地价狂升。1990年日本的土地资产总额为

---

① 周林薇.从日本股市暴跌看泡沫经济的特征[J].世界经济,1993(2):66-71.

2389万亿日元，比1985年的1004万亿日元上涨了1.38倍。① 三是推动日本加速成为资产第一大国。② 因此，无论是银行、企业、个人，都沉浸在这种景气带来的幸福之中，甚至被这种景气冲昏了头脑，人们坚定地相信这种景气会持续，没有任何人认为会出现下降，更不用说会出现景气破灭。然而，虚拟经济的过度膨胀最终引发经济泡沫的破灭：股市出现持续大幅度下跌，日经指数从1989年12月29日的38915点跌至1992年8月11日的14822.56点，跌幅超过60%。③ 土地价格也开始下跌，到1994年底，地价已较1991年的高峰期下跌50%。股价、地价下跌使日本国民资产损失惨重，损失的数额达到了1086万亿日元，大批企业和众多个人破产或处于破产边缘，而昔日业绩辉煌的金融机构的不良债权也高达70万亿日元，金融体系的安全受到极为严重的威胁。④ 尤其值得注意的是，日本泡沫经济崩溃的后遗症长期难以消除，对全球金融危机的承受力也在严重下降。⑤

（二）"去工业化""再工业化"加重了日本的产业"空心化"

20世纪80年代后半期，在"去工业化""再工业化"的进程中，日本对外直接投资也在快速发展，成为当时世界最大的资本输出国。1986年日本对外直接投资达220亿美元，1987年的对外直接投资为330亿美元，比上一年增长了50%；1988年对外直接投资增至470亿美元，比上一年增长了42%；1989年更是猛增至675亿美元，比上一年增长了43%。⑥ 1990~2004年，日本国内平均每年对外直接投资约为270亿美元，而这一时期日本平均每年吸收的国外直接投资却仅有约40亿美

---

① 刘昌黎. 浅谈日本的泡沫经济 [J]. 日本研究，1993（3）：13-19.
② 周林薇. 从日本股市暴跌看泡沫经济的特征 [J]. 世界经济，1993（2）：66-71.
③ 李伯瑜. 浅析日本的泡沫经济 [J]. 日本问题研究，1994（4）：34-36.
④ 郑良芳. 从日本泡沫经济破灭说起——正确处理虚拟经济和实体经济关系问题的研究 [J]. 福建金融管理干部学院学报，2003（4）：6-9.
⑤ 刘文娟. 金融危机下经济严重失衡国家的经验教训及对我国的启示 [J]. 桂海论丛，2010，26（4）：78-82.
⑥ 刘昌黎. 浅谈日本的泡沫经济 [J]. 日本研究，1993（2）：13-19.

元,输出和输入直接投资的差额平均每年有约 230 亿美元。这种差额在 2005 年后变得更加悬殊,在此期间日本平均每年的对外直接投资超过 700 亿美元,而其吸收的外国直接投资却仅有约 75 亿美元,输出和输入直接投资的差额达到近 10 倍,这使日本呈现出"离本土化"式产业空心化。[①]

长期以来,人们大都认为,劳动力短缺、自然资源稀缺、高税率、对外贸易摩擦和汇率升值导致的出口约束是日本进行对外直接投资的动因,也是日本产业空心化现象产生的原因。实际上,日本跟随、模仿美国"去工业化""再工业化"战略是导致日本产业空心化的主要原因:日本通过对外直接投资,不断地将劳动力密集型产业、资本密集型产业、技术密集型产业生产基地向国外转移,特别是向东亚地区转移,其目的如下:一是通过对外直接投资,腾出产业空间、精力专注于高端制造业的发展和核心技术的开发与控制,这是美国"去工业化""再工业化"战略的核心特征;二是通过对外直接投资、产业的转移构建以日本为核心的东亚地区生产网络,为日本制造业的发展创造广阔的市场空间。然而,事物的发展总是利弊兼有——虽然日本的战略诉求取得了一定的成功,但也最终导致日本严重的产业空心化。

(三)"去工业化""再工业化"日本制造业大溃败

如前所述,虽然日本的"去工业化""再工业化"取得了一定的成功,但其弊端也不可小觑。其中一个重要的弊端就是日本制造业的风光不再,甚至是大溃败。

日本制造业的大溃败,可以在《财富》世界 500 强的榜单上日本、美国、中国企业数量的变化得到验证(见表 2-2)。

由表 2-2 可见,与美国、中国企业在《财富》500 强榜单上的绝对数量不断上升的情形相反,日本企业在榜单上的绝对数量却是直线下

---

① 胡立君,薛福根,王宇. 日本后工业化阶段的产业空心化——以日本和美国为例 [J]. 中国工业经济, 2013 (8): 122-134.

降：1996年时，榜单上的日本企业多达99家，与美国上榜企业数量持平，是中国上榜企业数量的近50倍；但是到了2006年，日本上榜企业数量已经减少至70家，日本上榜企业数量大幅度降到美国的41%；日本上榜企业数量在1996年是中国上榜企业数量的近50倍，而2006年降为3.68倍。到2016年，日本上榜企业数量仅剩52家，比1996年锐减了将近一半，日本上榜企业数量大幅度降到美国的41%、中国的54%。

表2-2　　日本、美国、中国《财富》世界500强的变化情况　　单位：家

国别	1996年	2006年	2016年
美国	99	170	128
日本	99	70	52
中国	2	19	97

资料来源：《财富》杂志。

从日本一些知名企业在《财富》500强中排名的变化情况来看，其名次下滑更是令人触目惊心（见表2-3）。

表2-3　　日本部分企业在《财富》500强中排名的变化情况

企业名称	1996年	2006年	2016年
丰田	8	8	8
日立	13	38	89
松下	19	47	131
日产	24	41	59
东芝	32	87	157
索尼	40	65	116
本田	46	31	44
富士通	54	133	251
三菱汽车	62	345	—
佳能	131	170	334

续表

企业名称	1996 年	2006 年	2016 年
马自达	170	235	429
三洋	183	300	—
夏普	205	242	470
铃木	207	249	436
理光	373	391	—

资料来源：《财富》杂志。

由表 2-3 可以看出，自 1996 年到 2006 年，再到 2016 年，日本一些知名企业在《财富》500 强中排名只有本田有小幅的上升（若以 2016 年与 2006 年相比，本田的排名也下降了 13 个位次）。其余的日本一些知名企业的排名都在下降。其中 2006 年比 1996 年下降超过 100 个位次的有两家：三菱汽车排名下降了 283 个位次，三洋下降了 117 个位次；2006 年比 2016 年下降超过 100 个位次的有 7 家：松下下降了 112 个位次、东芝下降了 125 个位次、富士通下降了 197 个位次、佳能下降了 203 个位次、铃木下降了 229 个位次、马自达下降了 259 个位次，夏普下降幅度最大，达 265 个位次。

（四）"去工业化""再工业化"的后遗症：日本造假事件、质量问题层出不穷

第一，日本制造造假事件、质量问题层出不穷。2017 年 10 月 8 ~ 13 日，日本神户制钢所被曝出，其生产的部分铝铜制品、铁粉制品技术数据人为篡改作假，涉嫌造假产品多达 13 种，波及企业数量约 500 家，给全球供应链造成极大的恐慌。实际上，对于日本制造业来说，神户制钢技术数据造假并不是第一起被曝出的造假丑闻，近几年代表性的质量事件可谓层出不穷：一是日立城际高铁质量事件：据日本共同社 2017 年 10 月 16 日报道，日立在英国制造的城际高铁列车 16 日开始投入商业运行，但因技术问题造成了 40 多分钟的延误，而且还发生了车

内空调严重漏水等故障。此外，列车在从柴油电力转到架空电线时也出现了一些技术问题，不得不返厂维修。二是援越跨海大桥桥头下沉质量事件：据越南快讯（VnExpress）2017年7月16日报道，由日本政府出资、日本建筑公司承担援建的越南新武、沥县跨海大桥在大桥建设中间验收时就被发现该桥的桥头存在下沉等质量问题。三是日本高田汽车安全气囊事件：2017年8月，马自达在美召回约80000辆轿车和SUV。四是三菱汽车承认油耗造假事件：2016年4月，三菱汽车承认油耗造假，日产汽车因使用无资格人员负责整车检查，导致大约116万辆汽车被召回。五是丰田汽车召回事件：2009年9月丰田汽车公司或因其汽车内可移动地板垫存在安全隐患，或是因为油门踏板存在设计缺陷、刹车系统存在安全隐患，被迫召回的汽车数量达830万辆，创造了汽车召回史上的吉尼斯纪录。六是日产燃料泵燃料软管安全隐患事件：2002年9月29日，日产宣布，由于连接燃料泵的燃料软管有可能松动，因此决定召回20300辆2003年款"Infiniti G35"轿车。由此可见，日本制造业造假事件、质量问题可谓层出不穷，昔日日本制造的高质量、高品质的光环正在黯然失色，这不能不引起人们的深入思考。第二，日本"去工业化""再工业化"的后遗症是日本制造跌落神坛的根源。人们对上述日本制造业出现的层出不穷的严重质量问题、造假事件产生的原因进行了多方面的解释。例如，在不断加剧的国际竞争下，由于日本国内市场狭小、消费能力疲弱、劳动力日益短缺、生产经营成本上升等原因，企业侥幸地进行违规操作。这种解释有一定的道理，但也显得极为苍白，因为上述问题和压力，是日本制造业发展过程中所面临的常规问题。实际上，日本制造业层出不穷的严重质量问题、造假事件的根源在于：在"去工业化""再工业化"的过程中，随着虚拟经济的发展，特别是在虚拟经济快速发展过程中，日本制造业企业"财技术"收益的急速膨胀，使许多日本制造业企业昔日那种精益求精的"工匠精神"快速消弭，甚至荡然无存，取而代之的是投机盛行，因此，忽视质量，甚至通过造假来保生存获发展就成为许多日本制造业企业的"理性"选择。

四、美国、日本"去工业化""再工业化":经验教训与启示

如前所述,无论是美国还是日本,在其"去工业化""再工业化"的进程中都出现了许多政策失误,甚至是重大的政策失误,尤其是日本,在其"去工业化""再工业化"进程中不但在政策的跟随与模仿中偏离了正确轨道,而且放大了美国"再工业化"政策的失误,从而导致了日本泡沫经济崩溃大大早于美国金融危机的爆发,泡沫经济崩溃后迟迟难以走出困境、产业空心化进一步加剧以及日本制造面临质量问题巨大挑战等一系列问题,其经验教训值得正处于工业化进程之中的中国进行深入的研究与借鉴。

(一)要牢固确立"发展经济的着力点必须放在实体经济上"的理念

在"去工业化""再工业化"过程中,日本最大的教训就在于:实体经济在日本国民经济发展中的命脉、根基地位被倒置,从而使泡沫经济不断膨胀,而泡沫经济崩溃的后遗症长期难以消除,使经济发展陷入长期的困境之中。

无数历史和现实的经验教训都证明,实体经济是国民经济发展的命脉、根基,这是各国经济发展的"公理"。1776年,亚当·斯密就曾指出:一个国家财富的多少不能用货币的多少来衡量,而必须用这个国家人民实际财富的生产能力的大小来衡量。1820年,李斯特也表达了几乎同样的思想。他认为,财富的生产能力比财富本身不知要重要多少倍,财富的生产能力是国家经济动力的基础。查尔斯·P.金德尔伯格通过对近500年世界经济霸权演变历史的研究发现:国家经济最重要的就是"生产性",否则就无法逃脱由盛到衰的宿命。昔日的经济霸权大国英国就是由于发生了从"生产性"到以金融为核心的"非生产性"的转移,从而使其经济霸权地位被专注于"生产性"的美国所替代。

而战后美国相对衰落的重要原因就在于美国经济也正在从"生产性"向"非生产性"转变。特朗普正是因为看到上述转变中的危险性，所以他就任美国总统后就积极甚至激进地推进"再工业化"进程，试图于"让美国再次伟大"起来。实际上，在处理"生产性"和"非生产性"的关系上，"生产性"的状况如何不仅决定着经济霸权国家的盛衰，实际上也决定着任何国家的经济繁荣与衰退。因此，实体经济是一国经济在国际经济竞争中赢得主动的根基。正是基于此，2007年次贷危机爆发后美国对"再工业化"战略的理念发生了重大变化：从以往以服务经济特别是金融经济、虚拟经济为主转向了以制造业为核心的实体经济为主；虽然日本的"再工业化"战略的理念仍在转变的过程之中，但其也会从美国"去工业化""再工业化"经验教训中得到启示，特别是从自身的经验教训中得到警示，从而回到正确的轨道之上。因此，无论是美国还是日本，抑或是其他国家，经过2008年全球金融危机的洗礼，"再工业化"战略的理念已经得到了较大的矫正，"再工业化"战略的理念发生了重大变化，其实质就是对前期"去工业化""再工业化"战略失误的深刻反思，是对金融业与实体经济关系的深刻反思，是对制造业与服务业关系的深刻反思，是对转变经济发展模式的深刻反思，特别是"实体"与"虚拟"经济关系的深刻反思。人们重新意识到，以制造业为核心的实体经济才是最终提升一国经济国际竞争力和保持一国经济健康可持续发展的根基。实际上，我国在快速推进工业化进程中，由于受国外"去工业化""再工业化"战略的影响，特别是受到美国"去工业化"理念及其初期所显现出的良好效果的误导，在一些基本完成工业化的发达地区也在自觉不自觉地盲目发展服务业和金融业、实施"去工业化"政策，而一些相对落后的地区也不甘示弱，在服务业、金融业的发展上也给予了高度关注，倾注了大量的心血专注于服务业在GDP中比重的提升和金融的快速发展。特别是在应对2008年全球金融危机的刺激政策的推动下，房地产业得到了快速的发展，出现了疯狂炒作的现象，使房地产资产化特征明显，结果导致大量资金流入房地产和虚拟经济之中，严重影响了实体经济的发展。国内外的经验教训都表明，必须重新确立实体经济在国民经济发展中的地位，正如党的十九大报告所指出的那样，不论经济发展到什么时候，必须把发展经济的着力点放在实体经济之上。现代化经济体系的大厦必须是建筑在实体经济基础上的，否则就会贻害无穷。①

（二）要强化制造业在实体经济发展中的核心地位和主导作用

历史和现实的经验教训也一再证明，制造业是否强大、是否可持续发展，始终关系到一国和民族的兴衰。正如1820年德国经济学家李斯特在其《政治经济学的国民体系》中所指出的那样：制造业就是现代社会的财富生产能力。德国经济之所以在2008年全球性金融危机中仍保持比较稳健的发展，也许是德国人深刻地把握了李斯特思想的精髓，从而使德国始终十分重视以制造业为主的实体经济发展，使其能够在以美国为代表的其他发达国家虚拟经济崩溃导致金融危机和主权债务危机时立于不败之地。②

强化制造业在一国实体经济发展中的核心地位和引领作用，应做到以下几点：一是要进一步加大研发投入。抢占制造业自主创新和持续创新能力的制高点已成为众多国家"再工业化"战略的核心目标。我国制造业之所以还没有摆脱在全球价值链分工中的低端地位，仍在全球价值链分工中扮演"打工仔"的角色，其根本原因在于我国制造业的研发投入仍不足、自主创新能力仍亟待提高。研究表明，发达国家不但重视对制造业的研发投入，而且对高技术制造业的研发投入尤为重视，研发投入始终处于保持在高水平状态，其中芬兰高技术制造业的研发投入占全部研发投入的比例为58.12%，韩国高技术制造业的研发投入占全部研发投入的比例为53.8%，而我国这一比例仅为12.5%，差距巨大，

---

① 姚海琳．西方国家"再工业化"浪潮：解读与启示 [J]．经济问题探索，2012（8）：165－171.
② 杨继国，朱东波．马克思结构均衡理论与中国供给侧结构性改革 [J]．上海经济研究，2018（1）：5－16.

从而使我国在高技术制造业领域的竞争中处于被动地位,例如,目前我国95%的机器人、90%的高档数控机床依赖进口。残酷的事实要求我国必须要在借鉴西方"再工业化"经验的基础上,进一步加强对制造业自主创新和持续创新能力提升的投入,特别是要加强对高技术制造业的研发投入,既要加大政府的科技创新研发投入,更要通过制定各种有效的政策措施来大力引导企业的科技研发、创新发展的投入力度,形成产学研政四方联手对制造业科技研发、创新发展的巨大合力,为我国制造业特别是高技术制造业的快速发展、国际竞争力的提升奠定坚实的基础。① 二是要创新现代服务业支撑制造业发展的新路径,推动生产性服务业与制造业的共生融合发展。要摆正服务业发展与制造业发展的正确关系,要围绕着制造业发展的要求来发展直接为制造业发展服务的服务业,特别是应加快高端生产性服务业的发展,而不是不顾经济发展的客观规律、不顾产业结构升级的客观规律,脱离实体经济、制造业发展的要求去发展服务业,甚至为了提高服务业在 GDP 中的比重,刻意地把服务业从制造业中剥离出来,使服务业的发展失去根基,甚至由此造成制造业税负的增加。②

(三) 要处理好实体经济发展与虚拟经济发展的互动关系

国内外的历史与现实经验表明,实体经济和虚拟经济在一国国民经济发展中的地位存在着巨大的差别。虚拟经济不能脱离实体经济而独立、过度地发展,否则就会破坏二者之间相互依存、相互促进的发展关系,特别是当虚拟经济发展脱离甚至背离实体经济时,不但会扭曲企业、个人的发展理念,而且会造成投机泛滥,进而可能引发金融危机、经济危机。2007 年美国次贷危机爆发进而引发全球金融危机的根本原因就在

---

① 叶连松. 应对世界金融危机 坚持可持续发展 推进新型工业化 [J]. 环渤海经济瞭望, 2012 (2): 3-10.
② 例如,某地为了提高服务业在 GDP 中的比重,刻意把服务业从制造业中剥离出来,结果不但没有提高服务业的服务效率,反而是增加了企业的税负负担,如某企业将物流从企业中剥离出来后,每年增加了 3400 万元的税负。

于美国在其"去工业化""再工业化"进程中任由虚拟经济过度发展。而20世纪90年代日本泡沫经济的崩溃，其根本原因就在于日本在"去工业化""再工业化"进程中放大了美国"去工业化"进程与"再工业化"进程中上述政策与行动的失误，使日本虚拟经济迅速膨胀，形成经济泡沫。在虚拟经济扭曲发展的条件下，我国不少地方都在酝酿建设"金融中心"，追求发展虚拟经济；不少企业热衷于炒房，甚至认为"开工厂不如炒房"，产业资本不断地逃离实体经济。于是，虚拟经济在我国国民经济中的占比迅速提升，呈现出超前甚至过度发展的态势，例如，2015年和2016年虚拟经济连续两年在我国GDP中占比都高达8.4%，这个占比不仅超过了中国2001~2005年金融业增加值在我国GDP中的占比，而且也超过了美国这个占比的历史高点。值得注意的是，2001年美国虚拟经济在其GDP中占比达到7.7%时既催生了美国互联网经济泡沫，又导致美国互联网泡沫的破灭。为了挽救互联网经济泡沫破灭对经济发展的危害，美国虚拟经济发展的注意力迅速地转向了房地产领域，于是2006年美国虚拟经济在其GDP中占比又上升到了7.6%，继而引发了次贷危机、金融危机。美国的教训值得我国深入研究。实际上，我国的虚拟经济过快而扭曲的发展，没有促进实体经济的发展，反而使实体经济的发展陷入困境。例如，2011~2016年，我国的M2与GDP之比从1.74增长到2.08，远远超美国的M2与GDP之比0.69，也高于日本的1.74，总额已经达到了155万亿元人民币，再加上中国影子银行65万亿元人民币的信贷规模，使我国资金市场规模达到了220万亿元人民币。然而，这巨量的流动资金，在金融监管缺位的情况下，大都进入虚拟经济领域，而不是实体经济。于是，一方面，巨量的流动资金拉动了我国的资产价格大幅度上升，加剧了证券市场投机和房地产的投机炒作，使我国经济出现了金融化的趋势。另一方面，巨量的流动资金滞留在虚拟经济体系内部不断自我循环扩张，使实体经济融资难、融资贵等问题更为突出。而实体经济投资回报率的持续降低和生存发展环境恶化，再加上虚拟经济高额的回报率，就迫使或诱使实体经济部门的注意力不断地转向虚拟经济，从而使虚拟经济在自我循环中走向泡沫化,给我国经济的健康发展带来巨大的隐患甚至是巨大的现实风险。对此,2016年、2017年中央经济工作会议及党的十九大都给予了高度重视,处理好实体经济与虚拟经济的关系已成为我国经济发展中必须高度重视而且必须有效解决的重大现实问题。因此,为了防止虚拟经济脱离实体经济过度发展可能带来的严重后果,正如习近平总书记在党的十九大报告中所说的那样,必须始终坚持"以实为主,虚实协调"的宏观产业结构政策导向,对虚拟经济的发展进行科学、准确的定位,要进一步提升包括金融业在内的虚拟经济对以制造业为核心的实体经济的"反哺"功能和能力,要坚决防止虚拟经济脱离实体经济独立而过度地发展从而引发虚拟经济泡沫以及虚拟经济泡沫崩溃对整个国民经济造成巨大伤害的情况发生,确保整个国民经济的健康平稳发展。①

(四) 要防控重大风险,特别是金融风险的出现

在美国的"去工业化""再工业化"过程中,由于其两种价值取向的较量,使美国在这一进程中政策、行动出现了严重的偏差,使风险不断累积,形成了难以驾驭、控制的重大风险,最终导致次贷危机乃至金融危机的爆发。而日本经济在跟随、模仿美国"去工业化""再工业化"进程中放大了美国政策与行动的偏差,使日本虚拟经济迅速膨胀,形成经济泡沫,最终导致其虚拟经济的崩溃,而且其后遗症贻害极其严重。因此,历史的特别是现实的惨痛教训警示我们,在经济发展过程中,必须要严密防范和及时化解经济发展过程中可能出现的各种风险特别是可能出现的重大风险,尤其是要防控金融风险,只有对可能出现的各种风险特别是可能由金融风险酿成的重大经济风险保持高度警惕,做到早识别、早预警、早发现、早处置,防患于未然,才能把握主动权,才能降低甚至消除风险。

---

① 黄永春,郑江淮,杨以文,祝吕静. 中国"去工业化"与美国"再工业化"冲突之谜解析——来自服务业与制造业交互外部性的分析 [J]. 中国工业经济, 2013 (3): 7-19.

（五）要对"再工业化"浪潮所带来的各种挑战有充分认识

无论是美国、西欧还是日本的"再工业化"，抑或是发展中国家的"再工业化"，虽然它们的着重点存在着许多差异，但有一点却是相同的：一方面，要通过"再工业化"战略的实施夺取新一轮科技革命背景下的以制造业为核心的实体经济发展的制高点；另一方面，要通过"再工业化"战略的实施提升其以制造业为核心的实体经济的国际竞争力，夺取更大的世界市场份额，为其以制造业为核心的实体经济的发展争得更大的生存空间。而这两方面的交互作用最终集中到一点，就是对各种资源的全球性的激烈争夺：为了保持和进一步获取持久的科技创新能力形成全球性科技资源的激烈争夺；为了保持和进一步获取以制造业为核心的实体经济的国际竞争力，不但要大力发展制造业，特别是高端制造业，而且还要通过制定和实施各种优惠政策鼓励甚至强迫制造业回归本土，从而形成全球性制造业资源的激烈争夺；为了保持和进一步获取以制造业为核心的实体经济的发展空间，不惜利用高关税、技术壁垒、绿色壁垒、反倾销、反补贴、反垄断、特殊保障措施等花样不断翻新的手段争夺世界市场资源，从而形成全球性市场空间的激烈争夺。[1] 例如，为了打压中国制造业的国际竞争力，特朗普不惜重新动用"301调查"。特朗普认为，美国必须重新祭起"301调查"这面大旗从根本上打压中国制造业。因此，面对"再工业化"浪潮引发的对各种资源的全球性的激烈争夺，中国必须给予高度警惕并采取有效措施予以积极应对。[2]

---

[1] 郭晴，陈伟光. 经济外交与全球经济治理：基于中美互动的视角 [J]. 复旦国际关系评论，2017 (11)：110 – 135.

[2] 孙丽，王厚双. 特朗普启动对华"301调查"的目的与影响透视 [J]. 国际贸易，2017 (9)：28 – 32.

第三章

中国在全球经济治理与国际经贸规则重构博弈中的话语权

第一节 影响全球经济治理与国际经贸规则重构博弈话语权的因素

历史经验表明,影响一国在影响全球经济治理与国际经贸规则重构博弈中话语权大小的因素既复杂又众多,既包括硬实力因素,也包括软实力因素。其中,硬实力因素主要包括经济实力、科技实力、资源禀赋和军事实力等,软实力因素主要包括政治治理、文化实力、外交实力、国家政策等(见图3-1)。[①]

[①] 吕松涛. 提升中国在 G20 中的制度性话语权:机遇、挑战与路径选择 [J]. 东岳论丛, 2017 (12): 78-85.

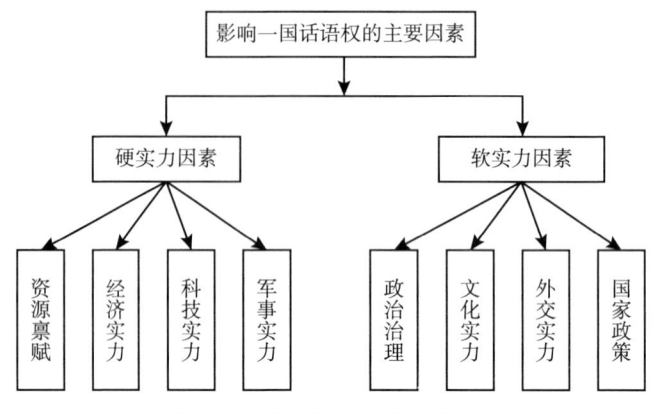

```
                影响一国话语权的主要因素
                           │
              ┌────────────┴────────────┐
          硬实力因素                  软实力因素
     ┌────┬────┬────┐           ┌────┬────┬────┐
   资源  经济  科技  军事         政治  文化  外交  国家
   禀赋  实力  实力  实力         治理  实力  实力  政策
```

图 3-1　影响话语权的主要因素

一、硬实力因素

（一）资源禀赋因素

资源禀赋是一国生存和发展的物质基础和条件，也是影响一国话语权的重要因素。国家的资源一方面包括国土、地理气候、水、生物、矿产等自然存在的物质资源，另一方面包括人力资源。

1. 自然资源

自然资源包括一国的土地资源、矿产资源等。世界各国的自然资源具有较大差异，有些国家幅员辽阔、地形结构优越，具有丰富的自然资源，可以为本国经济的发展提供较好的物质基础，而有些国家则资源比较贫乏，很多矿产和能源均需要进口。

中国虽然地大物博，但自然资源与美国、俄罗斯、印度等国家相比存在较大差距，中国与日本、德国相比较，自然资源相对丰富些，但在信息化的时代，资源并不是经济发展的决定性因素，中国应科学地利用资源，努力实现以技术资源优势来替代自然资源优势。

2. 人力资源

人力资源也是影响一国全球经济治理与国际经贸规则重构博弈话语

权的重要因素。人力资源包括两项指标,即人口数量和人的素质(劳动力的质量)。人口数量对一国综合国力的影响很大,一般而言,若人口总量与该国的各类资源相匹配,则该国综合国力增强,反之,如果人口过多,本国资源人均水平较低,则该国综合国力相对衰减。人力资源的另一个指标是劳动力的质量,该指标主要取决于劳动力者受教育和职业技术培训的程度。如何充分发挥并利用好人力资源,是当前我国在国际上获取话语权过程中急需解决的重点问题。[①]

部分国家的人力资源的指标如表3-1所示。

表3-1　　　　　　主要国家人力资源指标比较(2017年)

国家	总人口(百万)	劳动力人口(百万)	人口增长率(%)	15~64岁人口占总人口百分比(%)	65岁及以上人口占总人口百分比(%)	人口密度(人/平方公里)
美国	325.72	163.46	0.71	65.67	15.41	35.61
中国	1386.40	786.74	0.56	71.68	10.64	147.67
日本	126.79	66.50	0.16	60.06	27.05	347.78
德国	82.70	43.47	0.42	65.47	21.45	237.02
英国	66.02	33.87	0.65	63.77	18.52	272.90
法国	67.12	30.36	0.39	62.20	19.72	122.58
印度	1339.18	520.19	1.13	66.23	5.99	450.42
意大利	60.55	25.46	0.13	63.46	23.02	205.86
巴西	209.29	104.28	0.78	69.70	8.55	25.04
加拿大	36.71	20.10	1.22	66.99	16.98	4.04
韩国	51.47	27.89	0.43	72.61	13.91	527.97
俄罗斯	144.50	75.64	0.11	68.22	14.18	8.82
澳大利亚	24.60	12.91	1.59	65.48	15.50	3.20

[①] 许德友. "一带一路"建设与全球治理中的中国话语 [J]. 汕头大学学报(人文社会科学版), 2018 (1): 5-9.

续表

国家	总人口（百万）	劳动力人口（百万）	人口增长率（%）	15~64岁人口占总人口百分比（%）	65岁及以上人口占总人口百分比（%）	人口密度（人/平方公里）
西班牙	46.57	22.97	0.19	65.88	19.44	93.10
墨西哥	129.16	58.07	1.26	66.48	6.86	66.44
印度尼西亚	263.99	127.11	1.10	67.32	5.32	145.73
土耳其	80.75	31.28	1.54	66.89	8.15	104.91
荷兰	17.13	9.10	0.60	64.81	18.78	508.54
瑞士	8.47	4.93	1.10	66.69	18.44	214.24
沙特阿拉伯	32.94	13.83	2.03	71.54	3.30	15.32
阿根廷	44.27	19.90	0.96	63.92	11.20	16.18
瑞典	10.07	5.32	1.45	62.48	19.99	24.72
波兰	37.98	18.30	0.02	68.42	16.76	124.03
比利时	11.37	5.01	0.36	64.33	18.57	375.56
挪威	5.28	2.79	0.91	65.40	16.82	14.46
奥地利	8.81	4.57	0.83	66.71	19.20	106.75
南非	56.72	22.04	1.24	65.67	5.34	46.75
丹麦	5.77	3.04	0.72	63.84	19.68	136.52
以色列	8.71	4.03	1.93	60.40	11.73	402.61
新加坡	5.61	3.27	0.09	72.10	12.92	7915.73
爱尔兰	4.81	2.26	1.22	64.43	13.93	69.87
智利	18.05	8.96	0.81	68.60	11.09	24.28
芬兰	5.51	2.68	0.29	62.36	21.23	18.14
葡萄牙	10.29	5.17	0.31	64.86	21.50	112.37
希腊	10.76	4.88	0.14	65.39	20.40	83.48
捷克	10.59	5.37	0.24	65.60	19.03	137.18
新西兰	4.79	2.66	2.12	64.91	15.32	18.21
匈牙利	9.78	4.66	0.34	67.11	18.58	108.04

续表

国家	总人口（百万）	劳动力人口（百万）	人口增长率（%）	15~64岁人口占总人口百分比（%）	65岁及以上人口占总人口百分比（%）	人口密度（人/平方公里）
斯洛伐克	5.44	2.75	0.17	69.56	15.07	113.13
卢森堡	0.60	0.29	2.95	69.25	14.31	231.45
斯洛文尼亚	2.07	0.99	0.08	65.98	19.06	102.62
立陶宛	2.83	1.46	1.42	66.17	19.00	45.14
爱沙尼亚	1.32	0.69	0.02	64.18	19.45	31.03
拉脱维亚	1.94	1.00	0.96	64.84	19.75	31.21
冰岛	0.34	0.21	1.73	65.48	14.43	3.40

资料来源：世界银行。国家统计局的数据显示，2017年底中国人口为140011万人。

（二）经济实力

经济实力是影响一国话语权最重要的因素，也是最基础的因素。经济是一国发展的根基，对国家的发展具有决定性的作用。一国的经济实力主要体现在经济总量、人均GDP、产业结构、经济增长速度以及居民的生活水平等方面。

1. 经济总量

经济总量综合体现了国家的工业、农业、金融、贸易以及交通运输等方面的指标，通过对各个国家国内生产总值的比较，可以看出各国经济总量的差距。

进入21世纪以后，中国在世界经济中的地位和作用越来越重要，尤其是加入WTO以后，中国的经济地位世人瞩目。近年来，随着国内经济改革的不断深入，中国经济高速发展，现已跃居世界第二大经济体。目前以美国为代表的发达西方国家经济增长率有所放缓，而发展中国家尤其是新兴经济体及广大发展中国家在世界经济中的重要性不断提升，中国等发展中国家经济连续多年保持高速增长。因此，中国应牢牢把握这一历史时机,不断加强自身经济建设,为获取全球经济治理与国际经贸规则重构博弈话语权奠定良好的经济基础。

2. 人均水平

人均水平能准确反映出国家的经济实力。在某些特定时期,如战争时期,一国的经济总量起较大作用,当事国可以集中一切物力财力抵抗外敌,但在和平时期,居民的人均水平更能反映出一国的经济整体运行情况。

由图 3-2 可见,美国人均 GDP 水平较高,人民较富裕,居民的生活水平总的来说也是较高的,而中国的人均 GDP 虽然呈现逐年上升的态势,但人民的生活水平仍较低,有待进一步提高。

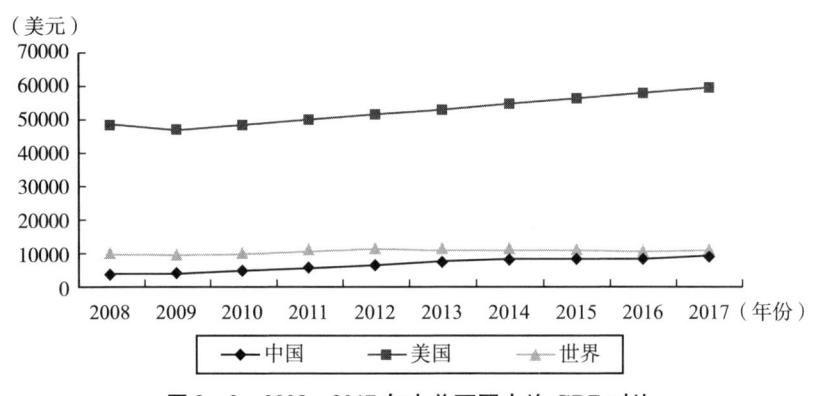

图 3-2　2008~2017 年中美两国人均 GDP 对比

资料来源:世界银行。

3. 产业结构

产业结构是衡量一国经济总体发达程度的重要指标,也反映出一个国家的经济发达程度。表 3-2 列出了世界主要国家的产业结构状况。

表 3-2　　　　世界主要国家产业结构对比(2016 年)　　　　单位:%

国家	第一产业	第二产业	第三产业
美国	1.24	20.54	78.21
中国	8.56	39.81	51.63

续表

国家	第一产业	第二产业	第三产业
日本	1.16	29.53	69.31
德国	0.61	30.49	68.89
英国	0.60	20.18	79.22
法国	1.64	19.55	78.81
印度	17.35	28.85	53.80
意大利	2.11	23.89	74.00
巴西	5.45	21.24	73.30
加拿大	1.84	28.85	69.31
韩国	2.20	38.56	59.24
俄罗斯	4.74	32.42	62.84
澳大利亚	2.61	24.33	73.07
西班牙	2.77	23.47	73.76
墨西哥	3.83	32.75	63.42
印度尼西亚	13.95	40.77	45.28
土耳其	7.02	31.98	61.00
荷兰	1.83	20.00	78.18
瑞士	0.67	25.79	73.53
沙特阿拉伯	2.68	43.29	54.03
阿根廷	7.56	26.68	65.76
瑞典	1.30	24.54	74.16
波兰	2.69	33.71	63.60
比利时	0.69	22.15	77.16
挪威	2.41	31.97	65.62
奥地利	1.24	27.74	71.02
南非	2.43	28.93	68.63

续表

国家	第一产业	第二产业	第三产业
丹麦	0.92	23.48	75.59
以色列	1.30	20.84	77.86
新加坡	0.04	26.14	73.82
爱尔兰	1.00	39.31	59.69
智利	4.30	31.29	64.40
芬兰	2.69	27.15	70.16
葡萄牙	2.18	22.28	75.54
希腊	3.97	16.33	79.70
捷克	2.45	37.60	59.94
新西兰	6.80	21.76	71.44
匈牙利	4.40	30.50	65.10
斯洛伐克	3.68	34.78	61.55
卢森堡	0.27	12.91	86.82
斯洛文尼亚	2.17	32.31	65.52
立陶宛	3.32	28.70	67.98
爱沙尼亚	2.57	26.92	70.51
拉脱维亚	3.94	21.33	74.73
冰岛	5.90	22.53	71.57

资料来源：世界银行。

从表3-2中可以看出，发达国家的产业结构关系为：第三产业占GDP的比重在60%以上，而第一产业的比重较低。从中国的产业结构指标来看，近些年来，中国产业结构逐渐趋于合理化，特别是2015年，第三产业首次突破50%，达到了50.24%，但与美国、英国等国家仍然存在较大差距，需继续加快产业结构调整的步伐（见图3-3）。

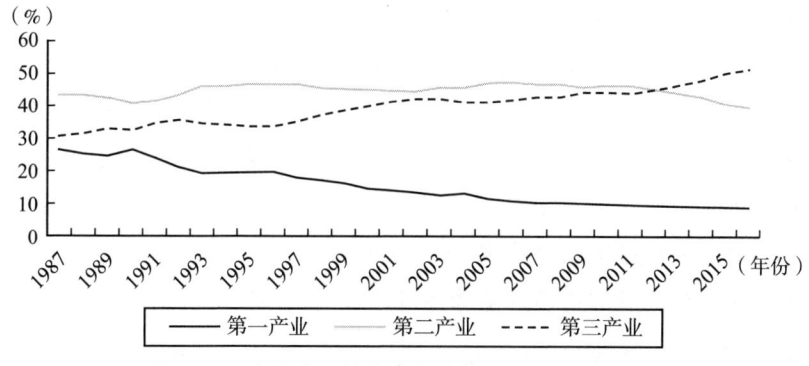

图3-3 中国产业结构变化趋势（1987~2016年）

资料来源：世界银行。

4. 经济增长速度

一个国家经济发展的快慢可以通过增长速度衡量，经济增长速度主要是指国内生产总值的年均增长率。

从图3-4可以看出，自2007年以来，随着中国经济的崛起，中国的GDP年均增长率始终处于世界前列，其中2011年，中国以GDP年均9.54%的增长率遥遥领先，比排在第二位的印度高出2.89个百分点，

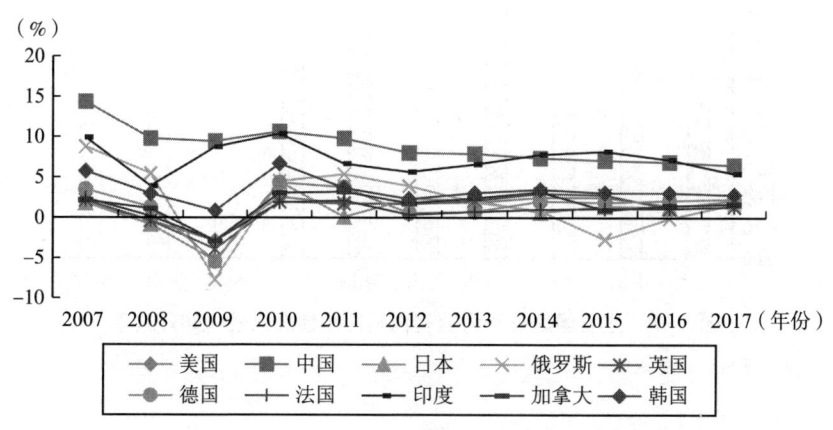

图3-4 2007~2017年主要国家GDP增长率

资料来源：世界银行。

比美国高出 7.94 个百分点。虽然中国的 GDP 年均增长率高于美国等发达国家,但我们也不难看出,中国正处于经济的换挡期,经济发展的起点较低,所以经济的增长速度必然要快些,而发达国家的经济发展已经处于相对稳定的增长阶段,经济发展水平较高,经济总量很大,其经济每增长 1 个百分点就意味着较大的经济总量增量。由此看来,中国要在短期内赶超发达国家的经济水平,特别是在人均经济总量上赶超发达国家的水平,进而获取更多的全球经济治理与国际经贸规则重构博弈话语权,任务还是非常艰巨的。

5. 居民生活水平

居民生活水平反映一个国家的社会发展程度,也是一国经济实力的重要影响因素,通过分析一国的贫困人口比例、人均收入以及社会医疗等方面的指标,可以衡量出一国居民的整体生活水平。

由图 3-2、图 3-5、图 3-6 可以看出,近年来,中国人民的生活水平正在逐年提高,贫困人口比例大幅下降,人均 GDP 不断提升。但与美国、加拿大等发达国家相比差距依然较大。

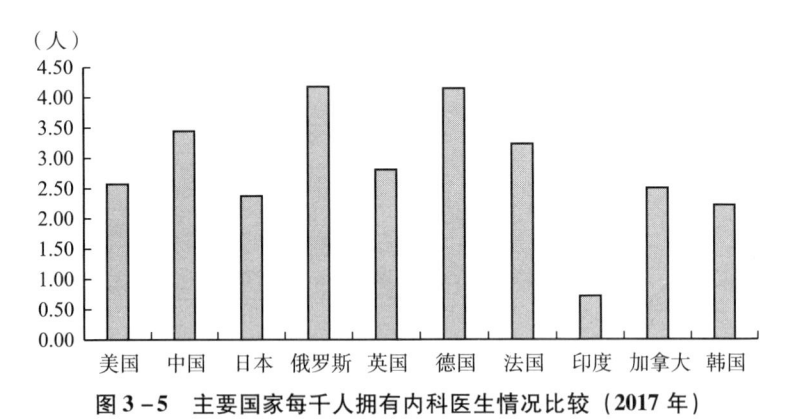

图 3-5 主要国家每千人拥有内科医生情况比较(2017 年)

资料来源:世界银行。

图 3-6　2010~2017 年中国贫困人口比例

注：贫困人口比例是按国家贫困线衡量的，为生活在国家贫困线以下的人口总量占国家总人口的百分比。
资料来源：世界银行。

（三）科技实力

科技实力在一国的经济建设和社会发展过程中起到非常重要的作用，当前，随着世界经济的不断发展，特别是随着新一轮科技革命的酝酿，全球价值链分工日益细化、专业化，哪个国家拥有了强大的、国际领先的科技实力，哪个国家就可以占据全球价值链分工的核心环节，在全球价值链分工中的地位就高，国际经济竞争力就强。因此，拥有强大的、国际领先的科技实力是决定一国全球经济治理与国际经贸规则重构博弈话语权大小的重要因素。

目前，互联网技术、人工智能等前沿科技方兴未艾，对于正处于"三期叠加"、进入经济发展新常态的中国来说，加强对关键核心技术等的掌控就显得至关重要。2019 年，我国研究与试验发展（R&D）经费投入总量首次突破 2 万亿元，连续 4 年实现两位数增长，R&D 经费投入强度再创历史新高。世界银行的数据显示，2019 年，我国 R&D 经费投入总量为 22143.6 亿元，比上年增加 2465.7 亿元，增长 12.5%，增速较上年加快了 0.7 个百分点；R&D 经费投入强度（与 GDP 之比）为 2.23%，比上年提高了 0.09 个百分点。从国际比较来看，2013 年以来我国R&D经费总量一直稳居世界第二,与美国差距逐步缩小。R&D经费投入强度稳步提升,已接近欧盟15国平均水平,但与先进国家仍存在着一定的差距。① 我国需要继续加大科技研发投入,在科技创新领域进一步抢占先机,快速占领高新技术发展的制高点,提升科技水平在国际上的地位。

(四) 军事实力

随着经济全球化的不断发展,尽管一国军事实力的强弱与历史上的其他时期相比重要性有所降低,但在错综复杂的国际关系中仍然非常重要,在国际政治领域,军事实力始终是解决国家间争端的终极"裁判",军事实力是否强大依然是一国国际地位的体现。

随着我国国防建设的不断加强,中国人民解放军在国际政治、外交、安全合作等方面的作用日益增强。中国军事领域的声音逐渐独立并越来越受到世界的关注。在和平发展的背景下,如何正确解释国防政策,加强军事交流对话,避免在发展国防现代化的过程中出现被制约的现象,已成为我国获取全球经济治理与国际经贸规则重构博弈话语权的重要因素。

二、软实力因素

(一) 政治实力

由于各国在政治制度、价值观念以及意识形态方面有诸多差异,在与西方发达国家交往的过程中,我国很难获得相应的国际话语地位,甚至被围堵和孤立,由此可见,政治因素对于一国全球经济治理与国际经贸规则重构博弈话语权的获取尤为重要。

---

① 2019年我国R&D经费投入总量首次突破2万亿元 企业R&D经费投入强度稳步提高[N]. 经济日报,2020-08-27.

在涉及国家核心利益的领土问题上,中国与部分邻国之间由于历史以及现实等多方面原因,仍然存在着短时期内不能彻底解决的矛盾和冲突,再加之某些国家的恶意激化,使中国莫须有地陷入了被指责的话语环境,很大程度上削弱了中国的话语权以及在政治安全领域的权威性,这也影响了中国的全球经济治理与国际经贸规则重构博弈话语权。

(二) 文化实力

2013年12月,中央政治局就提高文化软实力进行了第十二次集体学习,习近平总书记在主持学习时强调,通过提高国家文化软实力,可以提升我国国际话语权。这体现了国际话语权力与国家文化实力之间深层次的关系。文化话语权与其他领域的话语权有着本质的区别,它是文化、思想、舆论上的话语权,是全球经济治理话语权的重要领域。只有提高文化的软实力,让文化从根本上改变人们的心理感知,才能够使一国获取并维系更长久的话语权。[1]

(三) 外交实力

外交是一国综合实力的体现。通过外交活动,可以使本国积极参与到国际制度的建设之中,在有利于促进本国发展的同时,也可以充分体现本国的全球经济治理与国际经贸规则重构博弈话语权的地位。弗劳尔迪(Flowerdew,1997)[2]认为,政治家在从事外交活动过程中通常会采用词汇重复的方式来阐述自己的关注点,并由此形成系统的话语体系。

中国一贯坚持独立自主的和平外交政策,致力于维护世界和平、促进全球各国共同发展是中国外交政策的根本宗旨。据统计,截至2017年6月,中国与175个国家建立了外交关系,其中亚洲45个、非洲52

---

[1] 吴贤军. 中国和平发展背景下的国际话语权构建研究 [D]. 福州:福建师范大学,2015.

[2] Flowerdew J. The Discourse of Colonial Withdrawal: A Case Study in the Creation of Mythic Discourse [J]. Discourse & Society, 1997, 8 (4): 493-517.

个、欧洲 44 个、美洲 24 个、大洋洲 10 个[①]。通过整理习近平总书记 2013～2017 年在国内外重要场合关于中国参与全球经济治理的讲话内容可以看出,"发展、合作"始终是讲话内容中的高频词,"促进、互利、友好、伙伴"等词汇更是充分体现了中国外交政策的基本原则,体现了中国参与全球经济治理与国际经贸规则重构博弈中国理念的话语构建。[②]

(四) 在国际机构中的地位

目前,世界银行、国际货币基金组织、WTO、亚太经济合作组织(APEC)这四个国际经济组织对中国影响较大。世界银行是联合国的专门金融机构之一。世界银行的主要职能是为各成员国,特别是对中等收入国家提供长期贷款,以满足其经济发展的资金需要。国际货币基金组织是第二次世界大战后建立起来的世界上最大的政府间负责各国汇率政策协调的国际机构,也是联合国重要的专门金融机构之一。WTO 的前身是 1948 年临时生效的关税与贸易总协定,1995 年 1 月 1 日开始正式运行。国际货币基金组织在促进全球贸易,投资的便利化、自由化,调解成员国之间的贸易、投资以及知识产权等国际争端方面具有很高的权威性,为促进全球贸易及投资的便利化、自由化做出了积极贡献。亚太经济合作组织是 20 世纪 90 年代初建立起来的亚太地区最具影响力的松散的多边经济论坛,为促进亚太地区贸易、投资的便利化、自由化做出了不小贡献。

随着中国经济实力的快速提升,中国在世界银行、国际货币基金组织、WTO、亚太经济合作组织等国际经济组织中的地位和话语权也得到快速提升。例如,随着中国在世界银行、国际货币基金组织中的地位不断提高,越来越多的中国人相继出任世界银行的高级职位。2008～2012 年,北京大学教授林毅夫担任了世界银行副行长兼首席经济学家。2015

---

① 王毅,张业遂等. 世界知识年鉴 2016/2017 [M]. 北京:世界知识出版社, 2017 (1): 14-15.

② 吕松涛. 中国软实力国际影响力提升研究 [D]. 济南:山东大学, 2018.

年 11 月 30 日，国际货币基金组织董事会批准人民币进入特别提款权（SDR）篮子。①

国际货币基金组织 2010 年的份额和治理改革方案实施后，中国在国际货币基金组织中的投票权由原来的 2.93% 提高到 6.07%，提升了 3.14 个百分点②，略低于日本的 6.14%，投票权排名世界第三位（见图 3-7）。近年来，随着亚洲基础设施投资银行的设立以及人民币进入特别提款权，中国在国际金融领域内的话语权明显增强。

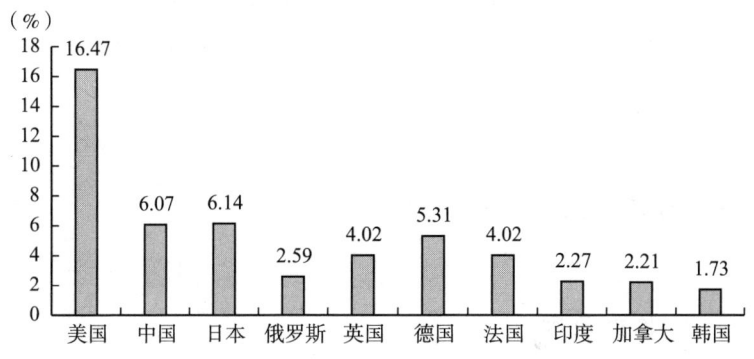

图 3-7　世界主要国家在 IMF 中投票权比较（2010 年改革方案生效后）

资料来源：http://www.imf.org/en/Data。

在 2014 年的亚太经济合作组织北京峰会上，中国提出了以"互联互通"为主要理念的地区发展建议，主张在相互理解的基础上促进各国合作。会议通过了"北京宣言"，表明了中国在亚太经济合作组织中话语权的提升。

（五）国家战略

除了资源禀赋、经济实力、科技实力、军事实力、政治实力、文化

---

① 刘道勋. 国际经济组织及其中国话语权 [J]. 学理论，2016 (9)：56-58.
② Huang W. Calculable Power in International Organization: A Case Study of IMF Quotas and Voting Rights Reform [J]. Social Sciences in China, 2017 (4): 44-66.

实力和外交实力对一国在全球经济治理与国际经贸规则重构博弈话语权大小产生影响以外，一国的国家政策的影响不可小觑。事实证明，一国话语权的大小与国家实力不一定必然成正比，一国综合实力的强大并不意味着该国必定拥有强大的话语权，只有制定出科学、恰当的战略，才能在全球经济治理中发挥核心作用，才能使其真正拥有与自身综合实力相匹配的话语权。

第二节 中国在全球经济治理与国际经贸规则重构博弈中的话语权测算

一、测算方法

（一）构建原则

1. 概括性

全球经济治理与国际经贸规则重构博弈话语权是一国家拥有的各种力量的综合体现，相应的指标体系应具有高度的概括性。本书全球经济治理与国际经贸规则重构博弈话语权指标体系的构建从硬实力和软实力两方面出发，涵盖经济、资源、信息科技、企业、军事、政府、社会文化、外交、世界经济组织机构等多种因素，确保话语权既包含定量指标又包含定性指标。

2. 系统性

本书对全球经济治理与国际经贸规则重构博弈话语权指标的选取包括具有代表性的综合、人均及专业指标，确保话语权指标体系的完整性，同时，选取的指标相互关联，确保国家话语权指标体系的合理性和系统性。

3. 可行性

从理论上来说，全球经济治理与国际经贸规则重构博弈话语权可以通过更加完整的指标体系进行测算，但在实际操作中会遇到数据收集困难而无法实现。因此，对全球经济治理与国际经贸规则重构博弈话语权指标体系的选取应适度，既要符合世界经济发展的现实情况，又要确保测算过程的可行性。

4. 可比性

设计、研究全球经济治理与国际经贸规则重构博弈话语权指标的重要目标指向是为进行比较研究服务。因此，在构建指标体系时，选择的指标应具有可比性。

5. 可靠性

在构建指标体系时，应确保数据来源的可靠性。

（二）指标体系设计

第一，构建相对完整的指标体系衡量一国国民经济发展水平，从软实力和硬实力两个角度出发，测算全球经济治理与国际经贸规则重构博弈话语权。

第二，各指标相互关联，符合经济和社会发展规律。通过对指标的比较，分析各国经济和社会发展的差异，为全球经济治理与国际经贸规则重构博弈话语权指数测算提供较为科学的方法。

第三，指标的选择上，既有硬实力指标，又有软实力指标；既有总量指标，又有人均量指标；既有数量指标，又有质量指标；既有国内指标，又有国际指标。同时，还包括结构性指标作为补充。

第四，在国家样本的选择上，包括经济合作与发展组织国家、G20国家以及较有代表性的发达国家新加坡，全球经济治理与国际经贸规则重构博弈话语权指数的比较更多地在大国、强国以及新兴经济体间进行。

第五，由于软实力指标的数据很难收集，若采用专家评估法，通过问卷或座谈方式请专家对相关指标进行调查评估，结果可能产生随意性。为保证测算结果的准确性，本书尽可能少量地使用专家评估法，较少地选取软实力指标进行测算。

（三）测算方法

1. 指标体系构建

本书从硬实力和软实力两个角度，定义要素指标，比较全面地反映了不同国家的全球经济治理与国际经贸规则重构博弈话语权指标，确保其在综合评价中的合理性与科学性。

2. 指标体系测算方法

由于构成全球经济治理与国际经贸规则重构博弈话语权各指标的量纲不同，因此在测算话语权时，应将各指标量值转化为无量纲的相对量。首先要明确各项指标的需求量值（即期望值），然后通过合理的无量纲化方法，计算各指标的无量纲化评估值。可采用的无量纲化方法很多，这里仅列举评价中常用的两种：比重法、指数法。

（1）比重法。比重法是指使将不同指标单位转化为统一的百分比形式。在选取多个指标测算全球经济治理与国际经贸规则重构博弈话语权指标时，由于各指标的单位不同而无法加总。为了解决这个问题，本书采用无量纲的比重法，通过计算影响全球经济治理与国际经贸规则重构博弈话语权的各项指标占世界总量比重的方法，得出各指标指数，再相加构成全球经济治理与国际经贸规则重构博弈话语权指数，便于进行国家间的比较和历史比较。

（2）指数法。指数法是指用于比较的各量值相对于某一基准值的倍数。它是一个相对值，我们在应用指数法对全球经济治理与国际经贸规则重构博弈话语权进行系统评估时，先以某一要素指标在某一标准条件下的要素指标为基数，然后将其他要素的同一指标与之相比较，最后按照各指标之间的关系将计算所得到的系数（指标比率）进行综合，即可得到各指标要素的指数。其计算如下：

$$X_i = \frac{\beta_i}{\beta_{oi}} \quad (i = 1, 2, \cdots, n)$$

式中：X_i 为第 i 项指标的指数，β_i 为第 i 项指标的实际值，β_{oi} 为第 i 项指标的基数值，n 为话语权指标体系中各要素指标个数。

通过指数法，可以把全球经济治理与国际经贸规则重构博弈话语权指标中无法通过比重分析法计算的指标量值转化为无量纲的相对量，使得对话语权的测算成为一种可能。本章对人均 GDP、GDP 增长率、产业结构等要素指标均采用指数分析法，为了便于对比各国有关要素的指标指数，统一以世界银行数据库的数据为基数值，对各国的相关要素指标指数进行测算。

（3）对所有经过无量纲化处理的数据，采用统计分析和层次分析，通过简单的相乘、相加和分层次汇总，得到的数据既能够描述构成各国全球经济治理与国际经贸规则重构博弈话语权的不同指标指数大小，也能够描述各国参与全球经济治理与国际经贸规则重构博弈话语权指数强弱的最终结果。本书对各国的全球经济治理与国际经贸规则重构博弈话语权及其构成要素均进行了测算，并得到相应的数值，便于对各国的全球经济治理与国际经贸规则重构博弈话语权进行比较。

（4）定性与定量分析相结合，运用主成分分析法，对初始数据进行修正与调整，采用定性与定量相结合的方法，使测算的全球经济治理与国际经贸规则重构博弈话语权指数更接近于实际。

综上所述，本书对全球经济治理与国际经贸规则重构博弈话语权指数进行描述和测算的方法具有合理性、适用性和易操作性的特点。

二、指数的测算与评估

依据上述的指标设计原则和思路，兼顾数据的可获得性，本书对全球经济治理与国际经贸规则重构博弈话语权与国际经贸规则重构博弈话语权的组成因素及其相关的指标经过多次筛选后确定。指标体系含经济实力、自然资源、人力资源、资本资源、科技实力、军事实力、政治实力、社会实力、外交实力及在国际组织中的地位 10 个组成要素，共选取 36 个可量化的指标，各组成要素的指标分布详见表 3-3。

表 3-3　　全球经济治理与话语权影响因素及主要指标

一级指标	二级指标	三级指标
硬实力	经济实力	GDP（现价美元）
		国内总储蓄（现价美元）
		产业结构
		人均居民最终消费支出（现价美元）
		人均 GDP 增长率
		GDP 增长率
	自然资源	国土面积
		农业用地
		森林面积
		可再生内陆淡水资源
		谷物产量
		能源损耗
	人力资源	总人口
		高等教育人口
		劳动力人口
		人口增长率
	资本资源	外国直接投资净流入（现价美元）
		股票交易总额（现价美元）
	科技实力	科技期刊发表数
		本国居民申请专利数
		高科技出口（现价美元）
		信息和通信服务出口（现价美元）
	军事实力	军费支出（现价美元）
		武装部队人数

续表

一级指标	二级指标	三级指标
软实力	政治实力	政府支出（现价美元）
		政治稳定程度
		营商环境
	社会实力	城镇化人口
		平均寿命
		医生（每千人）
		床位（每千人）
	外交实力	货物和服务出口额（现价美元）
		货物和服务进口额（现价美元）
		对外直接投资净流出（现价美元）
	在世界组织中的地位	联合国会费分摊比例
		世界银行投票权

（一）硬实力

1. 经济实力

经济实力是影响一国获取话语权最基础也是最重要的因素，一国经济实力的大小对国家的发展具有决定性的作用，经济发展是国家的根基。在本书的指标体系中，经济实力对应的三级指标设置主要包括以下几方面。一是经济总量指标。经济总量综合体现了国家的工业、农业、金融以及交通运输等方面的指标，通过对这些指标的测算，可以判断出一个国家的经济总量指标。为了进行对比分析，本书使用现价美元表示的国内生产总值、产业结构以及国内总储蓄三个要素指标的全球占比来测算各个国家的经济总量指标。二是经济人均指标。经济的人均指标能准确地反映出一国的经济整体运行情况和国家的经济实力，本书选取人均居民最终消费支出作为测算全球经济治理与国际经贸规则重构博弈话语权的三级指标。三是经济增长率指标。一个国家经济发展的快慢可以通过增长速度衡量，各国经济增长率指标主要包括国内生产总值（GDP）的年均增长率和人均国内生产总值的增长率。

如表3-4所示，美国和中国是全球经济总量最大的两个国家。2017年，美国GDP全球占比为24.0328%，中国GDP全球占比为15.1675%。在亚洲地区，日本、韩国位于经济总量指标的前十，在欧洲地区，德国、英国、法国、荷兰和意大利的经济总量指标也不容小觑。此外，印度和俄罗斯等金砖国家的经济总量指标也开始逐渐提升。通过比较，瑞士、美国、澳大利亚、瑞典、加拿大等发达国家的人均指标水平较高，人民较富裕，居民的生活水平总的来说也是较高的，而印度、中国等国的人均指标因人口总量大而较发达国家相比较低，有待进一步提高。中国、印度的国家经济增长率指标高于美国等发达国家，主要原因在于，中国、印度等金砖国家经济发展的起点较低，所以经济的增长速度必然要快些，而发达国家的经济发展已经处于相对稳定的增长阶段，经济发展水平较高，每增长1个百分点就意味着很大的经济总量。中国要赶超发达国家的经济水平，获取更多的全球经济治理与国际经贸规则重构博弈话语权，任务还是非常艰巨的，要全面深化改革，促进经济持续健康发展。

表3-4　　　　　　主要国家经济指标（2017年）

国别	GDP全球占比（%）	国内总储蓄占比（%）	人均居民最终消费支出（万美元）	人均GDP（万美元）	产业结构（%）	GDP增长率（%）	人均GDP增长率（%）
美国	24.0328	16.1140	6.2969	5.6551	10.6931	0.7213	0.7850
中国	15.1675	26.6988	0.3205	0.7970	8.6608	2.1894	3.1989
日本	6.0386	6.2192	4.6301	3.8237	10.1394	0.5434	0.9540
德国	4.5578	4.8402	4.4198	4.1366	10.1066	0.7053	0.9107
英国	3.2503	2.0186	4.7207	3.9650	10.7331	0.5671	0.5730
法国	3.2008	2.6588	4.0148	3.6162	10.6453	0.5773	0.7239

续表

国别	GDP全球占比（%）	国内总储蓄占比（%）	人均居民最终消费支出（万美元）	人均GDP（万美元）	产业结构（%）	GDP增长率（%）	人均GDP增长率（%）
印度	3.2193	3.3534	0.1900	0.1677	8.4771	2.1019	2.7550
意大利	2.3980	1.9447	3.6467	3.0090	10.3616	0.4767	0.8270
巴西	2.5476	1.4546	1.1805	0.8487	10.1621	0.3097	0.0949
加拿大	2.0488	1.6386	5.1358	4.1550	10.0841	0.9669	0.9146
韩国	1.8972	2.6029	2.1656	2.7019	9.4709	0.9718	1.3301
俄罗斯	1.9552	1.8770	1.0170	0.8583	9.5769	0.4904	0.7260
澳大利亚	1.6403	1.4391	5.4378	4.8817	10.2203	0.6212	0.1770
西班牙	1.6253	1.4897	3.0674	2.6114	10.3048	0.9683	1.4498
墨西哥	1.4252	1.1508	1.1236	0.8054	9.6740	0.6462	0.3829
印度尼西亚	1.2587	1.6747	0.3962	0.3503	8.1269	1.6080	1.9907
土耳其	1.0549	1.1212	1.5568	1.0658	9.3165	2.3540	2.9324
荷兰	1.0240	1.2368	3.9238	4.4777	10.6027	1.0034	1.2913
瑞士	0.8414	1.1763	7.2021	7.8380	10.3788	0.3448	0.0101
沙特阿拉伯	0.8475	1.0437	1.2402	0.1607	9.0334	0.2334	1.3864
阿根廷	0.7902	0.4376	1.2391	1.2206	9.7117	0.9087	0.9538
瑞典	0.6669	0.7798	4.4849	5.0867	10.3954	0.7260	0.4153
波兰	0.6501	0.5709	1.6091	4.3397	9.7045	1.4439	2.3010
比利时	0.6106	0.6049	4.0660	14.4277	10.5934	0.5489	0.6932
挪威	0.4943	0.5737	6.9983	24.7741	9.7420	0.6088	0.5066
奥地利	0.5163	0.5426	4.3522	15.6464	10.1920	0.9631	1.1096
南非	0.4331	0.2955	0.7946	0.5175	10.0184	0.4189	0.0338
丹麦	0.4026	0.4272	4.9370	18.7301	10.5474	0.7108	0.7627
以色列	0.4348	0.3674	3.4294	12.9976	10.6094	1.0571	0.6891

续表

国别	GDP 全球占比（%）	国内总储蓄占比（%）	人均居民最终消费支出（万美元）	人均 GDP（万美元）	产业结构（%）	GDP 增长率（%）	人均 GDP 增长率（%）
新加坡	0.4015	0.7792	3.3136	5.1963	10.4281	1.1482	1.7896
爱尔兰	0.4136	0.8538	4.1263	22.4345	9.4221	2.4758	3.2970
智利	0.3434	0.2838	1.6104	4.8217	9.6238	0.4728	0.3425
芬兰	0.3122	0.2529	4.5141	15.1834	10.1196	0.8359	0.7627
葡萄牙	0.4015	0.1745	3.3136	6.9468	10.4213	1.1482	1.7896
希腊	0.2482	0.0976	2.7089	6.2542	10.6383	0.4288	0.7600
捷克	0.2674	0.3384	1.8796	6.4616	9.4860	1.3610	2.0516
新西兰	0.2551	0.2231	3.8838	13.7779	10.0176	0.9610	0.4387
匈牙利	0.1724	0.1924	1.3973	4.4817	9.6552	1.2657	2.2015
斯洛伐克	0.1187	0.1199	1.7843	5.7784	9.5543	1.0789	1.6376
卢森堡	0.0773	0.1593	5.8568	35.2163	11.2217	0.7292	0.3437
斯洛文尼亚	0.0604	0.0638	2.3593	7.5685	9.8118	1.5868	2.4936
立陶宛	0.0585	0.0408	1.9289	5.2132	9.8372	1.2150	2.6977
爱沙尼亚	0.0321	0.0336	1.7298	6.2005	10.0209	1.5403	2.4757
拉脱维亚	0.0375	0.0290	1.7006	4.9190	10.2497	1.4435	2.8223
冰岛	0.0296	0.0300	4.5792	21.1601	10.0123	1.1557	0.9475

资料来源：世界银行。

2. 自然资源

自然资源包括一国的自然条件和矿产资源等要素。世界各国的自然资源具有较大差异，有些国家幅员辽阔、地形结构优越，具有得天独厚的自然资源，可以为本国经济的发展提供较好的物质基础，而有些国家则资源比较贫乏，很多矿产和能源均需要进口。在三级指标的设置上，本书主要选取国土面积、农业用地、森林面积、可再生内陆淡水资源、谷物产量以及能源损耗，共计 6 个指标来测算一国的自然资源指标。

从表3-5中可以看出，俄罗斯、中国、美国、巴西、加拿大等国家，自然资源相对丰富，但在信息化的时代，自然资源并不是经济发展的决定性要素，自然资源指标高的国家，不一定拥有较大的全球经济治理与国际经贸规则重构博弈话语权，各国应科学地利用自然资源，努力实现以技术优势来替代自然资源优势，进而获取与自身实力相匹配的全球经济治理与国际经贸规则重构博弈话语权。

表3-5 主要国家自然资源禀赋指标（2017年）

国别	陆地国土面积占比（%）	农业用地占比（%）	森林面积占比（%）	可再生内陆淡水资源占比（%）	谷物产量占比（%）	能源损耗
美国	7.3192	8.3465	7.7541	6.4941	15.4485	1.0000
中国	7.1192	10.8548	5.2092	6.4826	20.4629	4.3963
日本	0.2814	0.0925	0.6241	0.9909	0.4007	0.0092
德国	0.2661	0.3441	0.2855	0.2466	1.7480	0.0977
英国	0.1814	0.3524	0.0786	0.3342	0.8848	0.8880
法国	0.4088	0.5908	0.4248	0.4609	2.6069	0.0103
印度	2.4472	3.6959	1.7674	3.3323	10.1710	0.9647
意大利	0.2243	0.2662	0.2325	0.4206	0.6309	0.1117
巴西	6.3397	5.8114	12.3411	13.0459	3.7928	1.3068
加拿大	7.4332	1.2885	8.6786	6.5679	1.9088	0.1079
韩国	0.0747	0.0357	0.1546	0.1714	0.2138	0.0008
俄罗斯	12.7290	4.4774	20.3777	9.9371	3.6648	6.5410
澳大利亚	5.7630	7.5250	3.1195	1.1338	1.3305	0.4284
西班牙	0.3767	0.5402	0.4605	0.2563	0.7218	0.0015
墨西哥	1.4624	2.1944	1.6514	0.9425	1.2414	1.5211
印度尼西亚	1.4226	1.1722	2.2757	4.6528	3.3987	0.7471
土耳其	0.5847	0.7927	0.2929	0.5231	1.3819	0.0317
荷兰	0.0309	0.0378	0.0094	0.0253	0.0598	0.3105

续表

国别	陆地国土面积占比（%）	农业用地占比（%）	森林面积占比（%）	可再生内陆淡水资源占比（%）	谷物产量占比（%）	能源损耗
瑞士	0.0307	0.0310	0.0314	0.0931	0.0325	0.0002
沙特阿拉伯	1.6004	3.5710	0.0244	0.0055	0.0331	5.4127
阿根廷	2.0699	3.0580	0.6779	0.6729	1.9907	0.3904
瑞典	0.3331	0.0625	0.7020	0.6729	0.0325	—
波兰	0.2328	0.2955	0.2359	0.1235	1.0017	0.0472
比利时	0.0227	0.0273	0.0171	0.0277	0.0486	—
挪威	0.2868	0.0203	0.3029	0.8803	0.1736	1.7614
奥地利	0.0624	0.0559	0.0967	0.1267	0.4266	0.0208
南非	0.9076	1.9915	0.2311	0.1032	0.3594	0.2368
丹麦	0.0320	0.0537	0.0153	0.0138	0.0115	0.1379
以色列	0.0164	0.0110	0.0041	0.0017	—	0.0301
新加坡	0.0005	—	0.0004	0.0014	0.0943	—
爱尔兰	0.0523	0.0911	0.0189	0.1129	0.1355	0.0004
智利	0.5629	0.3246	0.4435	2.0395	0.1318	0.0033
芬兰	0.2519	0.0468	0.5556	0.2466	0.0444	0.0001
葡萄牙	0.0687	0.0761	0.0796	0.0876	0.1492	—
希腊	0.0982	0.1601	0.1014	0.1337	0.2929	0.0023
捷克	0.0587	0.0866	0.0667	0.0303	0.0399	0.0082
新西兰	0.1993	0.2286	0.2539	0.7536	0.5060	0.0363
匈牙利	0.0693	0.1100	0.0517	0.0138	0.1361	0.0214
斯洛伐克	0.0365	0.0395	0.0485	0.0333	0.0063	0.0003
卢森堡	0.0019	0.0027	0.0022	0.0023	0.0225	—
斯洛文尼亚	0.0151	0.0127	0.0312	0.0430	0.2170	0.0002
立陶宛	0.0486	0.0618	0.0545	0.0356	0.0549	0.0012
爱沙尼亚	0.0337	0.0204	0.0558	0.0293	0.1081	0.0020

续表

国别	陆地国土面积占比（%）	农业用地占比（%）	森林面积占比（%）	可再生内陆淡水资源占比（%）	谷物产量占比（%）	能源损耗
拉脱维亚	0.0480	0.0388	0.0839	0.0390	—	—
冰岛	0.0767	0.0385	0.0012	0.3918	—	—

注：能源损耗＝能源资源存量与储存开发剩余时间（最多25年）的比值。涵盖原油、天然气和煤炭。

资料来源：世界银行。

3. 人力资源

人力资源是测算一国全球经济治理与国际经贸规则重构博弈话语权指数的重要组成部分，人力资源指标包括两个部分，即人口数量和劳动力的质量。人口数量对于一国的发展有很大的影响，通常来讲，如果人口总量与国家的各项资源相匹配，则人力资源就会对本国综合国力起到促进作用。反之，如果人口过多，本国资源不能满足人口的需求或者是人均GDP较低，那么人力资源就会对本国综合国力起到负的作用。反映人力资源的另外一个重要部分就是劳动力的质量，即一国劳动者的受教育程度。鉴于以上，本书选取总人口、高等教育人口、劳动力人口、人口增长率作为三级指标测算一国全球经济治理与国际经贸规则重构博弈话语权。

由表3-6可见，中国、印度的人力资源指标明显高于美国、日本等发达国家，导致中国和印度的全球经济治理与国际经贸规则重构博弈话语权地位排名较为靠前，但人力资源因素指标对话语权的影响程度是有限的，不能一味追求过高的人力资源指标。

表3-6　　　　　　主要国家人力资源指标（2017年）

国别	总人口占比（%）	高等教育人口占比（%）	劳动力人口占比（%）	人口增长率（‰）
美国	4.3408	2.0236	4.4021	0.6160

续表

国别	总人口占比（%）	高等教育人口占比（%）	劳动力人口占比（%）	人口增长率（‰）
中国	18.5204	23.4195	20.6564	0.4289
日本	1.7060	3.0279	1.6082	0.0896
德国	1.1081	1.5214	1.1141	0.7307
英国	0.8812	1.4053	0.8684	0.6710
法国	0.8986	1.6375	0.8677	0.3709
印度	17.7884	13.2496	17.8379	0.9855
意大利	0.8144	1.4380	0.8049	0.0814
巴西	2.7895	3.9252	2.9699	0.7198
加拿大	0.4872	1.9224	0.5044	0.7029
韩国	0.6884	1.7918	0.7737	0.4451
俄罗斯	1.9390	4.3683	2.0823	0.1625
澳大利亚	0.3252	1.0751	0.3274	1.2358
西班牙	0.6245	1.5652	0.6378	0.0655
墨西哥	1.7133	1.4600	1.7243	1.1268
印度尼西亚	3.5077	2.2656	3.5896	0.9969
土耳其	1.0681	2.8132	1.0813	1.3489
荷兰	0.2288	0.5140	0.2295	0.3741
瑞士	0.1125	0.1794	0.1155	0.9609
沙特阿拉伯	0.4336	0.7198	0.4643	2.1137
阿根廷	0.5890	1.4015	0.5752	0.8524
瑞典	0.1333	0.2299	0.1282	0.8926
波兰	0.5101	0.9538	0.5475	0.0563
比利时	0.1523	0.3166	0.1516	0.4891
挪威	0.0703	0.1524	0.0708	0.8665
奥地利	0.1173	0.2619	0.1200	0.9003
南非	0.7525	0.4383	0.7519	1.1554

续表

国别	总人口占比（%）	高等教育人口占比（%）	劳动力人口占比（%）	人口增长率（‰）
丹麦	0.0769	0.1758	0.0756	0.5963
以色列	0.1148	0.2043	0.1059	1.6724
新加坡	0.0753	2.7251	0.0836	1.0014
爱尔兰	0.0638	0.1462	0.0627	0.5345
智利	0.2406	0.5910	0.2532	0.7105
芬兰	0.0738	0.1809	0.0720	0.2780
葡萄牙	0.1387	0.2396	0.1400	0.3496
希腊	0.1447	0.5156	0.1470	0.5561
捷克	0.1419	0.2560	0.1463	0.1659
新西兰	0.0630	0.1394	0.0623	1.5945
匈牙利	0.1318	0.1814	0.1389	0.2008
斯洛伐克	0.0730	0.1225	0.0795	0.0802
卢森堡	0.0078	0.0042	0.0082	1.9920
斯洛文尼亚	0.0277	0.0622	0.0288	0.0635
立陶宛	0.0385	0.0732	0.0402	0.7941
爱沙尼亚	0.0177	0.0357	0.0177	0.0553
拉脱维亚	0.0263	0.0508	0.0269	0.6910
冰岛	0.0045	0.0094	0.0045	0.8795

资料来源：世界银行。

4. 资本资源

资本资源对于一国的发展至关重要，是经济发展的源动力和助推器，技术创新同样需要资本资源的支持，充足的资金以及完善的资本市场可促进一国经济的健康持续发展。对于资本资源的测算，本书选取对外直接投资净流入比以及股票交易总额的全球占比作为三级指标。

由表3-7可见，美国的资本资源处于世界领先地位，在外国直接投资净流入方面，美国是中国的2.07倍，在股票交易总额方面，美国全球占比高达51.23%，而中国全球占比不及美国的1/2。日本、德国、英国等发达国家的资本资源拥有量明显高于印度、巴西、俄罗斯等新兴经济体和广大发展中国家，也势必会影响各国全球经济治理与国际经贸规则重构博弈话语权的排名。

表3-7　　　　　　主要国家资本资源指标（2017年）　　　　单位：%

国别	外国直接投资净流入占比	股票交易总额占比
美国	18.7184	51.2298
中国	9.0310	22.1774
日本	1.0113	7.4405
德国	4.1865	2.0069
英国	2.5029	3.1474
法国	2.7351	1.5605
印度	2.1462	1.5268
意大利	1.0650	2.7450
巴西	3.7758	0.8273
加拿大	1.4777	1.6574
韩国	0.9155	2.5906
俄罗斯	1.4971	0.1874
澳大利亚	2.6172	1.0852
西班牙	0.2312	0.9551
墨西哥	1.7032	0.1404
印度尼西亚	1.1853	0.1191
土耳其	0.5854	0.4858
荷兰	16.9075	0.6358
瑞士	2.0327	1.2211
沙特阿拉伯	0.3786	0.2812
阿根廷	0.6365	0.0085
瑞典	1.5476	0.8717

续表

国别	外国直接投资净流入占比	股票交易总额占比
波兰	0.3365	0.0876
比利时	1.6677	0.1809
挪威	0.2646	0.1517
奥地利	0.7391	0.0515
南非	0.0737	0.5276
丹麦	0.1217	0.1919
以色列	1.0176	0.0889
新加坡	3.4161	0.2828
爱尔兰	2.7662	0.0372
智利	0.3446	0.0490
芬兰	0.5825	0.5311
葡萄牙	0.5381	0.0625
希腊	0.2159	0.0196
捷克	0.4944	0.0144
新西兰	0.1797	0.0153
匈牙利	0.7964	0.0134
斯洛伐克	0.3179	0.0002
卢森堡	1.2271	0.0001
斯洛文尼亚	0.0549	0.0004
立陶宛	0.0570	0.0014
爱沙尼亚	0.0458	0.0025
拉脱维亚	0.0611	0.0004
冰岛	0.3770	0.0330

资料来源：世界银行。

5. 科技实力

随着世界经济的不断发展，全球价值链分工日益精细，科技实力在一国的经济建设和社会发展过程中具有非常重要的作用。占据全球价值链核心环节的国家，其国际话语权地位相对较高。因此，拥有国际领先的核心技术是测算一国全球经济治理与国际经贸规则重构博弈话语权地位的重要指标。科技实力包含四个方面：一是发表科技期刊文章的全球占比；二是本国居民专利申请数量全球占比；三是高科技出口的全球占比；四是信息和通信技术服务出口全球占比。这四项指标反映了一国在知识创新和技术进步方面的情况。

由表3-8可见，中国和美国在科技指标方面处于世界领先水平，在专利申请量全球占比方面，中国为51.9358%，是美国、日本等发达国家的3倍多。但该指标缺乏对专利质量方面的考量，更多的是对数量的比较，因此并不能完全说明一国的信息科技水平。在科技期刊文章全球占比方面，中国为17.8298%，美国为18.6045%，明显高于德国、英国、日本、法国等发达国家。在高科技出口方面，中国占比遥遥领先。在信息和通信技术服务出口方面，美国拥有独一无二的优势。从测算结果上来看，除中国外，其他新兴经济体的科技实力要低于发达经济体。

表3-8　　　　　　主要国家信息科技指标（2017年）　　　　单位：%

国别	科技期刊发表数占比	本国居民申请专利数占比	高科技出口占比	信息和通信服务出口占比
美国	18.6045	15.4659	7.2500	12.4429
中国	17.8298	51.9358	26.0206	5.8069
日本	4.3272	13.8838	4.7027	2.9565
德国	4.5848	2.5416	9.3032	7.9687
英国	4.3963	0.7974	3.2911	8.2334
法国	3.1312	0.7674	5.3428	6.6992
印度	4.6242	0.6747	0.8066	7.5527
意大利	3.0700	0.502	1.4322	2.2172
巴西	2.3191	0.2489	0.3833	1.2693
加拿大	2.6227	0.2294	1.2369	2.2997

续表

国别	科技期刊发表数占比	本国居民申请专利数占比	高科技出口占比	信息和通信服务出口占比
韩国	2.7973	8.9724	6.2162	1.7081
俄罗斯	2.3003	1.5700	0.4585	1.0855
澳大利亚	2.2608	0.1229	0.2185	0.6846
西班牙	2.3755	0.1501	0.7174	2.4591
墨西哥	0.6280	0.0732	2.3013	0.0096
印度尼西亚	0.2199	0.0567	0.2320	0.4407
土耳其	1.4356	0.2871	0.1093	0.0543
荷兰	1.3469	0.1184	3.2751	3.5752
瑞士	0.9487	0.0792	2.6042	2.3821
沙特阿拉伯	0.3852	0.0384	0.0118	0.0204
阿根廷	0.3780	0.0293	0.0686	0.3572
瑞典	0.8961	0.1093	0.7715	2.3297
波兰	1.4205	0.2508	0.6748	1.1246
比利时	0.7306	0.0509	2.0356	3.7586
挪威	0.4540	0.0618	0.2434	0.8767
奥地利	0.5608	0.1183	0.8976	1.3424
南非	0.4950	0.0477	0.1159	0.1751
丹麦	0.6092	0.0784	0.4548	0.8257
以色列	0.5296	0.0689	0.4771	1.9309
新加坡	0.4865	0.0788	6.3989	3.0352
爱尔兰	0.2971	0.0134	0.9904	1.9779
智利	0.2825	0.0238	0.0319	0.2022
芬兰	0.4662	0.0691	0.1845	0.8660
葡萄牙	0.6322	0.0496	0.0973	0.4508
希腊	0.4854	0.0295	0.0564	0.1957
捷克	0.7315	0.0472	1.0753	0.5587

续表

国别	科技期刊发表数占比	本国居民申请专利数占比	高科技出口占比	信息和通信服务出口占比
新西兰	0.3243	0.0472	0.0300	0.1349
匈牙利	0.2847	0.0305	0.6004	0.4800
斯洛伐克	0.2257	0.0122	0.3590	0.1742
卢森堡	0.0346	0.0069	0.0302	1.4952
斯洛文尼亚	0.1574	0.0381	0.0689	0.1139
立陶宛	0.1067	0.0054	0.0886	0.0715
爱沙尼亚	0.0695	0.0016	0.0619	0.1247
拉脱维亚	0.064	0.0073	0.0522	0.0865
冰岛	0.0265	0.0021	0.0055	0.0429

资料来源：世界银行。

6. 军事实力

在国际政治领域，尽管一国军事实力的强弱相对历史上的重要地位有所降低，但是军事实力始终是解决国家间争端的终极"裁判"。随着经济全球化的不断发展，军事实力在错综复杂的国际关系中的地位仍然很高，军事实力依然是一国国际地位的体现。通过测算一国武装部队人数以及军费支出的全球占比，可评估该国的军事实力。

由表3-9可见，美国是当今世界唯一的军事超级大国，军事基地遍布全球，掌握最先进的武器和作战系统，武装军队人员高达143万，2017年军费支出总计6100亿美元，占全球军费支出的比重为35.2628%，而中国的军费支出占比为12.6667%，约为美国军费支出的1/3，俄罗斯军费支出占比3.9296%，位居世界第三。从世界各国武装部队人数全球占比来看，排名前五名的国家分别为：中国占比10.3618%，印度占比10.2007%，俄罗斯占比5.4306%，美国占比4.9105%，巴西占比2.6588%。

表3-9　　　　　　主要国家军事指标（2017年）　　　　　单位：%

国别	军费支出全球占比	武装部队人数占比
美国	35.2628	4.9105
中国	12.6667	10.3618
日本	2.4319	0.9469
德国	2.3556	0.6462
英国	3.1867	0.5553
法国	3.2745	1.1165
印度	2.9739	10.2007
意大利	1.4966	1.3006
巴西	1.4560	2.6588
加拿大	0.9062	0.2460
韩国	2.1555	2.3125
俄罗斯	3.9296	5.4306
澳大利亚	1.5752	0.2107
西班牙	0.8837	0.7288
墨西哥	0.4579	1.2248
印度尼西亚	0.4520	2.4620
土耳其	0.9396	1.8661
荷兰	0.5129	0.1506
瑞士	0.2675	0.0764
沙特阿拉伯	5.1583	0.9166
阿根廷	0.2991	0.3843
瑞典	0.3187	0.1113
波兰	0.6041	0.6294
比利时	0.2495	0.1325
挪威	0.3440	0.0909
奥地利	0.1501	0.0778
南非	0.2049	0.2994

续表

国别	军费支出全球占比	武装部队人数占比
丹麦	0.1990	0.0605
以色列	0.9916	0.6724
新加坡	0.5558	0.5380
爱尔兰	0.0590	0.0332
智利	0.2743	0.3989
芬兰	0.1805	0.0908
葡萄牙	0.2104	0.2682
希腊	0.2928	0.5356
捷克	0.1043	0.0913
新西兰	0.1150	0.0326
匈牙利	0.0669	0.1403
斯洛伐克	0.0583	0.0578
卢森堡	0.0163	0.0055
斯洛文尼亚	0.0237	0.0481
立陶宛	0.0279	0.1033
爱沙尼亚	0.0278	0.0233
拉脱维亚	0.0167	0.0194
冰岛	0.0011	0.0009

资料来源：世界银行。

(二) 软实力

1. 政治实力

政治实力反映出一国的软实力水平，由于数据的不可获得性，本书仅选取一国政府支出的全球占比以及世界银行测算的政治稳定系数和营商便利指数三项指标对各国的政治实力进行评估。其中，为了保证结果的可靠性，对于世界银行测算的营商便利指数，本书采用取倒数的方式，对数据进行处理。

由表3-10可见，美国的政治实力遥遥领先，从世界银行公布的国家政治稳定系数以及营商便利指数的数据来看，中国始终处于较低水平，这将影响中国的全球经济治理与国际经贸规则重构博弈话语权。

表3-10　　　　主要国家政治实力（2017年）

国别	政府支出占比（%）	政治稳定程度	营商便利指数
美国	20.4796	0.6781	1.6667
中国	12.1283	0.5503	0.1282
日本	6.8237	1.0651	0.2941
德国	5.1073	0.6998	0.5000
英国	4.3390	0.5177	1.4286
法国	4.5448	0.1067	0.3226
印度	1.7006	0.9485	0.1000
意大利	2.7117	0.3759	0.2174
巴西	2.7981	0.3315	0.0800
加拿大	2.5574	1.2747	0.5556
韩国	1.6280	0.1610	2.5000
俄罗斯	1.9009	1.0293	0.2857
澳大利亚	1.9052	0.8850	0.7143
西班牙	1.8176	0.2515	0.3571
墨西哥	1.1150	0.7987	0.2041
印度尼西亚	0.6587	0.6151	0.1389
土耳其	0.9360	1.4939	0.1667
荷兰	1.4935	0.9261	0.3125
瑞士	0.6365	1.3394	0.3030
沙特阿拉伯	1.5339	0.6264	0.1087
阿根廷	0.8301	0.0148	0.0855
瑞典	1.0105	0.9471	1.0000
波兰	0.6739	0.8749	0.3704

续表

国别	政府支出占比（%）	政治稳定程度	营商便利指数
比利时	0.8536	0.5871	0.1923
挪威	0.7094	1.1617	1.2500
奥地利	0.5954	1.1431	0.4545
南非	0.5097	0.2130	0.1220
丹麦	0.6053	0.8976	3.3333
以色列	0.5283	1.0949	0.1852
新加坡	0.2432	1.3118	5.0000
爱尔兰	0.0078	0.9085	0.5882
智利	0.2471	0.4334	0.1818
芬兰	0.4449	1.0406	0.7692
葡萄牙	0.2835	0.9178	0.3448
希腊	0.3127	0.2303	0.1493
捷克	0.2816	0.9792	0.3333
新西兰	0.2534	1.5255	10.0000
匈牙利	0.1917	0.7463	0.2083
斯洛伐克	0.1330	0.8745	0.2564
卢森堡	0.0752	1.4394	0.1587
斯洛文尼亚	0.0627	0.9534	0.2703
立陶宛	0.0559	0.7598	0.6250
爱沙尼亚	0.0359	0.6209	0.8333
拉脱维亚	0.0379	0.4437	0.5263
冰岛	0.0311	1.3082	0.4348

资料来源：世界银行。

2. 外交实力

影响一国外交实力的因素有很多，包括外交政策、与周边国家和地区的关系、有无盟国以及外交的独立性等，但这些资料难以收集，本书仅选取对货物和服务进出口以及对外直接投资（FDI）净流出占比作为三级指标，对外交指标进行比较。

由表3-11可见，美国对外直接投资净流出全球占比18.9214%，位居世界第一，中国全球占比8.4868%，排名世界第二，该指标反映投资者为获得在另一经济体中运作的企业的永久性管理权益（10%以上表决权）所做出投资的净流出。可见，该指标全球占比越高，对本国的国际话语权越有利。在货物和服务进出口额全球占比方面，中国仅次于美国。

表3-11　　　　主要国家外交实力指标（2017年）　　　　单位：%

国别	货物和服务出口额占比	货物和服务进口额占比	FDI净流出占比
美国	9.6329	12.1842	18.9214
中国	10.5171	9.8354	8.4868
日本	3.4702	3.3388	8.0109
德国	7.5559	6.4958	7.0376
英国	3.4824	3.7296	5.0857
法国	3.4691	3.6786	2.7822
印度	2.1317	2.5189	0.5681
意大利	2.4103	2.4315	1.0701
巴西	1.1237	1.0575	1.1811
加拿大	2.2214	2.4419	4.2721
韩国	2.8692	2.5693	1.5135
俄罗斯	1.7868	1.4535	2.3907
澳大利亚	1.2245	1.2155	0.1718
西班牙	0.2126	1.8353	3.0503
墨西哥	1.7389	2.0324	0.5429
印度尼西亚	0.8999	0.8668	0.5679
土耳其	0.9196	1.1118	0.3575
荷兰	3.1073	2.7517	9.9744

续表

国别	货物和服务出口额占比	货物和服务进口额占比	FDI净流出占比
瑞士	1.9188	1.6305	3.7299
沙特阿拉伯	0.9976	0.8569	0.3127
阿根廷	0.3037	0.3929	0.0839
瑞典	1.0608	0.9853	0.3169
波兰	1.2182	1.1539	0.3447
比利时	1.8227	1.8508	0.7947
挪威	0.6154	0.5871	1.2999
奥地利	0.9774	0.9420	0.0859
南非	0.4525	0.4421	0.3889
丹麦	0.7802	0.6967	0.5053
以色列	0.4183	0.3988	0.4317
新加坡	2.4423	2.1506	2.4802
爱尔兰	1.7422	1.3061	8.1141
智利	0.3459	0.3331	0.8270
芬兰	0.4228	0.4277	0.0238
葡萄牙	0.4080	0.4078	0.3341
希腊	0.2894	0.3059	0.1372
捷克	0.7456	0.6941	0.2271
新西兰	0.2126	0.2150	0.0447
匈牙利	0.5452	0.5098	0.0888
斯洛伐克	0.4012	0.3961	0.0461
卢森堡	0.5643	0.5391	1.7777
斯洛文尼亚	0.1744	0.1576	0.0153
立陶宛	0.1385	0.1666	0.0202
爱沙尼亚	0.0880	0.0849	0.0206
拉脱维亚	0.0720	0.0833	0.0211
冰岛	0.0488	0.0456	0.0125

资料来源：世界银行。

3. 在国际组织中的地位

目前世界银行、国际货币基金组织、WTO、亚太经济合作组织是世界四大国际经济组织。世界银行是联合国的专门机构之一，其主要职能是提供长期贷款，以满足成员国经济发展的资金需要。它的业务主要针对中等收入国家。国际货币基金组织是目前世界上最大的政府间金融机构，也是联合国的专门机构之一。本书选取主要国家在世界银行投票权及联合国会费分摊比例两个三级指标对各国的国际经济组织机构指标进行测算。

由表 3-12 可以看出，美国在国际机构中的地位排名第一。日本、德国等发达国家在国际组织机构中的地位明显高于中国、印度、俄罗斯等国家。

表 3-12　　　　主要国家国际组织机构指标（2017 年）　　　　单位：%

国家	世界银行投票权	联合国会费分摊比例
美国	15.98	22.000
中国	4.45	7.921
日本	6.89	9.680
德国	4.03	6.389
英国	3.78	4.463
法国	3.78	4.859
印度	2.93	0.737
意大利	2.66	3.748
巴西	2.25	3.823
加拿大	2.45	2.921
韩国	1.59	2.039
俄罗斯	2.79	3.088
澳大利亚	1.34	2.337
西班牙	1.86	2.443
墨西哥	1.69	1.435

续表

国家	世界银行投票权	联合国会费分摊比例
印度尼西亚	0.98	0.504
土耳其	1.09	1.018
荷兰	1.93	1.482
瑞士	1.47	1.140
沙特阿拉伯	2.79	1.146
阿根廷	1.12	0.892
瑞典	0.85	0.956
波兰	0.74	0.841
比利时	1.58	0.885
挪威	0.59	0.849
奥地利	0.64	0.720
南非	0.77	0.364
丹麦	0.77	0.584
以色列	0.28	0.430
新加坡	0.26	0.447
爱尔兰	0.35	0.335
智利	0.44	0.399
芬兰	0.50	0.456
葡萄牙	0.34	0.392
希腊	0.17	0.471
捷克	0.36	0.344
新西兰	0.43	0.268
匈牙利	0.48	0.161
斯洛伐克	0.20	0.160
卢森堡	0.12	0.064
斯洛文尼亚	0.10	0.084
立陶宛	0.11	0.072

续表

国家	世界银行投票权	联合国会费分摊比例
爱沙尼亚	0.08	0.038
拉脱维亚	0.10	0.050
冰岛	0.10	0.023

资料来源：根据世界银行数据库、联合国数据库计算得到。

（三）主要国家全球经济治理与国际经贸规则重构博弈话语权指数测算

1. 研究方法——主成分分析法

主成分分析是一种将多个指标转为较少指标的统计方法，通过这种方法能够将所研究的问题从高维空间降维到低维空间进行处理[①]。主成分分析将多个变量转化为几个独立的主成分，但仍然保留绝大部分的原始信息，同时能够消除指标间的相关影响、做出客观定权以及合理的评价。

主成分分析法的基本模型如下：

$$\begin{cases} F_1 = a_{11}X_1 + a_{21}X_2 + \cdots + a_{p1}X_p \\ F_2 = a_{12}X_1 + a_{22}X_2 + \cdots + a_{p2}X_p \\ \cdots\cdots \\ F_p = a_{1p}X_1 + a_{2p}X_2 + \cdots + a_{pp}X_p \end{cases}$$

该模型满足以下条件：

（1）每个主成分系数平方和为1即：$a_{1i}^2 + a_{2i}^2 + \cdots + a_{pi}^2 = 1$（$i = 1, 2, \cdots, m$）。

（2）主成分之间互不相关即：$cov(F_i, F_j) = 0$。

---

① Hotelling H H. Analysis of Complex Statistical Variables into Principal Components [J]. Journal of Educational Psychology, 1933, 24 (6): 417 – 520.

(3) 主成分方差依次递减，即：$\text{Var}(F_1) \geq \text{Var}(F_2) \geq \cdots \geq \text{Var}(F_p)$

新变量指标 z_1, z_2, $\cdots$, z_m 分别称为原变量指标 x_1, x_2, $\cdots$, x_p 的第 1、第 2、$\cdots$、第 m 个主成分。主成分分析的实质就是确定原来变量 $x_j(j=1, 2, \cdots, p)$ 在诸主成分 $z_i(i=1, 2, \cdots, m)$ 上的荷载 $L_{ij}(i=1, 2, \cdots, m, j=1, 2, \cdots, p)$。

2. 主成分分析法的计算步骤

(1) 原始数据的标准化。进行主成分分析时，由于可以获取的原始数据量的差异性会造成指标数据之间的不可比性，因此，必须对原始数据进行无量纲化处理。进行主成分分析时，一般采用 Z–Score 方法进行原始数据的标准化，标准化后各指标均值为 0、方差为 1，Z–Score 法无量纲化公式为：

$$Z_{ij} = \frac{x_{ij} - \bar{x}_j}{s_j} \quad (i=1, 2, \cdots, n; j=1, 2, \cdots, p)$$

其中，$\bar{x}_j$ 是指标 j 的样本均值，s_j 是其样本标准差，计算公式为：

$$\bar{X}_j = \frac{1}{n}\sum_{1}^{n} x_{ij} \quad s_j = \sqrt{\frac{1}{n-1}\sum_{i=1}^{n}(x_{ij} - \bar{x}_j)^2}$$

(2) 计算相关系数矩阵。根据标准化后的数据，计算相关系数矩阵 R：

$$R = \begin{bmatrix} r_{11} & r_{12} & \cdots & r_{1p} \\ r_{21} & r_{22} & \cdots & r_{2p} \\ \vdots & \vdots & & \vdots \\ r_{p1} & r_{p2} & \cdots & r_{pp} \end{bmatrix}$$

其中，r_{ij} $(i, j=1, 2, \cdots, p)$ 为原变量 x_i 与 x_j 的相关系数，且 $r_{ij} = r_{ji}$，其计算公式为：

$$r_{ij} = \frac{\sum_{k=1}^{n}(x_{ki} - \bar{x}_i)(x_{kj} - \bar{x}_j)}{\sqrt{\sum_{k=1}^{n}(x_{ki} - \bar{x}_i)^2 \sum_{k=1}^{n}(x_{kj} - \bar{x}_j)^2}}$$

主成分分析方法是对具有较强相关性的原始变量进行降维处理的一种方法，因此，判断变量之间是否高度相关是进行主成分分析的前提，对于指标变量能否进行主成分分析的判断方法主要有相关系数法判定和KMO检验法。相关系数法判定一般认为原始数据相关系数矩阵中的各相关系数大部分都大于0.3则适合做主成分分析；KMO（Kaiser - Meyer - Olkin）检验法是用于比较指标间简单相关系数和偏相关系数的指标，一般来说，KMO值越大就越适合于主成分分析。凯瑟（Kaiser）提出了常用的度量标准：KMO值大于0.9被界定为非常合适；而KMO值介于0.8和0.9之间被界定为合适；KMO值介于0.7和0.8之间则界定为一般合适；KMO值介于0.6和0.7之间则认为合适度较低；KMO值小于0.6则认为合适度很低。[①] 因此，一般认为KMO值大于0.7即可以使用主成分分析法。另外，还可以根据Bartlett球形检验的统计量对应的P值是否显著来判断所研究的数据是否可进行主成分分析。该检验的原假设为不能进行主成分分析，若检验的统计量结果显著表示可以拒绝原假设，即原始变量之间存在相关性，适合作主成分分析，反之则不能进行主成分分析。[②]

（3）求解R的特征值和特征。对于由要素层指标构成的相关系数矩阵R，求解其特征方程$R - \lambda E = 0$。

其中，E是$P \times P$阶单位矩阵，其全部非负特征值共P个，并依大小顺序排成$\lambda_1 \geq \lambda_2 \geq \lambda_3 \geq \cdots \geq \lambda_p \geq 0$，并求出它们相应的单位特征向量：

$\beta_1 = (a_{11} a_{12} \cdots a_{1p})^T$，$\beta_1 = (a_{21} a_{22} \cdots a_{2p})^T$，…，$\beta_p = (a_{p1} a_{p2} \cdots a_{pp})^T$

（4）确定主成分。计算特征值λ_i的方差贡献率以及累计贡献率：

$$方差贡献率：\partial_i = \frac{\lambda_i}{\sum_{k=1}^{p} \lambda_k} (i = 1, 2, \cdots, p)$$

[①][②] 殷阿娜. 中国开放型经济发展绩效评估及对策研究 [D]. 沈阳：辽宁大学，2014.

累计方差贡献率：$\delta_k = \dfrac{\sum_{k=1}^{i}\lambda_k}{\sum_{k=1}^{p}\lambda_k}(i = 1, 2, \cdots, p)$

其中，方差贡献率最高的主成分是综合各变量信息最多的综合指标，代表了各变量绝大多数信息，依此类推，一般取累计贡献率达80%以上的特征值所对应的综合指标为所选取的主成分，表明所取前L个主成分基本上能够包含全部测量指标所具备的信息，因此，用L个主成分来代替原来的指标变量，如下所示，其中x为标准化后的数据。

$$\begin{cases} F_1 = a_{11}X_{11} + a_{21}X_{12} + \cdots + a_{p1}X_{1p} \\ F_2 = a_{12}X_{21} + a_{22}X_{22} + \cdots + a_{p2}X_{2p} \\ \cdots\cdots \\ F_k = a_{1k}X_{k1} + a_{2k}X_{k2} + \cdots + a_{lk}X_{kl} \end{cases}$$

（5）计算综合得分值。有了各项主成分得分，下面需要计算综合得分值，以便进行比较分析。计算公式如下：

$$F = \lambda_1 \times F_1 + \lambda_2 \times F_2 + \cdots + \lambda_n \times F_n$$

3. 主成分分析法测算过程

本书运用主成分分析法测算经济合作与发展组织、G20及新加坡共计45个国家2002年、2007年、2012年以及2017年的全球经济治理与国际经贸规则重构博弈话语权指数，关于主成分分析的具体各主成分得分以及公式见上述内容，下面分析中将不再重复阐述。

（1）2002年世界主要国家全球经济治理与国际经贸规则重构博弈话语权指数测算。

一是主成分分析的可行性检验。对于45个国家2002年数据进行主成分分析可行性检验，结果表明适合进行主成分分析。

二是构造主成分变量。将2002年数据导入SPSS统计软件建立主成分分析模型，得到了如表3-13所示的解释的总方差。其结果说明，提取前两个主成分可以反映原始变量的大部分信息。

表 3-13　　　　　　　　　解释的总方差

成分	初始特征值			提取平方和载入			旋转平方和载入		
	合计	方差的%	累积%	合计	方差的%	累积%	合计	方差的%	累积%
1	6.016	60.157	60.157	6.016	60.157	60.157	5.131	51.312	51.312
2	1.581	15.811	75.969	1.581	15.811	75.969	2.466	24.656	75.969
3	0.997	9.966	85.935						
4	0.687	6.870	92.805						
5	0.293	2.933	95.738						
6	0.194	1.941	97.679						
7	0.133	1.329	99.007						
8	0.076	0.755	99.763						
9	0.018	0.181	99.944						
10	0.006	0.056	100.000						

三是各主成分信息的解释。另外，为了更好地解释变量，通常采用最大方差法进行主成分矩阵的旋转，这样可以使得每一个主成分能够最大地反映出指标的信息量，同时还可以更加直观地在各主成分间进行比较分析，结果如表 3-14 所示。其中，第一公共主成分在 eco、cap、tech、mil、gov、dip、org 等变量上有较高的载荷值，第二公共主成分在 nat、hum、soc 变量上具有较大的载荷值。

表 3-14　　　　　　　　　旋转成分矩阵

变量	成分	
	1	2
eco	0.861	0.297
nat	0.208	0.851
hum	0.014	0.920
cap	0.935	0.231

续表

变量	成分 1	成分 2
tech	0.359	0.035
mil	0.795	0.516
gov	0.958	0.184
soc	0.251	0.592
dip	0.933	0.196
org	0.928	0.249

四是主成分得分的计算。

有了各项主成分得分，下面需要计算全球经济治理与国际经贸规则重构博弈话语权指数，以便进行比较分析。计算公式如下：

$$F = 0.7918 \times F_1 + 0.2081 \times F_2$$

通过上述公式，最终可计算出 45 个国家在 2002 年的全球经济治理与国际经贸规则重构博弈话语权指数，其结果如表 3-15 所示。

表 3-15　　　主要国家全球经济治理与国际经贸规则
重构博弈话语权指数（2002 年）

国家	话语权指数	排名	国家	话语权指数	排名
美国	5.124	1	比利时	0.275	15
中国	0.851	6	挪威	0.177	22
日本	1.684	2	奥地利	0.179	20
德国	1.195	4	南非	0.019	41
英国	1.318	3	丹麦	0.140	27
法国	1.066	5	以色列	0.026	42
印度	0.084	34	新加坡	0.150	25
意大利	0.676	7	爱尔兰	0.249	18

续表

国家	话语权指数	排名	国家	话语权指数	排名
巴西	0.218	19	智利	0.005	40
加拿大	0.553	8	芬兰	0.164	24
韩国	0.421	12	葡萄牙	0.053	38
俄罗斯	0.289	14	希腊	0.140	26
澳大利亚	0.292	13	捷克	0.081	36
西班牙	0.501	10	新西兰	0.090	32
墨西哥	0.178	21	匈牙利	0.127	29
印度尼西亚	-0.069	43	斯洛伐克	0.082	35
土耳其	0.092	31	卢森堡	0.165	23
荷兰	0.435	11	斯洛文尼亚	0.059	37
瑞士	0.268	16	立陶宛	0.129	28
沙特阿拉伯	-0.081	44	爱沙尼亚	0.093	30
阿根廷	-0.317	45	拉脱维亚	0.534	9
瑞典	0.265	17	冰岛	0.020	39
波兰	0.090	33			

（2）2007年世界主要国家全球经济治理与国际经贸规则重构博弈话语权指数测算。

一是主成分分析的可行性检验。同样表3-16为对于45个国家2007年数据进行主成分分析可行性检验的结果。可行性检验的结果表明，适合进行主成分分析。

表3-16　　　　　　KMO 和 Bartlett 的检验结果

取样足够度的 Kaiser – Meyer – Olkin 度量		0.801
Bartlett 的球形度检验	近似卡方	658.131
	df	45
	Sig.	0.000

二是构造主成分变量。表 3-17 为解释的总方差。可以发现，提取两个主成分可以反映原始变量的大部分信息。

表 3-17　　　　　　　　　解释的总方差

成分	初始特征值			提取平方和载入			旋转平方和载入		
	合计	方差的%	累积%	合计	方差的%	累积%	合计	方差的%	累积%
1	6.848	68.478	68.478	6.848	68.478	68.478	5.806	58.062	58.062
2	1.503	15.027	83.505	1.503	15.027	83.505	2.544	25.443	83.505
3	0.759	7.590	91.095						
4	0.385	3.852	94.947						
5	0.213	2.128	97.075						
6	0.154	1.541	98.616						
7	0.065	0.653	99.269						
8	0.039	0.393	99.662						
9	0.022	0.216	99.878						
10	0.012	0.122	100.00						

三是各主成分信息的解释。与上文对 2002 年数据进行分析类似，表 3-18 为 2007 年数据主成分分析的旋转成分矩阵。可以得出第一公共主成分在 eco、cap、tech、mil、gov、dip、ord 上有较高的载荷值，第二公共主成分在 nat、hum、soc 上具有较大的载荷值。

表 3-18　　　　　　　　　旋转成分矩阵

变量	成分	
	1	2
eco	0.893	0.372
nat	0.304	0.785
hum	0.049	0.923

续表

变量	成分 1	成分 2
cap	0.925	0.176
tech	0.836	0.467
mil	0.804	0.457
gov	0.967	0.152
soc	0.225	0.639
dip	0.915	0.157
org	0.943	0.154

四是主成分得分的计算。表 3-19 为本书针对 45 个国家 2007 年数据进行主成分分析最终得到的全球经济治理与国际经贸规则重构博弈话语权指数，具体的计算步骤与上文计算 2002 年的指数步骤一致，在这里将不再进行详细描述。

表 3-19 主要国家全球经济治理与国际经贸规则重构博弈话语权指数（2007 年）

国家	话语权指数	排名	国家	话语权指数	排名
美国	5.092	1	比利时	0.288	14
中国	1.211	5	挪威	0.160	21
日本	1.503	2	奥地利	0.210	18
德国	1.429	3	南非	0.033	41
英国	1.407	4	丹麦	0.120	24
法国	1.098	6	以色列	0.030	40
印度	0.124	22	新加坡	0.202	19
意大利	0.787	7	爱尔兰	0.178	20
巴西	0.226	17	智利	0.063	44

续表

国家	话语权指数	排名	国家	话语权指数	排名
加拿大	0.574	8	芬兰	0.119	25
韩国	0.414	10	葡萄牙	0.018	33
俄罗斯	0.323	12	希腊	0.046	28
澳大利亚	0.277	15	捷克	0.019	31
西班牙	0.505	9	新西兰	0.014	37
墨西哥	0.112	26	匈牙利	0.018	32
印度尼西亚	0.133	45	斯洛伐克	0.015	34
土耳其	0.024	30	卢森堡	0.121	23
荷兰	0.413	11	斯洛文尼亚	0.022	39
瑞士	0.309	13	立陶宛	0.001	35
沙特阿拉伯	0.004	36	爱沙尼亚	0.040	42
阿根廷	0.044	43	拉脱维亚	0.019	38
瑞典	0.237	16	冰岛	0.030	29
波兰	0.092	27			

（3）2012年世界主要国家全球经济治理与国际经贸规则重构博弈话语权指数测算。

一是主成分分析的可行性检验。表3-20为对2012年数据进行主成分分析可行性检验的结果。可行性检验的结果表明，适合进行主成分分析。

表3-20　　　　　　KMO 和 Bartlett 的检验结果

取样足够度的 Kaiser – Meyer – Olkin 度量		0.727
Bartlett 的球形度检验	近似卡方	619.178
	df	45
	Sig.	0.000

二是构造主成分变量。表3-21为解释的总方差。可以发现,提取两个主成分可以反映原始变量的大部分信息。

表3-21　　　　　　　　　　解释的总方差

成分	初始特征值			提取平方和载入			旋转平方和载入		
	合计	方差的%	累积%	合计	方差的%	累积%	合计	方差的%	累积%
1	6.839	68.391	68.391	6.839	68.391	68.391	5.340	53.399	53.399
2	1.389	13.888	82.280	1.389	13.888	82.280	2.888	28.881	82.280
3	0.802	8.025	90.305						
4	0.412	4.115	94.420						
5	0.197	1.969	96.389						
6	0.145	1.454	97.842						
7	0.117	1.172	99.014						
8	0.053	0.533	99.546						
9	0.037	0.367	99.914						
10	0.009	0.086	100.000						

三是各主成分信息的解释。表3-22为进行2012年数据主成分分析得到的旋转成分矩阵。可以得出第一公共主成分在eco、cap、tech、mil、gov、dip、org上有较高的载荷值,第二公共主成分在nat、hum、soc上具有较大的载荷值。

表3-22　　　　　　　　　　旋转成分矩阵

变量	成分	
	1	2
eco	0.746	0.577
nat	0.346	0.758
hum	0.082	0.924

续表

变量	成分 1	成分 2
cap	0.920	0.226
tech	0.721	0.586
mil	0.806	0.473
gov	0.943	0.232
soc	0.166	0.598
dip	0.907	0.307
org	0.950	0.061

四是主成分得分的计算。同样，表3-23为本书所研究的2012年数据进行主成分分析最终得到的全球经济治理与国际经贸规则重构博弈话语权指数，具体的计算步骤与上文步骤一致，在这里将不再进行详细描述。

表3-23　　主要国家全球经济治理与国际经贸规则重构博弈话语权指数（2012年）

国家	话语权指数	排名	国家	话语权指数	排名
美国	5.200	1	比利时	0.236	18
中国	1.674	2	挪威	0.231	19
日本	1.659	3	奥地利	0.135	24
德国	1.336	4	南非	0.013	34
英国	0.986	5	丹麦	0.092	26
法国	0.957	6	以色列	0.012	41
印度	0.814	7	新加坡	0.283	17
意大利	0.567	9	爱尔兰	0.171	22

续表

国家	话语权指数	排名	国家	话语权指数	排名
巴西	0.331	15	智利	0.091	27
加拿大	0.624	8	芬兰	0.087	28
韩国	0.435	11	葡萄牙	0.043	32
俄罗斯	0.338	14	希腊	0.107	45
澳大利亚	0.386	12	捷克	0.020	33
西班牙	0.324	16	新西兰	0.050	31
墨西哥	0.202	21	匈牙利	0.021	42
印度尼西亚	0.009	35	斯洛伐克	0.001	40
土耳其	0.064	29	卢森堡	0.225	20
荷兰	0.514	10	斯洛文尼亚	0.054	43
瑞士	0.356	13	立陶宛	0.009	36
沙特阿拉伯	0.140	23	爱沙尼亚	0.003	38
阿根廷	-0.064	44	拉脱维亚	0.002	39
瑞典	0.060	30	冰岛	0.006	37
波兰	0.115	25			

（4）2017年世界主要国家全球经济治理与国际经贸规则重构博弈话语权指数测算。

一是主成分分析的可行性检验。表3-24为对2017年数据进行主成分分析可行性检验的结果。可行性检验的结果表明，适合进行主成分分析。

表3-24　　　　　KMO 和 Bartlett 的检验结果

取样足够度的 Kaiser - Meyer - Olkin 度量		0.810
Bartlett 的球形度检验	近似卡方	435.010
	df	45
	Sig.	0.000

二是构造主成分变量。表3-25为解释的总方差。可以发现,提取两个主成分可以反映原始变量的大部分信息。

表3-25　　　　　　　　　解释的总方差

成分	初始特征值			提取平方和载入			旋转平方和载入		
	合计	方差的%	累积%	合计	方差的%	累积%	合计	方差的%	累积%
1	6.320	63.201	63.201	6.320	63.201	63.201	4.942	49.417	49.417
2	1.236	12.358	75.559	1.236	12.358	75.559	2.614	26.143	75.559
3	0.810	8.097	83.656						
4	0.558	5.576	89.232						
5	0.433	4.327	93.560						
6	0.235	2.346	95.905						
7	0.179	1.786	97.692						
8	0.137	1.371	99.063						
9	0.058	0.584	99.647						
10	0.035	0.353	100.000						

三是各主成分信息的解释。表3-26为得到的旋转成分矩阵。可以得出第一公共主成分在eco、cap、tech、mil、gov、dip、org上有较高的载荷值,第二公共主成分在nat、hum上具有较大的载荷值。

表3-26　　　　　　　　　旋转成分矩阵

变量	成分	
	1	2
eco	0.816	0.346
nat	0.343	0.719
hum	0.167	0.893
cap	0.784	0.129

续表

变量	成分	
	1	2
tech	0.734	0.580
mil	0.762	0.521
gov	0.861	0.172
soc	0.119	0.635
dip	0.914	0.296
org	0.897	0.182

四是主成分得分的计算。同样，表3-27为本书所研究的2017年数据进行主成分分析最终得到的全球经济治理与国际经贸规则重构博弈话语权指数，具体的计算步骤与上文步骤一致，在这里将不再进行详细描述。

表3-27　　主要国家全球经济治理与国际经贸规则
重构博弈话语权指数（2017年）

国家	话语权指数	排名	国家	话语权指数	排名
美国	4.957	1	比利时	0.133	20
中国	2.265	2	挪威	0.189	18
日本	1.400	3	奥地利	0.025	30
德国	1.262	4	南非	0.076	42
英国	0.844	5	丹麦	0.238	17
法国	0.820	6	以色列	0.027	34
印度	0.103	23	新加坡	0.479	11
意大利	0.512	9	爱尔兰	0.814	7
巴西	0.102	24	智利	0.010	33
加拿大	0.547	8	芬兰	0.047	27

续表

国家	话语权指数	排名	国家	话语权指数	排名
韩国	0.436	13	葡萄牙	0.016	31
俄罗斯	0.121	21	希腊	0.125	45
澳大利亚	0.290	16	捷克	0.026	29
西班牙	0.413	15	新西兰	0.426	14
墨西哥	0.115	22	匈牙利	0.058	38
印度尼西亚	0.046	36	斯洛伐克	0.044	35
土耳其	0.042	28	卢森堡	0.087	26
荷兰	0.510	10	斯洛文尼亚	0.055	37
瑞士	0.439	12	立陶宛	0.082	43
沙特阿拉伯	0.139	19	爱沙尼亚	0.085	44
阿根廷	0.070	41	拉脱维亚	0.066	39
瑞典	0.070	40	冰岛	0.016	32
波兰	0.102	25			

（5）结论。由表3-28可得，2017年美国全球经济治理与国际经贸规则重构博弈话语权为4.957，位居世界第一，中国为2.265，位居世界第二，德国、英国、日本排名依次为第三、第四、第五。从发展趋势来看，中国全球经济治理话语权逐步提升，从2002年排名第六上升至2017年排名第二，中美两国间全球经济治理与国际经贸规则重构博弈话语权的差距越来越小，但美国始终保持全球第一的位置。全球经济治理与国际经贸规则重构博弈话语权的大小似乎与国家综合实力成正比，如美国是当今实力最强大的国家，拥有最强大的话语权，中国是世界第二大经济体，话语权指数排名世界第二。似乎中国只要增强经济、军事等方面实力，而不需要制定话语权发展战略，便自然会拥有更多的话语权。然而，这种理解是片面的，国家综合实力强大，其话语权不一定强大。从发展的态势来讲，为了使中国拥有更多的话语权以更好地维护国家的利益，中国在增强自身综合实力的同时，更应科学、恰当地制

定话语权对策,依托多边贸易体制以及 G20 等国际组织平台,在全球经济治理中发挥核心作用,推动形成更高水平的全方位对外开放格局,以在全球经济治理与国际经贸规则重构博弈中拥有更多的话语权。[①]

表 3-28　　　　主要国家全球经济治理与国际经贸规则
重构博弈话语权指数比较

国家	2002 年 得分	排名	2007 年 得分	排名	2012 年 得分	排名	2017 年 得分	排名
美国	5.124	1	5.092	1	5.200	1	4.957	1
中国	0.851	6	1.211	5	1.674	2	2.265	2
日本	1.684	2	1.503	2	1.659	3	1.400	3
德国	1.195	4	1.429	3	1.336	4	1.262	4
英国	1.318	3	1.407	4	0.986	5	0.844	5
法国	1.066	5	1.098	6	0.957	6	0.820	6
印度	0.084	34	0.124	22	0.814	7	0.103	23
意大利	0.676	7	0.787	7	0.567	9	0.512	9
巴西	0.218	19	0.226	17	0.331	15	0.102	24
加拿大	0.553	8	0.574	8	0.624	8	0.547	8
韩国	0.421	12	0.414	10	0.435	11	0.436	13
俄罗斯	0.289	14	0.323	12	0.338	14	0.121	21
澳大利亚	0.292	13	0.277	15	0.386	12	0.290	16
西班牙	0.501	10	0.505	9	0.324	16	0.413	15
墨西哥	0.178	21	0.112	26	0.202	21	0.115	22
印度尼西亚	0.069	43	0.133	45	0.009	35	0.046	36
土耳其	0.092	31	0.024	30	0.064	29	0.042	28
荷兰	0.435	11	0.413	11	0.514	10	0.510	10
瑞士	0.268	16	0.309	13	0.356	13	0.439	12

① 殷阿娜. 中国开放型经济发展绩效评估及对策研究 [D]. 沈阳:辽宁大学,2014.

续表

国家	2002年 得分	2002年 排名	2007年 得分	2007年 排名	2012年 得分	2012年 排名	2017年 得分	2017年 排名
沙特阿拉伯	0.081	44	0.004	36	0.140	23	0.139	19
阿根廷	0.317	45	0.044	43	0.064	44	0.070	41
瑞典	0.265	17	0.237	16	0.060	30	0.070	40
波兰	0.090	33	0.092	27	0.115	25	0.102	25
比利时	0.275	15	0.288	14	0.236	18	0.133	20
挪威	0.177	22	0.160	21	0.231	19	0.189	18
奥地利	0.179	20	0.210	18	0.135	24	0.025	30
南非	0.019	41	0.033	41	0.013	34	0.076	42
丹麦	0.140	27	0.120	24	0.092	26	0.238	17
以色列	0.026	42	0.030	40	0.012	41	0.027	34
新加坡	0.150	25	0.202	19	0.283	17	0.479	11
爱尔兰	0.249	18	0.178	20	0.171	22	0.814	7
智利	0.005	40	0.063	44	0.091	27	0.010	33
芬兰	0.164	24	0.119	25	0.087	28	0.047	27
葡萄牙	0.053	38	0.018	33	0.043	32	0.016	31
希腊	0.140	26	0.046	28	0.107	45	0.125	45
捷克	0.081	36	0.019	31	0.020	33	0.026	29
新西兰	0.090	32	0.014	37	0.050	31	0.426	14
匈牙利	0.127	29	0.018	32	0.021	42	0.058	38
斯洛伐克	0.082	35	0.015	34	0.001	40	0.044	35
卢森堡	0.165	23	0.121	23	0.225	20	0.087	26
斯洛文尼亚	0.059	37	0.022	39	0.054	43	0.055	37
立陶宛	0.129	28	0.001	35	0.009	36	0.082	43
爱沙尼亚	0.093	30	0.040	42	0.003	38	0.085	44
拉脱维亚	0.534	9	0.019	38	0.002	39	0.066	39
冰岛	0.020	39	0.030	29	0.006	37	0.016	32

资料来源：根据世界银行数据库、IMF数据库、UN数据库计算得到。

第三节 中国获取全球经济治理与国际经贸规则重构博弈话语权的现状与问题

一、中国获取全球经济治理与国际经贸规则重构博弈话语权的外部环境

(一) 美国等西方国家占据着明显的话语霸权地位

改革开放以来,中国在国际社会的影响力逐步扩大,国际地位也得到了较大的提升,这使得美国等既存大国认为中国对其现有霸权地位造成了威胁。正如经济学家查尔斯·金德尔伯格提出的霸权稳定论所说,霸权国的基本目标是维护霸权,随着次等大国崛起,拥有霸权的国家对次等大国的敏感度不断提高,对次等大国的崛起进行制约。由此可见,中国作为世界上第二大经济体,美国对中国的全球经济治理与国际经贸规则重构博弈话语权的排斥最为明显。如图3-8所示,当前全球经济治理与国际经贸规则重构博弈话语权呈金字塔分布,话语权利处于失衡状态。美国等话语霸权国雄踞塔尖,通过操纵国际组织规则从而对世界上其他国家施加影响,强行要求世界各国接受话语霸权国制定的规则,否则就会从政治、经济等方面进行制裁。在全球经济治理格局中,传统的全球经济治理观念尚未发生根本性变化,美国仍是现有全球经济治理规则的制定者,更是全球经济治理规则体系的利益获得者、维护者,对全球经济治理规则的构想有着举足轻重的影响力,甚至在某些领域具有一票否决的权利。[①]

---

① 金通. 继续大力提升中国国际经济话语权 [N]. 中国社会科学报, 2016-12-23.

图 3-8 当今全球经济治理与国际经贸规则
重构博弈话语权金字塔分布

（二）发展中国家的话语权进一步提升

随着经济的不断发展，发展中国家在全球经济中的地位和角色也在发生着改变，由过去的国际规则、制度的被动接受者逐渐转变为参与者，在全球经济治理中承担着重要的责任和义务。发展中国家的制度性话语权有了一定程度的提高，但以中国为代表的新兴经济体和发展中国家经济的快速发展，使美国等既存大国产生了担忧和疑虑，为了阻止中国获取全球经济治理的话语权，美国对中国进行排挤、压制和孤立，导致发展中国家在全球经济治理过程中仍然未摆脱"局外人"的尴尬境地。①

二、中国获取全球经济治理与国际经贸规则重构博弈话语权面临的问题

（一）全球经济治理与国际经贸规则重构博弈话语权错位

21世纪以来，随着经济的高速发展，中国在世界经济中的地位和作用越来越重要，现已跃居世界第二大经济体，与此形成反差的是，中国的全球经济治理与国际经贸规则重构博弈话语权地位提升相对缓慢。

---

① 刘志中. 国际经贸规则重构与中国话语权的提升 [J]. 现代经济探讨，2016 (5)：84-88.

邹应猛（2010）[①]认为："经济实力是全球经济治理与国际经贸规则重构博弈话语权的基础，但一国国际话语权的提升不会随着经济实力的增强而自动提升。中国在经济实力攀升的同时，全球经济治理与国际经贸规则重构博弈话语权地位并没有得到同步提升。"陈力丹、梁雨晨（2010）[②]认为，中国在国际社会的话语权地位落后于自身的经济地位。

（二）来自西方发达国家偏见的挑战

党的十八大以来，以习近平同志为核心的党中央对提升我国国际话语权开展了政治、经济、文化、外交等方面的实践，并取得了较好的成效，但仍面临着"中国威胁论"等挑战，西方发达国家担心中国特色社会主义制度对西方资本主义制度是一种挑战，中国和平发展的道路会损害西方国家在国际贸易体系中的根本利益。我国应在强调中国特色的同时，总结出对世界有普遍意义的经验和规则，为中国参与全球经济治理赢得有利的国际环境。

（三）创新全球经济治理规则的作为不够

2008年金融危机以后，国际政治经济格局和国际贸易形势出现各种新变化，各国的经济合作方式、国际经贸规则内容和制定程序也做出了相应的调整，但中国在全球经济治理进程中仍然处于遵守规则、顺应规则的地位，在国际交往与外事场合创新性的提议较少。党的十八大以来，这样的情况有所好转，如创设亚洲基础设施投资银行、丝路基金、"一带一路"倡议等，这些新的平台会提升我国在全球经济治理中的话语权，但对我国已经拥有的部分领域的话语权并没有进行创新和拓展。我国既需要充分利用现有的全球经济治理体制、规则来更好地维护自身

[①] 邹应猛. 国际体系转型与中国国际话语权提升战略［J］. 东南亚纵横，2010（10）：85－90.

[②] 陈力丹，梁雨晨. 向世界说明中国——论中国的国际话语权问题与策略［J］. 新闻传播，2010（11）：11－13.

的核心利益,更需要根据我国经济社会发展全局的需要,特别是根据我国"两个一百年"奋斗目标、实现中华民族伟大复兴的需要以及全球经济治理发展的新形势带来的新要求,采取有效措施积极推动全球经济治理规则的改革与创新,做全球经济治理规则的建设者、引领者和贡献者。[①]

---

① 王厚双,孙丽. 战后日本参与全球经济治理的经验研究 [J]. 日本学刊, 2017 (1): 92–118.

第四章

逆经济全球化对全球经济治理的影响

第一节 经济全球化、反经济全球化与逆经济全球化：内涵的辨析

一、经济全球化

作为一种世界性的经济现象，经济全球化（globalization）实际上已存在了近300年的时间。而"经济全球化"作为描述这种世界性经济现象的专门术语自被提出到广泛使用至今只有30多年的时间。"经济全球化"这一专门术语最早是由莱维在1985年首先提出。他用这一专门术语来描述此前20年间世界各国经济联系的巨大的变化。他发现，第二次世界大战后，特别是20世纪60年代后，世界各国之间商品、资本、技术和服务交换呈现出世界性的特征，生产、消费和投资都呈现出世界性。因此，当人们讲到"经济全球化"时，其原意是指世界各国经济交流的全球化。国际货币基金组织专家认为，可以用贸易、跨国投资、

技术进步及其扩散三个指标来界定经济全球化的内涵。①

二、反经济全球化

反经济全球化（anti-globalization）指的是一种思潮与行动，即在经济全球化的迅猛发展过程中，那些受到经济全球化迅猛发展损害的劳动者个人、社会团体借世界经济论坛等国际经贸组织举行会议时，在会场附近不断地举行大规模的集会、游行和抗议活动，并引发暴力冲突的行为，如2011年美国出现的占领华尔街运动。由此可见，"反经济全球化"代表着体制外的群体对经济全球化的反抗，是一种成分复杂的社会思潮和行动。

三、逆经济全球化

"逆经济全球化"（de-globalization）是指作为"经济全球化"主要推手的欧美发达国家及其政治代表人物，从本国利益得失或为了获取更大的利益出发，利用国内反经济全球化的思潮和力量，从"不管你怎么反对，我都要推进经济全球化"的立场转变为带头推动贸易保护主义、阻碍经济全球化发展的一股政治思潮。"逆经济全球化"更多地表现为欧美发达国家及其政治代表人物去经济全球化的执政理念，甚至表现为去经济全球化实际政策的制定与实施。例如，在2016年美国大选中，特朗普能够胜出，主要是依靠那些持反经济全球化理念或立场的美国中产阶级和底层白人群体的支持。"逆经济全球化"代表着昔日"经济全球化"的主导力量对经济全球化方向的逆转，是体制内的政治思潮和执政理念的表露。②

---

① 陈伟光，蔡伟宏. 逆全球化现象的政治经济学分析 [J]. 社会观察，2017（8）：49 - 51.

② 刘洪钟，杨攻研. 全球经济失衡的调整及中国对策：一种政治经济解释 [J]. 经济学家，2011（5）：20 - 27.

四、经济全球化、反经济全球化与逆经济全球化的区别与联系

如前所述,"经济全球化"是各国生产力发展到一定阶段后,商品、服务、资本和技术在世界范围内流动的现象;"反经济全球化"主要是指在"经济全球化"发展的过程中,那些"经济全球化"体制外受损群体对"经济全球化"发展的一种松散型的反抗;而"逆经济全球化"则指在"经济全球化"发展的过程中,那些利用"经济全球化"体制外受损群体对"经济全球化"发展的不满诉求来获取更多的支持从而登上本国政治舞台后实施"去经济全球化"的行为,"逆经济全球化"更多代表着体制内的去经济全球化执政理念的崛起、蔓延乃至政策的制定与实施。"反经济全球化"和"逆经济全球化"在一定条件下会形成合流,形成相互支撑的态势,从而对"经济全球化"的发展带来巨大冲击,形成"逆经济全球化"的新潮流。①

第二节 经济全球化与逆经济全球化:逆向而行的潮流

一、第一次经济全球化浪潮

作为世界工业革命的肇始国,随着其工业革命的完成,英国成为当时世界上最强大的工业大国,国际竞争力空前提高,实行自由贸易政策对英国来说是最有利的对外贸易政策。于是,英国摒弃了实施了300多年的重商主义政策,废除了《谷物法》,终止了《航海法》等,率先实

---

① 盛玮."逆全球化":新自由主义泛滥的恶果[J].红旗文稿,2017(11):39.

施自由贸易政策，并积极与其他国家签订自由贸易条约或协定，1860年，英国宣布，英国取消对外贸易和对外国进口商品关税上的所有限制。为了推动自由贸易，英国相继与法国和其他欧洲国家签订了旨在全面促进自由贸易的互惠条约《科布登—谢瓦利埃条约》。该互惠条约的核心内容是，英法双边贸易自由化适用于所有参与国家，并且该互惠条约第一次创立了最惠国待遇的理念，从而开启了世界上第一次经济全球化浪潮。这次经济全球化浪潮被称为英国主导的放任自由主义的经济全球化浪潮。

二、第一次逆经济全球化浪潮

随着第一次经济全球化的发展，经济全球化带来了一系列社会经济问题和矛盾，包括工人工作环境差、劳动力强度大、工资待遇低，于是劳资矛盾冲突频繁发生，社会两极分化等弊端也逐渐显露出来。特别值得注意的是，同时期，原来致力于推动经济全球化发展的代表性国家的国内政治也发生了极为深刻的变化：大众政治取代了精英政治，特别是劳工组织革命性的改变以及政治上更高的代表性使得他们不愿意再继续承担经济全球化所带来的沉重代价。第一次世界大战结束后，资本主义世界频繁地爆发经济危机，工业国家出现产出下降、失业率上升等问题，经济增长与社会安定受到严重威胁。1920年，美国工业总产值下降了25%，煤炭、钢铁产业、机器制造等产业的产出甚至下降了70%，失业率一度超过23%，为了保护本国市场，各国逐步开征新关税，并借助进口配额等非关税壁垒限制本国农产品、工业产品的进口。1921年，美国通过《紧急关税法》，对农产品进口加征关税，1922，美国又通过《关税法》，加强对新兴工业（幼稚工业）的保护。与此同时，曾经高举自由贸易大旗的英国也开始实行贸易保护政策，1921年，英国通过《保护工业部门法案》，对精密仪器、化学品、金属制品的进口征收高关税。一时间，资本主义世界贸易保护主义盛行。1929年，美国发生严重的经济危机，并波及整个资本主义世界。各国进一步加紧对本国市场的贸易保护，1930 年，美国总统胡佛签署《斯穆特—霍利法案》，对大多数进口商品加征或提高关税，继而引发资本主义世界不满，全球性贸易摩擦全面爆发，贸易摩擦手段从关税、非关税壁垒等传统措施扩展至金融领域，货币战争爆发。1930 年，加拿大在胡佛签署《斯穆特—霍利法案》法案之前，就提前制定出了应对措施，将美国出口到加拿大的 16 类产品的关税提高了 30%；1931 年，英国宣布废除英镑金本位制，并将英镑贬值 30%，以提升产品的国际竞争力，1932 年，英国通过《进口关税法》，几乎提高了所有商品的进口关税，开始了全面的贸易保护主义，就此，英国彻底放弃自由贸易；与此同时，英联邦国家、法国、德国、日本等也纷纷被卷入贸易摩擦，并采取不同程度的贸易保护措施积极应对，保护国内市场，一时间，贸易战在资本主义世界全面打响。但世界性的贸易摩擦不仅没有助力各国扩大贸易、恢复经济发展，反而使得世界经济情况进一步恶化，贸易摩擦期间，全球贸易缩水 60%，美欧贸易量大幅下降，世界经济增长严重受阻，经济全球化进程出现了严重的停滞。在经济全球化逆动的 30 多年中，贸易保护主义盛行，原来支持自由贸易、经济全球化的中坚力量——西方发达国家转而信奉生命线理论——当国际贸易和国际金融秩序无法正常发挥作用的时候，为获得原料和产品市场以保证本国经济的运转与生存，只能选择采用武力的手段来代替过去的自由贸易手段。① 以贸易保护主义为核心的逆经济全球化的盛行，最终引发了 1929～1993 年世界经济大萧条，信奉生命线理论的西方大国在用贸易手段无法解决经济问题时便诉诸战争，由此引发了第二次世界大战，可谓代价惨重。

三、第二次经济全球化浪潮

第二次世界大战后，世界主要国家从逆经济全球化的惨重代价中吸

---

① 陈伟光，蔡伟宏．逆全球化现象的政治经济学分析［J］．社会观察，2017（8）：49－51．

取了教训，人们意识到，如果各国都实行单边的、以邻为壑的贸易和货币政策，其结果只会是使得世界经济走向深渊、走向崩溃。于是，第二次世界大战后，在实力大增的美国的主导下，建立起了世界性的促进贸易投资自由化、防止经济危机和大萧条再现的全球经济治理体制和机制，如创建了包括关贸总协定、世界银行和国际货币基金组织在内的布雷顿森林体系，开启了世界史上的第二次经济全球化浪潮。

四、第二次逆经济全球化浪潮

第二次世界大战结束后，世界经济经历了长达20多年的"黄金发展时期"。然而，20世纪70年代初爆发的三次美元危机和三次石油危机结束了战后世界经济的"黄金发展时期"，而且三次美元危机导致布雷顿森林体系彻底崩溃，使战后世界经济体制基础受到了冲击。而三次石油危机造成20世纪70年代世界性的经济衰退，发达国家经济普遍陷入"滞胀"困境。以美国为代表的发达国家掀起了新的贸易保护主义浪潮，美国颁布了《1974年贸易法案》，从积极倡导和推动自由贸易政策转向以公平贸易、管理贸易为借口的贸易保护主义政策，并挑起对日本、欧洲以及发展中国家的贸易摩擦。美国贸易保护主义政策的推行，引发了世界性的贸易保护主义浪潮，进而引发了第二次逆经济全球化浪潮。

五、第三次经济全球化浪潮

20世纪80年代，随着西方发达国家逐渐走出"滞胀"困境，特别是随着美国经济的复苏、国际政治形势的缓和，以美国为代表的发达国家又开始了推动自由贸易政策的浪潮：从20世纪80年代初开始，以美国为代表的发达国家依托关税及贸易总协定发起了乌拉圭回合谈判：聚焦削减农产品出口补贴等老议题，同时，又提出了国际贸易争端解决机制、与贸易有关的投资规则、知识产权保护问题等新议题，并最终达成了建立世界贸易组织的协议,从而使推动全球自由贸易政策浪潮有了组织上、体制机制上的依托。一时间,推行经济自由主义的政策措施成为当时世界各国政策选择的主流。特别是在20世纪90年代前一直坚持计划经济体制的苏联解体后实施西方主导的所谓"休克疗法",中国也开启了以建设社会主义市场经济为导向的改革开放,由此促发了新自由主义基础之上的经济全球化过程的全面发展。于是,第三次经济全球化浪潮引发了以美国为主导的内嵌式自由主义的全球化浪潮。

六、第三次逆经济全球化浪潮

2008年全球金融危机的爆发,使经济全球化陷入了严重的困境。由此引发了全球贸易保护主义的再次抬头,英国退出欧盟、西欧国家的右倾化快速发展,特别是2017年特朗普当选美国总统,出台多项逆经济全球化政策措施,导致以美国为代表的西方国家"逆经济全球化"卷土重来,引发了第三次逆经济全球化浪潮。

第三节 逆经济全球化新浪潮对全球经济治理影响的表现

一、发达国家成为逆经济全球化新浪潮的主角削弱了全球经济治理的领导力量

历史上的逆经济全球化浪潮多出现在一些小国、弱国、穷国中,由于这些国家是被动地被裹挟到由大国、强国、富国所推动的经济全球化进程之中,因此,它们在经济全球化的进程中试图通过反经济全球化来防止被边缘化的危险。而当前的逆经济全球化新浪潮是则由原经济全球化的领导者推动的。比如,美欧发达国家在第二次世界大战后总体上一

直鼓励货物、资本、服务、人员以及技术在全球的自由流动。它们对在全球进行公平竞争、自由开放与全球经济一体化的发展持支持的态度和立场。然而，当前的逆经济全球化新浪潮恰恰是这些昔日经济全球化的领导者、推动者所引发、推动的。在这些国家中，反经济全球化的思潮集中爆发，逆经济全球化情绪高涨：英国的民粹主义泛滥导致了英国脱欧。法国极右翼的"国民阵线"借助法国高涨的民粹主义浪潮，急于登顶法国政治舞台。特朗普则是借用了民粹主义的力量，打着让美国再次伟大、美国第一的旗号而当选总统。上台后，特朗普推出了一系列的民粹主义的政策措施，如支持英国脱欧，退出 TPP、搁置 TTIP 谈判，退出巴黎协定，重启北美自由贸易试验区、美韩自由贸易试验区谈判等，极大地助推了逆经济全球化新浪潮，使经济全球化面临着夭折的危险。因此，发达国家成为此次逆经济全球化新浪潮的主角。

二、逆经济全球化新浪潮弱化了全球经济治理的社会基础

毫无疑问，作为经济全球化的领导者、推动者的发达国家，从总体来看，它们既为经济全球化的发展做出了巨大贡献——提供了众多有利于经济全球化发展的"公共产品"，同时也在经济全球化的发展进程中获得了巨大的收益。特别是发达国家主导了经济全球化、贸易投资便利化自由化、区域经济一体化规则的制定，从而使它们能够确保其在经济全球化的发展进程中实现利益最大化。然而，这些发达国家内部存在很大的差异性。随着经济全球化、贸易投资便利化自由化、区域经济一体化的迅猛发展，这些发达国家的不同阶层所得到的收益、所受到的影响出现了巨大的差异：资本利益集团收益颇丰，而弱势阶层、蓝领阶级甚至是中产阶级的收益下降，甚至受损。于是，在利益受损者中，民粹主义、保守主义、孤立主义和反精英主义情绪迅速抬头、膨胀，使他们成为逆经济全球化新浪潮的坚定支持者。特别是 2008 年全球金融危机爆发后，他们的境况更是雪上加霜。据统计，2008 年全球金融危机爆发后，美国的中产阶级家庭的资产和收入均出现了大幅度缩水。全球金融

危机爆发前的 2007 年，美国家庭资产净值的中值是 12.5 万美元，2009 年则快速下跌到 96000 美元，家庭资产的净值损失了近 25%。面对 2008 年全球金融危机的冲击，美国国内利益受损者——低收入阶层和"中产阶级"，普遍期待政府能出台更多的社会保护措施，但政府却对大财团、大企业倾囊相助，不仅使它们渡过了全球金融危机，而且其收益不但不降，反而继续快速增长。这种状况引起了那些在经济全球化、贸易投资便利化自由化、区域经济一体化的迅猛发展中受损群体——低收入阶层和"中产阶级"的恐惧并引发了强烈的政治反弹，反经济全球化成了他们的自然选择。其他发达国家也出现了类似的情形。因此，此次逆经济全球化新浪潮已经从发达国家内的低收入阶层扩大到了"中产阶级"，经济全球化丧失了强大的社会基础。

三、以 G20 为代表的国际组织态度的逆转使全球经济治理难度增加

应当说，G20 是 20 世纪 90 年代以来经济全球化的重要推动者。然而，随着以美国为代表的发达国家反经济全球化思潮的泛滥，右翼势力在其内部政治地位的提高，特别是受特朗普上台后所推行的一系列逆经济全球化政策的影响，以 G20 为代表的经济全球化的重要推动者的态度也出现了不小的逆转。例如，在 2017 年 3 月 G20 会议首次没有就"反对任何形式的贸易和投资保护主义"的传统立场进行宣示，这预示着 G20 多年来坚持反对贸易保护主义的基本共识与立场的巨大转变。而 G20 基本共识与立场发生巨大转变的根本原因在于美国立场的巨大转变，昔日作为经济全球化领导者的美国变成了逆经济全球化的推动者。同样，在美国的巨大压力和坚持下，2017 年 4 月国际货币基金组织的春季年会公报也像 G20 一样没有对反贸易保护主义的传统立场进行宣示。因此，以 G20 为代表的国际组织态度的逆转使全球经济治理难度进一步增加。

四、逆经济全球化新浪潮使全球贸易保护主义升级并加剧全球经济治理的困境

2008年全球金融危机爆发后,以美国为代表的发达国家推出了一系列贸易保护主义政策措施,开启了全球贸易保护主义升级的新浪潮。经过不懈的努力,以美国为代表的发达国家逐渐走出了全球金融危机的阴影,但是它们推出的一系列贸易保护主义政策措施不但没有废止,相反还在不断加码。2008年11月至2016年10月,在2008年全球金融危机爆发后,仅20国集团成员推出的贸易保护主义措施总计就达到5560项,创造了贸易保护主义措施的新世界纪录。特别是特朗普上台后对华挑起的贸易摩擦更是具有世界性的冲击力。因此,逆经济全球化新浪潮正在加速全球贸易保护主义的升级,加剧了全球经济治理的困境。

第五章

全球经济治理与国际经贸规则重构博弈的国际经验借鉴

第一节 战后美国主导全球经济治理的经验及启示

一、战后美国主导全球经济治理的发展历程

第二次世界大战结束后,作为世界第一强国的美国,主导了全球经济治理的进程,其间主要经历以下几个阶段。

(一)第一阶段:20世纪40年代中期到70年代初

第二次世界大战结束后,英、德、法、意等主要欧洲国家的经济受挫严重,欧洲其他国家以及一些亚非国家由于战争的原因经济也遭到严重破坏。美国虽然参与了第二次世界大战,但由于其本土没有受到战火的摧残,其国内经济不但没有遭到直接的损害,反而是在战争期间通过贩卖、"租借"军事物资和武器装备给参战各国而大发战争财。第二次世界大战结束后,美国的对外贸易量占全球的30%,GDP占全球的50%,拥有的黄金占世界各国黄金官方储备的75%,拥有1200万人的

世界最强大的军队,从而成为独一无二、无可取代的世界第一强国。因此,此期间的全球经济治理由美国独家主导。为此,除了以马歇尔计划为依托扶植西欧国家复兴、控制西欧国家以外,美国在推进全球经济治理方面主要做了如下工作:

第一,建立了以美元为中心的国际货币体系——布雷顿森林体系,打造了以美国为主导的全球经济治理的货币金融平台。早在1941年,面对法西斯轴心国必然灭亡的世界反法西斯战争形势,美国学者鲁斯就出版了《罗斯福总统的世界蓝图》一书,该书对战后美国如何领导和治理世界做出了较为详尽的规划,其中就提出了战后美国应通过创建一系列全球性的国际组织来实现美国对世界的领导和治理。于是,20世纪40年代中期,美国排除了英国仍想主导世界秩序的企图,主导建立了以美元为中心的国际货币体系——布雷顿森林体系。其中,国际货币基金组织的宗旨是为处在经济困境中的成员方提供援助,促进国际货币交流,扩大贸易和投资,促进成员方的经济发展和就业;世界银行的宗旨目标在成立之初在于帮助西欧国家恢复受战争破坏的经济,后来才转向为发展中国家提供贷款,促进发展中国家的经济建设。布雷顿森林体系的建立结束了战前全球金额领域的混乱状况,对全球金融市场的稳定做出了贡献,同时对世界经济的复苏也起到了一定作用,推动了各国对外贸易的扩大和资本的国际化。国际货币基金组织和世界银行虽然对战后全球经济的复苏和发展起到了一定作用,但根本上还是以美国为主的发达国家的利益为核心。[①]

第二,建立了国际贸易组织(签订关贸总协定),打造了以美国为主导的全球经济治理的国际贸易平台。第二次世界大战爆发的重要原因在于20世纪30~40年代世界各国实行以邻为壑的对外贸易政策,贸易保护主义盛行,对全球经济和贸易造成了严重的破坏。为了避免战后世界各国重蹈以邻为壑的对外贸易政策的覆辙,美国向联合国经社理事会

---

① 于津平. 全球经济治理体系的变革与中国的作用[J]. 江海学刊, 2018 (3): 80 - 86.

提出建立以推动贸易自由化为宗旨的国际贸易组织。但由于受到美国国会的阻挠，当时要成立国际贸易组织的议案并没有被美国国会所批准。即使如此，美国政府仍将国际贸易组织协定中的48条以关税及贸易总协定（GATT）《临时适用议定书》的形式于1947年10月30日在日内瓦签署，并规定于1948年1月1日开始临时生效。关税及贸易总协定（GATT）的宗旨是，在处理各国的贸易与经济事务的关系方面，应以提高各成员方人民的生活水平、大力促进就业、促进实际收入的提高和有效需求的不断增长、使世界资源能够得到充分利用以及发展产品生产和交换为目的。关税及贸易总协定希望通过推动各成员方达成互惠互利的贸易协议，对关税和其他贸易壁垒进行大幅度削减和撤除，取消国际贸易发展中的各种歧视性待遇，对以上目的做出积极贡献。美国主导的关贸总协定实施以后，即开始进行了8次全球性的多边贸易谈判。经过多次谈判，关税及贸易总协定缔约方关税已有大幅度的削减，世界贸易增长了十几倍，对世界经济的贡献不可小觑。

第三，建立了经济合作与发展组织（OECD）实施全球经济治理，打造了以美国为主导的国际经贸平台。作为OECD的主要创始者，美国在其中有着举足轻重的地位。OECD的经费是由各成员国提供，其中美国提供的经费最多，占到年度预算的25%，组织成立之初就在致力于帮助成员国的政府实现可持续经济增长和就业，提高成员国的生活水准，同时保证金融稳定，为世界经济做出贡献。OECD并不为各成员国提供经费，但是它为各成员国或非成员国提供数据分析、政策指导和技术帮助。美国作为最大的东家也是发起人，OECD很多政策主张都是以美国为向导的，美国有最大的话语权和领导力，这也就使得美国对世界各国的经济政策有了很大的控制力和影响力。因此，第一阶段的特征为：美国创建了主导全球经济治理的平台，对全球经济治理体系有着绝对的领导权。

（二）第二阶段：20世纪70年代末到90年代初

第二次世界大战结束后，在新一轮科技革命的推动下，世界经济快速增长,这一时期被人们称为"黄金发展时期"。被第二次世界大战严重摧残的英国、法国等西欧国家和日本的经济得到了快速的发展,经济实力快速上升,经济总量占世界比重也在快速提高。虽然此期美国经济也得到了快速的发展,但美国在第二次世界大战结束时拥有的绝对优势地位已不复存在。而三次美元危机和三次石油危机的爆发,进一步使美国感到其一家主导全球经济治理已力不从心。

三次美元危机导致布雷顿森林体系彻底崩溃。20世纪60年代末到70年代初,发生了两次美元危机,动摇了以美国为主导的布雷顿森林体系的基础。1971年夏,第三次美元危机爆发,美国黄金储备大量下降,无法实现对各国中央银行兑换黄金的承诺。在当年8月15日,尼克松总统被迫颁布了"新经济政策",停止美元兑换黄金,这也就意味着布雷顿森林体系的核心瓦解,从而造成各国对美元的信任危机。1972年下半年,美国的国际收支状况依然继续恶化,美元进行了第二次贬值,布雷顿森林体系下的固定汇率制被取消,布雷顿森林体系彻底崩溃,这被认为是美国在国际上权利衰退的一个标志。布雷顿森林体系的彻底崩溃使得美国的霸权地位迅速衰落,国际货币基金组织在汇率监管上的权威消失殆尽,其在世界经济中的影响力也岌岌可危。布雷顿森林体系的崩溃瓦解了自二战后美国在货币金融领域一家独大的局面。[①]

三次石油危机进一步动摇了美国一家主导全球经济治理的局面。1973年第四次中东战争爆发,为了报复以美国为首的西方国家偏袒以色列的政策,石油输出国组织的阿拉伯成员国大幅提高油价,使得对石油严重依赖的美国等发达国家经济受到重大影响。而后在1978年底发生的两伊战争又使石油产量急剧下降,1979年石油价格开始暴涨,这就引发了第二次石油危机。这次石油危机持续了半年之久,同时也是造成20世纪70年代末世界经济衰退的重要原因。第三次石油危机爆发在1990年,石油供应的突然中断使油价攀升到最高点每桶42美元,美国

---

① 刘丰. 美国霸权与全球治理——美国在全球治理中的角色及其困境[J]. 南开学报(哲学社会科学版), 2012 (3): 9 – 16.

经济迅速衰退，虽然国家能源机构向市场投放了石油储备，稳定了石油价格，但美国的经济依然受到较大影响。面对石油危机对西方发达国家经济的损害，美国早在70年代初就倡议建立一个由发达国家组成的、制衡石油输出国的集体组织，虽然最初其他西方国家持有反对意见，但最终在1974还是成立了国际能源机构。国际能源机构自成立以来，美国一直居主导地位，并且以该机构为平台，建立了石油危机合作机制和能源集体安全体系以积极应对石油危机。长时间以来，美国都是能源消耗大国，对石油的进口非常依赖，这就使美国的经济对石油的价格敏感度极高，所以，在经历了石油危机后，美国加紧与西方其他国家合作，联合起来应对石油价格变动带来的危机，这不仅帮助美国自身摆脱了能源危机，同时也帮助国际能源机构的各成员国尤其是欧盟各国、日本等国家防御世界能源供应量变动对其国内经济带来的冲击。自1974~2016年，国际能源机构的各成员国经济中的能源消耗水平降低了32%，石油消耗量降低了80%，一次能源的自我保护水平由63%上升到了73%。所以说，国际能源机构的建立帮助其成员国降低了石油价格浮动带来的风险，同时也加强了世界经济面临石油危机时的稳定性与抵抗力。

　　三次美元危机和三次石油危机使以美国为代表的西方国家经济发展受到严重打击，长达20年世界经济发展的"黄金时期"至此结束。为了避免再次出现20世纪30年代大萧条时期的严重经济危机，西方各发达国家努力摆脱困境。1975年11月15日，在法国时任总统德斯坦的倡议下，在法国的朗布依埃，美国、英国、联邦德国、法国、日本和意大利六国首脑举行了"发达国家经济高峰会议"，第二年加拿大应邀参加，至此形成了七国集团（G7），确立了"新大国协调机制"。

　　作为"新大国协调机制"的领导者，美国借助其他大国在经济、政治以及军事上对自己的依赖，重新巩固了其在西方经济世界中的霸权地位和影响力。美国对七国集团的领导，体现在其与七国集团其他大国在立场上的一致性、面对危机时的集体反应，以及重大设想同美国沟通、寻求美国支持上。美国领导的七国集团是成功的，七国占据了世界经济总量的60%以上，其中有一半的实力是美国贡献的，这就保证了机制对全球经济治理效用的广泛性和长久性。通过创建七国峰会机制再造美国主导的全球经济治理的"新大国协调机制"平台,美国又一次引领了全球经济治理的方向。因此,第二阶段的特征为:美国创建了七国峰会机制,再造了美国主导的全球经济治理的"新大国协调机制"。

(三) 第三阶段:20世纪90年代初至全球金融危机时期

1. 依托 WTO 推进全球经济治理

WTO 作为当代最重要的国际经济组织,是在摩洛哥举行的关贸总协定乌拉圭回合部长会议上决定成立的更具全球性的世界经贸组织,以取代 1948 年生效的关贸总协定,并于 1995 年 1 月 1 日正式成立。该组织与国际货币基金组织、世界银行一起被称为世界经济发展的三大支柱,负责管理世界经济和贸易秩序,解决贸易争端,范围涵盖了货物贸易、服务贸易、知识产权贸易,比之前的关税及贸易总协定(GATT)要广泛得多。

世贸组织中最不可或缺的组成部分是贸易争端解决机制(DSB)。美国利用自身在世贸组织中的有利地位和绝对优势,频繁地诉诸贸易争端解决机制,对从其他国家进口的商品尤其是从中国进口的商品实施"双反调查"。中国是美国的第一贸易逆差国,为了消除中美贸易逆差,美国甚至捏造事实,制造贸易争端,这也是美国制裁和打压中国商品的惯用伎俩。[①]

2. 依托区域贸易组织推进全球经济治理

面对全球性的区域经济一体化组织的快速发展,美国一改完全依赖以 WTO 为核心的全球多边贸易组织的战略,加速推进以美国为核心的区域经济一体化组织的建立,如快速推进与加拿大双边贸易协定的谈判,而《北美自由贸易协定》(NAFTA)就是在美加自由贸易协定的基础上衍生出来的。美国与加拿大、墨西哥于 1992 年 8 月签署了三国间

---

① 周茂荣. 跨大西洋贸易与投资伙伴关系协定(TTIP)谈判及其对全球贸易格局的影响[J]. 国际经济评论, 2014 (1): 77 - 93.

全面自由贸易的协定，并于1994年1月1日正式生效。北美自由贸易区的经济实力和市场规模在当时超过欧盟，是最大的区域经济一体化组织。从北美自由贸易协议开始生效至1999年末为止，区域内贸易增长了97%，双边贸易以平均两位数的年增长率增长；投资方面，会员国之间投资和赴北美自由贸易区投资金额都大幅上涨，显然NAFTA对北美地区贸易与投资贡献巨大。除了北美自由贸易协定，2000年，美国与约旦也签署了自由贸易协定，当年的11月，美国又与新加坡签署了自由贸易协定，12月宣布与智利进行双边贸易谈判，这一系列举措验证了美国对进行区域合作的重视。不管是以WTO为代表的多边贸易主义，还是区域贸易谈判为代表的区域或双边经济合作，美国都是以自己的利益为导向，加强对他国经济的控制和影响。另一个体现美国主导全球经济治理的方面，是美国为了减少对其贸易伙伴国的贸易逆差，实行极端"单边主义"的对外贸易政策，即单方面地采取对贸易伙伴的限制措施，以此来制衡他国的经济，努力形成在美国控制下的全球经贸体系或区域经贸体系。[①]

3. 依托G20推进全球经济治理

1997年爆发的亚洲金融危机，虽然对欧美经济没有造成实质性的影响，但是在国际社会上还是引发了对全球性金融危机的担忧，此次危机使得美国意识到有必要针对亚洲金融危机采取国际上的行动，并且有必要改革当时的国际金融体系，七国集团内部也开始讨论设计新的、包括新兴经济体在内的国际金融对话机制。于是，在美国等国家的倡议下，二十国集团（G20）于1999年在德国柏林成立。相比原来只有发达国家作为成员国的七国或八国集团，新成立的二十国集团涵盖范围更广，既包括发达国家，也包括发展中国家，有助于发达国家和发展中国家的对话和合作。2008年爆发了遍及全球的金融危机，一年一度的由20个成员国财长和央行行长参加的部长级会议升级为二十国首脑峰会。

---

① 杨娜. 新多边主义与西方发达世界视角下的全球治理 [J]. 南京大学学报（哲学·人文科学·社会科学版），2012（4）：44-46.

G20 成立的初衷是设立一个国际平台，使有关国家可以依托这一国际平台对国际经济和货币政策举行非正式对话，采取联合行动来加强国际金融和国际货币体系的稳定性以应对和避免发生类似于 1997 年 7 月爆发的亚洲金融危机。然而，在 1999 年到 2008 年这最初的十年里，它并没有如预期的那样发挥治理国际金融体系的实际功能。因为最初的 G20 是一个基于协商一致的论坛，不是一个基于投票权的决策实体，会议的成果不是以决策的形式发表出来，因而也不具有法律约束力，这使得它与 IMF、WTO 等组织形成鲜明对比。实际上，以美国为首的七国集团掌控了 G20 部长级会议的主要议题，其主要体现的还是以美国为代表的发达国家的政策主张，讨论的议题也都是七国集团所密切关注的，对于谋求发展中国家福祉的议题却少有关注，一些发展中国家在这一机制中并没有什么发言权。2008 年全球金融危机的爆发大大削弱了国际货币基金组织的话语垄断权，也打击了七国集团在国际经济和金融领域中的地位，为 G20 的迅速成长提供了空间。以美为首的七国集团迫于压力将部分权力转让给新兴经济体，赋予新兴经济体更多的参与权和话语权。G20 的产生和发展，一方面说明美国领导的经济治理机制已经不能适应当前全球经济治理发展的要求，另一方面也说明美国能够审时度势，让新兴经济体更多地承担全球经济治理的责任，而这并不会根本动摇美国在全球经济治理的领导地位。[①] 因此，第三阶段的特征为：美国依托 WTO、区域贸易组织、G20 推进全球经济治理。

（四）第四阶段：2008 年全球金融危机爆发到特朗普时期

2008 年全球金融危机的爆发给美国和欧洲甚至世界经济都造成了严重危害，为了"拯救"美国国内经济和缓解国内就业压力，美国先是参加了跨太平洋伙伴关系（TPP）谈判，而后又与欧洲进行跨大西洋贸易与投资协定（TTIP）的有关谈判。

---

① 房广顺，唐彦林. 美国的 20 国集团政策及其目的 [J]. 高校理论战线，2011（4）：53-57.

2009年11月，时任美国总统奥巴马宣布参加TPP谈判，其前身是由新加坡、智利等国家发起的跨太平洋战略经济伙伴关系（TPSEP）谈判，强调这一谈判的成功将促进美国就业和经济繁荣。TPP谈判旨在建立一个在知识产权、劳工和环境及服务贸易等方面更高标准的自由贸易合作机制，这项由美国主导的高标准谈判目的在于维护美国的经济利益和战略利益。TPP谈判促进了美国与该项协定的成员方的自由贸易协定的签署，在高端制造业和科学技术等方面有较大优势的美国可以获得更多的技术外溢效应，同时由于墨西哥、越南、马来西亚等国家对美国在经济军事上都存在着依赖性，这使得美国在TPP中的绝对优势更加明显。主导TPP谈判是美国对现行国际贸易规则的改革，美国想要排除WTO等国际贸易组织建立新的区域性多边国际贸易规则，掌握国际经贸规则制定的优先权，引领国际经贸规则变革的发展。

TPP谈判成功可以为美国带来巨大经济利益的流入。亚太地区新兴市场的快速增长将为美国的出口提供更多机会，对推动经济复苏和增长有巨大帮助。美国希望借助TPP谈判实施"重返亚太"的战略，重新掌握对亚洲地区经济甚至是地缘政治的控制，此外，更为重要的是削弱中国在亚太地区的影响力，加大中国参与全球经济治理与国际经贸规则重构博弈的难度，这样有利于美国等发达国家制定新的国际经济治理规则，以制衡中国。

在参与TPP谈判之后，美国与欧盟于2013年7月在华盛顿进行了跨大西洋贸易与投资伙伴关系协定（TTIP）的首次谈判。在美国与欧盟这两个经济体之间建立一个横跨北大西洋的自由贸易区的想法早在1990年就被提出了，但当时双方关注的还是WTO推动下的多边贸易自由化，直到2008年全球金融危机爆发以后，双方才把这一想法再次具体化。和TPP一样，TTIP的谈判动因也是旨在通过消除贸易和投资壁垒以进一步扩大成员方之间的贸易和投资，进而促进成员方的经济增长，为成员方创造更多的就业机会，帮助成员方摆脱全球金融危机所带来的严峻挑战，同时提高成员方经济的国际竞争力，应对发展中国家特别是新兴经济体的挑战；但最重要的原因是，发达国家试图通过TTIP

和TPP协议的达成，塑造一整套国际贸易、国际投资等领域的新规则，从而很好地突破在WTO框架下长期难以解决的国际商品—投资—服务贸易新规则制定的难题。

21世纪的国际贸易活动变得越来越复杂，传统贸易组织WTO的规则已经不能适应当前的变化趋势，"边境线后"在WTO中无章可循，并且近十几年来，WTO多哈谈判进展缓慢，使得美国对WTO已不抱有什么希望。美国借助TPP、TTIP之类的区域性贸易谈判为21世纪的贸易制定新规则，以引领未来经贸规则的走向，使经贸规则的制定权牢牢掌握在自己手中，加深其对全球经济贸易的控制力和影响。

特朗普上台后，先是退出了奥巴马之前极力推动的TPP，改变了几年来主张区域性自由化贸易协定谈判的政策，改为进行以双边性贸易谈判为主的贸易政策，目的是使其他国家在双边贸易谈判中就一些问题向美国妥协，并以贸易摩擦作为威胁，强迫其他国家与之进行"不平等"的贸易合作，牺牲他国的利益以换取美国自身的利益。虽然特朗普的这一系列举措对全球经济治理造成了巨大的冲击，但美国借助创建全球最高标准的国际经贸规则主导全球经济治理，以达到"美国优先""让美国再次伟大"的目标是不会变化。因此，第四阶段的特征为：美国借助创建全球最高标准的国际经贸规则主导全球经济治理。

二、美国对主导全球经济治理主要途径的选择

在全球经济治理途径的选择上美国向来是煞费苦心。美国主要是通过建立一系列国际组织，特别是通过制定一系列全球经济治理制度、规则来掌控全球经济治理的主导权。这些国际组织及制度、规则主要分为以下几类：一是全球多边贸易组织及制度，如国际货币基金组织、世界银行、关贸总协定/世界贸易组织等；二是传统的区域性贸易组织，如北美自由贸易区；三是国际性集团组织或论坛，如国际能源机构、G7、G20、亚太经济合作组织（APEC）；四是"高标准"的区域性贸易和投资伙伴关系，如TPP、TTIP。

(一) 依托全球性国际组织主导全球经济治理

战后形成的联合国、国际货币基金组织、世界银行等国际性组织，都是在美国的主导和力推下建立的。二战结束后的美国经济实力大幅上升，而欧洲和日本受战争的影响，国内经济受到严重打击，这使得美国代替了英国、德国等国家占据了全球经济的制高点。美国强大的经济实力使得战后经济衰退严重的国家纷纷选择与美国建立合作关系，在美国的领导下建立国际性经济组织和世界银行，以借助美国的力量恢复其受损的经济实力，这在很大程度上也提高了美国在国际经济治理体系中的地位。

除了联合国、国际货币基金组织和世界银行，关贸总协定/世界贸易组织和经济合作与发展组织等国际性组织也是美国掌握较大控制权，是美国自二战后独揽全球政治经济大权的平台。美国通过全球多边贸易组织来主导全球国际贸易规则，使更多的经济利益流向本国，借助特定国际贸易规则或是争端解决机制来控制其他国家的贸易行为，以此来制衡敌对国家的贸易，树立了大国的权威和他国无法抗衡的霸权地位。

(二) 依托传统的区域贸易组织主导全球经济治理

20世纪70年代的美国陷入了经济的"滞涨"时期，80年代，日本成为世界经济强国，欧洲建立了经济一体化组织联盟，美国的危机意识加强，希望利用区域性贸易来加大与美国周边国家的贸易合作，以此来缓解经济的衰退。加拿大与美国相邻，而且经济实力雄厚，美国如果与加拿大签订自由贸易协定，则对两国的经济都能起到助推作用。因此，美国与加拿大迅速开展双边贸易谈判，而后又将墨西哥纳入谈判中，建立了北美自由贸易区。北美自由贸易区的建立使得三边贸易在十年内翻了一番，三国之间的FDI也在2000年达到了2992亿美元，是1993年的两倍多，美国通过对加拿大和墨西哥提供双边贸易、直接投资、技术转让形成了对加拿大和墨西哥的绝对控制，在贸易区内外事务上也有绝对的发言权，这在一定程度上实现了美国控制北美地区的战略意图。

进入21世纪以来，美国更是加快了签署双边、多边自由贸易协定的步伐，与16个国家和地区签订了双边自由贸易协定，美国签署的双边、多边自由贸易协定涉及范围之广和签订的效率之高超过以往任何时期。广泛的自由贸易协定网络也加强了美国对世界各国在经济贸易往来方面的控制和影响。

(三) 依托国际性集团组织或论坛主导全球经济治理

G7是以美国为代表的七个发达国家组成的集团组织，这一集团是西方国家在20世纪70年代经历了经济危机后建立的，旨在重振西方经济，七个国家GDP总量占当时世界GDP总量的2/3，所以七国集团当时在国际上被称为"富人俱乐部"。强大的总体实力使得七国集团的决策对全球经济有着重大影响，美国作为其中的第一强国，自然也是七国集团的领导者，七国集团内部的决策很大程度上受到美国的牵制。然而，随着世界政治经济格局的快速变迁，发展中国家特别是以中国为代表的新兴经济体开始登上世界经济舞台，以西方发达国家为主体的七国集团开始显现其机制上的失灵，在20世纪末爆发的东南亚金融危机更是凸显了新兴经济体对世界经济的强大影响，在美国金融危机过后，二十国集团开始代替七国集团进行全球经济治理并且成效明显，这其中美国的作用不可忽视，虽然其在金融危机后世界经济治理体系中的地位大不如前，但是对全球经济的影响还是远超其他国家。①

除了G7和G20等全球范围的集团组织外，美国为限制东亚地区的发展实施了亚太战略，建立了亚太地区的经济合作组织。1989年举行的亚太经济合作会议是亚太经济合作组织（APEC）的前身。亚太经济合作组织可说是在美国的倡议下成立的，并且是当前唯一联系太平洋东西两岸的区域合作机制。虽然近些年来美国相对实力下降，但在亚太经济合作组织内部，美国仍是有最强影响力的大国，是大多数东南亚国家终端产品的出口市场，对东南亚国家的出口贸易掌握着较大的控制权。

---

① 刘文丹. 全球自由贸易形势和中国的对策 [D]. 大连：东北财经大学，2010.

美国的影响力不仅在于此，在20世纪90年代初期，美国积极参与亚太经济合作组织的建设，使亚太经济合作组织成为带动全球贸易自由化、投资自由化进程的经济共同体，而在90年代末期，美国又开始反对日本提出的亚洲货币基金构想，以及马来西亚提出的东亚地区经济集团倡议，以此来限制东亚地区经济体发展的独立进程，不管是哪一种态度，美国都是以本国利益为核心。进入21世纪，中国经济快速崛起，以及东亚地区经济一体化的提出，使世界经济的重心东移，美国的经济地位受到了威胁，美国时任总统奥巴马在这样的背景下又宣布"重返亚太"战略，亚太经济合作组织被重新拉回公众视野，被美国作为平台来控制亚太经济发展，目的是遏制东南亚经济一体化进程，使东南亚经济体继续在其主导的全球经济治理框架下接受美国的控制。[1]

（四）建立"高标准的区域贸易和投资伙伴关系"来引导全球贸易规则走向

2008年爆发的金融危机对美国来说是一个历史转折点，不管是在经济上还是在世界地位上，美国都遭受了严重打击，为了摆脱此次危机带来的负面影响，重新树立在世界经贸治理方面的主导地位，同时由于WTO越来越不能迎合美国的实际利益，美国在2009年和2013年开始了TPP、TTIP的谈判，这两项谈判是美国希望重塑未来全球经贸治理规则走向的两大途径。TPP与TTIP侧重在知识产权、劳工和环境标准、竞争中立原则、原产地规则方面建立更高的标准，要求成员国高度开放市场，降低市场准入条件，在TPP成员国中，一些国家由于发展水平的限制还不能达到如此高的标准，但这些标准本来就是以美国的利益为导向的，美国利用越南、马来西亚等国家对其经济政治上的依赖性，通过交流、强迫等方式使得这些国家接受美国设定的"高标准"规则，即使这些标准并不会为它们带来多少利益，而最终的受益者一定是美国。

---

[1] 徐洪才. 发挥G8、G20和BRICs等国际组织在全球治理中的作用[M]//国际经济分析与展望（2012~2013）. 社会科学文献出版社，2013.

这一系列"高标准"规则的制定对未来区域性贸易合作协定的签署起到了示范作用，从而起到引领全球经贸规则制定的方向和趋势的作用，对美国未来增强其全球经贸治理力度打下了基础。

尽管在特朗普上任后退出了 TPP，TTIP 的谈判也被终止，但因为这些规则体现了美国主导全球经济治理体系改革的手段，所以在未来的区域性自由贸易谈判中仍很可能会继续沿用，甚至美国重返 CPTPP、重开 TTIP 的判断也将是大概率的事情。

三、美国主导全球经济治理的影响

无论从经济实力、科技实力、创新能力还是军事实力、综合国力等方面看，美国都堪称当今世界唯一的超级大国，也是最具全球经济治理能力和影响力的国家。从第二次世界大战结束至今，在全球经济治理中，美国一直在发挥着领导作用，虽然其实力相对衰落，但在全球经济治理中仍发挥着不可替代的至关重要的作用。美国对全球经济治理主导作用的发挥，既是复杂的全球经济治理的客观需要，更是维持其在国际政治经济体系中全球经济治理利益实现的需要。虽然特朗普上台后更加注重发展国内经济，实施了许多"退群"行动，以双边谈判取代多边合作，崇尚"美国优先""美国再次伟大"等美国至上主义，但是，由此得出美国会放弃其在全球经济治理中领导权的结论必定是误判。因为美国控制全球经济治理的主导权符合"美国再次伟大"的价值取向，特朗普上台后的言行，并不代表其要放弃对全球经济治理的主导权，而是如何在全球经济治理中获取"美国优先"的更多、更大的利益和发言权。同时，美国控制全球经济治理的主导权也得到了许多国家的支持，是全球经济治理发展的某种客观需要。

（一）美国的积极参与将有利于推进全球经济治理的顺利进行

首先，全球经济治理所面临的全球性经济问题和与经济问题密切相关的其他问题的艰巨性和复杂性需要美国对全球经济治理的积极参与。随着经济全球化的迅猛扩展与深化，各国之间的经济联系日益密切和深化，与经济全球化迅猛扩展与深化密切相关的问题可谓层出不穷，而这些层出不穷的问题、议题单靠某一个国家来解决已经是不可能的事，需要通过各国共同努力来解决的全球性经济问题和与经济问题密切相关的其他问题不但越来越多，而且也越来越复杂、越来越突出和急迫。特别值得注意的是，随着全球性经济问题和与经济问题密切相关的其他问题相互纠缠，全球经济治理问题、议题的范围已大大超出了纯粹的经济领域，因为随着经济全球化的迅猛扩展与深化，经济问题也越来越非经济化，而非经济问题却越来越经济化，从而使全球经济治理所面临的全球性经济问题和与经济问题密切相关的其他问题呈现出纵横交错、错综复杂的状态，这凸显了全球经济治理的艰巨性和复杂性。在这种情况下，全球经济治理就需要一个具有全球行动能力的国家来主导，为全球经济治理提供公共产品。美国无疑是当今最具全球经济治理能力和影响力的国家，全球经济治理如果能够有美国的积极参与、提供更多的全球经济治理的公共产品，将有利于推进全球经济治理的顺利进行。

其次，美国在全球经济治理中也起到了一定的"领头羊"作用。美国作为第二次世界大战的胜利方，且"二战"的主要战场在欧洲和东亚地区而没有牵连到美洲，使得美国在第二次世界大战中收益巨大，在经济、军事等方面都大大领先于其他国家。所以在第二次世界大战后，主导全球经济治理的重担自然而然就落到了美国的肩上。从第二次世界大战结束到1971年在美国确立的布雷顿森林体系解体，再从冷战结束初期老布什提出"建立世界新秩序"的主张，到克林顿任总统后制定的以"增进安全、促进繁荣和推进民主"为主要目标的政策，以及奥巴马任总统后主张要以寻求多边合作机制和通过促进大国合作的方式来解决一系列艰巨而复杂的全球性经济问题等主张，都体现出美国对第二次世界大战结束后的全球经济治理起到了引导作用，充当了全球经济治理中的"领头羊"。

（二）美国参与、主导全球经济治理有利于维系自身的霸主地位

一般来说，不同经济发展水平的国家经济发展的主要依靠有着不小的差异。经济发展水平相对落后的国家主要是依靠其廉价劳动力、自然资源来发展自己；经济发展相对领先的国家主要依靠资金、技术来发展自己；能在全球范围内处于霸主地位的国家则是主要依靠对国际经贸规则制定权的掌控来发展自己。美国就属于后者，况且美国不仅能够相对容易地制定国际经贸规则，科学技术也处于世界的顶端。如果一个国家有国际经贸规则制定的权力，那么所制定出来的规则一定有利于该国经济发展，因为通常情况下，任何国际经贸规则制定者都不会制定对自身不利的国际经贸规则。因此，美国参与和主导全球经济治理最根本的目的是维系美国在世界范围内的霸主地位。

（三）美国主导全球经济治理的理念与行动将增加中国崛起的变数

冷战结束后，作为世界唯一超级大国，美国为维护自身世界霸主地位，将中国视为潜在的威胁，尤其是近年来，中国经济的飞速发展引起了美国的高度警觉。在奥巴马任职期间，提倡 TPP，表明美国重返亚太遏制中国经济发展的决心，通过 TPP，美国可以实现亚太地区的贸易扩大和贸易转移，通过主导亚太多边对话机制以达到排挤中国的目的，进而维系其在亚太地区的话语权。而在特朗普上任后，虽然退出了 TPP，但是遏制中国经济发展的行动并没有停止。特朗普奉行贸易保护主义，具有明显的"去经济全球化"趋势，其目的是为了解决国内的经济问题，采取提升进口关税、加息等手段迫使跨国公司回流本国，从而解决国内的失业问题。美国的大部分举措都是在维护自身利益的同时遏制中国等新兴经济体的经济发展。

中国的崛起对美国主导全球经济治理来说既有有利的一面，也有不利的一面。有利的一面表现在：改革开放 40 年来，中国积累了大量的

以美元为代表的外汇储备，而且成了美国最大的债权国。2008年全球金融危机爆发后，中国不断加大购买美国国债的力度，对帮助美国走出金融危机泥潭起到了至关重要的作用。不利的一面则是：美国认为，中国的快速崛起会对美国的全球霸主地位，特别是会对美国的亚太战略造成威胁。美国的全球经济治理策略与美国自身的利益密切挂钩。美国认为，快速崛起的中国必然会与美国竞争亚太地区的经济主导权乃至政治主导权，从而削弱美国的影响，影响美国利益的最大化。奥巴马在任时提出的"亚太再平衡战略"就是要防止中国对美国的全球霸主地位特别是美国的亚太战略造成威胁。而特朗普上台后，其遏制中国崛起的固有理念得以施展，[1]对华挑起贸易摩擦等一系列政策措施就是明证。因此，美国主导全球经济治理的理念与行动将会增加中国快速崛起的变数。[2]

四、美国主导全球经济治理的经验

战后美国主导全球经济治理的历程并非一帆风顺，其间，由于美国国内经济的不稳定，其对全球经济治理体系的领导力也曾多次受到国际社会的质疑，但在过去的几十年中，美国一直目标明确，战略清晰，抓住了每次危机中的机遇，将全球经济治理的主导权掌握在自己手中。

（一）坚持以美国的战略利益为核心主导全球经济治理

二战结束后，美国带领其他经济受战争破坏严重的国家一起建立了以国际货币基金组织、世界银行为支柱的全球经济治理体系，在这些全球性组织或机构中，美国都是以自己的核心利益为向导，想要做全球经济治理体系中的"一把手"。为了避免"霸权地位"受到威胁，美国极

---

[1] 刘长敏. 理念变革：从"发展援助"到"发展合作"[J]. 青海社会科学, 2016 (6): 69-76.
[2] 王厚双, 孙丽. 战后日本参与全球经济治理的经验研究[J]. 日本学刊, 2017 (1): 92-118.

力遏制其他发达国家和新兴经济体在全球经济治理中地位的提升,有时为了保证本国利益,不惜牺牲他国的利益。

奥巴马总统在任时期,TPP 谈判受到极大的重视,它体现的是美国改变传统国际经贸规则、主导国际经贸新规则的意图。在 TPP 成员国中,除了美国、新西兰、日本、澳大利亚等经济发达国家以外,发展中国家对于新的高标准的国际经贸规则还难以在短时间内完全适应。例如,在货物贸易领域,TPP 谈判希望可以达成全面零关税,在服务贸易、知识产权、劳工及环境标准、国有企业和政府采购等领域的最终标准都超过了现有的 FTA 谈判水平,TPP 谈判协议的主要内容和新的国际经贸规则大多体现了以美国为代表的发达国家推进自由贸易的理念和战略利益诉求,其根本目的就是要维护以美国为代表的发达国家的经济利益和战略利益,而发展中国家从中获利却不大,甚至有可能受到来自以美国为代表的发达国家的冲击。特朗普上台后,立即退出了 TPP,其政策主张则十分明确,就是"美国优先",他通过反对美国主导的经济全球化,认为现在的经济全球化使得美国的制造业国内的就业岗位大量地流失到中国等国家,从而严重地损害了美国人民的利益,特别是严重地损害了美国蓝领阶层的利益,因此,特朗普主张重新进行双边贸易谈判,甚至扬言退出 WTO。不管是奥巴马还是特朗普,抑或其他美国总统,他们都坚持以美国的利益为优先,这也是多年来永恒不变的美国领导全球经济治理的核心理念。[1]

(二) 遏制新兴经济体尤其是中国在全球经济治理中地位的上升

新兴经济体在 20 世纪 80 年代开始崛起,尤其是以东南亚国家和地区为代表的新兴经济体更是飞速发展,东南亚经济体经济实力和在世界经济治理中的话语权的提升对美国造成了一定威胁,东南亚诸国曾提出

---

[1] 朱颖. 美国全球自由贸易协定战略 [J]. 上海师范大学学报(哲学社会科学版),2008 (5): 36 – 45.

建立一个将美国排除在外的东亚地区经济论坛,同时东南亚各国在政治军事上与美国也多次发生冲突,美国为了重新控制甚至报复东南亚地区各国,利用自身强大的经济实力和影响力来打击东南亚国家和地区的出口,利用更低价格购买商品、劳务和进行投资以冲击东南亚国家的金融业、零售业等。除此之外,美国还利用东南亚国家和地区股市下跌的时机获取利益,不断消耗这些国家和地区的外汇储备。不得不说,这些举措在一定程度上刺激了东南亚金融危机的爆发。在东南亚金融危机爆发后,美国先是采取置之不理的态度,而后在威胁到本国利益时,为了避免其国内经济和对外出口受到影响,美国一改此前的态度,开始对韩国等国家提供经济援助,但这无非还是出于美国自身的利益需求。因为美国可以借助对东南亚经济危机的援助凸显美国在全球危机治理中的重要性,帮助美国重新树立在国际社会上的大国威望。此次态度的改变不仅维持和巩固了它在全球经济和金融体系中的主导地位,更重要的是削弱了东南亚经济体的发展势头,加大了其对美国的依赖。

美国总统奥巴马上任后力推"重返亚太"战略,在 2009 年加入 TPP 谈判,将大量的精力和财力投入其中,建立了一个高标准的国际经贸规则体系。奥巴马"重返亚太"的战略目的就是限制中国和其他亚洲国家的经济合作,削弱中国在亚太地区的影响力,遏制中国在东南亚和全球经济中逐渐上升的竞争实力。美国上下在国际场合大肆鼓吹"中国威胁论"。1992 年美国学者罗斯·芒罗发表的题为《醒来的龙:亚洲真正的危险来自中国》的研究报告是"中国威胁论"的肇始者。该研究报告认为,中国已经坚定地走上了一条经济飞速发展、军事上显露锋芒的道路。该研究报告发表后,"中国威胁论"思潮在美国迅速泛滥。1997 年伯恩斯坦和芒罗又共同出版了《即将到来的中美冲突》一书,该书认为,中国快速崛起的目标就是要迅速取代美国成为亚洲的首要大国。在此背景下,中美之间的共同利益和共同价值观变得少之又少,因此在不远的未来,中美之间大规模的利益冲突可能出现。这些言论对美国政府的对华政策构成了巨大的压力,引起了世界对中国发展的恐慌。这从美国联手日本反对中国倡议的亚洲基础设施投资银行(AIIB)的建立，甚至阻止 RECP、东亚地区经济一体化（10+3、10+1）的进程等大量行为可以看得很清楚：美国已经不能容忍以中国为代表的新兴经济体的崛起，遏制新兴经济体的发展，特别是遏制中国的快速崛起势在必行。

（三）将亚太地区作为全球经济治理战略实施的重点区位

自 20 世纪 80 年代开始，韩国等东亚地区经济体发展迅速，日本已经成为世界强国，整个东南亚经济发展向好，在世界经济中的地位显然已经影响到美国的霸权地位，因此美国利用自身强大的实力，与东南亚国家开展货币战、汇率战，利用本国投机商的投机行为，加速了东南亚金融危机的进程，并凭借在国际货币基金组织中的权威，极力阻止东南亚国家主张、日本支持成立的"亚洲货币基金"，以此来削弱亚洲"四小龙"等经济体的发展。90 年代后尤其是 21 世纪以来中国的崛起得到了世界的关注，更使得美国深感地位受到威胁，一系列政策、战略的矛头纷纷指向了中国：小布什提出了"预防性遏制"战略，"9·11"后美国关注的重点开始转向国际恐怖主义，但 2008 年的金融危机又一次让美国的视线回到亚太地区，奥巴马提出了"亚太再平衡"战略，积极参与 TPP 谈判，重新积极参与讨论亚太经济合作组织内部的议题，将经济中心部分转移到亚太地区，希望借助这些国家（地区）的经济、技术外溢效应帮助美国获得巨大的经济利益和就业机会。自冷战结束后，美国的视野可以说是一直没有离开亚太地区，除了 2001 年"9·11"事件后的几年美国致力于打击恐怖主义外，其余时期美国都在利用各种方式控制或制衡亚太地区的发展。[①]

（四）抓住机遇，拯救其在全球经济治理体系中逐渐衰退的地位

二战结束后，美国经济发展也经历了几次危机。20 世纪 70 年代末

---

① 于津平. 全球经济治理体系的变革与中国的作用 [J]. 江海学刊，2018（3）：80 - 86.

期，美国的经济陷入困境，布雷顿森林体系的崩溃使美国在国际货币和金融体系中压力倍增，影响力也大不如前，但美国创造机遇、联合其他发达国家建立了七国集团，凭借联合的强大经济实力主导世界经济的发展，以巩固其在国际经济、金融领域的地位。在2008年发生全球金融危机后，美国不得不让出部分全球经济治理体系中的权力给其他发达国家和新兴经济体，在危机后升级的G20中，美国的决策权力不及原来，但是在总体综合实力方面还是远超其他国家，让出部分权力有利于其在世界经济体系中相对地位的稳定，同时也给美国带来了缓解金融危机和促进经济增长、稳定就业的机遇。在每一危机来临时，美国都坚持不放弃的原则，积极做全球经济治理框架的建设者、规则的制定者和方向的引领者。

五、美国主导全球经济治理的经验对中国的启示

第二次世界大战结束以来，美国一直是全球经济治理的主导者，积累了丰富的参与、主导全球经济治理的经验。这些经验对于改革开放时间较短特别是参与全球经济治理的时间更短的中国来说具有重要的借鉴意义。

（一）积极参与全球经济治理并承担与自身实力相匹配的义务

二战结束后，美国抓住了其他大国经济受挫、经济地位遭受严重打击的时机，以其强大的经济实力和影响力，建立起了全球经济治理体系，包括国际经济组织、国际贸易组织、国际性集团组织，并与各国签订了区域或双边贸易协定，通过以这些机构为平台来实现全球经济治理，在从中获取利益的同时，也承担了"超级大国"的相应义务。但在经历了70年代的经济严重衰退和21世纪的全球金融危机后，美国在世界经济中的领导地位有所下降，一些西欧国家的经济也受损严重，以中国为代表的新兴经济体迅速崛起，经济实力逐渐强大，国际社会尤其

是发展中国家要求改革现行全球经济治理体系的呼声越来越高。目前的全球经济治理主体已经由美国独霸逐渐转向美国与其他发达国家共同治理，再到发达国家与发展中国家共同治理，虽然美国想要抓住一切机会掌控全球经济治理的决心始终没有变，但不得不说，新兴经济体参与全球经济治理的平台和机遇变得越来越大。当前的全球经济治理平台已经从二战结束后建立的联合国、世界银行、国际货币基金组织发展到目前的二十国集团、金砖国家（BRICS）等。这表明中国等发展中国家在全球经济治理体系中发挥着越来越大的作用，同时，被赋予的权力越大意味着责任越大，随着中国参与全球经济治理与国际经贸规则重构博弈的程度逐渐加深，中国能为世界经济带来的机遇也随之变大，中国应当承担与自身经济实力相当的义务，为全球经济发展和繁荣贡献自己的力量。

（二）致力于推动全球经济治理体系的改革，推广"中国式"治理

美国在站上世界经济的顶峰时建立了以自己为主导的全球经济治理体系，这其中，美国的霸权地位毋庸置疑，在很长的一段时间里，美国的经济统治地位也使世界经济得到了稳定发展，但是这样的模式在世界经济格局改变后无法持续下去，美国在经济受到金融危机严重影响的时候不得不将一部分属于自己的治理权让渡给其他发达国家或新兴经济体，希望借助他国的发展来推动自身的发展，并参与改革了自己建立的全球经济治理机制。2008年的金融危机使传统国际经济治理机制的缺点暴露无遗，自建立起来并未发生过实际效用的二十国集团立即由部长级会议升级为首脑级会议，从而取代了七国集团在国际治理体系中的地位。在这样的背景下，新兴经济体以与发达国家完全平等的地位参加二十国集团治理金融危机的政策商讨，从而打破了西方发达国家对国际金融治理的垄断权力，给发展中国家带来了机遇。而中国也强烈地意识到，积极参与全球经济治理，对于中国维护自身利益、获取更多的话语权极为重要。而通过积极参与全球经济治理，推动全球经济治理机制的

改革，发出中国声音、推广"中国式"的全球经济治理模式，既具有必要性，也存在着重大机遇。①

在二十国集团中，中国作为最大的发展中国家和世界第二大经济体，发挥了重要的带领作用、掌握了一定的话语权。二十国集团是中国参与全球经济治理与国际经贸规则重构博弈的重要平台之一。在二十国集团中，中国积极推动各成员国之间良好的合作，培养合作共赢的"命运共同体"意识，倡导"要在追求本国利益的同时兼顾他国利益"的宗旨，把"共商共建共享"的理念推广至全球经济治理领域。中国积极展现合作意识和精神，努力向全世界展现中国参与全球经济治理和国际经贸规则重构博弈与时俱进的途径与方法，在世界范围内树立了有影响力的大国形象。特别是在二十国集团杭州峰会中，中国提出了切实可行的全球经济治理的中国方案，引起了国际社会巨大而积极的回应。②

中国还应积极参与创建新的多边经济治理平台，如亚洲基础设施投资银行、金砖国家开发银行、"一带一路"建设、区域全面经济伙伴关系（RCEP）。这些平台的建立对提升中国对世界经济增长的推动力、促进全局经济治理体系的改革和全球金融货币体系的改革都有着非常大的作用，也是和其他发展中国家一同深度参与全球经济治理的重要手段。未来中国对世界经济的发展仍会有比较大的影响力，参与全球经济治理更是中国在国际社会中的责任，中国应该实施具有中国特点的全球经济治理战略、策略，通过与其他国家的共同努力，进一步全面推动全球经济治理体系朝着更加公平、公正的方向发展。③

---

① 陈稳进. 美国自由贸易协定战略与中国的应对策略 [J]. 特区经济，2006（10）：182-183.

② 王厚双、孙丽谈战后日本参与全球经济治理的经验 [EB/OL]. http：//world.people.com.cn/n1/2017/0223/C1002-29102370.html.

③ 袁新涛. 丝绸之路经济带建设和21世纪海上丝绸之路建设的国家战略分析 [J]. 东南亚纵横，2014（8）：3-8.

（三）与美国建立良好外交关系，避免发生利益的大规模冲突

在目前的全球经济治理体系中，虽然美国的地位相对衰落，其影响力大不如前，但不可否认的是，美国仍然是当今世界上唯一的经济政治军事大国，在全球经济治理中仍掌握着相当大的全球经济治理规则制定权和影响力，如在国际货币基金组织中仍有一票否决权。在许多全球经济治理的国际经济组织中，美国是自身利益的坚定维护者，同时也是许多决策的既得利益者。中国在参与涉及全球经济治理的重大事务中还不能忽视美国的重大影响。要加强与美国在全球经济治理中的合作。中美两国之间的合作将是"强强联合"，世界第一、第二大经济体合作关系良好发展，对世界经济增长和稳定会产生积极作用，特别是会对全球经济治理的发展产生积极作用，同时为中美双方与其他国家建立合作共赢关系树立榜样。与美国等世界大国建立良好的合作关系将会为中国在参与全球经济治理时带来更多的支持，同时也有利于提升中国的国际形象和参与全球经济治理的话语权，并为中国切实的战略利益带来保证。[①]

（四）在国际社会上争取更多的经济规则的制定权和话语权

以中国为代表的发展中国家，其经济政治实力相比美国等发达国家差距还比较大，在传统的国际经济组织中话语权较少，而传统的全球经济治理机制已不再符合发达国家的实际利益，发达国家已经逐渐放弃传统的全球经济治理体系，转而通过发起新型的区域性贸易和投资伙伴关系谈判如 TPP 谈判、TTIP 谈判来重塑全球经贸规则，以再次引领世界经贸规则的发展方向。在新体系重塑的过程中，中国又一次被排除在外，如 TPP 的谈判甚至是有意针对中国的高标准的国际经贸协定。因此，中国既要积极参与全球经济治理，又要通过提供更多规格的公共产

---

① 王厚双. 日本经济与世界经济接轨的经验浅析 [J]. 日本学刊, 1997 (1): 98 – 112.

品,在全球经济治理的国际经济组织中积极提出自己的全球经济治理的新构想和创新方法,如加大世界范围内基础设施投资。面对美国针对中国的高标准的边境线后规则,中国应积极应对,主动出击,避免在这类议题上占据弱势地位。

经济实力的大幅上升让中国站上了更广阔的国际舞台,但同时中国也必须承担更多的国际责任,这也是美国和世界各国的共同要求,值得注意的是,中国要承担的国际义务必须与自身的经济实力相符,不能在承担过多国际责任的同时却没有相对应的话语权和规则制定权。[①]

(五) 在全球经济治理中维护战略利益

美国在主导全球经济治理的几十年中,一直坚持着以国家的战略利益为优先,为了本国利益不惜牺牲其他国家的利益,中国在参与全球经济治理的过程中要兼顾世界利益与国家利益,自然不能像美国一样为本国利益而牺牲他国利益,而是应追求"合作共赢"的发展模式。同时,在参与国际事务和进行经济往来时,也不能任他国摆布,不接受其他国家的威胁和利诱,在保证国家战略利益的同时参与全球经济治理,绝不答应有损中国安全、主权利益的条件。

(六) 借鉴美国的经验,加强国内智库和复合型人才的建设

美国的智库发展历史长远,智库体系也十分成熟,在主导全球经济治理中,美国的智库机构或政府官员和社会各界人才会向美国政府提出大量有关全球经济治理的建议。与美国相比,中国的智库建设严重落后。因此,中国不但要注重新型智库的数量,更要注重新型智库的质量,要通过各种途径,大量培养既熟悉我国国情又熟悉全球经济治理发展状况,具有全球视野、通晓全球经济治理国际规则、精通全球经济治理议题及其谈判技巧的专门人才,以此来提升中国参与、主导全球经济

---

① 李静. 中国参与全球经济治理刍议 [J]. 中国物价,2017 (2):14-16.

治理的能力和水平。

第二节 战后日本参与全球经济治理的经验及启示

全球经济治理是指为了维护正常稳定的国际经济秩序、全球经济的稳定和繁荣，主权国家通过具有约束力和规范作用的国际组织及其机制和规则、双边外交渠道，共同应对全球性、区域性金融危机或经济危机，解决全球性经济问题的过程（本书将其称为全球经济治理的外部治理），也包括参与全球经济治理的国家对本国经济体制、经济运行方式、产业结构、外资和外贸政策等进行调整，以担负起应对全球性、区域性金融危机或经济危机，解决全球性经济问题的过程（本书将其称为全球经济治理的内部治理）。全球经济治理的主体主要是国家、国际组织，治理的对象是全球性、区域性金融危机或经济危机，以及全球性经济问题，其实质是国际社会的权力与结构格局及其变动在国际经济领域的反映，是保持全球经济稳定、健康发展的重要基础。因此，全球经济治理是展示一国实力、塑造形象、参与规则博弈、维护国家利益的重要领域。

战后日本参与全球经济治理，经历了从被治理者、配角到贡献者、领导者的转换。这种转换之所以能顺利实现，既是当时的全球经济治理形势变化使然，更是日本抓住全球经济治理形势变化所带来的机遇、采取有效应对对策的结果。日本参与全球经济治理的经验，对于正在积极参与全球经济治理的中国来说，值得深入研究。

一、战后日本参与全球经济治理的历程

一国参与全球经济治理，实际上可分为三个层次。一是实力较弱或国际影响力较小的国家，这些国家一般处于接受和执行相关规则、被治

理的状态，并从中得到一定的利益；二是实力较强或国际影响力较大的国家，这些国家常常处于全球经济治理相关规则制定者的地位，从而成为贡献者、领导者并从中获取相应的利益；三是处于上述两种状态之间的国家，由于国家实力或国际影响力处于中间状态或正处于上升状态，其对于现有的全球经济治理体制、规则有较强烈的参与愿望，同时又希望通过积极参与全球经济治理来改造现有的全球经济治理体制、规则，以便为自己争取更大的利益空间。战后日本参与全球经济治理的过程，正是上述三种层次的真实写照。①

（一）20世纪50年代中期至70年代中期：被动地参与全球经济治理

日本通过明治维新，在完成了其所谓"第一次远航"之后走入了歧途，对外疯狂地发动侵略战争，结果以失败告终。当战败后的日本开始所谓的"第二次远航"的时候，突然发现自己已成为"国际孤儿"——作为二战罪魁祸首之一的日本被赶出了世界政治、经济等舞台。战后建立的联合国以及许多世界性的经济组织如国际货币基金组织、世界银行、关税及贸易总协定和发达国家俱乐部——经济合作与发展组织等，一开始就将日本排除在外，甚至连自己的国家主权也暂时由美国占领军最高司令部"代管"了。1952年，日本通过《旧金山和约》获得国家主权后，在美国的帮助下，日本先后加入了国际货币基金组织、世界银行、关税及贸易总协定、联合国、经济合作与发展组织等国际组织，在"组织"上重返国际社会。②

因此，自20世纪50年代中期至70年中期，日本充其量只是被动参与全球经济治理，或者说此时期的日本处于被治理的状态，即接受国际规则的约束。如在处理愈演愈烈的日美贸易摩擦的过程中，日本逐渐

---

① 王厚双，孙丽. 战后日本参与全球经济治理的经验研究［J］. 日本学刊，2017（1）：92-118.

② 王厚双. 雁行模式与日本的区域经济合作战略［J］. 日本研究，1999（4）：1-7.

知晓和掌握了关税及贸易总协定有关倾销和反倾销等规则，但常常被迫接受美国的要价（治理）。①

（二）20世纪70年代中期到90年代末：依托G7参与全球经济治理

1. 七国集团峰会机制的形成为日本提供了参与全球经济治理的良机

20世纪70年代初，随着美国综合国力特别是经济实力的相对衰落，爆发了两次美元危机，布雷顿森林体系最终崩溃。1973年10月第四次中东战争爆发，石油输出国组织实行限量提价以制裁偏袒以色列的国家的政策，引发了石油危机，给西方国家经济造成了巨大冲击。在这两大危机的冲击下，战后持续20多年的世界经济"黄金发展"时期终结，西方世界陷入了二战以后最严重的经济衰退之中，并引发了世界性的贸易保护主义新浪潮。为了避免重蹈20世纪30年代经济大萧条导致的"以邻为壑"贸易保护主义盛行并最终导致第二次世界大战爆发的覆辙，西方主要发达国家的领导人千方百计地寻找走出危机的道路。在时任法国总统德斯坦的提议下，1975年11月15日，美国、英国、日本、联邦德国、法国和意大利六国首脑在法国朗布依埃举行了"发达国家经济高峰会议"，1976年在波多黎各圣胡安举行了第二届发达国家首脑峰会，加拿大应邀加入，至此形成了七国集团峰会机制。② 七国集团峰会机制的形成，为经过20多年经济高速增长、经济实力大增、已成为资本主义世界第二经济大国、正试图在国际经济政治舞台上拥有发言权的日本提供了参与全球经济治理的良好机遇：第一，虽然在20世纪60年代末日本即实现了所谓"第二次远航"，跻身世界经济大国行列，

---

① 王厚双. 日本经济与世界经济接轨的经验浅析 [J]. 日本学刊, 1997 (1): 98 – 112.

② 1997年6月20～22日俄罗斯首次以正式成员的身份应邀参加在美国西部山城丹佛举行的第23次峰会，七国集团峰会变成了八国集团峰会。为了报复克里米亚入俄，2014年6月4日，七国集团在布鲁塞尔举行第40次峰会，将俄罗斯排除在外，八国集团峰会又变成了七国集团峰会。为了叙述方便，本书统称为七国集团峰会。

但"经济巨人"与"政治侏儒"的巨大反差,使日本要实现在全球经济治理中的领导地位面临着巨大的障碍——虽然日本已先后加入了主要的国际经济、金融组织,但由于其对在二战中所犯罪行的态度仍广受国际社会的诟病,特别是此期间美国的全球战略中心在欧洲,其注意力集中于以美苏争霸为核心的两大阵营的对峙,而且美国对主要国际组织的控制力较强,不容他人染指,因此,作为这些国际经济、金融组织的"后来者",日本在其中难有作为,更不要说领导地位了。当成功地成为七国集团创始国后,已是资本主义世界第二经济大国、底气十足的日本必然对七国集团给予高度关注,七国集团无疑是日本跻身全球经济治理领导者行列的"天赐"的唯一平台。因此,日本对七国集团成员这一身份十分珍视,认为七国集团是全球经济治理真正的领导集体,而日本身居这一领导集体之中,确认和彰显了其在全球经济治理中具有全球领导地位的事实。第二,作为七国集团中唯一的亚洲国家,日本认为,自己由此就天然地获得了"亚洲唯一代表"的身份在全球经济治理事务中发声,进而既可以洗刷其在近代以来特别是第二次世界大战中对亚洲其他国家所犯下的滔天战争罪行,又可以名正言顺地实现其在亚洲的领导地位,充当亚洲的领导者,成为世界政治大国。日本一直十分珍视这种显耀的身份,这从后来日本坚决反对法德甚至美国提出吸收中国加入七国集团的主张中可以得到验证。因为,一旦吸收中国加入七国集团,日本不但会丧失其"亚洲唯一代表"的身份,而且综合国力和国际影响力快速上升的中国将在客观上影响日本在七国集团之中的"领导地位"和"领导力",换言之会抑制日本在全球经济治理中的国际影响力。基于此,日本高度重视七国集团在日本参与全球经济治理中的地位和作用并极力维护之,即使七国集团升级为二十国集团,日本的这种理念也没有改变。①

2. 抓住时机,从无足轻重的配角到把自己塑造成在七国集团主导

---

① 王厚双,孙丽. 战后日本参与全球经济治理的经验研究 [J]. 日本学刊, 2017 (1): 92-118.

全球经济治理中的贡献者和领导者

七国集团成立初期，由于西方发达国家急于摆脱两大危机带来的以滞胀为特征的经济危机，七国集团峰会始终将经济问题作为协商、应对的唯一议题。但是，对七国集团寄予极高期望、不甘心在其中处于配角地位（七国集团初期由美国与法国、德国主导，包括日本在内的其他国家只是配角）的日本千方百计地寻找某种途径或突破口来制造影响，提升自己在七国集团中的地位，进而提升自己在全球经济治理格局中的地位。在1977年的七国集团峰会上，日本突然围绕和平利用核能问题和核不扩散问题与其他各国展开密切磋商。由于事先准备充分，日本的这一举动得到了其他七国集团成员国的认同。日本的这种努力既达到了制造影响、提升自己在七国集团中地位的目的，也突破了七国集团峰会只就纯经济政策进行协调的惯例，为七国集团在全球经济治理中发挥更大作用开辟了道路。但是即使如此，当时的日本仍被大多数国家看作经济"暴发户"、美国的附庸，因此，日本的举动并没有引起美国等国过多的重视，甚至在1979年苏联入侵阿富汗后，美、英、法、联邦德国等抛开日本在七国集团峰会之外专门召开特别会议讨论国际政治和安全局势，日本没有机会置喙其中。但日本并没有就此沉默，在表达强烈不满的同时，日本联合了没有被邀请参会的七国集团另两个成员国意大利、加拿大在1979年七国集团峰会上共同要求将政治与安全议题纳入峰会协商议题并得到了肯定。最终此次峰会通过了关于谴责苏联入侵阿富汗的共同声明，这是七国集团峰会首次涉及政治和安全议题并达成一致，标志着七国集团峰会发展历程中的第一次转型，这一共同声明也彰显了日本的存在感和成就感。受到鼓舞的日本在此后七国集团峰会上的发声也越来越多，名正言顺地通过七国集团峰会全面地参与到全球经济治理之中，成功地将自己塑造成一个致力于全球治理特别是全球经济治理的贡献者和领导者形象。[①]

---

① 李杨，高天昊. 从 G7 到 G20：竞争的多边主义与日本的全球经济治理角色 [J]. 外交评论，2016（5）：109–134.

（三）20世纪90年代末到2012年底：主动参与全球经济治理

1. 依托二十国集团参与全球经济治理

为了应对2008年全球金融危机，早在1999年就建立起来的二十国集团[①]机制的核心机制——由二十国集团成员国财长和央行行长参加的一年一度的部长级会议升格为二十国集团首脑峰会，并在2009年匹兹堡峰会上正式取代七国集团成为全球经济治理的核心平台。虽然二十国集团地位的变化大大超出日本的预料，但日本权衡利弊，只能继续依托二十国集团参与全球经济治理。此期间日本依托二十国集团参与全球经济治理的主要工作是配合二十国集团其他国家实施应对全球金融危机的刺激计划。第一，日本在二十国集团中坚定地支持实施经济刺激计划。全球金融危机爆发初期，日本在二十国集团第一届峰会上就宣布了日本将推出第一轮经济刺激计划。在2009年二十国集团匹兹堡峰会上，日本根据国际货币基金组织对金融危机对全球经济发展影响深度的评估，又推出了新一轮财政刺激计划。第二，日本承诺向国际社会提供国际流动性，以缓解全球金融危机的影响。在2009年二十国集团伦敦峰会上，日本主动向国际货币基金组织提供1000亿美元的贷款；2012年4月，日本又在华盛顿二十国集团财长和央行行长会议上决定向国际货币基金组织注资600亿美元；等等。这些举动显示了日本参与全球经济治理的主动性。[②]

2. 依托东亚地区区域经济合作参与全球经济治理

20世纪90年代初期，由于经济泡沫的破灭，日本经济的国际竞争力也有所下降。据日本经济中心统计，1990年日本潜在竞争力全球排

[①] 为了应对1997年亚洲金融危机，1999年9月，七国集团在华盛顿宣布成立作为国际经济合作论坛的二十国集团。

[②] 王厚双，孙丽. 战后日本参与全球经济治理的经验研究［J］. 日本学刊，2017（1）：92－118.

名第三，到 2000 年降至第 16 位，这十年被称为"失去的十年"。[①] 与此同时，中国经济自改革开放以来保持了持续高速增长的态势，成为拉动世界经济特别是拉动东亚地区经济蓬勃发展的重要火车头，东亚地区经济版图发生了深刻的变化。为了摆脱由于经济泡沫破灭造成的经济发展困境、增强经济发展的国际竞争力，并顺应东亚地区经济飞速发展的形势，日本的东亚地区意识进一步升温。1996 年 2 月，中日韩三国与东盟（ASEAN）在没有美国参与的情况下举行了首次东亚地区各国首脑会议，这对于日本依托东亚地区区域经济合作参与全球经济治理具有重大昭示意义。1997 年，由泰国、马来西亚、印度尼西亚等国爆发金融危机而引发的亚洲金融危机迅速波及日本、中国、韩国等东亚地区其他国家，这种"一损俱损，一荣俱荣"的密切经济联系加强了日本对东亚地区区域的认同感。1997 年 9 月，日本不顾美国反对提出建立亚洲货币基金组织的构想，12 月 15 日，日本支持并参与了首次东盟—中日韩领导人非正式会议，会议讨论了 21 世纪东亚地区经济的发展前景、东亚地区金融危机和如何深化东亚地区区域联系等问题。1998 年 10 月，日本政府发表了向爆发金融危机的国家和地区提供 300 亿美元资金援助的"新宫泽构想"。同年，在东盟—中日韩领导人第二次会议上，日本与东亚地区其他国家成立了"东亚地区展望小组"，规范东亚地区合作的长远蓝图。1999 年元旦欧元的成功启动，使日本政府产生了强烈的危机感，同年 9 月日本大藏省设立了专门研讨日元国际化政策的"日元国际化推进研究会"。该研究会于 2000 年 6 月发布了《中间论点整理》，一年后发布了《日元国际化推进研究会报告书》。该报告书明确提出应将东亚地区自由贸易区的建设和日元国际化问题紧密结合，推进与亚洲各国在货币、金融领域的协作。同时，日本政府利用亚洲金融危机后各国急需大量资本的机会，推动东亚地区金融合作。2000 年 5 月，东盟十国与中、日、韩三国财长在泰国清迈举行会议，就东亚地区

[①] 陈峰君. 东亚经济谁执牛耳？[EB/OL]. http://www.zaobao.com/special/china/sino_jp/pages/sino_jp190202a.html.

的货币金融合作,特别是在"10+3"的机制下建立双边货币互换机制达成了共识。至此,"日元亚洲化战略"俨然形成。① 由此可见,随着东亚地区经济的日益繁荣,特别是由于日本"脱欧返亚"战略的深入实施,日本经济与东亚地区经济的联系越来越紧密,日本也越来越重视参与东亚地区地区经济合作及其经济一体化进程。此外,20 世纪 90 年代初,由于日本没有参加任何经济联合或区域经济一体化组织,日本企业感到在与其他国家特别是与其他发达国家企业的国际竞争中处于极为不利的地位,日本深深感受到其贸易利益受到的空前威胁,这促使其迅速调整区域经济一体化政策,快速组建自由贸易区的构想成为主流意识。② 如 2003 年底,日本首相小泉纯一郎提出了"东北亚共同体"的构想;2009 年 9 月,日本首相鸠山由纪夫又提出"重返亚洲"的外交战略,迫切地要组建由日本主导的东亚地区经济一体化组织;同年 10 月,日本又提出希望中日韩三国尽快签署一份三方投资协定,为日后中日韩自由贸易协定谈判奠定较为扎实的基础。③ 因此可以说,此时期日本参与全球经济治理的一个明显特点就是:在东亚地区意识进一步升温的基础上,日本以亚洲金融危机为契机,第一次撇开美国的干扰,提出了构建以日本为核心、与欧美相抗衡的亚太次区域经济合作的战略构想。虽然这类构想大多是无果而终,却体现了日本依托东亚地区区域经济合作、东亚地区区域经济一体化组织主动参与全球经济治理的主流自我意识。④

3. 2012 年底安倍晋三上台以来全方位地参与全球经济治理

如前所述,所谓参与全球经济治理,实际上就是为当今世界面临的诸多具有挑战性的全球经济问题以及地区性甚至是国别性的经济问题提

---

① 陈卫东,李建军. 日元国际化过程中值得关注的若干问题——兼论一国货币国际化的基本条件与模式 [J]. 金融发展评论, 2010 (6): 4-14.
② 王少普. 日本的新区域主义及中国的外交选择 [J]. 社会科学, 2005 (6): 39-44.
③ 史晓丽. 《中日韩投资协定》的构建 [J]. 东北亚论坛, 2011 (1): 3-18.
④ 王厚双,孙丽. 战后日本参与全球经济治理的经验研究 [J]. 日本学刊, 2017 (1): 92-118.

供所需的国际公共产品。在国际社会中，由于不存在超国家政府，公共产品往往由一个或几个强国来提供。在全球经济治理中提供公共产品，主要包括两层内涵：一是组建主导全球经济治理的国际经济组织，构建全球经济治理机制、规则；二是通过主动推动实施所构建的全球经济治理机制、规则，承担相应的支出、援助及其他义务，以化解当今世界面临的问题。2012 年底安倍晋三上台后，日本全方位地参与全球经济治理，其主要途径有两个：① 一是通过提供公共产品全方位地参与全球经济治理。日本认为，通过提供公共产品参与全球经济治理，是日本作为经济大国应尽的义务。安倍内阁自成立起一直都在重点强调"日本要为世界和平与稳定做贡献，为创造更好的世界发挥作用""履行与世界大国相匹配的责任"等。② 为此，日本主动参与构建全球经济治理的机制、规则，集中表现为安倍不惜代价地力推 TPP，即使美国退出也在所不惜。二是通过开展经济外交来承担全方位参与全球经济治理的责任。日本认为，自己有能力来推动实施全球经济治理的机制、规则，承担相应的支出、援助及其他义务，以化解当今世界面临的各种经济问题。因为，日本是世界第三经济大国、外汇储备的第二大国、第三贸易大国，对外直接投资的第三大国，综合国力强国，有雄厚的经济实力来承担参与全球经济治理所应承担的义务；而作为在联合国、世界银行、国际货币基金组织、经济合作与发展组织、ADB、WTO 等全球性、洲际性国际组织中有重要影响力甚至有主导地位③的日本，有较大的国际影响力来推动全球经济治理规则的实施。简言之，日本有实力也有意愿为全球经济治理提供公共产品。参与全球经济治理，特别是要在其中充当贡献者和领导者，必须要把承诺和行动结合起来。所谓承诺，就是针对全球

---

① 王厚双，孙丽. 战后日本参与全球经济治理的经验研究 [J]. 日本学刊，2017（1）：92 - 118.
② 吴怀中. 安倍"战略外交"及其对华影响评析 [J]. 日本学刊，2014（1）：46 - 69.
③ 如在 WB、IMF、ADB 中，日本分别拥有优势的投票权：日本在 WB、IMF 中持有的股份仅次于美国，分别约占投票权的 8% 和 6.464%，在 ADB 中持有的股份与美国平起平坐，各占 15%。

经济治理要解决的实际问题做出必要的资金、物质上的承诺；所谓行动，就是要兑现所做的承诺，不能口惠而实不至。面对全球经济治理要解决的实际问题，日本在承诺和行动结合上做出了不少的努力。一是承诺提供政府资金援助或免除债务。其中，日本的政府开发援助被视为实现日本全方位参与全球经济治理的重要手段，如2013年安倍在非洲发展会议上承诺提供各种资金支持达450多亿美元；同年12月，在日本—东盟首脑会议上，安倍又承诺对东盟提供200亿美元的ODA贷款。二是通过发挥"社会性贡献"提高日本在全球经济治理中的"软实力"，如为非洲培养行政、产业、农业技术、教育等各领域的人才，为东南亚落后国家提供教育、文化、保健、医疗及防灾救灾等方面的支援等，以此来营造对日本有利的全方位参与全球经济治理的环境。①

二、日本参与全球经济治理的主要路径

全球经济治理体系由一系列国际组织及其制度、规则和行为构成。这些国际组织及其制度、规则和行为主要有五类：（1）全球多边国际组织及其制度、规则和行为，如国际货币基金组织、世界银行和关税及贸易总协定/世界贸易组织等。（2）洲际性的国际组织及其制度、规则和行为，如亚太经合组织、亚洲基础设施投资银行、亚洲开发银行等。（3）区域性的国际组织及其制度、规则和行为，如FTA、EPA等。（4）双边性质的国际组织及其制度、规则和行为，既包括双边有形国际组织，如双边的FTA、EPA等，也包括固定的双边国际协调机制，如中美高层对话机制，还包括双边外交活动。（5）参与全球经济治理的国家的内部治理。在参与全球经济治理的过程中，日本基本上是依托前四类国际组织及其制度、规则和行为来运行的，其战略清晰、目标明确、重心突出，而且有效地选择了参与全球经济治理的突破口，达到了

---

① 吴怀中. 安倍"战略外交"及其对华影响评析 [J]. 日本学刊, 2014 (1): 46-69.

较好的效果。①

（一）依托全球性国际组织参与全球经济治理

战后日本主要是依托全球性、洲际性、区域经济一体化组织以及双边外交活动积极参与全球经济治理，在20世纪90年代之前则主要依托全球性国际组织参与全球经济治理。

一是依托世界银行、国际货币基金组织参与全球经济治理。1952年8月13日，日本加入世界银行，同年8月加入国际货币基金组织，1964年4月转为国际货币基金组织第八条款国。日本在世界银行、国际货币基金组织中拥有仅次于美国的投票权，对其资金的运用、投向有重要的发言权。日本利用其发言权，特别是在世界银行、国际货币基金组织中的重要职位，既贯彻其国家意志，参与全球经济治理，又实现了对资金运用的管控，一方面解决世界面临的许多经济问题，另一方面赢取相关国家的好感，树立良好的国家形象，进而争取成为联合国安理会常任理事国、谋取政治大国地位，以更好地发挥其在全球经济治理中的领导作用。

二是依托关税及贸易总协定/WTO参与全球经济治理。日本积极参与关税及贸易总协定/WTO所发起的多轮谈判，如东京回合谈判、乌拉圭回合谈判、多哈回合谈判等，在削减关税、消除非关税壁垒方面做出了不小的让步，日本成为当今发达国家中名义平均关税税率最低的国家之一，赢得了国际声誉。②

（二）依托洲际性国际经济组织参与全球经济治理

1. 利用亚洲开发银行（ADB）提升日本在参与全球经济治理中的地位

ADB创建于1966年11月24日，虽然其总部设在菲律宾首都马尼

---

①② 王厚双，孙丽. 战后日本参与全球经济治理的经验研究[J]. 日本学刊，2017（1）：92-118.

拉，但其在战后日本参与全球经济治理过程中具有特殊的重要地位。日本是 ADB 创始国，ADB 的创立和运行为日本创造了数个"第一次"：第一次在国际组织中扮演了主要出资国的角色，第一次在国际组织的投票权数量上与美国平起平坐，第一次在国际组织中垄断了一把手（行长）的职位，等等，使得日本利用 ADB 参与全球经济治理的意志能够得到较完全的表达与实现。①

2. 在亚太经济合作组织（APEC）中积极作为，提升日本在洲际经济治理中的地位

日本作为创始成员之一。积极参与 APEC 推进贸易、投资自由化议程以及制定应对全球金融危机的措施。一是日本在贯彻 APEC 单边行动计划、集体行动计划、自愿提前自由化计划、电子商务计划、大阪行动议程、马尼拉行动计划等行动计划以及《茂物宣言》的行动中，主动承诺并实施单边关税减让行动计划（IAP），将全部商品的平均关税进一步调低。二是日本积极调整其在 APEC 合作中的战略：关注的重点从早期的贸易投资自由化逐步转向知识产权、竞争政策、结构改革、标准与一致化以及与 WTO 相关的能力建设领域；借助 APEC 平台，与 APEC 多国签订 FTA/EPA，以此巩固在亚太地区的经济轴心地位。三是提出应对金融危机的措施。四是提出利用其优越的技术优势和专业知识，提供基础设施建设所需资金、扩大基础设施出口规模的构想。② 日本在被人称为"清谈馆"的 APEC 中的积极作为，提升了日本在洲际经济治理中的地位。

（三）依托区域经济一体化组织参与全球经济治理

日本区域经济一体化的构想演变大致经历了三个时期，这一历程与日本依托区域经济一体化组织参与全球经济治理的理念和行动的变化高

---

① 贺平. 日本主导下的亚洲开发银行：历史、现状与未来 [J]. 复旦国际关系评论, 2015 (1): 204 - 219.

② 于晓燕. APEC 20 年与日本：评价及展望 [J]. 东北亚论坛, 2009 (6): 56 - 62.

度吻合。

1. 第一个时期：20 世纪 60 年代初期至 80 年代中期

此时期有两个因素迫使日本关注区域经济一体化问题。一是随着日本经济的高速增长，日本与欧美国家特别是与美国的贸易摩擦愈演愈烈，其"贸易立国"的生存空间受到打压。二是《罗马条约》开始生效，世界上出现了一个具有排他性的欧洲区域经济一体化集团，日本明显地感到了区域经济集团化浪潮所带来的压力。于是，日本经济界率先提出了"重返亚洲"的主张，呼吁日本以亚洲一员的立场来重新设计自己的市场战略，并以此迎接区域经济集团化浪潮可能带来的挑战。日本财界调查组织——"日本经济调查协会"于 1963 年 5 月提出了一份题为《太平洋经济合作方向》的报告，主张太平洋地区的美国、日本、加拿大、澳大利亚、新西兰五个发达国家应密切合作，并扩大与本地区发展中国家的经济联系。这是日本第一个关于亚太区域经济合作的构想。1964 年 2 月，小岛清首次提出了建立"太平洋共同体"的设想[1]。4 月，日本实业界领袖人物永野重雄据此提出了成立由太平洋五个发达国家财界人士组成"太平洋地区经济理事会"的建议。1977 年 12 月，由日本政府资助组建的野村综合研究所提出《国际环境的变化与日本的对策——走向 21 世纪的建议》，全面阐述了日本推动区域经济合作的重要性。在民间倡议的推动下，1978 年大平正芳在竞选首相时提出了"环太平洋连带构想"，担任首相后又把这一构想提到国策和外交基本方针的高度，并设立了以外务大臣大来佐武郎为组长的"日本政策研究会环太平洋联合研究组"，作为首相的咨询机构。该研究组先后在 1979 年 11 月和 1980 年 5 月发表了《中期报告》和《最终报告》，作为官方构想公之于世。其中心思想是，要在太平洋地区逐步建立一个以日本为中心，以日美合作为基础，由太平洋沿岸各国广泛参加的"新区域社

---

[1] 同年 11 月，小岛清又在《太平洋共同市场与东南亚》报告中主张由太平洋地区五个发达国家建立太平洋自由贸易区，并受日本外务省的委托于 1967 年对建立"环太平洋共同体"问题进行了可行性调查。

会"。1980年9月,在大平正芳首相的倡议下,成立了由上述五个发达国家以及东盟、韩国参加的"太平洋经济合作委员会"。之后的日本历届内阁坚持和发展了大平首相的"环太平洋"外交战略。例如,中曾根康弘担任首相后,就指示外务省设立了"太平洋合作构想联络调查委员会"和"太平洋合作构想研讨委员会"等,还指示通商产业省制定关于太平洋合作战略的具体方案。此期间,日本依托区域经济一体化组织参与全球经济治理构想的主要特点是:在民间倡议的推动下,日本政府从后台走到前台,积极推动亚太地区的区域经济一体化,但无实质性作为。从全球经济治理的角度来看,这一时期的日本尚属于被动参与全球经济治理、依托七国集团参与全球经济治理,秉持"世界主义"、排斥"地区主义"[①]的日本对通过区域经济一体化组织参与全球经济治理的理念尚处于懵懂状态。[②]

2. 第二个时期:20世纪80年代中期至21世纪初

20世纪80年代后,日本已成为世界经济大国,需要进一步拓宽经济活动空间,尤其是建立起自己主导的经济势力范围。面对亚太地区经济发展势头的持续高涨,日本政府采纳商界的建议,着手推动"脱亚入欧"战略向"脱欧返亚"战略转变。特别是受80年代中期出现的异常迅猛的区域经济集团化浪潮——欧共体的经济合作不断向纵深发展、北美自由贸易区迅速组建——的影响,在美国、西欧、日本"三足鼎立"的世界经济格局中,只有日本尚没有建立起以自己为核心的区域经济集团,使日本面临着全球性区域经济集团化浪潮的空前挑战。日本加紧组建以自己为核心的区域经济集团。日本试图建立一个以各国政府间多边协调为基础的、范围广阔的亚太区域经济集团,用以"牵制美国的双边

[①] 冷战结束后,在国际经济合作中出现了两大潮流,一是世界主义,二是地区主义。乌拉圭回合结束、世界贸易组织成立,推动全球进一步削减关税和消除非关税壁垒,向着世界贸易自由化、世界经济一体化方向迈进,这就是所谓的世界主义或全球主义。与此同时,欧共体等区域经济集团进一步深化其一体化程度;许多国家也在很短的时间内组建了自己的区域经济集团,如美加墨组建起北美自贸区。这种带有排他性的区域经济集团被称为地区主义。

[②] 王厚双,孙丽. 战后日本参与全球经济治理的经验研究[J]. 日本学刊,2017(1): 92-118.

活动和以集团对集团抗衡西欧",但这一构想的前途是黯淡的。经过反思,日本认识到,"从一开始就标明'太平洋圈'这一浪漫性主体并努力促使其实现,这是不明智的"①。于是,日本对其亚太区域经济合作构想做出了重大调整:不再拘泥于以日、美、加、澳、新等发达国家为主体的"环太平洋连带构想",而是将其作为长期的奋斗目标,当下的主要精力放在构筑以日本为核心的、与欧美相抗衡的亚太次区域经济合作。为此,日本提出了诸如"东亚地区经济圈""环日本海经济圈""东北亚经济圈"等构想。此阶段的日本区域经济一体化构想,主要特点是先小后大,由近及远,渐次推进亚太多边区域经济一体化。其核心是在东亚地区,即:在亚太地区南部,以日本与"亚洲四小龙""东盟"为基础,努力经营东亚地区经济圈,在此基础上吸收越南、柬埔寨和老挝三国,形成东南亚经济圈,进而向南亚、南太平洋扩张;在北部,则通过环日本海、环黄渤海等次经济合作区,先在贸易、资源开发、产业转移等方面将东北亚各国联系起来,进一步形成东北亚经济圈;最后,经过南北方的重合使其融为一体,构筑日本能够在其中发挥主导作用的亚太区域经济一体化。此时期日本依托区域经济一体化组织参与全球经济治理构想的主要特点是:日本推动区域经济一体化的构想丰富、行动多,但无结果。究其原因,就在于日本唯美国的全球经济治理战略马首是瞻,许多有价值的构想只能付诸东流。结果使得日本依托区域经济一体化组织来参与、推动全球经济治理的愿望大打折扣。②

3. 第三个时期:21 世纪初至今

进入 21 世纪,面对全球区域经济一体化快速推进的压力,特别是中国在东亚地区快速推动自由贸易区(FTA/EPA)建设的压力,昔日偏好"世界主义"、对"地区主义"持排斥立场的日本也开始积极寻找推动区域经济一体化的突破口,摆脱美国对其在区域经济一体化问题上

---

① 池元吉,李晓. 探索和调整中的日本亚太经济战略 [J]. 东北亚论坛,1992(1):67-72.
② 金明善,王厚双. 日本对亚太区域经济合作的基本政策 [J]. 太平洋学报,1997(2):90-96.

的羁绊，以此改变日本在区域经济一体化浪潮中落后、被动的局面。日本第一个有实质结果的行动是签署了《日本和新加坡新时代经济伙伴关系协定》。继 2002 年 1 月 13 日与新加坡签订该协定后，日本加快了区域经济一体化的推进速度，自 2002 年到 2015 年的 14 个年份里，除了 4 个年份外，日本几乎每年都有新协定签订。其中，仅 2007 年日本就新签订了 5 个协定，实现了量的突破。而"跨太平洋伙伴关系协定"（TPP）的签订，更是日本推进 FTA/EPA 进程中质的重大突破。而且，日本推进 FTA/EPA 进程的后劲十足，如日本与欧盟的 EPA 谈判、日本与蒙古国的 FTA 谈判、中日韩三国 FTA 谈判等，日本同时推进的 FTA/EPA 谈判有近十个之多。在此情形下，日本依托区域经济一体化组织来参与、推动全球经济治理的诉求得以实现。由于应对中国在东亚地区推进区域经济一体化的压力、控制全球经贸规则的制定权符合美日两国的共同战略取向，美国也从一味压制日本转变为联手推动亚太地区的经济一体化进程。[①]

（四）依托双边外交活动参与全球经济治理

双边外交是日本参与全球经济治理的重要依托，日本历届政府都给予高度重视。特别是安倍重新上台以来，重视程度空前提高，甚至提出了"拼外交"[②]的理念，即首先要从大局和高度着眼围绕对外战略进行整体设计，其次要强有力地实施这种战略，通过"拼外交"创造一切有利的条件，弥补综合国力尤其是经济力量的下降对日本全方位参与全球经济治理所带来的掣肘，确保日本国家利益的最大化和最优化。由此足见双边外交活动在日本参与全球经济治理中的地位。[③]

三、日本参与全球经济治理的主要影响

日本参与全球经济治理，既是全球经济治理的需要，也是日本谋求

[①][③] 王厚双，孙丽. 战后日本参与全球经济治理的经验研究 [J]. 日本学刊，2017 (1)：92 – 118.

[②] 吴怀中. 安倍"战略外交"及其对华影响评析 [J]. 日本学刊，2014 (1)：46 – 69.

世界大国地位的需要。但是，日本唯美国马首是瞻，既矮化了日本的国家形象，也使日本在全球经济治理中难有大作为，其一些做法也易引发矛盾与纠纷。

（一）日本的积极参与有利于全球经济治理的开展

1. 全球经济治理的艰巨性和复杂性需要日本的积极参与

随着经济全球化的扩展与深化，与全球经济发展密切相关的问题层出不穷，需要各国共同努力解决的全球性问题越来越多，也越来越突出和急迫。而且，全球经济治理的范围已远远超出了通常所指的经济领域，经济问题与非经济问题纵横交错、错综复杂，凸显了全球经济治理的艰巨性和复杂性。日本的积极参与将有利于推进全球经济治理的进程。

2. 日本的积极参与有助于提高全球经济治理的效率

以解决全球性经济问题为己任、向全球经济治理提供公共产品是要支付成本的，包括有形成本和无形成本，甚至可能是巨大的成本。因此，一国经济实力和影响力的大小将影响其在参与全球经济治理中的作为。虽然日本自20世纪90年代泡沫经济崩溃后陷入了经济低迷状态，甚至在2010年丧失了世界第二经济大国的地位，但日本依然是具有重大影响力的经济大国，其在经济实力、科技实力、产业实力、外交实力以及参与全球经济治理的经验等方面仍具有明显的优势。日本的积极参与，将有助于全球经济治理的进行，有助于全球经济治理效率的提高。

（二）积极参与全球经济治理有利于提升日本在全球的影响力

如前所述，日本在利用七国集团参与全球经济治理的过程中，不但坐上了与其他发达国家讨论全球性问题的谈判桌，获得了与美欧国家平起平坐的大国地位，以及七国集团中"亚洲唯一代表"的身份，更为重要的是，借七国集团成员的身份，通过两次"主动行为"①，日本从配角变身为全球经济治理的主动参与者、贡献者，树立起了其在七国集团全球经济治理中的"领导者"形象。之后，日本在全球经济治理乃至全球治理中的底气大增，这在其多次发起"入常攻势"中可见一斑。1991年，日本宣称要"争取年内成为联合国安理会常任理事国"，但希望落空；2005年，在争取到时任联合国秘书长安南的支持后，日本经过大规模的"援助公关"拉到了191个联合国成员中的128个国家的支持，但还是没有达到预期的结果；2015年正值联合国成立70周年之际，日本又发起了新一轮"入常"攻势：安倍除了在2015年9月的联大会议上直接提出"入常"议题外，还通过双边和多边的外交活动拉拢有关国家，为日本站台，并与印度结成同盟高调联手冲刺"入常"，但结果如旧。② 日本屡败屡战地高调宣示"入常"，其底气源于其在七国集团中的成功，源于日本在全球经济治理过程中影响力的提升。③

（三）唯美国马首是瞻使日本在全球经济治理中难有大作为

在全球经济治理中，日本唯美国马首是瞻已成为其"习惯性"抉择，相关的案例不胜枚举。当美国压人民币升值时，日本官员多次在国际会议上抛出敦促人民币升值的议案；当中国倡议组建AIIB时，日本紧跟美国，两国联手抵制、干扰AIIB的建立；当特朗普声称上任后将对中国出口到美国的产品征收45%的惩罚性关税时，日本马上宣布取消对中国向日本出口的近3000种化工类产品特惠关税待遇；等等。其

---

① 第一次"主动行为"是日本在1977年的七国集团峰会上将和平利用核能问题和核不扩散问题提到会议议程中，博得了参与者、贡献者的存在感。第二次"主动行为"是在1979年七国集团峰会上要求将政治与安全议题纳入峰会，并最终通过了关于谴责苏联的共同声明，树立了领导者的形象。李杨，高天昊. 从G7到G20：竞争的多边主义与日本的全球经济治理角色［J］. 外交评论，2016（5）：109－134.
② 樊勇明. 对日本大国战略成败的思考［J］. 国际问题研究，2010（4）：39－46.
③ 王厚双，孙丽. 战后日本参与全球经济治理的经验研究［J］. 日本学刊，2017（1）：92－118.

中最"著名"的案例是日本多任首相力推的"东亚地区共同体"构想最终胎死腹中。

1. 多任日本首相力推"东亚地区共同体"构想

遏制中国崛起是战后美国一贯的对华政策，而遏制中国借助东亚地区经济一体化崛起更是冷战后美国东亚地区政策的主题之一。1997年亚洲金融危机的爆发给中国推动东亚地区经济一体化以先机或者说主动权，2001年11月6日，第五次中国—东盟领导人会议决定在十年内建立中国—东盟自由贸易区。对此，美国极为焦虑，感到东亚地区"正在发生巨变，而美国的政策越来越难以跟上其步伐"。美国急切地拾起自己发起成立又将其抛弃的TPP，积极游说东亚地区其他国家加入TPP，试图抵消乃至超过中国所获得的先机。日本也做出了强烈的反应："对于日本而言，东盟是一个特殊地带，如果东盟向其他国家倾斜，日本将无法保持内心的平衡。""为了与东盟共同探讨自由贸易协定，日本政府也慌忙同意设立日本—东盟加强经济合作专家小组。"① 作为对冲之策，2002年1月，日本首相小泉纯一郎在访问东盟五国时呼吁建立"共同进步的"的"东亚地区共同体"，即所谓的"小泉构想"。2003年12月，日本在"日本—东盟特别首脑会议"上正式公开提出与东盟建立"东亚地区共同体"。2006年5月，日本政府提出了"东亚地区EPA构想"，并于8月在"10+3"部长级会议上向与会各国提出建立东亚地区EPA的构想。2007年9月25日，福田康夫当选首相后积极推行"积极的亚洲外交"，推动日本与亚洲的融合，为"东亚地区共同体"的建立铺平道路。2008年9月24日，麻生太郎当选日本首相后虽然提出了日本将建立从中亚经阿富汗到阿拉伯海的"南北物流通道"和从中亚经高加索至欧洲的"东西走廊"的"亚欧十字路"构想②，但"东亚地区共同体"仍是其构想的重要依托。对"东亚地区共同体"构

---

① 津上俊哉. 中国崛起，日本该做些什么？[M]. 李琳译. 北京：社会科学文献出版社，2006：41-45.

② 麻生太郎阐述日本政府对外政策 [EB/OL]. http://news.xinhuanet.com/world/2009-06/30/content_11628956.htm.

想情有独钟的鸠山内阁于2010年6月1日提出了《有关"东亚地区共同体"构想及今后的工作》的报告,日本的"东亚地区共同体"构想政策全盘出台。2010年6月18日,菅直人在其首相就职演说中再次确认了建设"东亚地区共同体"的立场。"东亚地区共同体"得到了日本多任首相的力推,使东亚地区其他国家乃至整个世界看到了日本开展"多边自主外交"的底气和魅力。然而,事情的发展却大大出乎人们的预料。①

2. "东亚地区共同体"构想胎死腹中

2010年6月18日刚刚确认了日本继续推动"东亚地区共同体"建设的菅直人在10月1日的国会政策演说时透露:日本准备参加TPP谈判,以推动建立亚太自由贸易区。2011年1月,菅直人首相改组内阁后明确地宣示:日本不再高举东亚地区合作的旗帜,而是要关注加入美国主导的TPP。之后,菅直人还在多个场合表示将坚定以TPP为中心推进贸易自由化的信念。2011年8月30日,当选为日本第95届首相的野田佳彦在《声音》(Voice)杂志上发表文章称,"在目前日本所处的这一非常时期,我们没有必要提出'东亚地区共同体'这一构思",否定了前首相鸠山由纪夫所提出的"东亚地区共同体"构想。至此,日本的"东亚地区共同体"构想胎死腹中。

3. "东亚地区共同体"构想胎死腹中的原因

"东亚地区共同体"构想之所以落得这种结局,最重要的原因在于日本借助构建"东亚地区共同体"参与全球经济治理的构想不符合美国的战略利益,日本在美国巨大的压力之下只能半途而废。

美国不是东亚地区国家,但是由于美国在东亚地区有着重要的战略利益和影响,特别是随着美国"重返亚太"战略的实施,美国在东亚地区的战略利益更加突出。② 2004年7月14日,美国国务卿鲍威尔针

---

① 王厚双,孙丽. 战后日本参与全球经济治理的经验研究 [J]. 日本学刊, 2017 (1): 92–118.

② 魏红霞. 东亚多边合作及其对中美关系的影响 [J]. 世界经济与政治, 2008 (6): 13–20.

对拟议的"东亚地区共同体"（10+3）表态称，美国认为没有必要达成新协议。① 同年12月，美国国务院政策计划负责人雷斯对东亚地区峰会表达了美国的担忧和不满，他认为，亚洲正在构建一个"试图将美国排除在外进行对话的机构以及新的合作（框架）"，东亚地区峰会"便是这样的构想之一"。② 美国前副国务卿阿米蒂奇等部分官员更是公开反对"东亚地区共同体"的构想，要求美国采取相应的外交行动，以阻止亚洲联合、"去美国化"的趋势。在对待东亚地区经济一体化问题上，美国的政策底线是十分清晰的：防止东亚地区经济一体化被中国或日本主导，或被中日两国主导，使其对东亚地区经济一体化的主导权受到严峻挑战，威胁美国在东亚地区的根本利益。美国"不愿看到东亚地区作为一个整体，成为世界的一极，因此，美国总是对其东亚地区盟友施压，阻挠其一体化趋势"。③ 美国最担心看到像"法德轴心"那样的东亚地区一体化，"对于一个有凝聚力的亚洲贸易集团是不感兴趣的，分而治之才是真正重要的"。④ 当初日本的"东亚地区共同体"构想之所以能够出台，其直接原因在于美国试图借助日本的力量来牵制中国推动东亚地区经济一体化的步伐。而当美国发现日本试图借机构建自己主导的东亚地区经济一体化后，对日本进行打压就是美国的必然选择。在美国的压力下，日本被迫后退，方兴未艾的"东亚地区共同体"只能胎死腹中。日本转而加入美国主导的TPP，继续把自己绑在美国的战车之上。日本这种变幻莫测的态度和国家行为，既扰乱了东亚地区其他国家关于东亚地区经济一体化的战略部署，也使日本陷入国家失信的境地，更使世界各国对日本在美日关系中的主仆地位有了更清晰的认识。因此，日本在"东亚地区共同体"建设上唯美国马首是瞻，既矮化了

---

① Powell C L. Round table with Japanese Journalists [EB/OL]. http：//www.state.gov/secretary/former/powell/remarks/35204.htm.
② 陈奕平. 美国与东亚经济一体化 [J]. 暨南学报（哲学社会科学版），2007（3）：6-14.
③ 张锡镇. 东亚地区一体化中的中、日、东盟三角关系之互动 [J]. 东南亚研究，2003（5）：31-36.
④ 陈峰君. 冷战后亚太国际关系 [M]. 北京：新华出版社，1999：5.

日本的国家形象,也使日本在全球经济治理中难有大的作为,更使日本试图通过积极参与全球经济治理来实现其大国梦想变得困难重重,甚至成为泡影。

(四) 从经济治理到价值治理引发矛盾

"价值观外交"作为日本参与全球经济治理的一个重要指向由来已久。在小泉内阁时期,"价值观外交"就已成为日本参与全球经济治理的一个重要目标指向。2006年7月安倍在自民党总裁选举前夕出版的《致美丽的日本》一书极力宣扬自由、民主、人权、法制等"普遍价值"的核心外交理念,在9月的首次施政演说中也强调要努力构筑日美澳印"民主国家联盟"。2006年11月30日,日本外务大臣麻生太郎在阐释安倍内阁的"自主外交"时,对"价值观外交"的内涵做了清晰的界定:"价值观外交是对于民主主义、自由、人权、法制以及市场经济等普遍价值,在推进外交时给予高度重视。"[①] 2007年1月26日,安倍再次发表施政演说,强调加强同和日本具有相同价值观的国家的合作。随着安倍首相辞职,"价值观外交"曲终人散。

2012年底安倍再次上台后,日本许多政要在政策演说中高调表示要"立足于自由、民主主义、基本人权和法治等基本价值,展开战略外交"。安倍首相几乎在所有的双边、多边首脑会谈中都要提及所谓的"共同价值观",到处推销以意识形态划线的"价值观外交"。不但如此,安倍还把这种口号落实到实际行动之中,公开主张建立以意识形态划线的由美日印澳组成的"民主安全菱形"来制衡中国。在出访东南亚时,安倍多次提出要"共同创造相同的价值观",要"与东盟国家一道,致力于普及和扩大自由民主、基本人权等普遍价值观"。[②] 很明显,安倍领导下的日本参与全球经济治理,已从经济治理扩展到价值治理,这虽然符合全球经济治理的议题从纯经济议题扩展到非经济议题的大趋

---

① 刘江永. 论日本的"价值观外交"[J]. 日本学刊, 2007 (6): 46-59.
② 吴怀中. 安倍"战略外交"及其对华影响评析[J]. 日本学刊, 2014 (1): 46-69.

势，但也可能把全球经济治理引入歧途，从而引发干涉别国内政的政治外交纷争。①

（五）日本参与全球经济治理的理念与行动将对中国的发展产生影响

如前所述，日本在参与全球经济治理的过程中，始终对中国在全球经济治理中的地位、作用给予高度关注和警惕。无论是紧随美国抵制、干扰 AIIB 的建立，置身于 AIIB 之外，还是放弃"东亚地区共同体"转而力推 TPP，试图在二十国集团中限制中国的影响力、推动全球经济治理从经济治理扩展到价值治理等，这诸多动向都是以遏制中国的崛起为根本理念和价值指向的。特别是安倍上台以来，执着而精心地将不利于中国崛起的负面因素加以串联和运用，渲染中国"威胁"，紧密配合美国的"亚太再平衡"战略，试图编织针对中国的"共同价值观""统一战线"。日本参与全球经济治理的理念与行动，特别是日本紧密配合美国的全球战略，将影响中国的发展。

四、日欧 EPA：日本参与全球经济治理的新动向

2018 年 7 月 17 日，日欧领导人在日本东京正式签署了《日欧经济伙伴关系协定》（JAPAN – EU Economic Partnership Agreement，以下简称"日欧 EPA"）。日欧 EPA 的签署体现了日欧在当前复杂的国际政治经济形势下的战略诉求，具有世界性的影响，我国必须给予高度重视，采取有效措施积极应对。

（一）日欧 EPA 的主要内容及其特点

日欧 EPA 的签署之所以惹人关注，是因为其有如下鲜明特点：一

---

① 王厚双，孙丽. 战后日本参与全球经济治理的经验研究［J］. 日本学刊，2017（1）：92 – 118.

是日欧 EPA 是迄今全球最大规模的双边贸易协定。二是日欧 EPA 零关税覆盖率高、覆盖面广。三是日欧 EPA 涉及新的最高标准的国际经贸规则，特别是涉及国际经贸最前沿的规则——"数字贸易"的规则（协定允许双方企业在日欧范围内将个人信息带出境外，以促进电子商务事业和 AI 产业成长）。①

（二）日欧对达成 EPA 的诉求

日欧 EPA 的达成既是日欧共同诉求的结果，也有各自的特殊诉求相互妥协、包容的结果，因为后者的诉求需要依托日欧 EPA 的达成才能实现。

1. 日欧共同的诉求

一是共同应对特朗普上台后美国贸易政策的急剧变化。特朗普上台后一系列贸易保护主义政策给日欧带来严重不安。因此，EPA 是日欧抱团取暖、共同应对美国贸易政策急剧变化挑战的不二选择。② 二是着力推动双边自由贸易协定是双方的共同价值取向。三是依托 EPA 实施"大西方"战略。面对着新兴国家的快速崛起，日欧在试图重建对西方有利的国际经济政治新规则的前提下，联合一些价值观相似的发展中国家，塑造出一个更广大和更具活力的"大西方"，来巩固自身的国际地位。四是主导参与制定有利于己方的规则，引领全球自由贸易的潮流。在特朗普上台美国退出 TPP、搁置 TTIP 谈判后，日欧双方都急于寻求替代方案，而日欧 EPA 可以说是其最合适的抉择。若日欧 EPA 能够达成的话，日本可借此在对外经贸谈判中增添新的筹码，欧盟也可以迫使美国重新回到 TTIP 谈判中来。③ 五是双方都希望通过 EPA 提振内部经济。签署 EPA/FTA 协定，扩大自由贸易，撬动国内改革，拉动

---

① 戴二彪. 日欧签署经济伙伴协定对世界政治经济的影响 [N]. 21 世纪经济报道，2018 - 07 - 23.

② 孙婉璐，赵柯. EPA：重塑欧日双边贸易 [N]. 中国社会科学报，2018 - 02 - 08.

③ 王厚双，宋春子. 论美国东亚经济一体化战略的调整与日本的战略响应 [J]. 日本研究，2015（1）：1 - 11.

国民消费，促进日本经济的增长，是"安倍经济学"的重要内容。日本对此抱有很大的期望，投入了极大的热情。对欧盟来说，把握住亚洲地区的商机对于欧盟未来的发展，特别是应对英国脱欧带来的冲击至关重要，为此，欧盟高度关注日本和美国在亚洲地区的动向。六是双方都希望借此转移内部政治矛盾。安倍将迅速达成日欧 EPA 协定当作挽回民心的重要举措。而欧盟也有抵制欧盟内部右倾化等类似的诉求。

2. 日本的诉求

一是摆脱韩国 FTA 战略的快速推进给日本带来的困扰与压力。就日韩比较来看，韩国已经签署了 17 个 EPA/FTA 协定，而日本只签署了 15 个 EPA/FTA 协定，韩国 FTA 战略的快速推进显然给日本带来了严重困扰。特别是韩国与欧盟 FTA 的签署给日本带来了巨大的压力：2011 年 7 月韩国和欧盟 FTA 生效后，2011 年下半年韩国对欧盟的汽车出口量与上年同期相比增加了 1 倍，而欧盟对日本的汽车征税仍高达 10%，日本与韩国在欧盟市场上的竞争处于明显的劣势地位，这令日本有了更大的压力危机感。[①] 于是，在 2011 年 5 月欧日峰会期间双方决定启动 EPA 谈判相关准备工作。经过比较细致的准备工作后，2013 年日欧 EPA 谈判正式启动。二是实现日本 EPA 战略目标的需要。虽然日欧 EPA 谈判提议发起于 2011 年 5 月，正式谈判始于 2013 年，但在 2017 年前并没有被放在双方最优先的谈判日程之中。对日方来说，日本将全部的谈判资源放在了 TPP 谈判上。即使在美国退出 TPP、TPP 转为 CPTPP 的情况下，日方也没有把日欧 EPA 谈判提到优先位置上，而是将注意力转移到 RCEP 协定的谈判之上，甚至日本试图通过尽早加入 TPP 牵制欧盟以获得通商谈判的主导权，以 TPP 为范本，推进同欧盟之间的 EPA 及 RCEP 谈判等。[②]

[①] 吴怀中. 安倍"战略外交"及其对华影响评析 [J]. 日本学刊，2014 (1)：46-69.
[②] 王厚双、孙丽谈战后日本参与全球经济治理的经验 [EB/OL]. http://world.people.com.cn/n1/2017/0223/C1002-29102370.html.

3. 欧盟的诉求

一是应对特朗普搁置 TTIP、英国"脱欧"的压力。从欧盟来看，特朗普搁置 TTIP、英国"脱欧"给欧盟的实力、影响力及未来发展造成了严重的损害。面对这种打击，日欧 EPA 协定的签署对欧盟至关重要。这是因为日本的经济体量大，有助于欧盟对美国重启 TTIP 施加压力，弥补英国"脱欧"给欧盟可能带来的损失（这也是欧盟希望欧日 EPA 协定能在 2019 年 3 月 29 日英国正式"脱欧"前生效的原因所在）。[①] 二是欧盟对欧韩 FPA 再放异彩充满了期待。欧盟—韩国 FTA 生效后使欧盟 15 年以来第一次实现了对韩贸易顺差。在欧韩 FTA 生效之后的短短 9 个月时间内，欧盟猪肉和乳制品对韩国的出口分别增长了近 120% 和 100%。由于日本的市场规模比韩国更大，欧盟对欧韩 FTA 的示范效应在与日本签署 EPA 协定后再放异彩充满了期待。三是欧盟希望借助 SPA（战略伙伴关系协定）介入亚太地区的安全事务，而日本也需要借助欧盟的力量提高其在亚太地区安全事务中的影响力。

（三）日欧 EPA 的主要影响

1. 对日本的影响

日欧 EPA 的签署不但会给日本带来显著的直接经济利益，更重要的是会给日本带来巨大的潜在战略利益。第一，直接的经济利益显著。例如，日本汽车产业是最大受益者，其对欧盟的汽车出口将增长 160 亿欧元。第二，重塑日本的国际形象。在英国"脱欧"、特朗普"退群"的背景之下，日欧 EPA 的签署使日欧走向了贸易投资自由化、便利化的前台，彰显其有共同扛起自由贸易大旗的强烈意图。安倍在签署 EPA 后讲得很直白：日欧 EPA 的签署将会有力地改变日本在全球区域经济一体化浪潮中的保守、自私、始终处于配角地位的国际形象，日本的国际形象会为之一变：日欧 EPA 的签署塑造了日本在全球贸易投资自由

[①] 颜泽洋. 日欧 EPA："后 TPP 时代"的领军者？[J]. 世界知识，2017（15）：30–31.

化、便利化进程中的主角、旗手的光辉形象。① 第三,提升日本的国际地位和国际影响力。日本在与欧盟进行 EPA 谈判的同时,与欧盟的 SPA 谈判也同步进行。每轮 EPA 谈判之后 SPA 谈判都马上跟进,EPA 谈判给 SPA 注入新的动力。因此,日欧 EPA 的签署,使日本获得了与欧盟平起平坐的政治地位,这无疑将扩大日本在国际事务中的发言权,提升日本的国际地位和国际影响力。②

2. 对欧盟的影响

据欧盟的推算,EPA 生效后,欧盟的农产品、汽车、化工和电子产品是最大的受益者。除此之外,日欧 EPA 的签署给欧盟不但会带来显著的经济利益,也会带来巨大的潜在战略利益,如给欧盟应对特朗普搁置 TTIP、英国"脱欧"压力带来了筹码,欧盟可借助 SPA 介入亚太地区的安全事务,提升其国际地位和国际影响力等。

3. 对中国的影响

日欧 EPA 的签署对中国造成了较大的压力或挑战,其主要表现在:第一,日欧形成统一的市场将加大对中国的竞争压力。EPA 对非成员方来说具有排他性,日欧 EPA 的签署将会对此前的日欧贸易、投资等市场格局带来巨大冲击,将会产生贸易转移、投资转移效应,使中国原来拥有的微弱竞争优势遭到进一步削弱,日欧形成统一的市场对中国带来的竞争压力不可小觑。第二,日本 EPA 战略的顺序推进将增加其在中日 FTA、中日韩 FTA 谈判中的筹码。由于中国现行关税较低,下降空间有限,再加上日本担心中国农产品会对日本市场造成很大冲击,因此,中国并非是日本 FTA 优先的谈判对象。日欧 EPA 协定签署后,日本势必会增加其在中日 FTA、中日韩 FTA 谈判中的筹码,特别是日本势必将知识产权、国内补贴和竞争政策等一系列高标准的国际经贸规则引入中日 FTA、中日韩 FTA 谈判中,迫使中方做出更大的让步。③ 而

---

① 杨舒. 牵手 EPA 日欧不想再等了 [N]. 国际商报,2017 - 07 - 06.
② 严瑜. TPP 黄了,日本又搭"新炉灶" [N]. 人民日报海外版,2016 - 12 - 13.
③ 马曹冉. 欧日抱团抵御贸易保护主义 [N]. 国际商报,2018 - 07 - 20.

紧随其后的美欧日"超级自贸区"一旦建成，对中国的压力也会陡然增加，对此必须给予高度重视。

4. 对美国的影响

日欧 EPA 协定的签署给美国带来了巨大的震撼。例如，美国农会联合会表示担心美国农产品出口遭受负面影响。从大局来看，不管是从直接的贸易利益上来看还是从争夺规则制定权上看，美国都会给予高度重视，不想成为"局外人"。于是，在 2018 年 7 月 25 日容克访美时，美国便提出了建立"零关税、零壁垒、零补贴"美欧自贸区的建议，随后难产已久的美日 FTA 协定谈判也被提上了日程，并试图建立美欧日"超级自贸区"。

5. 对其他国家的影响

日欧 EPA 的签署具有世界性的影响，几乎与日欧有经贸往来的国家和地区将无一例外地受到其影响，即使已与日欧签署 EPA/FTA 的国家也是如此。例如，韩国汽车和电子产品在欧盟市场上的竞争优势将会受到较大影响。其他在日欧 EPA 之外各国将面临更严峻的竞争。

6. 对多边贸易体制的影响

日欧 EPA 所倡导的多边贸易体制与规则并不局限于关税壁垒，而是将更多的注意力放到国内规制改革议题之上，要求在上述领域开展深度融合，提供系统而非单一的政策工具。这表明，日欧将按照西方价值观重塑多边贸易体制。短时间之内，现行的以世界贸易组织为中心的多边自由贸易体制不会消亡，这从日欧领导人在签署 EPA 后发表的联合声明中可以得到明证。

7. 对贸易保护主义的影响

在日欧 EPA 协定签署后举行的联合记者会上，容克指出，"保护主义不能达到保护的目的，单边主义不能产生团结"，"我们相信公开、公平、守序的贸易；一个贸易协议并非零和游戏，而是所有参与者的共赢"。安倍则表示："我们发出了一个明确的信号，我们将站在一起，反对保护主义。"因此，日欧 EPA 协定签署将会对全球贸易保护主义的泛滥起到积极的抑制作用。①

五、日本参与全球经济治理的主要经验

战后日本在参与全球经济治理的过程中，战略清晰、目标明确、重心突出，而且有效地选择了参与全球经济治理的突破口，积累了较丰富的经验，达到了较好的效果。②

（一）始终围绕着日本成为世界大国的战略参与全球经济治理

成为世界大国是近代以来日本矢志不渝的奋斗目标，为此日本不惜接连发动对外侵略战争。二战后，战败的日本不得不改弦易辙，致力于发展经济，试图通过经济发展实现大国梦想。而当日本经济实力迅速增强后，成为世界大国再次成为日本的国家战略诉求。1978 年，大平正芳首相明确表示要"坚决大胆地"改变日本"经济巨人"与"政治侏儒"的形象。1982 年中曾根康弘任首相后一再表示，日本要实现从经济大国向政治大国的转变，要创造一个辉煌的"日本世纪"。此后，日本历届政府领导人都孜孜不倦地推进日本成为世界政治大国乃至世界军事大国战略目标的实现。

安倍 2012 年底再次上台后不到两个月（2013 年 2 月 22 日）就为日本未来发展方向高调定位，"日本现在不是，将来也绝不会做二流国家"③，而是要从经济大国走向政治大国乃至军事大国，主张日本要有信心成为政治大国、军事大国，保持"国际社会主要玩家"的地位④。

---

① 陈博. 欧日经贸协定剑指保护主义 [N]. 经济日报，2018-07-21.
② 王厚双，孙丽. 战后日本参与全球经济治理的经验研究 [J]. 日本学刊，2017 (1)：92-118.
③ 安倍晋三："Japan is back（日本回来了）"，2013 年 2 月 22 日在美国战略与国际研究中心（CSIS）的英文讲演，日本首相官邸网，http：//www.kantei.go.jp/jp/96_abe/statement/2013/0223speach.html.
④ 吴怀中. 安倍"战略外交"及其对华影响评析 [J]. 日本学刊，2014 (1)：46-69.

这从安倍致力于修改和平宪法、组建"国防军"、使日本成为"正常国家"① 的一系列行动中可以得到充分验证。为此，安倍积极推动"战略外交"，试图通过"经略全球"、搞活"战略腾挪"，为日本开创更大的独立天地和发展空间，以此谋求日本的全面振作崛起、不做"二流国家"，在国际事务和地区社会中具有主导权。其重要途径就是积极而全方位地参与全球经济治理，以此来创造一切有利的条件，最终实现日本成为世界大国的夙愿。②

（二）把遏制中国的发展作为日本全球经济治理的重要目标

二战以来，无论是从政治需要还是从经济需要来看，打压中国、遏制中国的发展始终是日本对外战略的重要目标。在日本参与全球经济治理的过程中，遏制中国的发展体现得更为突出。

从历史来看，七国集团既是二十国集团的缔造者，也是二十国集团之前全球经济治理的核心平台。面对中国要成为七国集团一员的趋势，日本可谓绞尽脑汁加以应对。日本不愿意支持中国像俄罗斯那样获得正式的七国集团成员资格，又无力将中国完全排除在七国集团机制之外，因此做出了试图将中国以某种形式置于七国集团机制的约束和控制之下、不能成为真正意义上的七国集团成员的战略选择。③

从当前来看，安倍上台后，不但要使日本成为亚洲地区的政治经济安全领袖，而且要成为遏制中国崛起的急先锋。其推行的所谓"环绕外交"或者说"包围外交"就是明证，为此采取了向与中国外交关系较

---

① 所谓"正常国家"，按小泽一郎的解释是"在国际上被认为理所当然的事，日本也要视为理所当然，并理所当然地去做"，即日本要在国际社会中和美国、欧洲一样，在国际事务中发挥大国的政治和军事作用。参考樊勇明. 对日本大国战略成败的思考 [J]. 国际问题研究，2010（4）.

② 王厚双，孙丽. 战后日本参与全球经济治理的经验研究 [J]. 日本学刊，2017（1）：92-118.

③ 李杨，高天昊. 从 G7 到 G20：竞争的多边主义与日本的全球经济治理角色 [J]. 外交评论，2016（5）：109-134.

好的国家打"楔子"、搞"对冲",拉拢与中国有矛盾和争端的国家等手段以遏制中国。① 另外,针对中国倡导成立 AIIB,日本一方面拒绝加入,另一方面又与美国联手千方百计地抹黑 AIIB,甚至提出"高品质的基础设施投资"理念及其融资策略,企图依托 ADB 来巩固日本在亚洲地区的金融主导权。

(三) 把东亚地区作为日本参与全球经济治理的核心地区

在日本已经达成的 15 个 FTA/EPA 协定中,有 9 个是与东亚地区国家达成的;而日本正在与韩国、海湾合作委员会 (GCC)、加拿大、蒙古国、哥伦比亚、欧盟、中韩、RCEP② 等进行谈判的 FTA/EPA 协定共计 9 个,③ 其中有 4 个是与东亚地区国家进行的。由此可见,东亚地区是日本参与全球经济治理的核心地区。

日本之所以把东亚地区当作参与全球经济治理的核心地区,其原因在于:第一,东亚地区是日本经济利益的核心地区。早在 20 世纪 60 年代,日本在积极承接美国技术密集型产业转移的同时,开始逐步把纤维、家电组装等部分劳动力密集型产业向新兴工业化国家转移。④ 据此,日本在东亚地区成功地构建起了以日本为"领头雁"的"雁行发展模式",构建起了以日本为中心的东亚地区生产网络。随着日本与其他东亚地区经济体的发展差距逐渐缩小,"雁行模式"日趋式微,但东亚地区依然是日本经济利益的核心地区。第二,中国经济的崛起从根本上改变了东亚地区的贸易和投资格局乃至政治军事格局,这种变化给日本带来了"领导权流失"的巨大失落感。把东亚地区作为日本参与全

---

① 吴怀中. 安倍"战略外交"及其对华影响评析 [J]. 日本学刊, 2014 (1): 40 – 69.
② RCEP (Regional Comprehensive Economic Partnership, 区域全面经济伙伴关系) 由东盟十国发起,邀请中国、日本、韩国、澳大利亚、新西兰、印度共同参加 ("10 + 6"),旨在通过削减关税及非关税壁垒,建立 16 国统一市场的自由贸易协定。
③ 王厚双. 日本 FTA 农业议题谈判模式研究 [J]. 日本学刊, 2016 (1): 112 – 133.
④ 王厚双. 环渤海区域经济合作研究 [M]. 沈阳: 辽宁大学出版社, 1999: 157 – 158.

球经济治理的核心地区,是日本应对这种变化的必然选择。①

(四) 把国内战略需要与参与全球经济治理密切结合

参与全球经济治理并不是日本国家战略的根本目标,其根本目标是要借此实现日本国家利益的最大化。为此,日本将国内战略需要与参与全球经济治理的外交战略密切结合。

在参与全球经济治理的过程中,日本始终把国家利益至上作为根本的行为原则,从日本对其引以为傲的《京都议定书》的态度的取舍就可见一斑。《京都议定书》是2005年日本力推成功的。然而,在围绕温室气体减排的全球环境治理框架召开的数次重要国际会议上,特别是在2009年召开的哥本哈根世界气候大会就《京都议定书》到期后的续订协议问题上,日本一改以往积极推进的态度,除了承诺在减排方面向国际社会提供150亿美元的经济支持外,并没有就二期减排义务做出任何具体承诺。实际上,日本并没有完成《京都议定书》所承诺的6%减排目标,甚至在2010年联合国气候谈判天津会议上明确表示放弃《京都议定书》,在2010年底的坎昆世界气候大会上也拒绝承诺《京都议定书》第二阶段的任何减排目标。这暴露了日本言行不一、本国利益至上的真实面目。②

日本将国内战略需要与参与全球经济治理的外交战略密切结合,更体现在日美TPP谈判上。日美两国在TPP谈判中是各取所需。就日本一方来看,日本希望通过完成TPP谈判促进日本产业结构改革,扭转日本经济颓势,掌控东亚地区经济一体化的进程,巩固日美同盟以遏制中国的崛起;最为重要的是,日本试图通过帮助美国完成TPP谈判来换取美国对其修改"和平宪法"、实现日本所谓"正常国家"的梦想的支持。但是,美国在不断打压日本加快TPP的谈判步伐,对日本修改

---

① 王厚双,孙丽. 战后日本参与全球经济治理的经验研究 [J]. 日本学刊, 2017 (1): 92 – 118.

② 刘小林. 日本参与全球治理及其战略意图——以《京都议定书》的全球环境治理框架为例 [J]. 南开学报(哲学社会科学版), 2012 (3): 26 – 33.

"和平宪法"采取不予公开支持的立场。在美国对日本的要求顾虑重重时，日本甚至公开以退出 TPP 谈判、转向推动中日韩 FTA、打乱或迟滞美国"亚太再平衡"战略为要挟来迫使美国就范。最后博弈的结局是：美国对日本一系列修改"和平宪法"的举动采取背后支持、默认支持的态度；作为回报，安倍顶着国内朝野的巨大压力，助推美国完成了 TPP 的谈判。[①] 由此可见日本将 TPP 谈判与其政治经济利益诉求高度挂钩的内在考量。[②]

（五）积极争夺全球经济治理规则的制定权

全球经济治理是为了解决和应对已存在及未来可能出现的危机与问题，但其实质是设定解决危机和问题的方法，准确地说是"规则"。

以 TPP[③] 为例，其谈判议题已广泛涉及国内政策自主性的边境内问题，规则制定都遵循高标准、高要求的原则，符合国际分工深化的发展要求，也符合未来国际贸易和投资规则的发展方向。因此，安倍十分看重 TPP 在获取国际经贸规则制定权中的作用，在国内困难重重、美国抬高要价的情况下依然竭力推动。安倍显然将这一战略举措视为抢夺国际经贸规则制定权的重要机会，至少也是想以日美联手引领亚太经济合作，凭此控制全球经济治理规则的制高点，有效获取全球经济治理的巨大利益。[④] 因此，即使在特朗普明确表示上任后美国将放弃 TPP 的情况下，安培仍强行在日本国会通过了对 TPP 的审议。世界上许多人在讥讽安倍的"愚蠢"行为，却忽略了日本独扛 TPP 大旗的深刻内涵：美国

---

① 王厚双. 日本 FTA 农业议题谈判模式研究 [J]. 日本学刊, 2016 (1): 112 – 133.
② 王厚双, 孙丽. 战后日本参与全球经济治理的经验研究 [J]. 日本学刊, 2017 (1): 92 – 118.
③ TPP 所涉及的谈判议题是符合当前数字经济蓬勃发展、全球价值链分工深化等经济发展趋势的，这些高标准的边境内规则也代表着未来国际贸易和投资规则的发展方向。因此，虽然特朗普上台后美国放弃了 TPP, TTIP 的谈判也处于夭折状态，但 TPP 和 TTIP 所代表的"规则"方向难以逆转，TPP 和 TTIP 所涉及的谈判议题代表了未来国际贸易和投资规则的竞争制高点。
④ 李杨, 高天昊. 从 G7 到 G20：竞争的多边主义与日本的全球经济治理角色 [J]. 外交评论, 2016 (5): 109 – 134.

的退出使日本坐收美国费尽全身解数达成的 TPP，可谓无意间捡到了天上掉下来的"大馅饼"——美国退出 TPP 后，在余下 11 个国家中，日本从 TPP 的一个配角变成了主导 TPP 的绝对主角，这更给日本提供了占据全球经济治理新规则制高点的绝好机会。

（六）选择有效参与全球经济治理的突破口

全球经济治理所涉及的议题越来越广泛。显然，面对众多复杂的议题，必须有所侧重，要选好突破口，才能有效地在全球经济治理中展示一国的责任感和良好风范。日本把参与全球环境治理作为展示其参与全球经济治理的责任感和良好风范的选择可谓深思熟虑。

日本参与全球环境治理的做法主要有：第一，日本几乎所有部门，如环境省、经济产业省、厚生劳动力省、外务省等都参与到全球环境治理工作中，经济产业省积极在发展中国家中推行"环保与债务互换"政策，外务省则设立特别小组，就对外开展环境治理合作的政策、措施以及解决跨界国际环境纠纷等问题开展相关的工作。第二，依托非政府组织开展民间的全球性环境治理合作活动，如允许"地球之友""绿色和平组织""绿色地球网络"等在日本开展环保活动，对日本参与全球环境治理也发挥了不可忽视的推动作用。第三，通过积极举办全球性环境治理大会，展示日本全球性环境治理的风范。比如，1997 年成功举办京都会议，并最终通过《京都议定书》，使日本的全球环境大国形象得以确立。第四，利用环境 ODA（官方开发援助）打造日本全球性环境治理的务实形象。自 1989 年日本在布鲁塞尔七国集团峰会上首先表示要在此后三年向国际环保事业提供 3000 亿日元环境援助的承诺以后，日本在各种国际会议上做出的环境援助、环境贷款承诺超过 500 亿美元，还对发展中国家进行了大量的环境专业技术人员培训工作。①

---

① 王厚双，孙丽. 战后日本参与全球经济治理的经验研究 [J]. 日本学刊, 2017 (1): 92–118.

日本之所以把参与全球环境治理作为其参与全球经济治理的突破口，其原因在于：第一，随着全球环境问题日益突出，世界各国、各党派、各阶层都十分重视环境保护问题，日本参与全球环境治理是顺应了世界性潮流，必然赢得各方势力的好感。第二，战后日本既是环境问题的受害国，同时也是环境治理取得突出成就的代表性国家，日本在环境治理方面积累了丰富的经验。

通过参与全球环境治理，日本赢得了"世界环保超级大国"的美誉，同时加强环保交流，扩大环保技术出口市场，获得了名利双收的效果，① 塑造了日本参与全球经济治理的良好形象。

六、日本参与全球经济治理的经验对中国的启示

日本参与全球经济治理的经验，对于正在积极参与全球经济治理的中国来说具有重要的启发意义，值得深入研究。

（一）抓住机遇，积极参与全球经济治理

战后日本参与全球经济治理的一条重要经验就在于，其抓住了七国集团、二十国集团等国际组织建立以及亚洲金融危机、全球金融危机等带来的机遇，从而使日本顺利地实现了从被治理者、配角到全球经济治理的贡献者、领导者的转换。②

当前，随着世界政治经济格局的快速变化，美国霸权地位相对衰落，新兴经济体迅速崛起并成为一种强大的力量，要求对全球经济治理体系进行变革。特别是2008年全球金融危机爆发后，深受其害的西欧发达国家也加入这一历史洪流中，与新兴经济体一道推动着全球经济治理体系的转型与变革。传统的全球经济治理体系在很多方面都发生了深

---

① 刘小林. 日本参与全球治理及其战略意图——以《京都议定书》的全球环境治理框架为例 [J]. 南开学报（哲学社会科学版），2012（3）：26-33.
② 李丽霞. 论习近平关于推进全球治理的思想与实践 [J]. 西安政治学院学报，2016（6）：19-24.

刻的变革。一是全球经济治理的主体正经历着从美国独霸到美国与其他发达国家共治，再到发达国家与新兴经济体为代表的发展中国家共治的局面。二是全球经济治理的平台从联合国、世界银行/国际货币基金组织向新老多边国际经贸组织转变，世界银行、国际货币基金组织、WTO被迫改革，二十国集团、金砖国家等新的全球经济治理平台正在形成，并发挥越来越大的影响力。三是全球经济治理的对象从偏重于经济议题扩展到与经济议题密切相关的议题，甚至是敏感的非经济议题。四是全球经济治理的权利义务的变化从"零和游戏"变成"共赢"局面。全球经济治理体系的重大变化，将给中国参与全球经济治理与国际经贸规则重构博弈带来重大机遇。随着全球性挑战增多，加强全球治理、推进全球治理体制变革已是大势所趋。这不仅事关应对各种全球性挑战，而且事关给国际秩序和国际体系定规则、定方向；不仅事关对发展制高点的争夺，而且事关各国在国际秩序和国际体系长远制度性安排中的地位和作用，[1] 因此，中国要"积极参与全球经济治理"，[2] 要通过"积极参与全球经济治理，做国际经贸规则的参与者、引领者"，[3] 实现国家利益的最大化。

（二）依托现有机制，推进全球经济治理规则体系的变革

战后日本主要依托并充分利用全球性国际组织、洲际性国际经济组织、区域经济一体化组织等参与全球经济治理，即使当其成为世界第二经济大国后也没有试图实质性地改变既有的全球经济治理规则。鉴于中国目前的经济实力和国际影响力，要彻底地改变现有的全球经济治理规

---

[1] 习近平. 推动全球治理体制更加公正更加合理 [R/OL]. http：//www.caixin.com/2015-10-13/100862584.html.
[2] 习近平. 携手合作，共同发展 [R/OL]. http：//news.xinhuanet.com/world/2013-03/27/c_124511954.htm.
[3] 中共中央国务院关于构建开放型经济新体制的若干意见 [EB/OL]. http：//politics.people.com.cn/n/2015/0918/c1001-27601372.html.

则体系是不现实的。① 而且，作为这种规则体系的受益者，中国不应希望另起炉灶构建一个与其平行的新的国际规则体系，因为这样做的经济成本是高昂的，在政治上也是危险的。因此，中国应做到以下几点：第一，中国要做现行国际秩序的坚定维护者。中国没有理由去挑战在战胜法西斯基础上建立的国际秩序，也没有动机去推翻自己全面参与其中的国际体系。"我们要维护自由、开放、非歧视的多边贸易体制，不搞排他性贸易标准、规则、体系，避免造成全球市场分割和贸易体系分化。"② 第二，中国要在"坚持世界贸易体制规则，维护多边贸易体制在全球贸易投资自由化中的主渠道地位，坚持均衡、普惠、共赢原则，反对贸易投资保护主义"③ 的基础上，"构建互利共赢的全球价值链分工"，"推动多哈回合谈判；落实国际货币基金组织改革方案，加强全球金融安全网；总结布雷顿森林体系的经验，进一步完善全球经济治理"。④ 第三，要"推进全球经济治理体系改革"。⑤ 为此，中方愿与各国一道，为推动国际秩序与国际体系朝着更加公正合理方向的发展发挥应有的作用，要"推动国际秩序朝着更加公正合理的方向发展；改革国际货币金融体系，推动贸易和投资自由化便利化；加强成员合作，实现互联互通；积极推进金砖国家开发银行、外汇储备库等项目⑥"。"维护和发展开放型世界经济，建设更加紧密的经济伙伴关系；抓紧落实好国际货币基金组织份额和治理改革方案；完善国际货币体系；改革特别提款权；加强多边金融合作"，"要探讨完善全球投资规则，引导全球发

---

① 孙伟. 中国与全球经济治理：角色、目标和政策 [J]. 中国经贸导刊, 2014 (1): 26 – 29.
② 习近平. 共同维护和发展开放型世界经济——2013 年 9 月 5 日在 G20 领导人峰会第一阶段会议上的讲话 [R/OL]. http：//www. zj. xinhuanet. com/jrzx/2013 – 09/06/c_117254734. htm.
③⑤ 中共中央国务院关于构建开放型经济新体制的若干意见 [EB/OL]. http：// politics. people. com. cn/n/2015/0918/c1001 – 27601372. html.
④ 习近平. 推动创新发展 实现联动增长——2014 年 11 月 15 日在 G20 布里斯班峰会上的讲话 [R/OL]. http：//politics. people. com. cn/n/2014/1116/c1001 – 26032539. html.
⑥ 习近平. 携手合作，共同发展——2013 年 3 月 27 日在金砖国家德班峰会上的讲话 [R/OL]. http：//news. xinhuanet. com/world/2013 – 03/27/c_124511954. htm.

第五章　全球经济治理与国际经贸规则重构博弈的国际经验借鉴　　255

展资本合理流动，更加有效地配置发展资源"①，"实现共商、共建、共享"。②

中国要利用已有平台和创建新平台相结合，推进全球经济治理机制的创新。一方面，在推进全球经济治理机制的创新方面，要充分利用WTO、国际货币基金组织、亚太经济合作组织等传统平台，其中二十国集团值得中国给予特别关注。二十国集团是中国首次以建设者、贡献者、引领者的身份参与全球经济治理的机制，将成为中国推进全球经济治理机构改革的重要平台。"二十国集团是发达国家和发展中国家就国际经济事务进行充分协商的重要平台。我们要把二十国集团建设成稳定世界经济、构建国际金融安全网、改善全球经济治理的重要力量"。③为了进一步提升其在推进全球经济治理机制创新中的作用，"二十国集团成员要树立利益共同体和命运共同体意识，努力形成各国增长相互促进、相得益彰的合作共赢格局，让二十国集团真正成为世界经济的稳定器、全球增长的催化器、全球经济治理的推进器"。④另一方面，中国还要积极参与创建新的多边全球经济治理平台，如 AIIB、金砖国家银行、丝路基金等，"要改革和完善全球经济治理，推动更多国家支持金砖国家新开发银行、应急储备安排、'一带一路'、亚洲基础设施投资银行、丝路基金等倡议，为世界经济增长和国际金融货币体系改革提供动力；继续积极推动增加在国际金融机构中的代表性"，⑤以此主动承担大国责任，为国际社会提供重要的公共产品，推动全球经济治理体系

---

①③　习近平. 共同维护和发展开放型世界经济——2013 年 9 月 5 日在 G20 领导人峰会第一阶段会议上的讲话［R/OL］. http：//www.zj.xinhuanet.com/jrzx/2013 - 09/06/c_117254734. htm.

②　习近平. 谋共同永续发展，做合作共赢伙伴——2015 年 9 月 26 日在联合国发展峰会上的讲话［R/OL］. http：//news.xinhuanet.com/mrdx/2015 -09/27/c_134664040. htm.

④　习近平. 创新增长路径，共享发展成果——2015 年 11 月 15 日在 G20 领导人第十次峰会第一阶段会议上的讲话［R/OL］. http：//www.china - embassy.or.jp/chn/zgxw/t1315061. htm.

⑤　习近平. 共建伙伴关系　共创美好未来——2015 年 7 月 9 日在金砖国家乌法峰会上的讲话［R/OL］. http：//politics.people.com.cn/n/2015/0709/c1024 - 27281063. html.

向更加多元化、多样化的方向发展。①

（三）把维护自身利益与构建全球经济治理的"命运共同体"结合起来

日本参与全球经济治理的一条重要经验就是，将国内利益诉求与全球经济治理的利益诉求密切结合，实现本国利益的最大化。因为，随着"经济全球化深入发展，把世界各国利益和命运更加紧密地联系在一起，形成了你中有我、我中有你的利益共同体。很多问题不再局限于一国内部，很多挑战也不再是一国之力所能应对，全球性挑战需要各国通力合作来应对"。②要"在追求本国利益时兼顾别国利益，在寻求自身发展时兼顾别国发展"③，"各国要树立命运共同体意识，真正认清'一荣俱荣、一损俱损'的连带效应，在竞争中合作，在合作中共赢"；要"构建广泛的利益共同体"。④因此，中国在参与全球经济治理过程中，要尊重和考虑与各国的共同利益和整体利益，追求世界各国的和谐共生、互利互惠和共同发展。在坚持合作共赢立场的同时，对来自"霸权主义""强权政治"威胁和有损中国利益的事要采取坚决的反制措施，以更好地维护中国的正当权益。

（四）构建新型大国关系，减轻改革全球经济治理旧秩序的阻力

在参与全球经济治理的过程中，面对美国的绝对主导地位，日本唯

---

① 王厚双，孙丽. 战后日本参与全球经济治理的经验研究 [J]. 日本学刊, 2017（1）: 92-118.

② 习近平. 推动全球治理体制更加公正更加合理——2015年10月13日在中共中央政治局第二十七次集体学习上的讲话 [R/OL]. http://www.caixin.com/2015-10-13/100862584.html.

③ 习近平. 共同维护和发展开放型世界经济——2013年9月5日在G20领导人峰会第一阶段会议上的讲话 [R/OL]. http://www.zj.xinhuanet.com/jrzx/2013-09/06/c_117254734.htm.

④ 中共中央关于制定国民经济和社会发展第十三个五年规划的建议 [EB/OL]. http://news.cnr.cn/native/gd/20151103/t20151103_520379989.shtml.

美国马首是瞻,但这对日本来说是一种代价较小的选择。在当前,美国仍然是政治经济军事大国,而且是现有全球经济治理规则的制定者、既得利益者、维护者,对任何有关改变现有的全球经济治理秩序、制定新的全球经济治理规则的构想都有着举足轻重的影响力,甚至具有一票否决权,中国要参与全球经济治理并推进全球经济治理规则体系的改革,必须加强与美国的沟通与合作,与美国构建起新型的大国关系,推进新的合作模式的发展。"大国之间相处,要不冲突、不对抗、相互尊重、合作共赢",[1] 即"要构建以合作共赢为核心的新型国家关系"[2]。实际上,对现有全球经济治理规则体系进行改革也是美国的战略利益需求,"如果美国还想继续做全球秩序的首要供给者,就需要对自由秩序构建的传统战略进行改良,美国需要重新寻找并倡导具有操作性、共识基础并能发挥作用的全球规则和机制"。[3] 因此,美国既要将中国纳入现存的国际体系中,更要给予中国相应的话语权,这符合中美两国共同的战略利益。[4]

(五) 争取更多的全球经济治理规则制定的话语权

随着政治经济实力对比的变化,发达国家对传统的规则渐渐失去了兴趣,如 WTO 以货物贸易为核心的规则已经不能适应其新经济发展的需要,所以发达国家正试图重构这些传统规则,如美欧积极推动服务贸易协定(TISA)谈判目的就是如此。另外,受 WTO 等传统的多边国际经贸组织议事规则的束缚,发达国家难以按照其理想的路线推进对传统

---

[1] 习近平. 携手构建合作共赢新伙伴,同心打造人类命运共同体——2015年9月28日在第七十届联合国大会一般性辩论时的讲话 [R/OL]. http://politics.people.com.cn/n/2015/0929/c1024-27644905.html.

[2] 习近平. 共建伙伴关系 共创美好未来——2015年7月9日在金砖国家乌法峰会上的讲话 [R/OL]. http://politics.people.com.cn/n/2015/0709/c1024-27281063.html.

[3] 伊肯伯里. 自由主义利维坦:美利坚世界秩序的起源、危机和转型 [M]. 赵明昌译. 上海:上海人民出版社,2013:8.

[4] 王厚双,孙丽. 战后日本参与全球经济治理的经验研究 [J]. 日本学刊,2017(1):92-118.

规则的重构,于是转而通过推进 TPP 和 TTIP 等的谈判来制定更高标准的全球经济治理规则的新体系,然后迫使多边国际经贸组织予以确认。于是,发达国家与发展中国家在全球经济治理问题上的主要矛盾从发达国家对旧规则的维护转到了旧规则如何重构和新规则如何创立的博弈。中国在参与全球经济治理的过程中,应借鉴日本争夺全球经济治理规则制定权的经验,既要利用现有的治理体制维护自身的利益,更要根据中国经济社会发展全局的要求和全球经济治理发展的要求,推动全球经济治理规则的改造与创新,要"积极参与全球经济治理和公共产品供给,提高我国在全球经济治理中的制度性话语权",① 做全球经济治理规则的建设者和贡献者。一是要主动提出对中国有利的议题,如全球基础设施投资议题、推进国际货币体系改革议题等。二是要妥善应对中国处于弱势的议题,如竞争中性原则、劳工标准等议题,使中国在此类议题上进退有据,获得更多的话语权。

(六) 大力培养深谙全球经济治理游戏规则的人才

日本在参与全球经济治理的过程中,十分注意大力培养深谙全球经济治理游戏规则的人才,从而使日本在参与全球经济治理的过程中达到了积极的效果。例如,加拿大学者约翰·柯顿在总结日本成功举办七国集团峰会经验时曾说过,日本人深谙七国集团中的游戏规则,也了解西方政治体制下国家首脑在决策上受到的种种制约,因而在举办峰会时总是将重点集中在那些与日本利益一致而各国首脑又可以掌控的议题上,这不仅使峰会更容易达成成果,而且使峰会达成的承诺能更好地被遵守。② 中国应当借鉴日本在这方面的成功经验,大力培养深谙全球经济治理游戏规则的人才,在推进全球经济治理的过程中更好地维护中国的核心利益。

---

① 中共中央关于制定国民经济和社会发展第十三个五年规划的建议 [EB/OL]. http://news.cnr.cn/native/gd/20151103/t20151103_520379989.shtml.
② Kirton J. A Committed contributor: Japan in G8 and G20 Governance [EB/OL]. http://www.g7.utoronto.ca/scholar/kirton-japan-sheffield.pdf.

第三节 日本争夺国际经贸规则制定主导权的经验与启示

国际经贸规则是国际经贸交往赖以稳定进行的公共产品。作为非中性的制度安排，谁能够主导国际经贸规则的制定，谁就可以借此获得更多的国际经贸竞争额外红利。国际经贸规则制定权已成为当今世界国际经济竞争的制高点。面对这场激烈的国际竞争，长期致力于成为世界政治大国的日本，便审时度势地将争夺国际经贸规则制定权作为日本对外经贸战略的最高目标，特别是在安倍晋三第二次执政后，日本实现这一最高目标的意志更加明晰、更加坚定。2013年2月，安倍晋三在第二次执政的首次施政方针演说中明确指出，日本应成为在全球层面、区域层面以及双边层面创造规则的国家。为此，安倍政府实施了两大路径齐头并进的对外经贸战略。一方面，实施了以"跨太平洋伙伴关系协定"/"全面与进步跨太平洋伙伴关系协定"谈判为龙头，以"日欧经济伙伴关系协定"（日欧EPA）、"日美贸易协定"（TAG）与"区域全面经济伙伴关系协定"（RCEP）、"中日韩自由贸易协定"（中日韩FTA）等双边、多边自由贸易协定谈判为两翼的区域经济一体化战略，力争使日本"成为在区域层面以及双边层面创造规则的国家"。另一方面，高度重视、充分利用全球性国际经贸组织峰会外交的"规则设定与建章立制"功能，通过影响、主导全球性国际经贸组织峰会议题的设立，努力使日本"成为在全球层面创造规则的国家"。日本在这两个方面齐头并进、相互配合，以此来实现其主导国际经贸规则制定权的战略目标。尤其是后者，在G20大阪峰会期间被表现得淋漓尽致。

在G20大阪峰会期间，安倍首相充分利用主场外交的优势，通过巧妙地设立峰会议题，创立制定数字经济国际规则的"大阪轨道"、以"协调人"的角色力推世界贸易组织改革，使日本主导国际经贸规则制定权的战略取得了重要进展。日本的成功经验对于中国今后推进区域经济一体化、开展峰会外交,并以此在国际经贸规则制定权的国际竞争中争取更大的主动权,具有重要的启发和借鉴价值。

一、依托区域经济一体化战略主导国际经贸规则制定

在实现争夺国际经贸规则制定权这一对外经贸战略的最高目标上,安倍政府的战略谋划大致可以分为两个层级:一是依托全球性国际经贸组织的峰会外交,使日本成为在全球层面创造国际经贸规则的国家;二是通过推动实施区域经济一体化战略,使日本成为在区域层面以及双边层面创造国际经贸规则的国家,最终实现对国际经贸规则制定权的主导。从理论上看,推进这两个层级目标的实现并无时间先后的差异,既可以分步进行,也可以同步推进。但在具体实践中,由于实现第一层级目标面临涉及主体多、诉求复杂、协调难度大等难题,因此日本采取的战略是优先推进第二层级目标的实现,并以此来倒逼第一层级目标的实现。

(一) TPP/CPTPP 是实现这一战略目标的龙头

如何实现日本主导国际经贸规则制定权的战略目标?安倍政府把完成 TPP/CPTPP 谈判当作实现使日本成为在区域层面以及双边层面创造国际经贸规则的国家这一战略目标的龙头。为此,安倍政府采取了一系列措施:

第一,把完成 TPP 谈判置于战略的高度予以充分重视。这在安倍晋三第二次执政后迅速推出的 2013 年版《日本再兴战略》,以及 2014 年、2015 年、2016 年的施政方针演说中给出了越来越明确清晰的提法。安倍将完成 TPP 谈判视为"日本经济发展百年大计"。"(2013)年内要达成协议,日本应该发挥主导作用"[1],"日本需要把 21 世纪的经济规则

---

[1] 2013 年 10 月 10 日晚,在日本政府组织相关内阁大臣召开的有关达成 TPP 协议的会议上,安倍首相指示:TPP"还有很多方面未达成一致,TPP 是日本的百年大计,年内要达成协议,日本应该发挥主导作用,所以相关大臣应该团结解决剩下的难题。"安倍称 TPP 是日本百年大计,力争年内达成协议 [EB/OL]. http://global.ec.com.cn/article/glasia/201310/1264508_1.html.

扩展到全世界，而完成 TPP 谈判是实现日本外贸战略目标的第一步"。①为此，安倍首相亲自为 TPP 谈判确定了明确的谈判立场和战略方向，②这在日本区域经济一体化谈判历史上可谓罕见。

第二，对 TPP 谈判做出具体部署，并提供充足的谈判资源。为了有效地完成 TPP 谈判，安倍首相对 TPP 谈判团队的规模、TPP 谈判过程中如何实现政府各部门间的高度协同以及如何构建万无一失的 TPP 谈判体制等都做出了具体的部署，例如要求迅速打造 100 人规模的 TPP 谈判团队，以全力、优先给 TPP 谈判提供充足的谈判资源。③

第三，使原则的坚定性和策略的灵活性密切结合，推动 TPP/CPTPP 谈判进程。如前所述，国际经贸规则制定权是当今世界各国国际经济竞争的制高点，势必会涉及与其他国家之间的利益竞争博弈，注定不会一帆风顺。因此，安倍政府始终把原则的坚定性和策略的灵活性密切地结合起来。为了早日完成 TPP 谈判，安倍政府不惜顶着国内巨大的政治压力，在农产品开放问题上做出较大的让步，④ 最终促成了 TPP 协议的达成。当特朗普宣布退出 TPP 打乱其战略部署时，安倍政府又及时采取了两方面的战略与策略：一是在 2018 年的施政方针演说中，重申日本"扩大基于自由和公正贸易规则的 21 世纪新经济秩序"的坚定立场，并在多次劝说特朗普回归 TPP 无果的情况下，由日本主动扛起 CPTPP 建设的大旗，以防日本争夺主导国际经贸规则制定权的战略丧失依托。二是为了使 CPTPP 尽快完成谈判并尽早生效，安倍政府灵活地采取了对 CPTPP 成员方争议较大的国际经贸规则实施冻结的策略，例

---

① 「新協定農業水産物の関税は」[EB/OL]. https//www3. nhk. or. jp/news/imasaratpp/articl21. html ［2019 - 06 - 12］.

② 蔡亮. 安倍政府区域一体化政策的战略意图剖析——基于机会窗口与规则收益的视角[J]. 日本学刊，2019（1）：94 - 116.

③ 张建. 安倍经济学时期的日本外贸战略分析[J]. 日本问题研究，2018（5）：45 - 56.

④ 根据 TPP 相关规定，协定生效后，日本将对 51.3% 的进口农林水产品立即取消关税；协定生效的第 12 年，日本全部取消关税的品类占比将提高到 81%，日本只保留 443 种农林水产品关税。参见：清水徹朗. TPPの日本農業への影響と今後の見通し[J]. 農林金融，2016（1）：47.

如冻结了TPP规则中的"投资者—国家争端解决机制"（ISDS）[①]、更加严格的知识产权保护规则等22条规则。这些规则是美国积极倡导的，却让许多成员特别是发展中国家倍感压力，对其实施冻结为CPTPP的尽快达成、尽早生效扫清了障碍。从2017年11月宣布以CPTPP取代TPP到2018年3月最终达成CPTPP，只用了4个月的时间，安倍政府推进CPTPP谈判的进度可谓神速。CPTPP的相关规定虽然打了一定折扣，但仍是当今世界高标准的国际经贸规则，安倍政府主导国际经贸规则制定权的战略安排没有受到实质性影响。

（二）依托区域经济一体化拓展战略空间

在推进TPP/CPTPP这种"国际经贸规则新标杆"式谈判的同时，日本以TPP/CPTPP规则为模板、标杆，加快推进日欧EPA、日美贸易协定与RCEP、中日韩FTA等谈判。从表面看这些谈判是在同时推进，但实际上有着明确的先后顺序：第一步，全力以赴地优先完成TPP/CPTPP谈判，以此既为日欧EPA[②]、日美贸易协定、RCEP、中日韩FTA[③]等谈判树立"规则标杆"，又为后续谈判积累经验。第二步，完成日欧EPA、日美贸易协定谈判。其目的在于：一方面，可以形成日欧、日美联手推进国际经贸规则制定的声势；另一方面，特别是完成日美贸易协定谈判，可以"解冻"原TPP中被冻结了的22条规则，[④] 以此表明日本"将在保护主义疑念高悬的世界里，高举自由贸易的旗帜，

---

① ISDS是"investor-state dispute settlement"的简称，该机制允许投资者状告被投资国、直接主张自己的权利，超越了WTO仲裁所遵循的"国家—国家争端解决"机制。ISDS在透明度、自由裁量权、连贯性、仲裁员资格等方面存在许多问题，使得它的合法性受到质疑。
② 日欧EPA谈判不但涉及传统议题，而且涉及数据自由流动等国际经贸规则新议题。
③ 中日韩FTA谈判不但涉及货物贸易、服务贸易、原产地规则、知识产权等传统议题，还涉及竞争政策、电子商务等国际经贸规则新议题。
④ 2019年10月7日，日本与美国在华盛顿签署了《日美贸易协定》，协定所涉及范围基本局限在货物贸易领域，且没有超越日本以"TPP为底线"的要求，同时增加了数字贸易领域规则的相关内容。这反映出日本与美国欲在新一轮国际贸易体系转型中引导规则与标准制定的战略意向。参见徐梅. 新时期的日美贸易谈判：成果与趋势探析［J］. 日本学刊，2020（2）：39-57.

做新时代公正规则的制定者和领导者"的决心。① 第三步,在完成 TPP/CPTPP、日欧 EPA 和日美贸易协定谈判的基础上,乘势推进 RCEP 谈判,"主导 RCEP 成为高标准的协定,扩大自由和公正的经济贸易圈"。② 第四步,主攻中日韩 FTA 等谈判,使中韩接受日本倡导的国际经贸新规则。

通过上述四步走的战略安排与实施,日本形成了以 TPP/CPTPP 为龙头,以日欧 EPA、日美贸易协定与 RCEP、中日韩 FTA 等谈判为两翼,实现日本主导国际经贸规则制定权的战略空间,达到了其牢牢掌控主导国际经贸规则制定权先机的战略目的。

二、依托峰会外交主导国际经贸规则制定

峰会外交具有"规则设定与建章立制"的功能。安倍政府积极影响乃至主导峰会议题设立,以借此达到依托峰会外交主导国际经贸规则制定权的目标。这在 G20 大阪峰会期间表现得淋漓尽致。

(一)峰会外交及其功能

所谓峰会外交,通常是指以多边首脑会议为舞台、就某一领域或某些领域具有全球意义的问题或议题开展的高峰外交活动。峰会外交常常以化解或解决全球性矛盾与问题作为主要目标指向,包括三大功能:一是围绕当前亟待解决的全球性难题或危机甚至是主要国家间的外交困

---

① 首相官邸. 平成 31 年 1 月 4 日　安倍内閣総理大臣年頭記者会見 [EB/OL]. https://www.kantei.go.jp/jp/98_abe/statement/2019/0104kaiken.html.

② 2013 年 5 月,RCEP 在文莱举行第一轮谈判,当时只涉及货物贸易、服务贸易和投资问题。2015 年 10 月在韩国釜山举行第十轮谈判,各方开始就货物贸易、服务贸易、投资等核心领域展开实质性磋商,并举行了竞争政策、知识产权、经济技术合作、电子商务、法律与机制问题等工作组会议。2018 年 7 月在泰国曼谷举行第 23 轮谈判,开始就货物、服务、投资、原产地规则、海关程序与贸易便利化、卫生与植物卫生措施、技术法规与合格评定程序、贸易救济、金融、电信、知识产权、电子商务、法律机制、政府采购等领域进行全面磋商。由此可见,RCEP 的谈判议题越来越多地涉及国际经贸新规则,这也是安倍政府要"主导 RCEP 成为高标准的协定,扩大自由和公正的经济贸易圈"的具体体现。

境，进行峰会外交斡旋，具有"救急性和应急性"的功能；二是峰会外交常常会对需要各国长期高度关注的全球性难题或危机，如全球经济发展的困境、生态与环境问题、人类可持续发展问题等进行探讨，协调立场，达成"务虚性"的共识，具有"协调性与规划性"的功能；三是峰会外交的目标指向或使命是要对解决上述全球性危机或难题规划"路线图"或"时间表"，设定方向，具有"规则设定"和"建章立制"的功能。① 其中，核心和本质是"规则设定"和"建章立制"，这是峰会外交根本性、战略性的功能，因为它既关系到各国眼前的利益，关系到能否有效化解眼前所面临的全球性难题或危机，更关系到国际社会的行为规则，关系到世界各国长远的战略利益，是峰会外交的重心和焦点。因此，峰会外交受到国际社会的格外关注。

（二）G20 及其峰会

G20 创立于 1999 年 9 月 25 日的八国集团（G8）财长华盛顿会议，最初仅限于财长和央行行长会议，初衷是希望通过非正式对话防止类似 1997 年亚洲金融危机等区域性乃至全球性危机的重演。随着全球性问题日益复杂化、尖锐化，特别是随着国际社会对 G20 作用的期望值不断增大，G20 越来越感到力不从心，其权威性亟待提升。2007 年，加拿大学者彼得·哈吉纳尔建议将 G20 财长和央行行长会议提升为更高层级、更有权威的 G20 领导人峰会。2008 年全球金融危机爆发后，世界各国特别是发达国家迫切要求进行全球范围的干预和协调，于是 G20 华盛顿会议决定将财长和央行行长会议升格为 G20 领导人会议——G20 峰会。2009 年 9 月在美国匹兹堡召开的 G8 峰会宣布，G20 取代已经运行了 34 年之久的仅由发达国家组成的 G7/G8，作为全球经济治理合作最主要的论坛和最重要的平台。发达国家不得不承认，面对全球性危机或难题的挑战，单靠几个发达国家去协调、应对，既显得力不从心，也不适应全

---

① 毛德松. 峰会外交在全球治理中的地位和作用 [J]. 世界经济与政治论坛，2012 (5)：99 – 111.

球经济治理的公平性、公开性等"民主化"大趋势的要求。①

G20 成员包括中国、美国、日本、德国、法国、英国、意大利、加拿大、俄罗斯、欧盟、澳大利亚、南非、阿根廷、巴西、印度、印度尼西亚、墨西哥、沙特阿拉伯、土耳其和韩国,其 GDP 总量约占全球的 90%,人口约为 40 亿人,占世界人口总数的 2/3,国际贸易量占世界总量的 80%。G20 的代表性、权威性日益受到国际社会的高度重视,特别是每次 G20 峰会,世界贸易组织、国际货币基金组织等国际组织也参与其中,使 G20 峰会的影响力得到进一步提升。

从发展历程来看,G20 产生于应对亚洲金融危机的需要,在应对全球金融危机中得到发展;随着 G20 从应对区域性、全球性金融危机机制向全球经济治理长效治理机制的转型升级,G20 峰会的议题也在迅速扩展,全球可持续发展问题、气候变化问题、能源问题以及粮食安全问题等都已经被纳入 G20 峰会议程。这也彰显了 G20 峰会在全球经济治理中的影响和作用。首先,G20 峰会在应对全球性危机、治理全球性经济问题中的协调作用越来越大。1997 年亚洲金融危机和 2008 年全球金融危机的爆发,充分暴露了全球性协调在全球经济发展过程中的严重缺失,金融危机的惨痛后果也证明了这种全球性协调缺失的极大危害性。于是,全球主要国家斟酌、比较后决定把 G20 峰会当作全球应对金融危机、治理全球性经济问题的最高层级的协调平台。其次,G20 峰会在应对全球性危机、治理全球性经济问题等方面的推动作用越来越大。在 G20 所有成员的共同努力下,G20 峰会常常能够站在全球战略的高度、从更宽阔的视角去研判全球性问题,因而能够有效地跳出细枝末节问题甚至分歧的困扰而达成共同行动的共识,不仅能够达成应对危机的应急性政策与行动共识,也常常能够达成有突破性的政策与行动共识,从而扫除治理全球性问题的国际合作障碍,推动全球经济治理进入一个新的更高合作层级。最后,G20 峰会在应对全球性危机、治理全球性经济问题上的效率较高。因为 G20 峰会外交的参与者都是能够左右本国最终

---

① 唐彦林. 20 国集团变革国际经济秩序探析 [J]. 现代经济探讨, 2011 (10): 57 - 60.

决策的关键人物，拥有决策自主权，各国首脑在 G20 峰会上的直接交往不仅可以避开一些纠缠不清的技术细节问题，能够直面全球经济治理相关的核心问题，而且在很多情况下还可以避开外交上的繁文缛节，以首脑之间的个人情谊化解看似不可调和的利益冲突。[1] 因此，G20 峰会比其他级别的官方外交活动体现出更高的决策效率，也在一定程度上推动了全球经济治理向民主、平衡、公正的方向前进。[2] 作为全球经济治理合作的主要论坛和重要平台，国际社会普遍看好 G20 峰会在全球经济治理中的作用，并给予了空前的关注与很高的期待。

（三）大阪峰会彰显日本主导国际经贸规则制定的战略意图

G20 建立 20 多年来，特别是 G20 峰会问世 10 余年来，在 G20 峰会主题或议题确定议程上已经形成了"双轨制"的惯例：一是为了确保 G20 运行机制的稳定性，特别是为了确保 G20 峰会所达成的共识成果的连续性，G20 峰会前任、现任和后任主席国会共同参与峰会的议题设置；二是 G20 峰会现任主席国可以根据全球经济治理的新形势，特别是可以根据本国经济社会发展的新要求，设置本国高度关注的既具有世界影响、也具有本国特色的新议题。因此，现任主席国无疑会对 G20 峰会主题或议题的确定发挥主导作用。日本抓住担任 G20 峰会主席国的重大机遇，坚持场外外交与场内外交并举，以场外外交为场内外交打基础、做铺垫，坚持多边峰会外交与双边峰会外交并举，双边峰会外交为多边峰会外交扫清道路，使其主场外交优势尽显。特别是国内议题与国际议题相互配合、创立数字经济"大阪轨道"、力推 WTO 改革，彰显了日本成为创造全球层面国际经贸规则国家、主导国际经贸规则制定的战略意图。

---

[1] 毛德松. 峰会外交在全球治理中的地位和作用 [J]. 世界经济与政治论坛, 2012 (5): 99-111.

[2] 邹亚宝, 王凯. 论 G20 机制化及中国在全球经济治理中的策略 [J]. 战略决策研究, 2011 (6): 32-38.

1. 利用 G20 大阪峰会主场外交的优势实现"救急与应急"的近期目标

如前所述，峰会外交具有"救急与应急"的功能，因此安倍政府充分利用这一功能来实现其近期目标。

第一，通过 G20 大阪峰会主场外交，为获得众参两院选举胜算造势。2019 年是日本举行参议院选举和地方选举的年份，安倍首相对此有三重目标：一是要确保执政联盟议席数过半；二是要拿下众参两院 2/3 的议席，达到修宪所需要的议员支持数量；三是要修改日本和平宪法，特别是将自卫队写入宪法第九条，使日本成为所谓"正常国家"。尤其第三重目标，是安倍首相选举目标的重中之重。执政联盟在众议院占有 2/3 以上的多数议席，联合其他修宪势力拿下参议院 2/3 以上议席，是安倍首相实现其修宪政治夙愿的关键所在。在野党中，日本共产党和社民党坚决反对修宪，还有一些在野党虽然不反对探讨修宪话题，但反对将自卫队写入宪法第九条；即便是自民党的执政伙伴公明党，虽不反对修宪，但态度很不积极。而且，修宪动议发起后还需交由"全民公投"表决，取得过半支持才能成立。而据民调显示，日本多数民众认为没有必要急着修宪，特别是在朝鲜半岛局势趋于缓和、中日关系重回正轨的情况下，安倍首相修宪能否过"民意关"也存在不少困难。[①] G20 大阪峰会恰在日本 7 月参议院选举之前举行，因此，充分利用 G20 大阪峰会，打好主场外交，赢得议员、舆论与民意支持是安倍首相的重要考量。

第二，通过 G20 大阪峰会主场外交，稳定日本经济发展的外部环境。2012 年底安倍晋三重新上台后，虽然"安倍经济学"的实施效果差强人意，但日本经济发展也呈现出许多亮点。例如，日本经济总量创下了历史最高值，并朝着 600 万亿日元目标迈进；有效求人倍率超过泡沫经济时期，达到 1.64 倍，为近 40 年来的最高点；失业率创下泡沫经济崩溃以来的最低点，只有 2.4%；税收大幅增加，2018 年达到 62 万

---

① 安倍迎来参议院大考，能否过三分之二是关键 [EB/OL]. http://www.xinhuanet.com/2019-07/05/c_1124716836.htm.

亿日元，是历史上的最高额；访日外国游客从 2012 年的 800 万人猛增到 2018 年的 3000 万人；中小企业的出口比泡沫经济崩溃时增加了 200%；全球创新企业前 100 名中日本占了 40 家，自 2014 年起就超越美国稳居第一名。① 然而，在中美博弈和美国贸易保护主义背景下，2019 年 5 月，日本出口连续第六个月下滑，贸易逆差达到 9760 亿日元，为四个月来的首次月度贸易逆差；6 月中旬公布的贸易数据还显示，日本对华出口同比下降近 10%。② 此外，日本政府决定在 2019 年下半年把消费税率从 8% 提高到 10%，这可能导致经济预期下调。因此，充分利用 G20 大阪峰会主场外交，创造稳定的经济外部发展环境，是安倍政府的重要目标。

不但如此，安倍首相还把 G20 大阪峰会看作日本进入一个重大历史转折期的"窗口"，是日本迎接未来十年黄金发展时期的关键起点。可见安倍政府对 G20 大阪峰会有着极高的期待。

第三，通过 G20 大阪峰会主场外交，助推日本摆脱外交困境。一是稳固日美关系。日美关系是日本外交的重中之重。然而，特朗普上台后，日美关系面临重大转折。一方面，安倍首相在美国大选中"押错宝"，导致日美关系处于微妙状态，虽然安倍首相在特朗普胜选后极力拉近和特朗普的个人关系，但收效欠佳。另一方面，特朗普上台后对华态度强硬，但日美关系并没有像日本希望的那样得到强化，相反日本也是"特朗普冲击"的主要对象之一，特朗普不但要求日本分担更多的同盟责任，甚至传出特朗普要废弃日美安保条约的消息。虽然 G20 大阪峰会前特朗普访问日本，但特朗普还是使日本感到压力重重。二是推进重回正轨的中日关系。2010 年以来中日关系不断恶化，直到 2014 年 11 月 10 日习近平主席在人民大会堂应约会见来华出席亚太经合组织（APEC）领导人非正式会议的安倍首相后，中日关系才开始有所缓和，

---

① 徐静波. 创造未来 10 年经济黄金期，日本凭什么？[EB/OL]. https：//www. yicai. com/news/100118278. html.
② 日本 5 月出口连续第 6 个月下降对华出口下降 9.7% [EB/OL]. http：//finance. sina. com. cn/stock/usstock/2019 - 06 - 19/doc - ihytcerk7850009. shtml.

继而在 2018 年 5 月和 10 月实现两国总理互访,中日关系由此重回正轨。然而,特朗普上台后对华战略的大调整,使日本又面临"选边站"的考验。例如,在美国对中国高科技公司实施打压政策时,日本也积极配合,在政府采购中基本排除了华为、中兴等中国企业。三是缓和日俄关系。虽然安倍首相和普京总统在 G20 大阪峰会期间举行了日俄首脑会谈,但普京总统没有任何打算把"北方四岛"交还日本,这可能使日本与俄罗斯签署和平条约的前景暗淡。四是处理日法关系中出现的一些棘手问题。例如,戈恩在日本面临起诉会直接影响日产和雷诺这两家大企业的合作;日本奥委会前主席在法国被起诉等。

2. 利用大阪峰会主场外交的优势,推进实现日本成为在全球层面创造国际经贸规则国家这一长远目标

安倍首相对此充满了期待,他在发表 2019 年新年感言时就说道,G20 大阪峰会将"迎来世界各国领导人,会成为日本在全球中心闪耀的一年"。安倍首相认为,在复杂的大国关系中,日本可以发挥"调停人"的作用。安倍首相在接受媒体采访时曾明确说过:"日本跟美国是同盟关系,我跟特朗普总统有很好的信赖关系,我们跟欧盟也签署了经济伙伴关系协定,同时我们跟中国的关系也改善了,所以日本就有条件把美国、欧盟和中国聚在一块,一起讨论包括世界贸易和数字经济的问题等等,我们要向世界发出信息。"[①] 很明显,日本要充当"调停人",创立数字经济国际规则"大阪轨道",以"协调人"的角色力推 WTO 改革,以此获得更多的国际经贸规则制定话语权,使日本成为创造全球层面国际经贸规则的国家。

三、日本主导国际经贸规则制定的战略在大阪峰会上的得与失

G20 大阪峰会使日本在全球层面创造国际经贸规则方面取得了重要

---

① 黄刚. 退出《美日安保条约》成特朗普对日施压筹码 [N]. 中国国防报,2019 - 07 - 01.

进展。然而，无论是数字经济的国际规则，还是 WTO 改革议题，因为牵涉国家众多、利益诉求纷繁复杂，均不可能一蹴而就，日本利用峰会外交主导国际经贸规则制定权也是任重道远。

（一）创立"大阪轨道"

如果说通过 G20 大阪峰会主场外交为获得众参两院选举胜算造势、稳定经济发展外部环境、摆脱外交困境是近期日本内政外交的重要目标的话，那么通过创立"大阪轨道"来助推日本成为创造全球层面国际经贸规则国家则是日本的战略目标，G20 大阪峰会恰恰为日本提供了一个重大的历史性机遇。

1. 争夺数字经济发展主导权已趋于白热化

围绕着争夺数字经济发展主导权的全球竞争，主要在三个方面表现出白热化态势。

第一，争夺数字经济技术发展的主导权。为了夺取数字经济技术的竞争优势，美国等发达国家采取了"三管齐下"的战略：一是试图控制 5G 技术发展的主导权。2019 年 4 月 19 日，特朗普总统公开宣称，5G 网络将与 21 世纪美国的繁荣和安全紧密相连……5G 竞赛是一场美国必须赢的比赛。需要防止 5G 被其他国家所掌握。二是全力打压中国在 5G 技术领域的领先优势。继打压中兴之后，美国再次以举国之力打压华为：美国企业将相关产品供应给华为，或者向华为购买相关产品，都会受到美国政府的制裁和处罚，即禁止所有的美国企业与华为有业务往来。澳大利亚、日本等国或在美国压力之下或基于本国的战略需要，均实施了快速跟进美国的做法。三是直接攻关 6G 技术，试图以此实现数字经济技术的跨越式发展。为此，美国与韩国、日本、欧盟已经签订了联合研究 6G 技术的合作协议，以实现其抢夺数字经济技术主导权的战略目的。

第二，争夺数字经济行业国际标准制定的主导权。特朗普要求美国电气与电子工程师学会（IEEE）禁止华为员工审查技术规范方面的研究论文，包括关键的"802.11 WiFi 标准"。特朗普试图将华为赶出美国数字行业,以此压制华为在数字经济行业标准制定领域的全球影响力。至于欧盟,虽然在5G技术上的国际竞争力相对较弱,但仍积极地试图通过规范数字经济技术的使用方式来制定数字经济行业的国际标准,以此抑制中国确立5G技术主导地位的努力。

第三,争夺数字经济国际规则制定的主导权。在数字经济国际规则制定主导权的竞争方面,欧盟最为激进。2018年5月25日,欧盟抢先制定实施了《通用数据保护条例》(General Data Protection Regulation, GDPR),试图以此压制中国在5G技术方面的优势,成为全球数字经济国际规则的制定者,至少推动GDPR成为中国以外的大部分地区的数字经济国际规则。为了加强对数字经济国际规则制定权的竞争,美欧日加强协调,专门设立了由贸易部长参加的三方合作会议,并利用G20峰会等国际舞台推动数字经济国际规则的制定。

2. 如何制定数字经济国际规则一直是G20峰会关注的焦点问题

近几年G20一直都将数字经济设置为峰会的重点议题。2016年的杭州峰会提出创新经济、数字经济的议题,开启了对数字经济进行全面探讨的先河;2017年的汉堡峰会创立了首届数字经济部长级会议,通过了《G20数字经济路线图》(The G20 Roadmap on Digital Economy)和《部长宣言》(The Ministerial Declaration),确立了比较全面的数字政策观;2018年的布宜诺斯艾利斯峰会将重点放在数字政府、数字性别鸿沟、基础设施部署和数字经济衡量上,建立了G20数字政策知识库。实际上,如何在利用好数据资源的同时,保护好数字信息、增强其可信度、推动数字经济的发展,已成为世界各国关注的焦点,主导数字经济国际规则的制定权成为世界争夺的重点。为此,美欧日专门设立的推动数字贸易和电子商务方面合作的三方部长级会议在G20大阪峰会前就已约定:在日本担任G20峰会轮值主席国期间,要通过召开专门的G20部长级会议就贸易和数字经济方面达成进一步合作[1],以期建立一个旨

---

[1] USTR. Joint Statement of the Trilateral Meeting of the Trade Ministers of the European Union, Japan, and the United States [EB/OL]. https://ustr.gov/about-us/policy-offices/press-office/press-releases/2019/january/joint-statement-trilateral-meeting.

在共享数据的"数据流通朋友圈"①,主导制定数据跨境传输流动的国际标准和国际规则。与此同时,日本的个人信息保护委员会、美国联邦贸易委员会和欧盟委员会司法总司计划在数字贸易和电子商务协议达成后进一步推进国内立法,并呼吁印度等其他国家加入,推动其上升为国际标准、国际规则。据此,日本计划通过 G20 大阪峰会制定出指导今后数字经济发展的"大阪原则"。②

3. 创立"大阪轨道",以此主导数字经济国际规则的制定

当今世界已经进入了数字经济主导的时代,谁能够控制数字经济国际规则的制定权,谁就能够确保本国数字经济的顺利发展,进而实现本国数字经济发展利益的最大化,因此数字经济国际规则的制定权成为国际竞争的焦点。实际上,日本对数字经济的国际竞争一直高度关注。早在 2000 年 11 月,日本国会就通过了《高速信息通信网络社会形成基本法》,并据此成立了"IT 战略本部",负责制定数字经济治理规则及战略规划。此后的 19 年里,日本共制定了 11 个以发展数字经济为核心的发展规划。例如,在安倍晋三第二次执政后提出的"安倍经济学"中,结构性改革政策的焦点就集中于发挥数字经济在六大支柱型产业发展中的作用。再如,在 2018 年 6 月日本内阁通过的《未来投资战略 2018》中,明确提出将重点推进数字治理,并制定了《世界最先进数据国家创造宣言及官民数据利用基本计划》。为了有效推进数字经济的国际竞争,2013 年日本将"IT 战略本部"升格为"高速信息通信网络社会推进战略本部",负责统筹相关部门,力争把日本打造成世界最先进的数字经济国家。③ 特别值得注意的是,日本认为,积极参与数字经济发展的国际竞争,特别是积极参与全球数字经济治理,既能够为日本社会的成功

---

① 除了积极参与构建日美欧"数据流通朋友圈"以外,日本在大阪峰会后率先于 2019 年 10 月 7 日与美国签署了《日美数字贸易协定》。参见:USTR. FACT SHEET on U. S. – Japan Trade Agreement [EB/OL]. https://ustr.gov/about – us/policy – offices/press – office/fact – sheets/2019/september/fact – sheet – us – japan – trade – agreement.

② 徐刚,陈璐. G20 峰会回顾与展望 [J]. 国际研究参考, 2019 (4): 1 – 9.

③ 蓝庆新,马蕊,刘昭洁. 日本数字经济发展经验借鉴及启示 [J]. 东北亚学刊, 2018 (6): 56 – 60.

转型提供更多的动能和保障，也能够充分发挥日本数字经济发展及其相关制度储备的优势，使数字经济治理成为日本引领全球经济治理、使日本成为创造全球层面国际经贸规则国家的重要抓手和突破口。鉴于此，日本充分利用G20大阪峰会主场外交的优势，对推动数字经济国际规则的制定显示出高度的热情。

首先，早做准备，打好主导数字经济国际规则制定权的提前量。2019年1月23日，安倍首相在达沃斯世界经济论坛发表演讲时就曾强调，数字经济治理议题应被纳入WTO制度框架之中。在G20大阪峰会正式召开前，2019年6月8~9日，在日本茨城县筑波市举行了G20贸易和数字经济部长会议。该会议对数字经济问题所涉及的"数据自由流动与信任""治理创新——数字经济中灵活敏捷的政策方法""数字经济中的安全"等七个主题进行了讨论，并发表了相关声明。

其次，在G20大阪峰会上力推数字经济国际规则制定的"大阪轨道"，抢夺数字经济国际规则的制定权。在峰会正式会议前，安倍首相特意安排了"数字经济相关的首脑特别活动"，彰显出日本抢夺数字经济国际规则制定权的迫切心情。安倍首相在发言中极明确地阐述了此活动的目的："为了最大限度发挥数字化的作用，需要制定国际性规则。"他进而强调，有必要确立可信赖的国家和地区间的数据自由流通、推动技术创新的国际框架和规则，并明确将制定数字经济国际规则的谈判框架称为"大阪轨道"（Osaka track），并宣布"大阪轨道"正式启动，而且重申将在《达沃斯联合声明》① 的基础上共同努力，"力争在2020年6月的WTO部长级会议之前取得实质性进展"。②

"大阪轨道"的创立是日本主导数字经济国际规则制定的重大进

---

① 《达沃斯联合声明》是指2019年1月25日在瑞士达沃斯举行的电子商务非正式部长级会议上，中国和澳大利亚、日本、新加坡、美国等共76个WTO成员签署了《关于电子商务的联合声明》，确认在世贸组织现有协定和框架基础上，启动与贸易有关的电子商务议题谈判。目前共有中国、欧盟、日本、美国、巴西、新加坡等10个成员提交了首轮提案。5月13~15日，WTO成员已经就新的电子商务规则开启了谈判。

② 中日韩相约"新三国时代"推动构建亚洲自贸体系 [EB/OL]. https://finance.sina.com.cn/world/gjcj/2019-12-25/doc-iihnzahi9781785.shtml.

展。在数字经济国际规则制定的问题上,各主要国家一直存在很大分歧,特别是在数据流动问题上,欧盟更关注数据本地化和隐私保护,美国则更关心是否能获得无歧视的市场准入和实现数据自由流动。鉴于此,日本在G20大阪峰会上提出"基于信任的数字流动"议题,体现了日本希望在美欧数据治理中扮演桥梁角色、主导数字经济国际规则制定的意图。日本认为,"大阪轨道"将为WTO的电子商务谈判提供政治动力,以便其以完全成熟的方式向前继续推进,并确认"在尽可能多的WTO成员参与的情况下,致力于实现一个高标准协议的目标"。①

(二)以"协调人"的角色力推WTO改革

对于WTO改革问题,近几年G20峰会也给予了高度关注。杭州峰会宣言虽然没有提出WTO改革的具体计划,但提出的"要共同加强WTO作用"倡议,实际已包含了WTO改革的内在要求;汉堡峰会宣言则在杭州峰会宣言的基础上提出了"要进一步改进WTO运作"的倡议。② 而且,在汉堡峰会倡议的推动下,WTO成员方纷纷提出了自己关于WTO改革的主张或具体行动方案。2018年9月18日,WTO发布了《关于WTO现代化改革设想》的概念性文件,加拿大表现得最为积极主动,不但在9月21日发布了加拿大关于WTO现代化的讨论稿,而且在10月24～25日以召集人的身份邀请欧盟、日本、澳大利亚、韩国等代表在渥太华举行会晤,会后发布了WTO改革部长级会议联合公报。另外,美欧日于2018年11月1日向WTO提交了关于完善透明度和通报制度的WTO改革方案;11月22日,中国、欧盟、印度等分别向WTO提交了关于争端解决机制改革的联合提案。在上述成员方的大力推动下,G20布宜诺斯艾利斯峰会宣言提出"将支持对WTO进行必要

---

① 朱杰进.如何认识G20的重要性:不完美,但也不是清谈馆和照片秀[EB/OL]. http://www.thepaper.cn/newsDetail_forward_3780379.
② G20 Leaders Declaration: Shaping an Interconnected World[EB/OL]. https://www.consilium.europa.eu/en/press/press-releases/2017/07/08/g20-hamburg-communique.

改革，以使其更好发挥作用"，并表示要在 G20 大阪峰会审议 WTO 改革问题的进展情况。

1. WTO 改革的实质是重构国际经贸规则

WTO 改革的重心是推动 WTO 更好地履行自身的职责，使 WTO 在国际经贸规则制定上有所作为。国际经贸规则主要包括传统议题的深化和新议题两类。[①]

第一类是传统议题的深化，主要是指对 WTO 现有贸易、投资规则中已经涉及的议题提出更高的标准要求或对 WTO 现有贸易、投资规则进行深度的改造，甚至是推倒重来进行彻底的改造。例如，在市场准入议题方面，发达国家成员坚持在货物贸易方面全面实施零关税以最大限度地提高货物贸易的市场准入水平。与此同时，发达国家成员还坚持以"负面清单"的方式来推动服务市场的全面开放，并将其作为推动 WTO 新一轮国际经贸规则改革的核心和重点。[②] 再如，在投资议题深化方面，发达国家成员坚持将"准入前国民待遇+负面清单"的模式作为 WTO 投资自由化改革的重点，特别是要将 ISDS 引入 WTO 规则体系中。这一议题将投资者和国家二者摆在平起平坐的地位，以此来给投资者更多授权，而对国家权力实施限制，打破了"民（投资者）不可以告官（国家）"的传统。

第二类是国际经贸规则新议题，主要包括以下几种：一是规则一致议题或监管一致议题。其实质是发达国家成员坚持要在各成员境内形成统一透明的监管体制，有效降低因各成员的规则差异产生的贸易和投资成本，从而促进成员间的贸易和投资自由化。这一议题或将成为国际贸易投资新规则中最具挑战性的议题，因为其已经涉及国家主权问题。二是竞争中立议题。其实质是国有企业在运营过程中与政府之间的关系问题，即国有企业在运营过程中，应与其他所有制形式的企业处于公平的

[①] 盛斌. 迎接国际贸易与投资新规则的机遇与挑战 [J]. 国际贸易，2014（2）：4-9.
[②] 倪月菊. TPP 与国际服务贸易新规则及中国的应对策略 [J]. 深圳大学学报（人文社会科学版），2016（1）：86-92.

竞争环境，不能因为其国有性质而享有优势或处于劣势。国有企业竞争中立的行为准则包括国有企业公司化、制定商业活动与非商业活动的成本分摊机制、获得与市场水平一致的商业回报率以及公共服务义务补偿的透明性、税收中立、监管中立、债务中立、政府采购公平等。竞争中立议题是以美国为代表的发达国家成员维护其在全球的竞争地位、限制发展中国家国有企业行为的新工具。三是电子商务议题。包括取消电子产品关税、在线消费者保护、无纸化交易、跨境数据的自由流动等。四是高标准的知识产权保护议题。包括商标注册、地理标志、版权及邻接权、专利保护、未公开数据的保护、知识产权执法等，内容更丰富，标准更严格。[1] 五是劳工标准和环境标准议题。指在贸易和投资中要执行严格的环境标准和劳工标准。[2]

综上可见，WTO改革的实质就是根据世界不同类型国家实力此消彼长的现实，特别是根据新一轮国际分工发展的要求，对国际经贸规则进行重构。而日本在国际经贸规则传统议题的深化和新规则的确立方面，态度极为积极。

2. 日本坚持"偏向中间的道路"，以彰显其在WTO改革问题上的主导作用

日本自1955年加入关税与贸易总协定（GATT）至20世纪90年代初WTO建立，一直是多边贸易体制的积极拥护者。然而，受WTO千年回合贸易谈判迟迟未果的影响，特别是迫于中韩两国FTA快速发展的压力，日本快速而大幅度地调整了长期以来坚守的对GATT/WTO"世界主义""一边倒"、对"地区主义"持冷漠态度的立场，转而实行继续坚持以WTO多边贸易体制为中心的"世界主义"的同时，加速推进以日本为主导的以FTA/EPA为代表的"地区主义"建设的"双轨

---

[1] 冯辉. 竞争中立：国企改革、贸易投资新规则与国家间制度竞争[J]. 环球法律评论，2016（2）：152-163.
[2] 胡改蓉. 竞争中立对我国国有企业的影响及法制应对[J]. 法律科学（西北政法大学学报），2014（6）：165-172.

战略"。① 安倍晋三第二次执政后,日本进一步调整了对 WTO 的立场,②开始实行以 TPP/CPTPP 为核心、以构建 FTA/EPA 网络为支撑的国际经贸规则重构战略,力图构建由日本主导的国际经贸规则体系,进而形成对 WTO 改革的倒逼机制,甚至实现对 WTO 多边自由化体制的某种替代。例如,在 TPP/CPTPP、日欧 EPA、RCEP 和中日韩 FTA 谈判中基本不再提及 WTO 多边自由化体系。③ 直到 2017 年 6 月日本政府发布的《未来投资战略 2017》中才出现了 2013～2016 年报告中未曾提及的 WTO 多边体制,该报告表示,日本除了在 G20、OECD、APEC、EPA/FTA 等国际场合发挥引领作用之外,也需要通过 WTO 加强合作,全面发挥日本的引领作用。④

"特朗普冲击"出现后,日本的目光再次转向 WTO,并对 WTO 改革持积极态度。其原因在于:首先,日本一直是 GATT/WTO 全球自由贸易体系的受益者,继续维护以 WTO 为核心的多边贸易体制对日本来说利大于弊,是明智选择。在继续维护以 WTO 为核心的多边贸易体制的基础上,积极推动 WTO 改革,符合日本主导国际经贸规则制定的战略诉求,有利于日本坚持依托以 WTO 为核心的多边自由贸易体制实现自身利益最大化的原则。其次,继续维护以 WTO 为核心的多边贸易体制是日本应对"特朗普冲击"的重要屏障。特朗普上台后立即退出日本与奥巴马苦心谈成的 TPP,还以日本对美国存在巨大的贸易顺差作为

---

① 经济产业省:『通商白书(2002 年)』,2004 年;内阁府:「世界経済フォーラム年次総会安倍総理スピーチ」,2019 年 1 月 23 日。http://www.kantei.go.jp/JP/98_ABE/STATEMENT/2019/0123WEF.HTML [2019-06-21]。
外务省「日本国と世界貿易機関による共同声明—自由貿易の推進のための3つの礎—」,2017 年 5 月 22 日,https://www.mofa.go.jp/mofaj/files/000258111.pdf [2019-06-26];倪月菊.日本应对 WTO 改革的政策动向 [J].国际问题研究,2019(2):99-108.

② 内阁府「世界経済フォーラム年次総会安倍総理スピーチ」,2019 年 1 月 23 日,http://www.kantei.go.jp/JP/98_ABE/STATEMENT/2019/0123WEF.HTML [2019-06-21]。

③ 外务省「日本国と世界貿易機関による共同声明—自由貿易の推進のための3つの礎—」,2017 年 5 月 22 日,https://www.mofa.go.jp/mofaj/files/000258111.pdf [2019-06-26]。

④ 倪月菊.日本应对 WTO 改革的政策动向 [J].国际问题研究,2019(2):99-108.

敲打日本的重要借口。① 特朗普对日本出口美国的产品实施打压的力度，甚至超过了美国对欧盟产品的打压。例如，在特朗普对全球各国出口到美国的钢铁和铝制品分别加征 25% 和 10% 关税的问题上，欧盟作为美国盟友获得了关税豁免权，而对同为美国盟友的日本，特朗普强硬地拒绝给予其临时性或永久性的关税豁免，致使日本宣布对美国出口到日本的产品实施额度相当的关税报复，② 并在 WTO 对美国提起争端诉讼。即便如此，特朗普不但拒绝重新考虑关于日本上述商品的关税豁免问题，反而要求与日本启动涉及面更为广泛的美日贸易协定的问题。面对"特朗普冲击"，如果日本选择直接对美国实施报复的话，不但有可能引发更大的日美贸易纠纷，而且可能损害"特朗普冲击"下不稳定的日美同盟关系。在此情形下，日本转而再次重视 WTO、依靠 WTO。此举不但可以借以遏制"特朗普冲击"，而且可为日本赢得"自由贸易旗手"的光辉形象，③ 向世界证明，日本不但有意愿而且也有能力"把基于自由公正规则的 21 世纪经济秩序推广至全球"，并以此引导 WTO 改革的方向。

目前，在 WTO 改革问题上，国际社会已经形成了两大派，即以美国为代表的激进派和以中国为代表的稳健派。美国认为，在由美国一手推动创立的 GATT/WTO 全球自由贸易体制中，美国是利益受损的一方，因此必须对 WTO 进行彻底的改造，而不是简单的修修补补，甚至应该将 WTO 推倒重来。可见，美国对 WTO 改革的立场是"不改即废"，否则美国就要故伎重演——"退群"。而中国对 WTO 改革的立场是：第一，坚决维护 WTO "非歧视"和"开放"两个核心价值理念；第二，WTO 的改革要保障发展中国家成员的发展利益；第三，WTO 改革要遵

---

① 宋志勇. 世界格局变化下的中日经贸关系展望 [J]. 东北亚论坛, 2019 (4): 17 - 33.
② 倪月菊. 日本应对 WTO 改革的政策动向 [J]. 国际问题研究, 2019 (2): 99 - 108.
③ 戴二彪. 日欧签订经济伙伴协定对世界政治经济的影响 [N]. 21 世纪经济报道, 2018 - 07 - 23.

循协商一致的决策机制。① 面对WTO改革两派对立的立场,日本希望走一条"偏向中间的道路",并以WTO改革"协调人"的角色,在继续维护WTO多边贸易体系的大前提下,走一条既不像美国那样偏激、也不似中国那样保守,而是相对温和的道路,来最终实现对WTO的改革。于是,日本借助G20轮值主席国的良机主导WTO改革——为WTO改革确定方向、安排WTO改革问题的先后次序。

为了推动WTO改革,特别是发挥WTO改革"协调人"的作用、主导WTO改革,针对两大派相去甚远的诉求,一方面,日本与美国(包括欧盟)紧锣密鼓地协调WTO的改革方案。另一方面,为了得到中国对日本在WTO改革问题上的支持,日本也尽力加强与中国的协调。例如,早在2018年10月,日本就向中方提出了构建中日WTO改革磋商平台的设想,得到了中方的积极回应。② 日本还就中日WTO改革磋商平台工作设计了"路线图"和"时间表":第一步,中日双方先在事务级别上就日美欧提出的WTO改革方案交换意见;第二步,两国围绕WTO改革问题举行部长级磋商;第三步,两国在2019年内就WTO改革问题进行直接讨论和磋商,以提高实现WTO改革的可能性,缓和中美贸易摩擦。③ 值得特别注意的是,虽然日本宣称在WTO改革问题上走"偏向中间的道路",但实际上其关于WTO改革的具体诉求更多地偏向欧美一方。如前所述,日本对改革WTO的诉求与欧美的重合度极高(见表5-1)。

从表5-1可以看出,日美欧三方的七次联合声明所涉及议题几乎没有本质性变化,主要涉及"非市场导向的政策和做法""特殊的补贴规则""特殊的国有企业规则""技术转让的政策和做法""对WTO进

---

① 李春顶. 推动全方位对外开放的五大发力点 [J]. 中国报道,2019 (1):54-55.
② 倪月菊. 日本应对WTO改革的政策动向 [J]. 国际问题研究,2019 (2):99-109.
③ 日本拉中国讨论世贸组织改革 日媒:欲充当中美调停人 [EB/OL]. http://www.cankaoxiaoxi.com/china/20190110/2367867.shtml.

行改革"等。日美欧三方一直高度关注 WTO 改革议题,① 而且目标指向极为明确,虽然没有直接点名中国,但三方联合声明所关注的议题恰是特朗普多次公开指责中国的"罪名"。由此可见,虽然日本宣称坚持 WTO 改革"偏向中间的道路",实际上在 WTO 改革问题上的立场与欧美差别不大。

表 5 - 1　　　　　　　　日美欧三方的六次联合声明

序号	时间	地点	主要内容
1	2017 年 12 月 12 日	阿根廷布宜诺斯艾利斯	我们共同认为,政府财政资助及支持产能扩张等措施加剧了关键部门的严重过剩产能,扭曲市场的大额补贴所导致的不公平竞争条件、国有企业、强制技术转让、本地化要求和偏好等,在国际贸易正常运转、技术创新和全球经济持续增长等方面成为严重关切。为解决这一重大关切,我们一致同意,在 WTO 和其他论坛增强三方协作,以求消除第三方国家的这些及其他不公平扭曲市场和贸易保护主义行为
2	2018 年 3 月 10 日	比利时布鲁塞尔	非市场导向政策和做法导致了严重产能过剩,为三方国内工人和企业创造了不公平的竞争条件,阻碍了创新技术的开发和使用,破坏了国际贸易的正常运作,包括现行规则无效情况下国际贸易的正常运转。三方同意初步采取联合行动
3	2018 年 5 月 31 日	法国巴黎	部长们确认他们共同的目标是解决如下问题:非市场导向政策和做法导致的严重产能过剩,为三方国内工人和企业创造了不公平的竞争条件,阻碍了创新技术的开发和使用,破坏了国际贸易的正常运作,包括现行规则无效的情况下国际贸易的正常运转。部长们进一步确认了他们的共同观点,即任何国家都不应要求或迫使外国公司向国内公司转让技术,包括通过使用合资要求、外国股权限制、行政审查和许可程序或其他方式。为此,发表三个联合声明:为制定更强有力的产业补贴规定奠定基础的联合声明;关于技术转让政策和做法的联合声明;关于市场导向条件的联合声明
4	2018 年 9 月 25 日	美国纽约	部长们高度关注第三国非市场主导政策和做法、行业补贴和国有企业、第三国强制技术转让政策和做法、WTO 改革的讨论、数字贸易和电子商务以及其他问题的合作。重申在国际论坛中的合作,如七国集团、二十国集团和经合组织等国际论坛以及钢铁产能过剩全球论坛和政府间半导体会议等,以消除扭曲市场的措施

① 实际上,"非市场导向的政策和做法""特殊的补贴规则""特殊的国有企业规则""技术转让的政策和做法"等议题一直是以美国为代表的发达国家试图在 WTO 进行谈判的主要议题。

续表

序号	时间	地点	主要内容
5	2019年1月9日	美国华盛顿	部长们重申了共同关切并同意加强在纽约和巴黎发布的部长级声明中所涵盖的所有领域的合作，包括非市场政策和做法、市场导向条件、产业补贴和国有企业、强迫技术转让的政策和做法、WTO改革以及数字贸易和电子商务问题
6	2019年5月23日	法国巴黎	部长们深入讨论了解决其他国家非市场导向政策和做法问题的共同目标，他国此类非市场导向政策和做法为这些国家国内工人和企业造成了不公平的竞争条件，阻碍了创新技术的开发和使用，破坏了国际贸易的正常运作。部长们也讨论了解决上述问题所需的方法。 部长们重申了共同关切并同意加强在华盛顿、纽约和巴黎发布的部长级声明中所涵盖的所有领域的合作，包括非市场政策和做法、市场导向条件、产业补贴和国有企业、WTO改革，以及数字贸易和电子商务。部长们期待在日本担任G20轮值主席期间，就贸易、数字经济和钢铁产能过剩等议题进行进一步合作
7	2020年1月14日	华盛顿	三方就WTO改革进行了磋商，并一致认为，对于扭曲市场的产业补贴，应该扩大禁止的对象范围。考虑到中国，三方打算纠正包括强迫技术转移等在内的贸易惯例

资料来源：根据日美欧三方联合声明整理。

正是基于以"协调人"的角色力推WTO改革、主导国际经贸规则制定权的战略考虑，安倍政府通过峰会主场外交、峰会内外交与峰会外外交等途径，纵横捭阖，借助国际社会力推WTO改革的契机来主导国际经贸规则的制定，并取得了积极的成效。这从G20大阪峰会宣言关于推动WTO改革有关立场中可以得到佐证。

（三）日本利用峰会外交主导国际经贸规则制定任重道远

虽然安倍政府在G20大阪峰会期间通过创立数字经济"大阪轨道"、力推WTO改革等措施使日本在成为创造全球层面国际经贸规则国家、主导国际经贸规则制定战略的道路上迈出了重要一步，但也面临大国之间复杂的战略利益博弈这一巨大挑战。

1. WTO 的改革仍处于务虚状态

对于 WTO 改革问题，国际社会的关注不断升温。G20 杭州峰会、汉堡峰会以及布宜诺斯艾利斯峰会后发表的宣言均对 WTO 改革提出了相应的要求，WTO 各成员也纷纷提出自己关于 WTO 改革的主张或具体行动方案。由此可以认为，国际社会对 WTO 改革显得极为重视且心情急迫，存在直接绕过 WTO，将 G20 峰会作为协调各方 WTO 改革立场的重要平台的倾向。尤其是布宜诺斯艾利斯峰会后，关于推动 WTO 改革的设想与方案又出现了一个高潮：美国、欧盟、日本、加拿大以及中国纷纷提出各自的设想，为 WTO 改革制定"路线图"，抢抓 WTO 改革主导权的态势明显，而美欧日加最为积极。然而，在 G20 大阪峰会上，尽管安倍政府多方斡旋，最终也只是在将"大阪轨道"作为 WTO 改革内容这一问题上达成了共识，即对 WTO 改革问题仍处于务虚状态。

2. 依托"大阪轨道"主导数字经济国际规则制定仍存在变数

在为数字经济发展制定国际规则问题上，虽然 G20 大阪峰会设立了"大阪轨道"，但印度、印度尼西亚和南非等国没有在"大阪轨道"宣言上签字，印度甚至没有参加会谈。显然，在设立"大阪轨道"问题上，G20 成员也并非立场完全一致，仍有不少成员对其持观望甚至是抵制的立场。特别是近几年日印两国关系处于十分"热络"的状态，印度却对日本倡导的"大阪轨道"采取抵制立场，此举耐人寻味。实际上，即使赞成设立"大阪轨道"的 G20 成员，其对数字经济发展的理念及国内相关立法、政策等的认知差异也较大，因此，数字经济国际规则的制定仍存在不小变数。

总之，G20 大阪峰会是日本在"使日本成为在全球层面创造国际经贸规则国家"、主导国际经贸规则制定的道路上具有里程碑意义的一次峰会，但离日本的期待还有不小的距离。这是因为，G20 峰会本身是一个推动全球经济治理合作、制定全球国际经贸规则的论坛和平台，只是一个全球性问题和大国关系与矛盾的缓冲平台，寄希望于一次峰会就能够实现日本主导国际经贸规则制定的战略目标是极不实际的。但无论如何，G20 大阪峰会为日本实现其主导国际经贸规则制定的战略提供了重大机遇和重要平台,也为日本继续推进其战略的实施做好了重要铺垫。

四、日本争夺国际经贸规则制定主导权经验的启示

国际经贸规则制定主导权的争夺之所以成为当今世界国际经济竞争的制高点,是因为是国际经贸规则制定主导权争夺的实质是全球经济利益的再分配,是国家间核心利益争夺的新形势、新领域。对此,安倍政府不但将国际经贸规则制定主导权的争夺作为其对外经贸战略的最高目标,而且采取了一系列对策措施积极参与这一当今世界国际经济竞争制高点的竞争,并取得了一些成功的经验。日本争夺国际经贸规则制定主导权的经验对于相关经验相对缺乏的中国来说,具有重要的启发和借鉴价值。

(一)通过大力推进自由贸易区战略的实施提升中国的话语权

如前所述,主导国际经贸规则制定是当今世界国际经济竞争的制高点,中国对此必须有清醒的认识,未雨绸缪,以有效掌控全球国际经贸新规则制定的话语权。为此,一个重要途径就是要通过大力推进FTA战略的实施,提升中国在国际经贸新规则制定中的话语权。

早在1997年,中国共产党第十五次全国代表大会就明确指出要积极参与区域经济合作,之后党的十七大将自由贸易区建设提升到战略高度,党的十八大明确提出要加快实施自由贸易区战略,2013年召开的党的十八届三中全会更进一步提出,"要以周边国家和地区为基础加快实施自由贸易区战略,形成面向全球的高标准自由贸易区网络"。按照上述战略部署,从2002年初中国与东盟签订《全面经济合作框架协议》开始至2020年,中国已签署了18个自由贸易协定,涉及25个国家和地区,此外还有12个正在谈判中、10个处于可行性研究阶段。中国要进一步采取措施,全力编织一张立足周边国家或地区、辐射"一带一路"国家、最终面向全球的FTA网络。在这个过程中,中国要通过加

速推动 RCEP 早日签署并生效、推动中日韩等 FTA 谈判、考虑启动加入 CPTPP 谈判等策略，扎实推进自由贸易区网络建设，深度"试水"国际经贸新规则，实现中国由国际经贸新规则制定参与者向主导者的快速转变，以此应对发达国家通过加快 FTA 建设，特别是通过巨型 FTA 的建设，极力推行高标准的国际经贸新规则、重塑全球贸易规则体系对中国带来的严峻挑战。换言之，中国在大力推进 FTA 战略的过程中，应当主动试水国际经贸新规则，全方位地积累实施国际经贸新规则的经验，以此为有效提升中国在国际经贸新规则制定中的话语权提供支持。

（二）密切关注不同国家对 G20 峰会的价值取向

1. 不同国家对 G20 峰会的价值取向

如前所述，G20 峰会是当今世界推动全球经济治理最具权威性、最有影响力的全球性国际平台，因此进一步密切关注不同国家对 G20 峰会的价值取向对中国积极参与全球经济治理、掌控国际经贸新规则制定的话语权意义重大。

就美国对 G20 峰会的价值取向来看，一方面，为了确保其对 G20 峰会的影响力，美国在 G20 峰会上极力推行能够实现美国利益最大化的全球经济治理改革理念和方式，对有损美国利益的议题则毫不犹豫地予以驳回；另一方面，美国试图通过 G20 峰会将全球经济治理的责任更多、更快地转移给其他国家特别是新兴经济体国家和地区，但又不能因此影响其在全球经济治理体系中的领导地位。欧盟希望通过 G20 峰会加强与新兴大国的广泛合作，与新兴经济体共同重构世界经济秩序。日本一方面极力反对 G20 峰会的制度化，另一方面却积极主张和支持 G20 扩容，希望以此来削弱新兴经济体在 G20 峰会中越来越大的影响力。韩国和澳大利亚则希望提高本国在 G20 峰会中的地位和影响力。对于新兴经济体来说，一方面，它们有参与全球经济治理的强烈动机；另一方面，它们希望通过 G20 峰会在全球经济治理中承担重要角色，实现在全球经济治理中与发达国家平等对话，加强与发达国家的交流和合作，实现共同发展。中国应密切关注不同国家对 G20 峰会的价值取向，并以此来科学地确定自己的价值取向。

2. 密切关注G20峰会的转型，发挥中国的引领作用

G20自创立以来为全球经济治理做出了重要贡献，但也饱受诟病。一是认为G20峰会宣言是号召性的，没有摆脱"清谈馆"的痕迹；二是认为G20峰会没有常设机构，峰会所达成的结果不具备法律约束力，即没有执行力，仍处于"有口号、没行动"或"有共识、待行动"的状态。比如2009年的G20伦敦峰会就被有些人认为是一场"无用的集会"。其实，这些对G20峰会的负面评价恰恰透露出国际社会对G20峰会解决全球性问题有着很高的期望，也反映出国际社会对G20峰会进行机制化改革的强烈要求。实际上，G20从创立至今已有22年，自2008年举行首届峰会至今也已有12年，G20峰会是否转型以及如何转型处在需要抉择的"十字路口"。在这个抉择的关键时期，哪个国家能够审时度势，从解决全球性问题和本国经济社会发展的战略需要密切结合的角度对G20峰会提出切实可行的设想，发出强有力的声音，做出应有的贡献，哪个国家就能够引领G20峰会的发展方向，以更好地维护本国的核心利益。中国必须抓住这一重要机遇，认真总结杭州峰会的成功经验，借鉴大阪等峰会的成功做法，密切关注G20峰会的转型动态，积极发挥中国的引领作用。

3. 进一步提升中国在G20峰会外交中的话语权

在G20峰会转型中积极发挥中国的引领作用，其实质就是要在G20峰会中获取更多的全球经济治理话语权。虽然G20峰会至今仍是一个无常设机构的非正式机制，但是在以WTO为代表的全球经济治理组织影响力日渐式微的形势下，G20峰会已成为当今全球经济治理合作最具权威的论坛和最重要的平台，其关注的议题是全球各国高度关注的全球性问题，其发出的声音也具有全球影响力。特别值得注意的是，以WTO为代表的全球经济治理组织难以推动的全球性议题，如反对保护主义、制定数字经济国际规则等，在G20峰会上却常常可以达成某种共识，甚至WTO自身的改革议题也在G20峰会上被讨论并达成某种共识。另外，在卫生领域，当世界卫生组织（WHO）面对埃博拉传染性疾病扩

散和抗生素耐药性等新挑战束手无策的时候，G20 却成功发布了《G20 应对埃博拉疫情声明》和《G20 全球抗生素耐药性十年计划》；在打击跨国避税问题上，经济合作与发展组织长期努力却始终无果，而 G20 的介入使这一问题的解决取得了重要进展。因此，G20 峰会在当今全球经济治理中有着重要的话语权。中国应当进一步提高在 G20 峰会中的话语权和地位，从战略需要的高度提出中国的设想、发出中国的声音、做出中国的贡献。中国要依托 G20 峰会，积极参与全球经济治理和公共产品供给，以提高中国在全球经济治理中的制度性话语权，构建广泛的利益共同体；也要推动变革全球经济治理中不合理、不公平的机制，求同存异、化异为同，使全球经济治理机制能更加公平地反映大多数国家的利益和意愿，积极打造更具包容性的全球经济治理的利益共同体。

（三）依托自由贸易试验区建设为提升中国的话语权提供经验与依据

面对国际经贸新规则制定带来的巨大挑战，中国政府审时度势，通过自由贸易试验区的建设，对围绕国际经贸新规则出现的新情况、新挑战进行战略性压力测试和风险测试。经过多年的努力，自由贸易试验区建设取得了巨大成绩，为提升中国在国际经贸新规则制定中的话语权提供了经验与依据。未来，中国的自由贸易试验区建设还有更重要的任务。

一是要对标国际经贸新规则推进制度创新。第一，要对标《WTO 贸易便利化协定》《政府采购协定》《信息技术产品协定》《环境产品协定》《国际服务贸易协定》等新的多边规则进行风险测试和压力测试；第二，要对标国际投资协定、知识产权保护、技术标准、竞争政策、环境、国有企业、电子商务等高水平国际贸易与投资新规则进行风险和压力测试，为中国构建全面开放新格局积累成功的经验。

二是要以突出制度创新为核心，快速稳妥地进行高标准国际经贸新规则的风险测试和压力测试。第一，要聚焦开放公平、安全高效的市场准入管理制度系统的创新建设，包括以准入前国民待遇和负面清单为核心的外商投资管理制度的创新建设、以国际贸易单一窗口为核心的贸易便利化管理制度的创新建设、以自由贸易（FT）账户分账核算体系为核心的金融创新及监管制度的创新建设等；第二，要聚焦以"放管服"为重心的政府职能转变制度创新体系的创新建设；第三，要聚焦与市场化、法治化、国际化营商环境相适应的法制保障制度的创新建设，以此推动和全面深化国内经济体制改革，为提升中国在国际经贸新规则制定中的话语权提供经验与依据。

（四）科学地制定提升国际经贸新规则制定话语权的策略

对国际经贸新规则制定过程中的各种议题要有科学的把握，要审时度势地维护好自身利益，对待不同性质的议题要采取差异化立场。一是对于基础较好、实践经验较为丰富的议题，如取消出口限制、电子商务、中小企业、贸易融资、基础设施与互联互通、包容性创新、部门倡议（IT、钢铁产业、建筑、旅游）、贸易便利化、透明度等，中国应主动提出，以提升中国的国际形象，增强中国的话语权。二是在推进国际货币体系改革议题上，中国要善用自身实力，增加自己的话语权。对于可以接受但有一定难度的议题，如知识产权、政府采购、环境、服务贸易、部门倡议（汽车、金融、电信）、数字贸易（数据流动），可采取比较积极的态度。三是对于中国暂时不能接受的议题，如劳工标准、禁止补贴、投资者—国家争端解决机制、竞争中性原则、汇率等议题，中国应坚持采取逐步有序的原则，以赢得准备时间。

总之，国际经贸新规则的制定是一个涉及各国利益的全球性整合过程，绝不可能一蹴而就，中国既要积极参与、推动国际经贸新规则的制定，又要有足够的耐心，科学合理地制定获取国际经贸新规则制定话语权的策略。既要对国际经贸新规则的新议题、新动向进行深入研究，也要加速国内相关体制机制的改革创新步伐，争取更多的话语权；既要尽自己所能提供更多的全球性公共产品，以增强争夺国际经贸新规则制定话语权的能力，又要通过依托"一带一路"建设、加强南南合作等方式，增强在国际经贸新规则制定中的地位和话语权。为此，中国需要进一步完善涉外经济贸易决策的协调机制，进一步加大上层的协调力度，进一步建立并逐步完善参与、主导国际经贸新规则谈判的新机制，进一步科学地统筹参与、主导国际经贸新规则谈判筹码和相关资源的配置，科学设计谈判方案，优化谈判流程。还要加快推进参与、主导国际经贸新规则的谈判体制、机制改革与创新，通过简化主管机构、明确工作职责，进一步提高参与、主导国际经贸新规则谈判的质量及有效性。尤其是要建立健全参与、主导国际经贸新规则谈判的战略智库以及智库参与、主导国际经贸新规则谈判的机制，以此全面提升中国在全球经济治理体系中主动设立议题并提出建设性意见的能力；要大力培养具有争夺全球经济治理话语权专业知识的人才，为科学决策提供有力的智力支撑。

第六章

中国参与全球经济治理与国际经贸规则重构博弈的战略与策略

第一节 中国参与全球经济治理与国际经贸规则重构博弈的顶层设计

一、推动构建公平、公正、合理的全球经济治理框架

第二次世界大战后,全球经济治理框架发生了前所未有的一系列重大变化:一是全球经济治理的主导者发生了重大变化。全球经济治理的主导者经历了从美国一家独霸主导全球经济治理(第二次世界大战后到20世纪70年代初)到以美国为代表的发达国家共同主导全球经济治理的发展过程(20世纪70年代初到21世纪初),目前全球经济治理的主导者已发展到发达国家和新兴经济体通过G20等国际多边平台共同主导的过渡时期。由2007年美国次贷危机引发的全球金融危机,对以美国为代表的发达国家共同主导的全球经济治理框架与机制造成沉重的打击。在此形势之下,陷入全球金融危机泥潭的发达国家迫于挽救自身经济的需要,特别是迫于发达国家和发展中国家尤其

是新兴经济体之间经济实力此消彼长的巨大变化，以美国为代表的发达国家被迫提出以 G20 取代 G7 成为全球经济治理的主要框架和机制的构想。这一变化一方面使得 G20 在全球经济治理中具备了合理性和权威性；另一方面，G20 上升为全球经济治理的主导者，既减轻了以美国为代表的发达国家主导全球经济治理的负担，又提高了新兴经济体对全球经济治理的影响力和发言权。二是与全球经济治理的主导者正在发生重大变化相联系，全球经济治理平台也正在发生重大变化。第二次世界大战后，联合国、世界银行、国际货币组织、关税及贸易总协定等是全球经济治理的主要平台和依托，目前全球经济治理在继续发挥这些老平台作用的基础上，新生的多边国际经济与贸易组织、区域多边国际经济与贸易组织以及其他双边全球经济治理平台迅速出现，呈现出全球经济治理新旧平台相互促进的新景象。三是全球经济治理议题正在发生重大变化。昔日全球经济治理以经济议题为主或大多偏重于经济议题，而今全球经济治理的议题在注重经济议题的同时已迅速地扩展到与经济议题密切相关的其他议题，甚至是敏感的非经济议题。四是全球经济治理结构特征正在发生重大变化。全球经济治理结构从"单核"向"双核"甚至"多核"转变——全球经济治理的主导者从美国一家独霸主导全球经济治理（"单核"）到以美国为代表的发达国家共同主导全球经济治理（"双核"），而目前全球经济治理的主导者已发展到发达国家和新兴经济体通过 G20 等国际多边平台共同主导的过渡时期（"多核"）。在这种新的结构中，发达国家和发展中国家特别是新兴经济体作为两股相互依存、缺一不可的力量共同治理全球性的经济问题。五是全球经济治理权利义务正在发生重大变化。目前全球经济治理正在从昔日权利义务的严重失衡向权利义务相对平衡的方向发展，正在从全球经济治理"零和游戏"走向"共赢"。六是中国在全球经济治理中的地位正在发生重大变化。改革开放中的中国正在进一步加大对全球经济治理的参与力度，正在发挥更加积极的参与、引领等重要作用。① 实施改革开放政策后,中国的经济实力得到了迅速且巨大的提高,特别是中国对参与全球经济治理的理念也正在发生质的升华。中国作为发展中国家,特别是新兴经济体中的重要一员,获得了参与、主导全球经济治理的重要机遇,获得了积极推动构建公平、公正、合理的全球经济治理框架的机遇。中国的全球经济治理理念是,通过积极推动全球经济治理来实现各国的共同发展,这与以美国为代表的发达国家通过推动市场导向的全球经济治理来实现其自身利益最大化的狭隘的全球经济治理理念存在重大差别,特别是与以美国为代表的发达国家在全球经济治理过程中往往要附加政治标准与西方价值观的全球经济治理理念存在重大差别。中国参与全球经济治理与国际经贸规则重构博弈的理念强调,在全球经济治理过程中,要坚定地维护世界各国根据本国的实际自由自主地选择政治、经济与社会基本制度的权利,包括在贸易投资便利化、自由化过程中各国可以根据本国的国情保留本国政策空间,跨国公司在全球的经营活动既要得到充分的保护,同时跨国公司也要承担投资者的义务与履行自身的社会责任。中国的全球经济治理理念强调:全球经济治理要实现广泛的符合世界各国根本利益的发展目标;要朝着有利于实现世界各国经济结构、产业结构及其在全球价值链分工中地位升级的方向发展,包括有利于促进研发与技术扩散和升级;要有利于实现世界各国在全球价值链分工利益的最大平衡,即各国平等参与、互利共赢,实现包容性与共享式的发展。因此,中国一方面要积极全面地参与全球经济治理,努力承担与自身发展水平及国力相适应的国际责任,享受其权利;另一方面要通过与其他国家特别是发展中国家共同努力,来大力推动全球经济治理结构朝着公平、公正、合理、共赢的方向发展。②

---

① 朱立群,塞鲁蒂,卢静. 全球治理:挑战与趋势[M]. 北京:社会科学文献出版社. 2014:120.
② 王厚双,关昊,张玉梅. 习近平全球经济治理战略思想初探[J]. 理论界,2015(9):32-34.

二、要更好地维护中国在全球经济治理进程中的合理利益

对世界各国来说，经济全球化是一把双刃剑，它既可以给各国带来利益，同时也会给各国带来挑战。全球经济失衡的出现和加深直接而具体地反映了这一问题。与其他国家一样，中国在享有经济全球化带来的利益的同时，也受到经济全球化的巨大负面影响，例如，中国作为世界工厂，承担着资源消耗、环境污染、劳动力成本快速上升、分配不均、成为国际贸易摩擦主要对象国等一系列压力。因此，推动全球经济治理是世界各国应对由经济全球化导致的全球经济失衡的共同责任。在此背景下，一方面，中国要以积极的态度参与全球经济治理，最大限度地履行作为世界最大发展中国家应该承担的全球经济治理责任，为全球经济治理做出应有的贡献；另一方面，在参与全球经济治理的过程中，要坚定不移地维护中国的合理利益，坚决反对某些国家为了一己私利而转嫁危机、逃避责任的行为。具体来讲，中国在积极参与全球经济治理的进程中要做到以下几点：

一是要进一步推动积极参与全球经济治理的自我意识的转变。自新中国成立以来，中国参与全球经济治理与国际经贸规则重构博弈的自我意识经历了曲折的变化，经历了从全球经济治理的游离者、全球经济治理的融入者、全球经济治理的参与者到全球经济治理的建设者等一系列变化。因此，中国应在作为全球经济治理的参与者、建设者的基础上，成为全球经济治理的引领者、主导者、贡献者。

二是要科学规划中国参与全球经济治理与国际经贸规则重构博弈的战略路径。要通过构建新型的大国关系，团结广大发展中国家，特别是新兴经济体，积极实施"一带一路"倡议，维护现有的全球经济治理体系并积极推动其改革，获取在全球经济治理体系中应有的地位并获得

相应的权利。[①]

第二节 中国参与全球经济治理与国际经贸规则重构博弈的战略重点

一、深度调整经济发展战略

改革开放以来，我国偏出口导向型的经济发展战略取得了举世瞩目的成就：经济发展保持了多年的高速增长和中高速增长，产业结构得到了较快的升级，经济发展质量也得到了快速提升，中国已成为排名第二的世界经济大国。但是，我国偏出口导向型的经济发展战略已遇到了严重的瓶颈：一是我国经济的发展过度依赖投资。我国经济发展对投资的依赖度达到50%以上，有的地区则达到70%以上，仍没有完全走出外延发展的老路。而且投资大都集中于城市，对"三农"的投资没有得到充分重视，不但没有使原有的城乡二元结构问题得到缓解，而且又产生了东西部发展不平衡的新问题。两种二元结构的持续固化严重影响了我国内需的扩大。我国经济发展对投资的过度依赖显然是不可持续的。二是我国经济发展过度依赖国外市场，导致经济的内外失衡。虽然我国对外贸易依存度已从70%的高位调整到2020年的34%，但与美国、日本25%左右的对外贸易依存度相比，仍然居于高位。过高的对外贸易依存度使我国经济发展过度依赖国外市场，使我国经济发展处于极为脆弱的状态，极易受世界经济波动的影响，特别是极易受全球经济危机的冲击，也极易成为世界经济失衡的替罪羊，因此，作为世界经济大国的中国，应深度调整自己的经济发展战略，把经济发展建立在依靠内需拉

---

① 王厚双，关昊，张玉梅. 习近平全球经济治理战略思想初探［J］. 理论界，2015(9)：32-34.

动的基础上，建立在内外需平衡发展的基础之上，为全球经济治理做出应有的贡献。

二、重点调整中美两国之间贸易和资本流动的双重失衡

全球经济失衡的主要表现为美国和中国国内经济的结构性失衡以及由此导致的中美两国之间贸易和资本流动的双重失衡。中国的发展对美国来说既有有利的一面，也有不利的一面。有利的一面如2008年全球金融危机爆发后，拥有大量美元外汇储备的中国不断加大购买美国国债的力度，对帮助美国走出金融危机泥潭起到了至关重要的作用。不利的一面则是美国认为，随着中国实力的增长和快速崛起，中国会对美国的全球霸主地位特别是美国的亚太战略造成威胁。美国的全球经济治理策略与美国自身的利益密切挂钩。美国认为，中国的快速崛起必然会与美国竞争全球特别是亚太地区的经济主导权乃至政治主导权，从而削弱美国的影响，影响美国利益的最大化。因此，美国主导全球经济治理的理念与行动将会增加中国快速崛起的变数，这从特朗普挑起对华贸易战中可以得到明证。①

三、促进国际货币金融体系的改革

随着经济全球化深入发展，特别是随着中国经济全面融入经济全球化的浪潮之中，中国经济受经济全球化发展影响的敏感性进一步加大，维护经济全球化的健康发展不但符合世界各国的根本利益，也符合中国经济的发展、实现中华民族伟大复兴的利益，因此，中国应当旗帜鲜明地反对贸易保护主义，与逆经济全球化进行坚决斗争，坚决维护经济全球化的健康发展。此外，中国有能力向经济全球化的健康发展提供必要的公共产品，中国既要成为经济全球化的受益者，也要

---

① 殷阿娜. 中国开放型经济发展绩效评估及对策研究 [D]. 沈阳：辽宁大学，2014.

成为经济全球化的"稳定器",成为经济全球化的公共产品的提供者、责任担当者和引领者,为此,中国要积极推动"开放、包容、普惠、共享"的新型经济全球化和全球经济治理新秩序的发展。所谓"开放"的经济全球化意味着经济全球化的进程要打破被少数国家所控制的局面。经济全球化要充分考虑不同国家经济发展的历史和经济发展水平的现实,才能够被世界各国所接受。所谓"包容"的经济全球化,一方面是指经济全球化的进程必须尊重各国自主选择社会制度和发展道路的权利;另一方面是指对经济全球化过程中受损的国家、弱势群体进行必要的补偿和救助,使其成为经济全球化的共同受益者、支持者。所谓"普惠"的经济全球化,是指不论在文化、宗教、制度、意识形态等方面存在何种差异,经济实力强弱如何,都应平等地参与经济全球化。[1]

四、既要积极推动全球经济治理,又不能急于求成

一方面,中国参与全球经济治理与国际经贸规则重构博弈,强化国际协调与合作是必由之路。通过强化国际协调与合作,可以减少中国参与全球经济治理与国际经贸规则重构博弈所面临的各种阻力。另一方面,既要积极推动全球经济治理,又不能急于求成。这是因为,全球经济治理的直接指向是要解决经济全球化所面临的一系列全球性的、地区性的、双边性的甚至是一国国内的经济社会发展问题。而解决这些问题的突破口是全球经济治理结构的重构,是经济全球化规则的重构,其本质是一个涉及各国利益的世界性的、根本性的重新整合的过程,其利益纠葛、利益博弈将会空前复杂、空前激烈,这就决定了全球经济治理的过程绝不是一个一帆风顺、一蹴而就的过程。在这一过程中,虽然以中国为代表的发展中国家在全球经济治理中的地位、话语权都在快速提升,但是在相当长的时期内发达国家仍是全球经济治理的主要主导者。

---

[1] 殷阿娜. 中国开放型经济发展绩效评估及对策研究 [D]. 沈阳:辽宁大学,2014.

而一个公平、公正、合理、有效的全球经济治理框架和治理机制的形成，不仅取决于发达国家之间的全球经济治理理念、利益的博弈，取决于发达国家与发展中国家，特别是新兴经济体之间的力量消长与全球经济治理理念、利益的博弈，也取决于发展中国家之间的力量消长与全球经济治理理念、利益的博弈及其竞争与合作，更取决于一国参与全球经济治理结构重构的战略、策略的科学性、前瞻性。因此，我国在参与全球经济治理的过程中，要审时度势，准确把握全球经济治理结构重构运行特点以及出现的各种新问题、新情况、新挑战，既要为推动全球经济治理做出应有的积极贡献，也要成为全球经济治理框架、治理机制重构的参与者、推动者、引领者、贡献者。要对全球经济治理框架、治理机制重构的复杂性、艰难性有着清醒的认识，不能操之过急，急于求成，使自己处于被动地位。①

第三节　中国获取更大的全球经济治理与国际经贸规则重构博弈话语权的路径创新

一、进一步增强综合国力，为获取更多话语权奠定物质基础

　　全球经济治理与国际经贸规则重构博弈话语权和一国综合实力之间存在着相互依存、相互制约、相互促进的关系。一方面，全球经济治理与国际经贸规则重构博弈话语权是以国家综合实力为基础和后盾的，话语权的大小归根结底取决于国家的综合实力，强大的综合国力是一国获取更多、更大话语权的基础和关键，没有强大的国家综合实力作为后

---

① 殷阿娜．中国开放型经济发展绩效评估及对策研究［D］．沈阳：辽宁大学，2014．

盾，必定是没有"权"可言说的。另一方面，进一步增强本国的综合实力是一国争夺国际话语权的最终目标，即获取更多、更大的全球经济治理与国际经贸规则重构博弈话语权是为了进一步增强本国的综合实力。二者是一种相互依存、相互制约、相互促进的良性循环的关系。因此，中国要获取更多、更大的话语权，就必须内外兼修：一方面，要按照党的十九大关于我国社会主义现代化建设战略安排进一步增强本国的综合实力。另一方面，要按照党的十八、十九大以来的精神，特别是要按照习近平总书记的一系列讲话精神，继续全面深化改革，坚持新的发展理念，不断推动新型信息化、工业化建设，同时推进农村城镇化、农业现代化的同步发展，全方位构建开放型经济，进而壮大我国经济实力和综合国力，改变我国在世界体系中的不利地位，提升我国在全球经济治理中的发言权和影响力。

全球经济治理与国际经贸规则重构博弈话语权与国家综合实力之间并没有一一对应的必然联系，话语权不是自然而然地就会拥有，而是要通过有效的途径和手段来争夺、拥有和维护，对于后起国家来说尤其如此。要依托不断提升的国家综合实力，充分将各类全球经济治理与国际经贸规则重构博弈话语权资源转变为提升国际影响力的手段，才可有效地解构全球经济治理话语霸权，才可不断推进全球经济体系中的实力结构向着均衡的方向发展，继而推动国际经济秩序向着平等公正、合作共赢的方向发展。

二、依托现有多边自由贸易体制平台获取更多的话语权

由于发达国家与新兴经济体、发展中国家在农业和非农产品市场准入等诸多问题上僵持不下，历时多年的 WTO 框架下的多哈回合贸易谈判陷入僵局，新一轮高标准的多边贸易协定难以达成，发达国家与新兴经济体、发展中国家在对待依托世界贸易组织平台进行全球经济治理问题的立场方面正在酝酿着巨大的变化。对发达国家来说，一方面，它们声称要继续维护以 WTO 为中心的多边自由贸易体制。另一方面，也是

值得警惕的是，发达国家对以 WTO 为中心的多边自由贸易体制改革的诉求并不仅仅局限于对消减关税壁垒的关注，而是将更多的注意力放到了 WTO 多哈回合谈判长期难以逾越的有关环境保护、劳工标准、竞争政策、投资保护等一系列"超越 WTO"议题的国内规制议题之上，即发达国家试图通过建立所谓的"最高标准"双边自由贸易协定，来提高外国产品的市场准入门槛，保护本国的市场与就业，进而力图依托自由贸易协定实施"大西方"战略，在打造出一个制度化、机制化的发达国家间政治、经济和金融集团，重建对西方有利的国际经济政治新规则、新机制的基础上，联合一些价值观相似的发展中国家，塑造出一个更广大和更具活力的"大西方"，来巩固自身的国际地位。这也是特朗普一改上台后疯狂"退群"战略转而积极重新"建群"（美国于 2018 年 7 月 25 日提出了与欧盟建立"零关税、零壁垒、零补贴"美欧自贸区的建议。随后，难产已久的美日 FTA 协定谈判也被提上了日程，而且美国还试图快速推动建立美欧日"超级自贸区"）的内在动力。这势必会出现彻底改造 WTO，甚至有绕过 WTO 另起炉灶的企图，这不但会对以 WTO 为中心的多边自由贸易体制带来严重的冲击，而且会对新兴经济体、发展中国家依托以 WTO 为中心的多边贸易体制推进贸易投资自由化、便利化进程的战略基础带来严重的冲击。对新兴经济体、发展中国家来说，维护现有的以 WTO 为中心的多边自由贸易体制符合它们的实际情况和实际利益。新兴经济体、发展中国家是现有的以 WTO 为中心的多边自由贸易体制的受益者。因此，我国要坚定地维护现有的以 WTO 为中心的多边自由贸易体制，要紧密依托现有的以 WTO 为中心的多边自由贸易体制平台，进一步提升我国在其中的影响力以获取更多话语权。

三、创立新的平台以获取更多、更大的话语权

要获取更多、更大的全球经济治理与国际经贸规则重构博弈话语权，既要利用好已有的平台，更要创新新的平台，如中非合作论坛、中

拉论坛、亚洲基础设施投资银行、丝路基金以及亚非会议等，特别是要充分利用"一带一路"这一新的平台以全方位地提升我国在全球经济治理中的话语权。"一带一路"倡议秉持"亲、诚、惠、容"的新理念，通过加强与沿线国家的"五通"建设，为"一带一路"沿线国家提供经济发展和人文交流的公共平台和公共产品，推动实施互联互惠建设：第一，从沿线国家话语资源看，"一带一路"沿线国家包含很多经济发展落后、FTA缔结经验匮乏的发展中国家。与中国相比，这些国家的话语资源较少，无论硬实力还是软实力都处于劣势，这有利于中国发挥话语权的优势。第二，在"一带一路"话语权博弈中，中国将具有明显的话语对价优势。在对待现有的以WTO为中心的多边自由贸易体制平台与创立新的平台的关系上，要坚持如下原则：一是既然在短时间内还难以改变现有的治理体制，那么就要做现有全球经济治理体制的参与者、协调者。要迅速跳出我国对现有治理体制的惯常应对模式：从拒绝到承认、从消极旁观到积极参与、从象征性主张到实质性建设、从注重实际利益到努力寻求双赢，而是要融入其中来表达自己的诉求、维护自身的利益。因为事实已多次证明：参与现有不甚合理的治理体制，协调其健康运行，既符合我国的根本利益，也符合大多数国家的根本利益。二是要做全球经济治理规则的建设者和贡献者。我国既需要利用现有的治理体制维护自身的利益，更需要根据我国两个一百年的奋斗目标，做全球经济治理规则的建设者和贡献者。

四、依托RCEP等区域经济组织获取更多的话语权

亚洲的区域一体化是当前区域经济合作的热门话题，包括亚太经济合作组织（APEC）、东南亚国家联盟（ASEAN）、ASEAN+1、ASEAN+3、中日韩FTA等合作机制，面对跨太平洋伙伴关系协定（TPP）、跨大西洋贸易与投资伙伴协议（TTIP）、国际服务贸易协定（TISA）等组织，中国应提倡符合发展中国家自身特点，同时能使国家间利益得到平衡，渗透并反映国际贸易新规则的区域全面经济伙伴关系协议（RCEP），进而

循序渐进推进亚太区域经济一体化进程。另外，中国需持续坚持并不断推进"共同发展"的理念，推进"基础设施互联互通"等功能性建设，与邻国及沿线国家分享发展带来的红利，为全球经济治理与发展贡献力量与经验，逐渐在区域内继而在全球范围树立起一种身份认同，进而获取全球经济治理的话语权。①

五、推动构建人类命运共同体，获得更多的支持

一方面，经济全球化把世界各国的利益、命运紧紧联系在一起；另一方面，世界各国正共同面对众多问题与挑战。这些问题与挑战要求各国开展合作与协调。② 基于此，中国政府明确地提出了以"人类命运共同体"作为全球治理特别是全球经济治理的共同目标，包括"互利共赢"基本原则、"平等和开放"的组织模式、"合作与对话"运行方式等主张。这些新理念、新思路已体现在 G20 杭州峰会的重大成果中：一是在 G20 杭州峰会上，中国政府提出的"构建创新、活力、联动、包容的世界经济"的主题已经成为引领全球经济发展与合作、全球经济治理的目标与潮流；二是 G20 杭州峰会上通过的《创新增长蓝图》和《深化结构性改革议程》为实现全球经济长期强劲、可持续和平衡增长规划了明确、有效且有保障的路径。中国应将构建"人类命运共同体"确定为全球经济治理的新理念、新目标，以此获得更多国家的支持与合作。

六、以全方位对外开放格局引领全球经济治理与国际经贸规则重构博弈

当前，全球经济治理与中国的全面深化改革有诸多契合之处，中国

---

① 何敏. 国际贸易的全球治理与中国的贡献 [J]. 社会科学, 2017 (2): 26 - 29.
② 习近平. 推动全球治理体制更加公正更加合理——2015 年 10 月 13 日在中共中央政治局第二十七次集体学习上的讲话 [R/OL]. http://www.caixin.com/2015 - 10 - 13/100862584.html.

应充分利用这一契机深入推进国内重点领域改革,有效实现国内政策与全球经济治理的对接。一是要将"一带一路"倡议作为重点,始终坚持"引进来""走出去"策略,加强创新能力开放合作,遵循与"一带一路"沿线国家共商、共建、共享的基本原则,打造我国内陆与沿海内外开放联动的全方位对外开放的新格局。二是要进一步推动扩大开放的层级,进一步优化国家区域开放布局,采取有效措施全面增强西部开发、开放的力度,实现构建对外开放新格局的平衡发展。三是要进一步强化国际产能合作,加快培育和提升国际经济合作与竞争的新优势。[①]随着在全球经济和贸易格局中地位的提升,中国应统筹兼顾国内国外两个发展大局,创造性地奉行互利共赢的开放战略,谋求开放创新、包容互惠的发展前景,与发展中国家和新兴经济体一起更加积极主动地谋求与自身实力相当的地位,要在全球经济治理中发挥引领作用,为公平、公正、合理的全球经济治理体系建设贡献力量。

七、科学地制定获取全球经济治理与国际经贸规则重构博弈话语权的策略

全球经济治理结构重构是一个涉及各国利益的世界性的整合过程,绝不可能一蹴而就,中国既要积极推动全球经济治理,又要有足够的耐心,科学合理地制定获取全球经济治理与国际经贸规则重构博弈话语权的策略。既要加强对全球经济治理新议题、新规则的深入研究,也要加速国内的相关体制机制的改革创新步伐,争取更多的全球经济治理规则制定的话语权;应从制度、战略和企业等层面积极应对全球经济贸易规则的变迁,掌控全球经济治理与国际经贸规则重构博弈话语权;既尽其所能提供更多的全球性公共物品以增强争夺全球经济治理与国际经贸规则重构博弈话语权的能力,又要通过加强南南合作、主导成立区域性合

---

① 孙伟. 中国与全球经济治理:角色、目标和政策 [J]. 中国经贸导刊, 2014 (1): 45-55.

作组织、推动人民币区域化和国际化等方式，增强在全球经济治理体系中的地位和话语权。

八、加强并提升制定国际经贸规则的能力

随着我国综合国力的增强、全球经济治理理念的改变和我国在某些国际经贸组织中话语权的提升，在参与制定国际经贸新规则方面，我国已经迈出了坚实的步伐，取得了有目共睹的成功。但从全球经济治理大局来看，我国仍处于主导国际经贸新规则制定的起步、探索阶段，与在主导国际经贸规则制定中经验丰富的美欧日等发达国家相比，无论是在全球经济治理理念的转变、平台的建设、专门人才培养、知识的储备、实践经验等方面都显得相对不足，需要急起直追。因此，全面而快速地加强我国参与、主导全球经济治理的能力建设是当前及今后我国所面临的极为迫切的任务。而且我国必须更加重视参与、主导国际经贸新规则制定的软实力建设。这包括需要进一步完善涉外经济贸易决策的协调机制，进一步加大上层的协调力度；要进一步建立并逐步完善参与、主导国际经贸规则谈判的新机制。要进一步科学地统筹参与、主导国际经贸规则谈判筹码和相关资源的配置，科学设计参与、主导国际经贸新规则的谈判方案，优化其谈判流程。加快推进参与、主导国际经贸新规则的谈判体制、机制改革与创新，通过简化主管机构、明确工作职责，进一步提高参与、主导国际经贸新规则谈判的质量及有效性。尤其是要建立健全参与、主导国际经贸新规则谈判的战略智库以及智库参与、主导国际经贸新规则谈判的机制，以此全面提升我国在全球经济治理体系中主动设立议题并提出建设性意见的能力。要大力培养具有争夺全球经济治理与国际经贸规则重构博弈话语权专业知识的人才，为科学决策提供有力的智力支撑。

第四节　中国要通过积极参与全球经济治理成为经济全球化的"稳定器"

一、经济全球化是历史发展的必然，大趋势不会变

第一，经济全球化使得生产要素能够在全球范围内进行最有效的配置，从而能够最大限度地释放国际分工、市场经济所蕴藏的巨大活力。经济全球化的迅猛发展，促进了国际分工的发展，促进了商品和资本在全球的流动，促进了各国的科技发展和文明进步，密切了各国人民之间的交往，为全球经济的增长提供了强劲动力，为全世界、全人类、世界各国的经济社会发展带来了巨大的利益。

第二，历史经验表明，顺经济全球化，则会使世界经济得到顺利发展，使世界各国的福利得到提升，而逆经济全球化则会使所有国家都受到严重损害，甚至引发战争。因此，世界各国特别是世界大国应当汲取历史上的惨痛教训，不能为了一己之私利而再次把世界引向深渊。

第三，虽然当前逆经济全球化思潮甚嚣尘上，但是在全球价值链分工日益细化、各国经济联系空前密切的今天，经济全球化符合各国的根本利益，因此，可以看出，当今各国进一步推进经济全球化的意志依然强大，即使特朗普的逆经济全球化言行也并不是彻底否定经济全球化。

二、中国要成为经济全球化健康发展的"稳定器"

首先，中国是当今经济全球化的受益者之一。自20世纪70年代末以来，中国实施了改革开放的政策，积极融入经济全球化的浪潮之中，特别是经过艰苦的努力加入了世界银行、国际货币基金组织、世界贸易组织等世界多边国际经贸组织，有力地促进了中国的改革开放，从而使

中国经济保持了40年的快速发展，使中国成为世界第二经济大国、货物贸易第一大国、吸引外资的第二大国，因此，中国是经济全球化的受益者。其次，随着中国改革开放的深入，特别是随着中国经济全面融入经济全球化的浪潮之中，中国经济受经济全球化发展影响的敏感性进一步加大，维护经济全球化的健康发展不但符合世界各国的根本利益，也符合中国经济发展、实现中华民族伟大复兴的根本利益，因此，中国应当旗帜鲜明地反对贸易保护主义，与逆经济全球化进行坚决斗争。最后，中国既要成为经济全球化的受益者，也要成为经济全球化的"稳定器"，成为经济全球化的公共产品的提供者、责任担当者和引领者。①

第五节 打造人类命运共同体，推动全球经济治理向公平公正合理的方向发展

党的十八大以来，习近平主席在一系列双边和多边重要外交场合多次强调构建人类命运共同体理念。特别是2015年9月习近平主席在出席联合国系列峰会期间，对构建人类命运共同体做出了一系列系统的阐述，引起了世界的共鸣。毫无疑问，构建人类命运共同体是中国政府对包括全球经济治理体系改革在内的全球治理方案的重大创新。因此，在积极参与全球经济治理体系改革的过程中，要以构建人类命运共同体作为中国积极参与全球经济治理体系改革顶层设计的指导思想。一是要构建相互尊重、平等协商的全球经济治理体系改革的参与体系。人类命运共同体思想坚决主张大家的事由大家商量着办。"各国体量有大小、国力有强弱、发展有先后，但都是国际社会平等一员，都有平等参与地区和国际事务的权利"。② 在全球经济治理体系改革中应做到以下几点：

---

① 盛斌. 全球化"稳定器"：逆全球化阴影下的中国角色 [N]. 文汇报，2017-06-09.
② 习近平. 迈向命运共同体 开创亚洲新未来——在博鳌亚洲论坛2015年年会上的主旨演讲 [EB/OL]. http：//jhsjk.people.cn/article/26765899.

第一,坚持主权平等原则,不以大压小、以强凌弱、以富欺贫;第二,坚持多边协商主义,不搞单边扩张主义;第三,坚持协商民主,把以对话解决争端、以协商化解分歧作为全球经济治理体系改革的重要方法。二是要构建开放包容、普惠共赢的全球经济治理体系。当前世界经济中有两种明显的倾向正在危害着各国的发展前景:一个倾向是逆全球化思潮抬头,正在人为地阻碍世界经济的自由流动;另一个倾向是南北差距明显扩大,正在成为世界可持续发展的严重羁绊。对此,习近平主席深刻指出:"缺乏道德的市场,难以撑起世界繁荣发展的大厦。富者愈富、穷者愈穷的局面不仅难以持续,也有违公平正义。"[1] 他开拓性地提出了全球经济治理体系改革的解困之道——开放包容、普惠共赢。第一,秉持开放精神,推进互帮互助、互惠互利,大家一起发展才是真发展,可持续发展才是好发展。第二,抛弃你输我赢的零和游戏规则,坚持合作共赢的正确理念,真正认清"一荣俱荣、一损俱损"的连带效应,形成利益共同体。第三,加强宏观经济政策的协调,避免不同经济体因政策变动而产生负面外溢效应,推动全球经济治理体系改革,共同应对潜在的风险与挑战。这一新的全球经济治理体系改革观,准确地把握住了当今世界发展的脉搏,体现了促进发展中国家共同发展的道德立场,必将对推动建立公平正义的全球经济治理体系产生重大影响。

---

[1] 习近平. 携手构建合作共赢新伙伴 同心打造人类命运共同体——在第七十届联合国大会一般性辩论时的讲话 [EB/OL]. http://jhsjk.people.cn/article/27645649.

第七章

推动中国开放型经济转型升级的战略与策略

第一节 以深化"一带一路"倡议为依托打造更高水平的全方位对外开放格局

"一带一路"倡议提出后,在中国政府的积极倡导和推动下,丝路基金已经投入运营,亚洲基础设施投资银行协议也于 2015 年 12 月 5 日生效。但是,由于"一带一路"倡议覆盖的地理范围广阔,且由于其保持开放性,还存在许多潜在参与者——众多的参与者将会加大该倡议实施的协调难度;"一带一路"倡议包括经济、政治、文化、安全等众多方面,内容非常广泛——这将会加大该倡议实施的复杂性;这一倡议的实施也不是一蹴而就的短期行为,而是一项长期任务——这将会使该倡议的实施面临更多的变数;再加上"一带一路"域外因素的影响——域外国家(地区)的消极反应与干扰会加大该倡议实施的难度,因此,"一带一路"倡议的实施必然会面临主观和客观、内部与外部诸多方面的多种挑战。在这形势下,要有效推进"一带一路"倡议,必须审时度势,选准突破口予以有效突破,并放大其示范效应,化消极因素为积极因素,只有这样,才能快速、有效地推进"一带一路"倡议的实施。

一、域内外国家（地区）对中国"一带一路"倡议的反应

自中国提出"一带一路"倡议后，域内外国家（地区）的反应主要包括四种类型。

（一）积极行动响应型

所谓积极行动响应型，是指该国家（地区）不但积极赞同中国提出的"一带一路"倡议的发展理念，而且采取实际行动，制定相关战略、对策积极推动本国或地区的发展战略与中国提出的"一带一路"倡议进行对接。俄罗斯、蒙古国、中亚五国、缅甸、巴基斯坦和孟加拉国等国家和地区的反应属于此类。

2014年5月20日，针对中国的"一带一路"倡议，俄罗斯联邦政府表明了坚决支持的态度："俄方认为，中方提出的建设丝绸之路经济带倡议非常重要……双方将寻找丝绸之路经济带项目和将建立的欧亚经济联盟之间可行的契合点。为此，双方将继续深化两国主管部门的合作，包括在地区发展交通和基础设施方面实施共同项目。"2016年5月8日中国与俄罗斯共同发表的有关声明明确指出："俄方支持丝绸之路经济带建设，愿与中方密切合作，推动落实该倡议……双方将共同协商，努力将丝绸之路经济带建设和欧亚经济联盟建设相对接，确保地区经济持续稳定增长，加强区域经济一体化，维护地区和平与发展。"

中国的"一带一路"倡议提出后，蒙古国反应积极。蒙古国曾明确表示，愿意参加"一带一路"倡议，特别是"愿参与'丝绸之路经济带'建设，将以创始成员国身份参与'亚洲基础设施投资银行'建设"。2015年5月18日，蒙古国驻华大使策登扎布—苏赫巴特尔在共建"一带一路"合作论坛暨亚洲工商大会上表示，为了把握中国"一带一路"建设所带来的机遇，蒙古国拟打造中俄蒙跨境经济走廊。这一倡议被称为"草原之路"计划。2015年7月9日，中俄蒙三方明确表示，三国愿意"在对接丝绸之路经济带、欧亚经济联盟建设、'草原之

路'倡议基础上,编制《中蒙俄跨境经济走廊合作规划纲要》"。

中亚五国都在积极探索同中国"一带一路"倡议的对接。2014年11月,哈萨克斯坦宣布,该国将启动总额超过300亿美元的"光明之路"新经济计划,与中国一道全面推进哈萨克斯坦国内的基础设施建设。① 塔吉克斯坦表示,愿密切合作,共同推动丝绸之路经济带建设,开辟中塔合作新的广阔前景。乌兹别克斯坦表示,支持并愿意共同落实中方关于建设"丝绸之路经济带"的倡议,将确定新的、具有前景的经济合作方向,进一步推动重点项目。

缅甸也十分欢迎中方提出的"一带一路"倡议,并在"一带一路"倡议和孟中印缅跨境经济走廊合作框架下,统筹推进两国合作,促进共同发展,惠及两国民生。巴基斯坦将"中巴跨境经济走廊"建设看作是对接"一带一路"倡议的"契合"战略举措,并积极推进。孟加拉国高度重视"一带一路"倡议带来的机遇,认为孟中印缅跨境经济走廊为中孟深化互利合作和实现可持续发展提供了重要平台。

(二) 乐观支持型

所谓乐观支持型,是指该国(地区)赞同加强同中国"一带一路"倡议的合作,但暂时还没有具体的对接政策出台。这一类国家主要有阿富汗、马尔代夫、斯里兰卡、马来西亚、东帝汶、沙特阿拉伯、卡塔尔以及"丝绸之路"在欧洲的几个重要节点国家。例如,斯里兰卡、马来西亚、东帝汶、沙特阿拉伯等国表示,愿意积极支持21世纪海上丝绸之路的发展。"一带一路"经过的一些欧洲国家高度支持"一带一路"倡议。白俄罗斯称愿密切合作,共同推动丝绸之路经济带建设,开辟中白合作新的广阔前景。波兰与中国积极探讨在基础设施建设及物流领域开展合作的可能性。作为"陆上丝绸之路"终点的比利时也表示,要通过参与"一带一路"倡议来共同建设亚欧大市场。

---

① 袁胜育,汪伟民. 丝绸之路经济带与中国的中亚政策 [J]. 世界经济与政治,2015 (5): 21 – 41.

（三）犹豫观望型

所谓犹豫观望型，是指该国家（地区）虽然在"一带一路"倡议的覆盖面下，但对"一带一路"倡议意图的理解存在偏差并有一定的保留。印度是典型的犹豫观望型国家。中国"一带一路"倡议提出后，印度反应比较冷淡，担心中国会破坏其传统的"势力范围"。但是印度也认识到，印度可能从"一带一路"倡议中获得的经济利益是巨大的，因而印度希望将这种合作保持在程度较低的"中印孟缅跨境经济合作走廊"上，对中印孟缅跨境经济走廊框架内的合作是欢迎的。

（四）从抵触、干扰到参与转变型

日本是典型的从抵触、干扰到参与转变型国家。在中国"一带一路"建设倡议提出之初，日本表现出抵触的态度。日本认为，"一带一路"倡议将会使美日丧失在亚太地区的主导权，中国经济的进一步崛起将会对美日构成挑战，日本不管是学界还是政界都有此共识。因此，在亚投行成立过程中日本也选择与美国站在一边，采取抵制态度。随着美国"亚太再平衡战略"的深入展开，日美加速推动完成TPP谈判，试图建立起一个能够抗衡"一带一路"倡议的经济集团。然而，随着"一带一路"倡议的发展，特别是逆经济全球化的挑战不断加剧、中日两国关系走向缓和，日本对"一带一路"倡议的态度也发生了变化：2017年以来，日本政府、企业多次对中国的"一带一路"倡议表达了参与的意愿。由此表明，日本对中国提出的"一带一路"倡议的态度正从抵触、干扰转向参与。

（五）疑虑抵制型

所谓疑虑抵制型，是指该国（地区）对"一带一路"倡议的目的有所怀疑，从自身狭隘的利益观出发来看待中国"一带一路"倡议，心理上存有疑虑甚至敌视情绪，行动上抵制、干扰。美国是这类国家的代表。

自中国"一带一路"倡议提出以来,美国的政府和智库就开始对其进行研究。美方对中国"一带一路"倡议的判断充斥着"零和博弈"的思维,认为中国"一带一路"倡议的目的就是要打造中国的势力范围,这将严重蚕食美国的利益,因此,干扰、抵制、控制是美国对中国"一带一路"倡议的主基调,这在美国对在中国倡导成立亚洲基础设施投资银行的立场上得到了明确的验证,也能从美国试图将"一带一路"建设的功能纳入G20、APEC等多边框架内以约束中国"一带一路"建设的企图中看到端倪。

二、"一带一路"倡议实施面临的挑战

国际社会对中国"一带一路"倡议的不同反应将会给"一带一路"倡议的实施带来众多的挑战,这些挑战既包括来自主观方面的挑战,也包括来自客观方面的挑战;既包括来自"一带一路"域内的挑战,也包括来自"一带一路"域外的挑战。

(一)来自主观方面的挑战

第一,"一带一路"倡议构想的内涵和具体的执行规划尚需进一步明确与细化,特别是在相关支持性政策、法规的制定上要做更多的工作。由于"一带一路"倡议覆盖地理范围广泛,建设内容庞杂,参加的国家和地区众多,利益纠葛复杂,因此,"一带一路"倡议的内涵尚需进一步厘清,切合与沿线不同国家(地区)政治、经济特点和需求的合作规划、目标、措施等尚需进一步推进、明确和深化。更为突出的是,目前的相关规划、目标、措施仍局限于传统的、较为初级的经贸合作、人员往来、互联互通等方面,顶层设计仍显不足,这势必会严重影响"一带一路"建设的有效实施。

第二,由于宣传上的不足,已出现了沿线一些国家(地区)对"一带一路"倡议的误读,对中国的和平崛起、共享繁荣的战略持怀疑态度。"一带一路"倡议提出后,已进行了较大规模的宣传,但对其宣

传的广度、深度仍需进一步加强。由于宣传的力度不够，再加上国际上"中国威胁论"长期渲染的影响，已有一些沿线国家（地区）对"一带一路"倡议产生了误解，对"一带一路"倡议持怀疑甚至是抵制态度。如东南亚和南亚的一些国家怀疑中国借"一带一路"建设实施扩张战略，把经济问题政治化，对与中国合作进行基础设施建设持怀疑或抵制态度；中亚国家则怀疑"一带一路"倡议的实施将使其变成中国的能源、资源等原材料基地和移民的目的地；日本则认为，"一带一路"倡议的实施将会冲击其在东亚地区区域经济一体化的主导权和影响力。虽然俄罗斯表示"充分支持中国提出的丝绸之路经济带构想"，但也担忧中国与中亚国家经济联系的加强将削弱其在中亚的地位并缩小其"欧亚联盟"的战略空间；[1] 在南亚和东南亚影响力强大的印度政府更是对"一带一路"建设心存疑虑并保持警惕，拒绝明确表态，印度媒体则把"一带一路"倡议解读为中国的最终目标是建立"中央王国"。

（二）来自客观方面的挑战

第一，中国国内区域经济发展不平衡，西部地区落后的状况将影响丝绸之路经济带的建设进程。由于各地区地理区位、资源禀赋、开放程度和发展基础不同，中国国内区域经济发展严重不平衡，东部地区经济总量占全国经济总量的60%，广大中西部地区仅占40%。特别是作为丝绸之路经济带桥头堡的新疆，以及作为丝绸之路经济带重要战略支点的青海、甘肃、宁夏和陕西等地区深居内陆，平均距离出海口达2052公里，又由于西部地区地理环境复杂，陆上交通运输基础设施也很落后，加之技术水平低，人力资本匮乏，贸易和国际直接投资仅占全国的15%，人均GDP长期排名靠后。这些限制性因素必将会对中国西部地区的国际投资和国际贸易产生较大的不利影响，进而对丝绸之路经济带的建设进程带来较大的影响。

---

[1] 李新. 中蒙俄经济走廊是"一带一路"倡议构想的重要组成部分 [J]. 西伯利亚研究, 2015 (3): 5–10.

第二,沿线国家(地区)的社会和政治制度及经济发展水平差异大,合作困难。"一带一路"沿线国家(地区)众多,在政治、经济、文化、宗教信仰和社会方面都存在很强的异质性,在建设项目对接上往往存在不匹配的问题,且各国面临的国际合作选择并不仅仅是"一带一路"倡议,存在多种选择,因此,在整合国家利益和确认共同目标时难度较大。此外,海上丝绸之路覆盖的东亚地区多重合作机制重合,而中国与中亚地区却缺乏健全的合作机制,加之沿线各国发展战略和经济发展水平存在巨大差异,在众多国家间进行政策协商的难度不可小觑。

第三,"一带一路"沿线国家(地区)基础设施条件较差,改造和新建困难较大,基础设施建设资金缺口大。首先,"一带一路"沿线国家(地区)大多数为发展中国家甚至是被联合国认定为最不发达国家,如巴基斯坦、孟加拉国,经济落后,地理环境险恶,交通、通信、水电等基础设施建设落后且新建困难重重。交通运输是实现跨境经济合作的物质基础,而沿线各国道路网自成体系,施工和管理标准存在很大差异,这是道路互联互通面临的重要障碍。其次,"一带一路"部分沿线地区地理环境险恶,现存道路技术等级低,如中国和巴基斯坦铁路和公路建设需穿越崇山峻岭,中蒙俄交通建设也因恶劣的气候环境存在技术挑战,而中国—中南半岛跨境经济走廊以公路为主的交通网络虽然已初步形成,但其道路技术水平很低,通行状况差,新建和改造道路存在巨大的技术和管理困难。电力和通信是实现现代化、高效率互联互通的保障,而"一带一路"沿线国家(地区)在电力和通信方面仍存在很大缺口,如2012年孟加拉国和柬埔寨的通电率仅分别为59%和31%,而且城市停电次数多。在互联网方面,2014年,东亚地区和太平洋地区每百人中互联网用户仅为42人,欧洲和中亚地区为48人,互联网普及率均不及一半。"一带一路"要通过便捷的交通网络和互联网络实现互联互通需要新建和改造大量的公路铁路、港口和管道设备以及互联网设施,资金缺口巨大,而基础设施建设又属于长期工程,其面临的融资难可想而知。

第四，安全问题。"一带一路"沿线安全领域存在许多不确定性因素。首先，近几年来"一带一路"沿线国家争端不断，美国为制衡中国不断明里暗里插手其中。其次，中亚等地极端事件频发，地缘政治生态持续恶化，南亚地区的暴力事件、东南亚地区的毒品犯罪和人口买卖问题也对"一带一路"沿线建设造成了严重负面影响。最后，受气候变化的影响，"一带一路"沿线地区也不同程度地面临水资源供应短缺问题和环境污染问题。如巴基斯坦的水源问题、东南亚地区严重的海洋污染问题等。这些安全问题都在不同程度上影响着"一带一路"建设的顺利实施。

（三）"一带一路"域内国家（地区）之间激烈竞争带来的挑战

无论是丝绸之路经济带所覆盖的中西亚地区，还是海上丝绸之路必经的东南亚和南亚地区，这些地区在地理上的战略地位导致其一直是各国关注的战略要地。加之该区域自然资源丰富，其经济开发将会对世界政治经济格局产生重要的影响。正是基于此，域内国家（地区）在该区域的战略竞争异常激烈。早在1997年，日本的桥本内阁就提出了"丝绸之路外交"，以期加强与中亚和南高加索地区的政治经济联系。2004年日本又推动设立了"中亚+日本"外长定期会晤机制。日本不仅对亚投行的成立持抵制态度，而且为了制衡中国在亚太地区的影响力，强行通过了否定其"和平宪法"的安保法案，进一步加强了美日同盟关系，升级了对中国周边地区的战略外交，以扩大其在相关区域的影响力。印度政府对中国提出的"一带一路"倡议拒绝发出明确回应，保持防范心态，以此抗衡中国"一带一路"倡议的影响。即使对"一带一路"倡议响应积极的俄罗斯也认为，中国的"一带一路"倡议将会对其在中亚地区的特殊利益构成较大的威胁。因此，俄罗斯积极构建"欧亚经济联盟"的战略意图既是要以该联盟整体来对接"一带一路"倡议，也是要以该联盟为依托防止独联体国家各自倒向中国。因此，中国在"一带一路"倡议实施过程中必将直面与这些域内国家（地区）在政治上的博弈和在经济上的竞争，即"一带一路"倡议的实施将会受到来自"一带一路"域内国家（地区）之间不同战略价值取向、不同的国家利益之间的激烈博弈和竞争带来的挑战。

（四）来自"一带一路"域外国家（地区）的挑战

早在1999年，美国国会就通过了《丝绸之路战略法案》，但阿富汗战争的爆发使得该战略的实施搁浅；2006年，为了恢复阿富汗重建工作，美国参议院又通过了《2006年丝绸之路战略法案》。美国认为，中国的"一带一路"倡议会撼动其国际地位。因而对这一倡议持公开反对态度或推出制衡政策，如公开反对亚投行的建立并对其盟友施压，声称亚投行的建立会扰乱现有国际经济机构的运行秩序（虽然2015年9月26日奥巴马总统与习近平主席会谈后，美国对亚投行的态度有所松动，但美国的战略意图并没有发生实质性的改变），并在经济和政治上推行排斥和遏制中国的策略。经济上，美国继续推行排斥中国参与TPP和TTIP谈判以期牢牢控制重构国际贸易和国际投资新规则制定的主导权；政治上，美国联合日本、澳大利亚和菲律宾等国强化军事合作，插手地区争端问题，增加在亚太地区的军事部署以遏制中国。

因此，"一带一路"倡议的实施既面临着来自主观方面的挑战，也面临着来自客观方面的挑战；既面临着来自"一带一路"域内的挑战，也面临着来自域外的挑战。面对如此众多的挑战，进一步加强"一带一路"沿线国家（地区）间的经贸合作、人员往来、互联互通是必要的，但这将会使"一带一路"倡议面临较低层级合作循环的羁绊。要实现"一带一路"建设高效率、高水准的实施，就必须"科学布局，选准突破口和切入点"。[①] 而"科学布局，选准突破口和切入点"就是要在进一步加强"一带一路"沿线国家（地区）间的全方位经贸合作的基础

---

① 中共中央、国务院关于构建开放型经济新体制的若干意见 [EB/OL]. http://www.gov.cn.xinwen/2015-09/17/content_2934172.htm.

上，审时度势，适时推进"一带一路"沿线国家（地区）间经贸合作的制度化、机制化，而跨境经济走廊的建设便是"一带一路"沿线国家（地区）间经贸合作制度化、机制化的突破口，即通过跨境经济走廊的建设使"一带一路"倡议的实施快速地从传统型、常规型、松散型的经贸合作走向准制度化、机制化层面的，实现更加紧密的区域经贸合作，为"一带一路"倡议的实施升级到更高层级的制度化（如自由贸易区）层面、实现全方位的区域经济一体化奠定坚实的制度化、机制化基础。

三、跨境经济走廊是"一带一路"倡议制度化地有效实施的突破口

（一）跨境经济走廊的内涵及其特点

1. 跨境经济走廊的内涵

对于跨境经济走廊，目前尚无公认的统一的定义。亚洲开发银行将其定义为次区域范围内生产、投资、贸易和基础设施建设等有机地联系为一体的经济合作机制。王磊、黄晓燕、曹小曙（2012）认为，跨境经济走廊是相邻国家（地区）间，以跨境交通干线为主轴，以次区域经济合作区为腹地，开展产业对接合作、物流商贸等形成的带状空间地域综合体。① 杨鹏（2012）认为，跨境经济走廊是一种强调优势互补的次区域经济合作形式，其实质是发展通道经济。② 卢光盛、邓涵（2015）认为，跨境经济走廊指的是两个或两个以上的国家（地区）选择一部分相邻区域进行互联互通，形成一个联系生产、贸易和基础设施等为一体的特殊地理区域，以促进沿"廊"国家之间实现共同发展的

---

① 王磊，黄晓燕，曹小曙. 区域一体化视角下跨境经济走廊形成机制与规划实践——以南崇经济带发展规划为例［J］. 现代城市研究，2012（9）：71-79.
② 杨鹏. 通道经济：区域经济发展的新兴模式［M］. 北京：中国经济出版社，2012：181.

一种跨境经济合作机制。[①] 本书认为，跨境经济走廊指的是在政治互信程度较高、经济互惠基础较深厚、文化互鉴渊源较深、安全互助较紧密的两个或两个以上国家（地区）之间，以沿线中心城市为增长极，以交通、通信、水电等基础设施为生长轴，实现基础设施、生产、贸易和投资互联互通，以达到经济互补互利、有利于释放沿线国家（地区）比较优势的目的，并且功能不断向高阶演化、合作范围不断拓展和深化的区域经济合作机制。

2. 跨境经济走廊的主要特点

第一，跨境经济走廊是准制度化的区域经济合作安排。跨境经济走廊与区域经济一体化的制度化形式（如自由贸易区、关税同盟等）相比，是一种准制度化或较为松散的区域经济合作安排，它不要求参与国或地区以契约的形式一次性达成关税及非关税减让、降低投资保护与资本流动管制、海关管理现代化等促进贸易和投资自由化、便利化的具有约束力的承诺和协议，而是可以根据参与国或地区间已有经济领域合作深度而定，具有时间和空间上的渐进性，也具有政治上和经济上的便利性，能够降低参与国或地区的内部政治阻力，提高参与国或地区谈判成功的概率。但即使如此，跨境经济走廊的形成在很大程度上也依赖于参与国或地区之间跨境合作政策的推出与合作协调机制的建立。因此，跨境经济走廊是超越了传统型、常规型、松散型的以市场机制为主导的经贸合作而走向准制度化层面的、紧密的区域经济合作安排。第二，跨境经济走廊带动发展的基础是：跨境经济走廊内的经济增长极和生长轴的发展内生地决定了其对参与国或地区特别是较落后参与国或地区的交通、通信、水电等基础设施建设和经济要素流动有特别大的带动作用，进而能促进其贸易和投资规模的扩大，提高其参与国际分工的程度与效果，扩张其发展的凝聚力。第三，随着跨境经济走廊的发展，参与国或地区的经济发展水平和相互依存度将会得到进一步提升，互利共赢的愿

[①] 卢光盛，邓涵. 经济走廊的理论溯源及其对孟中印缅经济走廊建设的启示 [J]. 南亚研究，2015（2）：1-14.

望与诉求也会随之更加强烈。在此种状态下，如何有力地推动参与国或地区之间逐步而快速地实现生产、投资、贸易、人员流动的自由化和一体化，以达到资源高效配置、市场深度融合、利益共享的制度化的政策协调要求成为参与国或地区内在的、必然的要求。这种内在的、必然的要求必将推动跨境经济走廊向更高层次的制度化区域经济一体化迈进，如向自由贸易区等制度化区域经济一体化迈进。

（二）跨境经济走廊是"一带一路"倡议制度化地有效实施的突破口

第一，跨境经济走廊符合区域经济一体化产生、发展的规律。"综合发展战略理论"的代表性人物鲍里斯·塞泽尔基认为，在推动区域经济一体化时，既要考虑经济因素，也要考虑政治因素，只有在经济和政治形势允许时，区域经济一体化才应尽可能包含更多的经济和社会活动，应反对强加的区域经济一体化。在区域经济一体化建设方面，他认为，生产和基础设施是区域经济一体化的基本领域，同时强调政府的有效干预，并把这种区域经济一体化看成发展中国家集体自力更生和变革世界经济秩序的手段。[①] 从前面关于"一带一路"建设实施所面临的主观和客观、内部与外部诸多方面挑战和障碍的分析中可以看出，虽然"一带一路"所覆盖的国家（地区）之间经济有很强的互补性，但由于政治制度的差异性及实现区域一体化的政治意志并不稳定，加之"一带一路"所覆盖的国家（地区）之间的相互依存存在严重的非对称性和脆弱性，目前尚不具备立即实现较高层级的制度化区域经济一体化的经济和政治条件，因此，基本领域的一体化推进是实现全面经济一体化的基础，跨境经济走廊增长极点和生长轴的建设与这种理论强调的基本领域建设相契合——生产一体化和基础设施建设是跨境经济走廊建设的核心领域，跨境经济走廊建设是逐步实现该区域经济一体化的过渡性的准制度性安排。

[①] 薛荣久. 国际贸易 [M]. 北京：对外经济贸易大学出版社，2008：383 – 384.

第二，跨境经济走廊的建设符合"一带一路"沿线国家（地区）间区域经济一体化的实际情况和发展方向。这是因为：一是"一带一路"沿线国家（地区）大多数属于发展中国家（地区），甚至还有许多最不发达国家和地区，无论是其经济发展水平还是其对外开放度都处于较低的水平，这就决定了它们之间的经济合作与经济开放不可能一步达到很高的水准，必须分步骤推进。二是在沿线众多异质性国家（地区）间同时进行政策协调效率低下，且几乎不可能达成有效结果。三是目前中国国内政治经济发展现状也决定了"一带一路"倡议不可能在沿线诸参与国或地区间平均用力，且各国的参与意愿及发展战略也不尽相同，"一带一路"经济建设必须要做到一国一策或数国一策。四是"一带一路"沿线地区基础设施、地理环境的差异决定了其建设必须有优先秩序。五是跨境经济走廊建设具有政治和经济上的便利性，且其建设基本具备了物质基础和技术支持，是实现"一带一路"倡议的重要过渡性机制。因此，"一带一路"倡议制度化地实施有效的突破口是：第一步，在进一步强化传统型、常规型、松散型的以市场机制为主导的经贸合作的基础上，在条件成熟的国家（地区）间推进跨境经济走廊建设；第二步，在快速而有效地建设好跨境经济走廊并放大其示范效应的基础上，推动新的更多的跨境经济走廊的建设，形成多个跨境经济走廊叠加发展的格局；第三步，根据跨境经济走廊的建设成熟程度适时地推进成熟跨境经济走廊升级为自由贸易区，进而形成"一带一路"范围内的自由贸易区网络；第四步，在自由贸易区网络的基础上，推动亚太自由贸易区乃至亚欧自由贸易区的建设；第五步，最终有效地全面实施"一带一路"倡议。即"一带一路"倡议实施的有效路径是：传统型、常规型、松散型的以市场机制为主导的经贸合作—在条件成熟的国家（地区）间建设跨境经济走廊—叠加的跨境经济走廊—推进成熟的跨境经济走廊升级为自由贸易区—自由贸易区网络的建设—推动亚太自由贸易区乃至亚欧自由贸易区的建设—全面实施"一带一路"倡议。

四、以跨境经济走廊为突破口推进"一带一路"倡议实施的对策思考

(一) 快速推进六大跨境经济走廊建设

继 2014 年"一带一路"倡议被写入中国政府工作报告后,中国政府相继提出了一些主张和设想:要"共同打造新亚欧大陆桥、中蒙俄、中国—中亚—西亚、中国—中南半岛等国际经济合作走廊"。① 要"扎实推动中巴、孟中印缅跨境经济走廊建设。中巴、孟中印缅两个跨境经济走廊与推进'一带一路'建设关联紧密,要进一步深化研究、推动合作。积极探索孟中印缅跨境经济走廊框架下四方合作模式,制定跨境经济走廊务实合作计划,推出一批易操作、见效快的早期收获项目。共同推进编制中巴跨境经济走廊建设远景规划,指导我国企业有序参与建设活动"。② 因此,作为"一带一路"倡议推进的物质载体和区域经济一体化进程中的一种过渡机制,如何高效能地推进六大跨境经济走廊建设及明确跨境经济走廊的发展方向成为当前丝绸之路经济带建设的重点任务。而建设高标准、高性能的六大跨境经济走廊,要以"政策沟通、设施联通、贸易畅通、资金融通、民心相通为主要内容,全方位推进与沿线国家合作,构建利益共同体、命运共同体和责任共同体"。

(二) 要科学地设计六大跨境经济走廊建设的优先顺序

鉴于中国政治经济发展现状、沿线国家(地区)经济发展战略及对跨境经济走廊建设反应的差异性,六大跨境经济走廊建设不可能平行推进,因此,在建设六大跨境经济走廊的过程中要采取先易后难、局部

---

① 推动共建丝绸之路经济带和 21 世纪海上丝绸之路的愿景与行动 [EB/OL]. http://www.gov.cn/xinwen/2015-03/28/content_2839723.htm.
② 中共中央、国务院关于构建开放型经济新体制的若干意见 [EB/OL]. http://www.gov.cn/xinwen/2015-09/17/content_2934172.htm.

突破的战略方针。根据中国国内经济布局及与沿线国家（地区）战略对接的进展不同，本书认为，应该优先选择建设实现中国与印度洋相连接的中巴跨境经济走廊、孟中印缅跨境经济走廊，以及连接亚欧经济圈的中蒙俄跨境经济走廊、打通亚非欧经济圈的中国—中亚—西亚三大跨境经济走廊。在中巴跨境经济走廊方面，中国与巴基斯坦结成了全天候战略合作伙伴关系，中巴跨境经济走廊被誉为"一带一路"交响乐中的"第一乐章"。孟中印缅地区经济合作是 20 世纪 90 年代末期由中国提出，并得到印缅孟响应的合作构想。孟中印缅跨境经济走廊起步早，具备了进一步建设的良好基础。就中蒙俄跨境经济走廊建设来看，中国与俄罗斯已达成全面战略协作伙伴关系，"一带一路"可以与其推行的"欧亚经济联盟"相对接；为与中国提出的"丝绸之路经济带"和俄罗斯的西伯利亚大铁路相对接，蒙古国政府也于 2014 年 9 月提出了"草原之路"构想。在中国—中亚—西亚跨境经济走廊建设中，"一带一路"倡议与哈萨克斯坦的"光明之路"战略在基础设施建设等方面实现了对接，与塔吉克斯坦政府的"能源、交通、粮食"三大兴国战略实现了对接，与土库曼斯坦"强盛幸福时代"等国家发展战略找到了契合点。

因此，推进六大跨境经济走廊的建设已具备了较扎实的基础，但这并不等于说可以平均用力。六大跨境经济走廊的建设应该有先有后，先易后难，中巴跨境经济走廊、孟中印缅跨境经济走廊、中俄蒙跨境经济走廊宜先行并力争起到示范作用，进而全面推进六大跨境经济走廊的建设，并根据形势的变化，推进新的跨境经济走廊建设，如中韩朝俄跨境经济走廊的建设。不但如此，每个跨境经济走廊的内容建设也应该有优先顺序，经济建设先行，其后扩展到政治、文化、安全和社会领域。

（三）进一步夯实跨境经济走廊建设的基础

1. 加强基础设施建设，实现设施联通

首先，跨境经济走廊的建设基础是基础设施互通，基础设施薄弱已经成为制约跨境经济走廊发展的最大障碍。加强基础设施建设首先要实现道路互通,加快形成国际大通道,构建联通内外、安全通畅的综合交通运输网络,完善交通合作平台与机制,逐步在沿线建成铁路、公路、管道、海运、空运一体化的大交通网络;巩固和扩大电力输送、光缆通信等合作;深化能源资源开发与通道建设合作。① 其次,要提高互联网的覆盖率,现代化经营离不开互联网,提高互联网的覆盖率和速度可以大大降低企业运营成本;水电是企业生产和运行必不可少的要素,而六大跨境经济走廊沿线均存在水电短缺问题,因此加强水电建设也是跨境经济走廊建设的重要内容。虽然基础设施建设有很大的溢出效应和很强的正外部性,但其建设投资大、周期长、风险高,因此在建设过程中要通过投资主体多元化、风险评估多重化等措施来平衡投资和收益。

2. 加强货币合作与金融监管合作,实现资金可持续融通

首先,"一带一路"倡议的实施旨在促进经济要素有序自由流动、资源高效配置和市场深度融合,而货币合作是"一带一路"倡议的重要内容,"一带一路"倡议需要沿线地区国家扩大双边本币互换、提高本币结算范围和规模来降低贸易和投资中的汇率风险与融资困难问题。其次,"一带一路"倡议需要大量的资金投入,因此必须通过推进亚洲货币稳定体系、投资体系和信用体系建设来建立可持续性、市场化的融资机制以保证建设资金。大量资本跨国流动必然会产生金融安全问题,为保障"一带一路"沿线金融稳定,必须加强金融监管合作,逐步在区域内建立高效监管、风险应对和危机处置机制。

3. 扩大区内人员交流,逐步实现民心相通

"一带一路"倡议的社会根基是民心相通,无论是基础设施互联互通、体制机制互联互通,还是贸易投资互联互通,其最终都要取决于跨境信息交流与沟通是否通畅、是否建立了各种广泛的伙伴关系。由于受地理环境和文化差异的影响,中国与"一带一路"沿线国家(地区)特别是中西亚地区缺乏相互了解,为消除"一带一路"建设过程中的

---

① 推动共建丝绸之路经济带和21世纪海上丝绸之路的愿景与行动 [EB/OL]. http://www.gov.cn/xinwen/2015-03/28/content_2839723.htm.

这一"瓶颈",区内各国可以通过扩大旅游合作、开办各种形式的展览会、强化媒体合作、加强科技合作等增进对彼此文化、历史、社会、经济的了解。

4. 合作机制的制度化

有效的合作机制制度化的实施既是实现跨境经济走廊建设的制度依托,也是其有效实施的制度保障。因为跨境经济走廊建设是一项覆盖多领域的系统性、复杂性的工程,其合作机制互联互通也需要在国家和地方、贸易和投资、双边和多边、产业、民间等多领域、多层次同时展开。在政府层面,应充分利用现有机制并创新双边、多边政府间合作机制,实现与沿线地区重大项目规划的对接;在经贸领域,应逐渐消除各种贸易和投资壁垒,建立沿线国家(地区)大通关机制,逐步形成自贸区群;在产业层面,应充分发挥各国比较优势,以项目合作为平台形成产业互补机制,共同优化产业链布局。同时,应通过展览会、文化年、媒体合作、旅游合作等方式建立民间交流机制,增进了解,巩固跨境经济走廊建设的社会根基。

(四) 适时推动跨境经济走廊向自由贸易区的升级

当前,在"一带一路"沿线国家(地区)中,发展中国家(地区)较多,受经济发展水平、开放度较低的制约,总体来看,"一带一路"沿线国家(地区)贸易和投资壁垒相对较多,营商环境相对较差,区域内合作层次较低,合作内容较单一,贸易和投资结构不合理。要通过跨境经济走廊的建设,提高"一带一路"沿线国家(地区)经济合作水平,拓展投资领域和合作深度,提高跨境投资的安全性和效率;逐步降低关税和非关税壁垒,推动"一次通关、一次查验、一次放行"的便捷通关目标的实现,进而根据跨境经济走廊建设水平的情况,坚持分类施策、精耕细作,适时地将其升级为自由贸易区,进而逐步构筑起立足我国周边、辐射"一带一路"、面向全球的高标准的具有中国特色的自由贸易区网络。

第二节　快速推进自由贸易区战略的实施

一、全球自由贸易区发展的现状

一般来说，经济全球化的推动力主要有 WTO 体制下的多边主义和以区域经济一体化组织为核心的区域主义。在过去的半个多世纪中，区域经济一体化日益成为贸易自由化的主流，WTO 体制下的多边主义进展却逐渐遇冷。具体来说，区域经济一体化在世界范围内经历了三次大的发展浪潮。第一次是 20 世纪 70 年代，由欧洲经济共同体带动发展；第二次是 20 世纪 90 年代初，由北美自由贸易协定签署推动；第三次是从 21 世纪初到现在，双边自由贸易协定数量急剧增加。根据 WTO 的统计，截至 2018 年 7 月，WTO 通告的各种自由贸易协定数量已经达到 673 个，其中 459 个为已生效的协定，其中仅包含货物贸易的自由贸易区（FTA）个数达到 289 个，而关税同盟仅有 40 个。如表 7-1 所示，从时间上看，2008~2009 年 FTA 的发展达到高峰，生效的 FTA 个数分别为 28 个和 34 个，而当年向 WTO 通报的分别为 27 个和 21 个。

表 7-1　　　　　　　　向 WTO 通报的 FTA 数量演进

时间	总数量	已生效数量	货物协议数量	服务协议数量	新加入协议数量
1950 年以前	1	1	0	0	0
1951~1960 年	5	3	2	1	0
1961~1970 年	21	17	1	0	1
1971~1980 年	46	24	9	0	1
1981~1990 年	14	3	7	1	2

续表

时间	总数量	已生效数量	货物协议数量	服务协议数量	新加入协议数量
1991~2000 年	182	138	59	6	4
2001~2010 年	254	145	130	79	6
2011~2018 年	150	128	81	58	11
合计	673	459	289	145	25

资料来源：WTO, Regional Trade Agreements Information System.

由表7-1可以看出，虽然受全球金融危机的影响，特别是受逆经济全球化的干扰，但全球自由贸易区的发展势头没有发生根本的改变。

二、中国自由贸易区进展情况

自1997年党的十五大明确指出要积极参与区域经济合作以来，党的十七大、十八大、十八届三中全会等都明确指出，要以周边国家和地区为依托，快速推进我国自由贸易区建设战略的实施。按照这个方针，从2002年初中国与东盟签订《全面经济合作框架协议》开始，截至2018年8月，中国已签署16个自由贸易协定，涉及25个国家和地区，并有11个谈判正在进行中，另有10个处于可行性研究阶段[1]。总体来看，中国正在编织一张立足周边国家（地区）、辐射"一带一路"国家、最终将面向全球的网状FTA。不过，目前的协定签署方在GDP、贸易、投资规模上普遍体量较小，与经济总量位居世界前十的国家尚未签署任何自由贸易协定，需要进一步加大覆盖面。

（一）中国自由贸易区建设的现状

与中国签署协定的国家，不仅包括近邻的韩国、巴基斯坦，还包括

---

[1] 中国自贸区"朋友圈"扩围 正推进14个自贸谈判 [EB/OL]. http://fta.mofcom.gov.cn/article/fzdongtai/201807/38199_1.html.

遥远的智利、哥斯达黎加，不仅包括发展中国家的东盟十国、秘鲁，还包括发达国家瑞士、澳大利亚，不仅包括经济体量较小的冰岛、马尔代夫，还包括东盟 10 国这样的大型地区性联盟，说明中国 FTA 实行以周边为依托逐渐向全球扩展的策略实施顺利。从时间上看，2008～2009年、2015～2017年和2020年至今出现了三个高峰，体现了稳扎稳打的态度（见表7-2）。

通过 FTA 的建设，中国与缔约方实现了比世界贸易组织框架下更高水平的自由贸易。根据商务部研究院的报告，在已生效的自由贸易区中，中国的货物贸易自由化率已超过了 90%。其中，对港澳地区已全部实现零关税，对来自新西兰、智利、哥斯达黎加、澳大利亚、新加坡、冰岛等国进口商品的自由化水平均已超过 95%。[①] 这些国家（地区）已经成为中国重要的出口市场、进口来源地和投资对象。

表 7-2　　　　　　　中国签订的 FTA 一览

序号	签约对象	签订时间	生效时间
1	东盟	2002 年 11 月	2004 年 1 月
2	港澳地区	2003 年 6 月和 10 月	2004 年 1 月
3	智利	2008 年 2 月	2010 年 8 月
4	新西兰	2008 年 4 月	2008 年 10 月
5	新加坡	2008 年 10 月	2009 年 1 月
6	巴基斯坦	2009 年 2 月	2009 年 10 月
7	秘鲁	2009 年 4 月	2010 年 3 月
8	哥斯达黎加	2010 年 4 月	2011 年 8 月
9	冰岛	2013 年 4 月	2014 年 7 月
10	瑞士	2013 年 7 月	2014 年 7 月

---

① 中国自贸区"朋友圈"扩围　正推进 14 个自贸谈判 [EB/OL]. http://www.21jingji.com/2018/7-3/2MMDEzNzlfMTQzODE2Mw.html.

续表

序号	签约对象	签订时间	生效时间
11	韩国	2015年6月	2015年12月
12	澳大利亚	2015年6月	2015年12月
13	东盟	2015年11月	2016年5月
14	格鲁吉亚	2017年5月	2018年1月
15	智利	2017年11月	2018年
16	马尔代夫	2017年12月	—
17	RCEP	2020年11月	—
18	毛里求斯	2021年1月	—

资料来源：根据中国自由贸易区服务网资料整理。

中国实施 FTA 战略的十几年来成绩显著，但也存在一些问题。在 FTA 数量上，与欧盟、韩国、墨西哥等经济体相比差距较大，覆盖面明显不足，在欧洲仅有冰岛、瑞士两个小国，在美洲仅有智利、秘鲁、哥斯达黎加三个国家，在非洲虽与毛里求斯正式结束了 FTA 谈判，取得了重大突破，但还没有签署任何一个 FTA。在 FTA 质量上，中国 FTA 与韩国、日本相比也存在较大差距，中国尚未与经济总量位居世界前十的国家签署 FTA，在前 20 位的国家中仅有韩国、澳大利亚、印度尼西亚、瑞士 4 个国家，尤其是与美国、欧盟、日本等大国尚未进入研究阶段，也未包含俄罗斯、巴西、南非、印度等具有较大贸易潜力的国家和地区；在货物贸易自由化水平上也存在差距，欧美等发达经济体自由化率往往在 99% 以上，而中国大部分 FTA 的自由化水平低于发达经济体 4~9 个百分点。

此外，在服务贸易领域，中国未采取通常的负面清单模式；在投资领域，中国未采取准入前国民待遇和负面清单制度。除了上述 18 个 FTA 外，中国还有 11 个协定正在进一步谈判中，详见表 7-3。

表7-3　　　　　　　　中国正在谈判中的FTA一览

序号	谈判对象	开始时间	目前进展
1	中日韩	2013年3月	2018年3月,第13轮谈判,就如何推动货物贸易、服务贸易、投资等重要议题取得更大进展深入交换了意见
2	海湾国家联合会(GCC)	2005年4月	15个谈判议题中的9个议题结束谈判,在核心的货物、服务等领域的谈判取得了积极进展
3	斯里兰卡	2014年9月	2017年1月,双方进行第5轮谈判,就货物贸易、服务贸易、投资、经济技术合作、原产地规则、海关程序和贸易便利化、技术性贸易壁垒和卫生与植物卫生措施、贸易救济等议题充分交换意见
4	以色列	2016年3月	就货物贸易、服务贸易、原产地规则及争端解决等议题展开磋商,并取得积极进展
5	挪威	2008年9月	2018年5月,双方进行第11轮谈判,就货物贸易、服务贸易、投资、原产地规则、海关程序与贸易便利化、知识产权、竞争政策和政府采购等相关议题展开协商并取得积极进展
6	摩尔多瓦	2017年12月	2018年3月进行了第1轮谈判,双方对协定中方建议文本进行逐条磋商,就后续路线图和具体任务达成共识
7	巴拿马	2018年6月	2018年8月进行了第2轮谈判,双方就自贸协定所涉议题全面深入地交换了意见,谈判取得积极进展,10月举行了第3轮谈判
8	新加坡	2015年11月	2018年7月,第7轮谈判展开,谈判取得积极进展
9	巴基斯坦	2011年3月	2018年4月,第10次会议,谈判取得积极进展
10	新西兰	2017年4月	2018年9月,第5轮谈判取得积极进展
11	韩国	2017年12月	2018年7月,举行第2轮谈判,取得积极进展

资料来源:根据中国自由贸易区服务网资料整理。

由表7-3可以看出,正在进行的11个FTA中,既有RCEP、中日韩、海湾阿拉伯国家合作委员会(简称"海合会")这样的多边FTA,

也有中国与巴拿马、以色列等双边 FTA，涉及国家既有亚洲的斯里兰卡、以色列，也有欧洲的挪威、非洲的毛里求斯和美洲的巴拿马，既有新启动的谈判，也有既有协定的升级谈判。

中日韩 FTA 的谈判也在快速推进，自 2012 年 11 月启动以来，已经进行了 13 轮谈判，虽然中间经历了 1 年、9 个月、3 个月等时间不等的停顿，但三国领导人都确认了将进一步加快推进中日韩 FTA 谈判，也就多边自由贸易的重要性达成了共识。

中国与海合会（GCC）的 FTA 谈判开始较早。但受制于海湾地区复杂的政治局势，加上美国出于控制石油的目的而不希望其他国家过多介入，GCC 于 2007 年停止了所有 FTA 谈判。GCC 于 2009 年与中国恢复会谈并进行了第四轮谈判，此后再度中断。2016 年再次恢复了与中国的谈判。海合会是中国进口石油的最大来源，中国—海合会 FTA 将为中国提供稳定的石油资源，同时也将为中国产品提供巨大的出口市场和转口贸易市场。

除了上述已经签署和正在谈判的 FTA 外，中国目前还正在进行 10 个 FTA 的可行性研究。

（二）中国推进 FTA 建设的主要特点

总体来看，中国高层非常重视 FTA 建设，在历年的《政府工作报告》中均提到积极、稳步推进自由贸易区建设。中国诸多的 FTA 存在着以下一些特点。

第一，在谈判对象选择上立足周边，全球兼顾。中国 FTA 战略布局是按照港澳地区优先于国外、区域内优先于区域外、区域外具有地缘优势和市场潜力的国家优先。比如，哥斯达黎加与中美洲各国建立了共同市场，并与北美、南美众多国家签订了 FTA，具有较强的贸易影响力和辐射力，区位优势十分明显，可以说是中国对北美洲进行转口贸易的最佳国家。同时，哥斯达黎加是中美洲地区第一个与中国建交的国家，政治关系良好，且具有较好的投资和开放政策。因此中国—哥斯达黎加 FTA 具有重要意义。除了地理位置外，中国在进行 FTA 布局时还考虑发展中国家优先于发达国家，同时注重对方的资源禀赋、市场情况、政治或外交等多重因素。

第二，在谈判方式上采用了先易后难、渐次展开的策略。中国经济总量巨大，市场极具吸引力，且与发展中国家基本处于类似的发展阶段，具有较多的共同语言，双方对彼此的立场更容易沟通，因此中国在初期选择了较小的国家（如新西兰、新加坡）和发展中国家（如巴基斯坦、秘鲁等）以更容易地建立FTA。另外，在具体的谈判中也是先谈最容易的货物贸易，再渐次进行服务贸易、投资、知识产权等敏感领域的谈判。

第三，在谈判模式上不拘一格。在与发展中国家谈判时，中国更多的是展现大国风范，从对方的发展水平和承受能力出发，在平等互惠基础上灵活运用"早期收获"的方式尽量向对方让利，如中国—东盟FTA、中国—巴基斯坦FTA，都体现了"早期收获计划"的要求，尽早享受贸易自由化的实惠。在面对最不发达国家如越南、老挝、缅甸和柬埔寨时，中国给予了更多的优惠，以保护对方的民族经济，帮助对方发展经济。对其他发展中国家还运用货物、服务、投资总体谈判的方式提高自由化水平。在面对新西兰、澳大利亚、瑞士等发达国家时，中国充分考虑到各自的优势，不拘泥于某个领域或某个产业的利益得失，而是全面考虑国家整体利益，推动FTA建设。

第四，在谈判标准上充分考虑确保资源能源供应。中国发展离不开资源和能源，中国FTA战略充分考虑了资源和能源供应，尤其是东盟的石油、天然气、橡胶，澳大利亚的铁矿石和煤炭，智利和秘鲁的硝石、铜，海合会的石油。与这些国家建立FTA既能获得稳定供应，又能免受价格波动的影响。

第五，在谈判进展上循序渐进，先摸索后铺开。中国的FTA体现出非常明显的阶段性。在最初的阶段先进行摸索试验，积累了一定的经验后再分阶段逐步深化。比如中国—东盟FTA，第一阶段先签订了《框架协议》，实施"早期收获计划"，第二阶段签订了《货物贸易协议》，第三阶段签订了《服务贸易协议》；第四阶段签订了《投资协议》，直到2010年才最终全面建成。再如中国—智利FTA,第一阶段仅涉及货物贸易,第二阶段签署了《服务贸易协定》,第三阶段签署了《投资协议》。积累了一些谈判经验后,中国FTA战略逐渐铺开,展开了与新西兰、新加坡的协定签署工作。新西兰是第一个与中国签署FTA协议的发达国家,中国和新西兰一次性完成了货物、服务、投资、知识产权等领域的所有谈判,是中国第一个涉及领域最广泛的FTA。此后,中国与新加坡、澳大利亚、挪威、冰岛都是按照这个模式进行谈判。但这还不是终点,目前,中国—新西兰、中国—新加坡的升级版正在谈判中。

总之,中国FTA建设进程呈现出了"先行先试、由点及面、梯度开放、循序渐进""先发展中国家、后发达国家"的特点。

第三节 依托自由贸易试验区(港)强化对外开放的风险与压力测试

一、自由贸易试验区(港)建设是我国深化改革开放的国家战略和国家试验

当前,我国对外开放的框架主要由四部分组成:一是非约束性区域合作机制,这主要包括亚太经济与合作组织(APEC)、"10+3"(东盟10国+中日韩3国)、上海合作组织、中非合作论坛等7个非约束性区域合作机制。二是跨国自由贸易区。目前中国已签署了18个自由贸易协定,涉及25个国家和地区,并有11个谈判正在进行中,另有10个处于可行性研究阶段。三是跨境次区域经贸合作区。目前,我国沿海、沿边地区形成了14个跨境次区域经济合作区:东北地区与东北亚的合作主要有图们江区域开发计划;西南地区与东南亚和南亚的合作主要有北部湾经济开发区、大湄公河流域开发区;西北地区与中亚的合作主要有中亚区域合作、阿尔泰区域合作;港澳台地区与内地(大陆)毗邻

地区的次区域经济合作区主要有珠三角经济区、横琴岛开发区、海峡西岸经济区等。四是各类特殊经济区、园区53个。

从我国对外开放框架的四个部分运行情况来看，非约束性区域合作机制务虚的成分多，对我国对外开放的推动力有待于进一步提高。跨境自由贸易区目前存在两个明显缺陷：一是缺乏系统有效的FTA发展战略；二是实际的经济效果还比较有限。跨境次区域经贸合作区的主导力量是地方政府，中央政府的作用没有得到应有的发挥，其效果也不稳定。各类特殊经济区由于是"境内关内"，造成我国许多国际业务难以顺畅运行，各类特殊经济区都面临着进一步改革开放和功能提升问题。

而要解决上述问题、进一步提升我国对外开放的层次的关键和突破口就是快速建设"境内关外"的自由贸易试验区（港）。这是因为，对外开放框架四个部分的目标是围绕着深化和拓展我国的"自由贸易区战略"展开的。即使如此，我国仍将面临来自贸易伙伴竞争压力产生的内部调整成本和外部利益协调成本（协调成本主要包括税收与竞争政策的协调、维持FTA的运行成本、原产地规则协调成本等）。而要降低这些成本，对国内进行"成本"承受力的压力测试，给政策的制定、调整提供必要的时间和空间，组建自由贸易试验区（港）是一正确的抉择。因此，自由贸易试验区（港）的建设是全面贯彻党的十八大提出的构建更高水平的全方位对外开放格局的重要依托，是我国深化改革开放的国家战略和国家试验。

二、自由贸易试验区（港）建设的成就、问题与努力方向

（一）自由贸易试验区（港）改革创新已取得的进展

目前，中国自由贸易试验区（港）建设已取得重大进展，其成就主要表现在以下几个方面：一是开放公平、安全高效的市场准入管理制度系统基本建成：各自由贸易试验区（港）全面落实总体方案要求，

改革创新政府管理方式,向自由贸易试验区(港)下放省级管理权限。自由贸易试验区(港)积极编制和发布行政权责清单,优化和构建高效运行的服务体系;完善企业准入"单一窗口"制度,推进"先照后证""多证合一、一照一码"商事登记制度改革,简化企业设立、注销流程;探索许可证清单管理模式。二是以"放管服"为重心,以法治化、国际化营商环境建设相适应的法制保障制度基本形成。三是形成了一批在全国可复制、可推广经验与经典案例:国务院推广上海自由贸易试验区可复制改革试点经验(2015年)共34项:投资管理9项、贸易便利化5项、金融4项、服务业开放5项、事中事后监管5项、海关监管制度创新3项、检验检疫制度创新3项。国务院推广四个自由贸易试验区可复制改革试点经验(2016年)共19项:投资管理3项、贸易便利化7项、事中事后监管2项、海关监管创新7项。国务院推广四个自由贸易试验区可复制改革试点经验(2017年)共5项:投资管理1项、贸易便利化2项、事中事后监管1项、海关监管创新1项。国务院推广四个自由贸易试验区的"最佳实践案例"(2015年)共8个:贸易便利化4个、投资管理1项、事中事后监管3项。国务院推广四个自由贸易试验区的"最佳实践案例"(2017年)共4项:贸易便利化1项、事中事后监管3项。

(二) 自由贸易试验区建设存在的主要问题

1. 国家战略性试验诉求与地方政府的诉求存在着偏差

21世纪以来,国际经贸规则发生了重大变化。一是国际经贸传统规则不断变化。二是推出了一系列国际经贸新规则。面对国际经贸规则巨大变化的挑战,党中央审时度势,通过自由贸易试验区对国际经贸新规则带来的挑战进行战略性压力测试和风险测试。这是自由贸易试验区建设的国家使命。而各自由贸易试验区在其建设过程中,往往把注意力放在争取获得国家的政策支持,进而形成"政策洼地"之上。这就造成了国家战略性试验诉求与地方政府诉求之间的偏差,从而影响自由贸易试验区建设的方向与效果。

2. 制度创新的实质程度及其效果需进一步提升

习近平主席在 2016 年 3 月 5 日参加十二届全国人大四次会议上海代表团的审议时明确指出："自由贸易试验区建设的核心任务是制度创新。要深化完善基本体系，突破'瓶颈'、疏通堵点、激活全盘，聚焦商事制度、贸易监管制度、金融开放创新制度、事中事后监管制度等。"① 因此，自由贸易试验区建设要围绕制度创新进行"大胆闯、大胆试、自主改，尽快形成一批可复制、可推广的新制度，加快在促进投资贸易便利、监管高效便捷、法制环境规范等方面先试出首批管用、有效的成果"②。然而，在建设过程中，各自由贸易试验区制度创新的注意力仍过多地集中于日常、程序性工作（如简化程序、多证合一、缩短办事时间、降低费用等）或技术性工作（如网上办理、提交电子文件、通过信息系统实现监管等）。而在政府采购、竞争中立、知识产权、金融业开放等领域几乎尚无实质性的创新议程与行动。这种制度创新注意力的偏差使自由贸易试验区在政策性或体制性方面的创新动力不足，创新的数量偏低。

3. 对外开放度需要进一步提升

自由贸易试验区在推动对外开放方面不断创新。然而，在外资准入措施方面，禁止投资、股权限制和数量型经营限制等限制程度较高的措施占比仍然偏高；在外资准入领域方面，对制造业和一些服务业部门（如金融、交通运输、快递、教育、医疗、娱乐等）的限制仍然较多。开放力度不大使自由贸易试验区对外资企业没有形成足够的吸引力。

4. 对自由贸易试验区建设的研究仍需进一步加强

一是对自由贸易试验区建设相关理论的研究仍相对薄弱；二是对国家赋予自由贸易试验区建设使命的研究仍需进一步提升；三是对制度创新方向、重点等的研究仍需要进一步明确；四是自由贸易试验区建设与

---

① 习近平参加上海代表团审议 [EB/OL]. 人民网, http://jhsjk.people.cn/article/28175239.

② 习近平: 推进上海自贸区建设加强和创新特大城市社会治理 [EB/OL]. 人民网, http://jhsjk.people.cn/article/24541425.

国家其他战略的协同推进研究需要进一步强化；五是对自由贸易试验区建设研究的支持力度亟待加强。

(三) 全面提高自由贸易试验区（港）建设质量的方向

第一，明确历史使命，确立更高的建设目标。应进一步校正自由贸易试验区（港）建设上存在的认识偏差，打破各种顾虑，快速地从过多地注重争取政策优惠，偏重日常性、程序性、技术性工作的思维中转移到主动进行大胆试、大胆闯、自主改这一自由贸易试验区建设所承担的国家战略、国家试验的重大使命之上，转到体制机制创新、对外开放创新的大胆尝试之上。

第二，以突出制度创新为核心，快速稳妥地进行高标准国际经贸规则的风险测试和压力测试。一是要对标WTO《贸易便利化协定》《政府采购协定》《信息技术产品协定》《环境产品协定》《国际服务贸易协定》等多边规则进行风险测试和压力测试；二是要对标高水平国际贸易与投资新规则进行风险和压力测试，为我国构建更高水平的全方位对外开放格局积累经验。

第三，尽快改变"上冷下热"的格局，加强中央层面在重要议题上的部际协调，加大对自由贸易试验区（港）建设的力度。

三、借鉴国内外经验推进具有中国特色的自由贸易区（港）建设

对于具有中国特色的自由贸易区（港）建设问题，党的十九大做出了战略部署："赋予自由贸易试验区更大改革自主权，探索建设自由贸易港。"因此，自由贸易试验区（港）应当积极借鉴国内外自由贸易区（港）建设的经验，并结合实际，走出一条创新之路。

(一) 中国香港自由贸易港的建设经验

中国香港自由贸易港的范围包括整个香港地区，由香港岛、九龙和

新界组成。1840年鸦片战争之后，香港成为自由贸易港，推行自由贸易政策。香港从转口贸易起步，现在已经成为经济结构多元化的自由贸易港。中国香港是亚太地区的交通枢纽之一，被公认为世界上经济最自由的地区，在美国传统基金的排名中，中国香港排名第一，新加坡第二。中国香港自由贸易港的特点有：一是通关检验的标准采取风险管理的方式。二是采取事后申报制度。三是实行全天候作业。四是不设港口管理局而采用民营管理。五是实施"居民待遇"的投资政策。六是人员出入境政策宽松。

（二）新加坡自由贸易港的建设经验

1969年，新加坡在裕廊工业区附近的裕廊港口内设立了全国第一个自由贸易港，到目前为止，新加坡共有八个自由贸易港，由于新加坡开放程度高，自由贸易港内外差异很小，所以，实际上整个新加坡近似于一个自由贸易港，是一个集国际金融中心、物流中心等为一体的自由贸易港。新加坡自由贸易港的发展特点如下：一是设立专门的法律。新加坡设立自由贸易港的过程是先立法后设区。1969年，新加坡通过了《自由贸易试验区法案》作为实施自由贸易港的法律依据，授权相关部门视地区发展的需要建立自由贸易港。二是发挥转口贸易优势。三是实行"境内关外"的政策。四是人员入境政策十分宽松。

新加坡建设自由贸易港的经验如表7-4所示。

表7-4　　　　　　　　新加坡自由贸易港的主要做法与经验

项目	主要做法与经验
设置的目的	方便应税货物的仓储贸易，使新加坡成为全球物流中心
区域规划	划定专门区域，使整个新加坡近似于一个全境自由贸易港
设置的区位	新加坡港、三巴旺码头、直落亚逸码头、裕廊港、巴西班让码头、岌巴集码头、樟宜机场、丹戎巴葛码头等
主管机构	新加坡交通部

续表

项目	主要做法与经验
经营机构	(1) 海港：港区及码头交由新加坡港务集团公司负责经营（民营）；(2) 空港：民航局负责经营；(3) 裕廊自由贸易港由裕廊镇公司负责经营
主要功能	(1) 主要为转口业务；(2) 法令上允许进行加工及制造，但实务上仅允许进行简单加工（如重包装等活动，并且未改变货物形态）
通关时间	24 小时
通关方式	(1) 通关手续简单，利用文件作为货物控管方式；(2) 区内活动不申报海关
税收豁免	(1) 暂免关税；(2) 暂免消费税，如果在自由贸易港内消费则征收消费税；(3) 暂免货物税
资讯平台	贸易网络系统（TradeNet System）
招商	新加坡经济发展局负责
相关法律依据	(1)《自由贸易试验区法案》；(2)《新加坡关税法》；(3)《新加坡货物和服务税法》《消费税法》

（三）迪拜自由贸易港的建设经验

自由贸易港对迪拜的经济发展作用举世闻名。不仅如此，迪拜还积极将成功经验输出，在国外建设和运营自由贸易港。

迪拜自由贸易港发展的特点如下：一是迪拜自由贸易港是综合型自由贸易港。在自由贸易港内企业或个人可以从事仓储、进出口、转口、简单拆分、制造、加工等活动，还可以从事金融、咨询等服务业，而且呈现产业集群的趋势，各个自由贸易区有独特的产业。二是可最长 50 年免除所得税。自由贸易港内企业或个人从事经营活动 15 年或 50 年（不同区的期限不同），免除公司所得税和个人所得税。三是成立专门的自由贸易区管理局。自由贸易区管理局独立于地方政府，与相关职能部门并列。四是进口关税优惠。自由贸易港内所有国有企业以及持有

51%股份的合资企业生产的所有产品都视同国内产品，进入国内市场无须缴纳任何关税。五是货物进入自由贸易港无国别差异（以色列除外）。货物从自由贸易港进入迪拜本土市场需要视同进口，此时有国别差异（主要是海湾阿拉伯国家合作委员会同盟国家与其他国家的差异）。自由贸易港内部不允许货物零售。

迪拜建设自由贸易港的经验如表7-5所示。

表7-5　　　　　　　　迪拜自由贸易港的主要做法与经验

项目	主要做法与经验
设置的区位	迪拜机场自由区、迪拜五金城、杰贝阿里自由区等八个区域
主管机构	阿拉伯联合酋长国经济和商务部、迪拜商务部、迪拜海关、迪拜港口管理局
经营机构	国家航空部、杰贝阿里自由区管理局、Emaar有限公司等
主要功能	（1）仓储、进出口、制造、加工、物流、配送；（2）金融服务、信息服务、研发、电子商务、通信媒体服务、市场整合、公共关系
通关时间	24小时
通关方式	企业自己运输或托运、海关对文件或实物进行检查，一般8~24小时完成清关
税收豁免	（1）免关税，在自由区内消费也免关税；（2）在一定年限内（50年）免公司所得税或个人所得税
其他优惠政策	（1）外资可100%独资；（2）资本和利润可自由汇出，不受任何限制；（3）货币可自由兑换，不受限制
招商	迪拜经济发展局、迪拜商工会、各自由贸易区管理局等
相关法律依据	（1）《杰贝阿里自由区管理章程》；（2）《迪拜国际机场建立自由区法》；（3）《迪拜网络城、电子商务和媒体城自由区法》；（4）《迪拜五金城管理规则》

（四）国内外自由贸易区（港）建设经验的启示

国内外自由贸易区（港）建设经验的重要启示在于：中国特色自由贸易区（港）的建设，必须强化政策支持体系的创新与突破。

1. 海关管理政策的全面创新与重大突破

设立自由贸易区（港）的首要条件是将所在区域从国家统一的海关和关税体制中划设出来，实施隔离封闭管理，形成"一线充分放开、二线有效管住、区内自由开放"的境内关外管理模式，即自由贸易港内的贸易活动，保证高度自由化，海关不予监管或者特殊监管。为保证体制过渡、风险可控以及自由贸易区（港）位功能的需要，上述海关管理体制与政策放开也可以采取结构化放开、渐进性推进的形式，率先面向国外市场进行开放。

2. 投资自由化政策的全面创新与重大突破

国际自由贸易区（港）的投资领域管理一般十分开放，除少数特殊行业需要审批和获取牌照外，多数行业的投资环境高度自由。目前，我国自由贸易试验区（港）在投资领域对外商实行的"准入前国民待遇＋负面清单"管理方式呈现出逐步放开的态势。自由贸易区（港）投资自由化政策重点应放在以下几个方向：探索进一步放开负面清单以外领域事中事后监管和低税费的投资环境；探索在制造业高端发展、面向开放合作等重点领域在"负面清单"外的定向突破。要借鉴香港地区以完备信用体系为基础的监管制度，通过深化"放管服"改革和加强信用评价体系建设，推动落实对外商实行的"准入前国民待遇＋负面清单"管理方式，最大限度减少对已放开的投资领域的行政监管；借鉴香港地区低税费的投资政策，对已开放投资领域的注册企业、人员，免除或减半征收营业税、所得税、增值税，免除一切行政事业性收费，对与自由贸易区（港）基础设施、支柱产业、主导产业相关的企业投资给予适度补贴。鼓励外商利润再投资，对再投资部分的已纳税款按照一定比例返还；根据国家负面清单逐步放开的趋势，积极研究自由贸易试验区负面清单及相关法规的调整，尽快在航运服务、金融服务、专业服务等相关投资领域开放上实现更大突破。

3. 贸易自由化政策的全面创新与重大突破

自由贸易区（港）在贸易自由化政策上要对标国际自由贸易港规则，高标准推进区内国内外自由贸易，充分放开外贸企业进出口管理。放宽区内企业（主要指非外商投资企业）进出口经营权审批。对区内企业生产加工的产品，除来自国外的被动配额限制，其余产品出口取消配额、许可证限制。对于境内其他地区经自由贸易区（港）出口产品，凭国家配额、许可证验放；探索建立促进贸易流通的税收体系。对于进出口商品，除国家禁止入境的少数商品外，一律免征关税和其他税费；实施更为便利化的通关措施。拓展国际贸易"单一窗口"功能，取消或最大限度简化入区货物的贸易管制措施，降低制度性交易成本，提升通关效率；重点支持自由贸易港转口贸易。充分认识国际港口竞争的严峻形势。参照韩国政府给船务公司低息贷款和按照货物量奖励的政策做法，支持船务公司发展支线班轮运输，与我国北方二级船务公司合作，吸引被分流的中转货物量回流。

4. 金融制度开放创新政策的创新与突破

依托上海自由贸易试验区已经运作的自由贸易账户（FT 账户）体系推动金融市场双向对外开放，进一步放宽企业享受政策准入门槛和资本项目可兑换限额。降低企业开展跨国公司外汇资金集中运营管理要求，放宽开展跨国公司跨境双向人民币资金池成员企业参与条件。完善本外币全口径外债和资本流动审慎管理框架体系，进一步简化外债登记手续，适度提高跨境融资额度，适度放宽资本项目可兑换限额；建立离岸金融平台，推进离岸金融业务。进一步支持中资商业银行扩大经营范围，创新离岸金融产品，便利离岸贸易及投融资活动。搭建电子化交易单证信息共享平台，支持商业银行优化真实性审核流程，简化企业收付汇手续；扩展离岸人民币结算业务。在政策范围内，鼓励企业的境外母公司或子公司在区内发行人民币债券，鼓励区内银行为区内企业境外项目发放人民币贷款。支持以人民币计价的金融资产、股权、产权、航运等要素市场设立跨境电子交易和资金结算平台，向自由贸易区（港）

内和境外投资者提供以人民币计价和结算的金融要素交易服务。

5. 其他支持与保障性政策的创新与突破

国家应制定相应的财税金融支持政策。设立自由贸易区（港）是在各区域经济振兴战略、"一带一路"倡议、自由贸易试验区战略综合框架下采取的国家级战略举措，对于承载国家战略和重振地区经济具有强大的积极外溢效应。同时，考虑到自由贸易区（港）低税费制的一般形式可能会带来较大的地方财政压力，国家应从财政金融方面给予自由贸易港一定政策支持。要根据国内企业、人员、资金入驻自由贸易区（港）的数量和规模给予相应的配套财政补贴。在用于区域经济振兴、"一带一路"倡议的财政拨款中给予自由贸易区（港）一定比重的倾斜。鼓励国家开发银行、亚投行等金融机构给予自由贸易区（港）基础设施建设优惠贷款；完善人员流动的管理政策。①

第四节 全方位地推动中国开放型经济转型升级的具体措施

一、加快转变经济发展方式，统筹内外经济均衡发展

加快转变经济发展方式，统筹内外经济均衡发展，促进经济持续健康发展，是我国在宏观政策取向中要真正体现科学发展的主题，实现经济增长方式转变是关键所在。应通过经济结构调整，改变企业生产过程中要素投入和生产技术，实现可持续发展和循环经济增长方式。

第一，要加快转变经济发展方式，就必须采取有效措施快速转变原来粗放型的经济发展方式。而要做到这一点，就必须消除要素价格扭曲。由于我国能源和水等自然资源等要素价格的扭曲，国内企业特别是

---

① 李朝阳. 自贸区：中国参与国际规则制定新路径 [J]. 国际经济合作, 2016 (3): 22-25.

工业企业普遍存在粗放型发展的现象。生产过程中不太注意能源等资源的节约使用，同时也不太注重环境保护，造成了严重的资源浪费，付出了巨大的环境污染代价。因此，我们要大力推进转变经济发展方式，努力构建符合中国经济实际的价值链条，实现产业升级。同时，还要鼓励劳动力在城乡间、地区间自由流动，提高人力资本素质，增加其收入。

第二，大力发展服务业。由于历史原因，中国选择了重工业优先的发展路径，采取了一系列的倾斜措施，使得工业在国民经济中的比重逐渐增大，并长期占据主要地位。2011年底，第一、第二、第三产业比重为10∶46.6∶43.4，其中工业占比为39.9%。2011年中国第三产业的就业人数只占到总就业人数的35.7%，而发达国家增加值和就业的70%已经由服务业创造。欧盟委员会发布的最新劳动力市场调查报告显示，2011年，欧盟就业人口中的近70%从事服务业，较2000年提升了8个百分点。其中，39%在市场服务部门（包括贸易、交通、金融等）就业，30%在公共服务部门（包括公共管理、教育、健康等）就业。此外，在非服务业中，从事工业和建筑业的约占25%，从事农业的约占5%。

中国当前产业结构不太合理，必须加快产业结构调整，扩大服务业在GDP中的比重，让服务业在国民经济发展中发挥更大的作用。一方面，服务业可以直接增加就业人数，提高就业人员收入；另一方面，生产性服务业和现代服务业的发展，能通过其与制造业的关联作用，促进制造业产业升级，提高产品附加值。但据研究，目前中国服务业的营业税实际税负高于第二产业增值税税负2个百分点左右，这显然不利于合理调整产业结构，不利于加快发展服务业，亟须尽快完善。

第三，努力增加消费以扩大内需。在中国国民经济的发展过程中，净出口、投资和消费是拉动中国经济快速发展的"三驾马车"。但是，由于计划经济安排的惯性作用及1978年以来中国经济体制改革、开放的时间和路径安排，中国经济发展过度依赖投资拉动，同时由于消费不足，造成产能过剩，形成了对外部经济的依赖度逐年提高，中国经济时常面临外部经济冲击的挑战。1997年亚洲金融危机和2007年以来的全球性金融危机对中国经济都造成了较大的影响。从国际经验及中国经济持续健康的发展角度来看，必须调整"三驾马车"在国民经济中的比重，更大地发挥内需尤其是消费的作用。因此，为了实现经济长久持续发展，在国际市场疲软、国内经济增长方式转变的环境下，如何形成有效国内需求是关键所在。应适当减少对外需和外资的依赖，形成有利于国民经济外部平衡的宏观环境。具体来说，应该消除全国居民的消费顾虑，增加居民消费的潜力。同时，要改善消费环境、刺激消费需求、扩大进口总额，使贸易顺差保持在一个合理水平。

第四，加快对外经济发展方式转变。长期以来，中国对外经济发展表现为出口多、进口少，引进来多、走出去少，东部沿海地区多、中西部内陆地区少。这些特征最终造成了中国经济外部失衡。因此，中国要加快转变外经贸的发展方式，调整外贸、外资、外经政策，实现进出口基本平衡，提升外资引进质量及地区布局合理性，鼓励中国企业"走出去"。外贸方面，在稳步促进出口增加的同时提升进口需求，促进对外贸易健康平稳发展。由于通过要素扭曲形成的出口产品低价竞争优势的发展模式存在不可持续性，因而要改变传统出口定位，实现粗放模式出口向高质高效模式转变；进一步调整进口关税税率，简化进口手续，调整优化进口商品结构，进口先进技术和设备带动国内新兴产业发展；进口替代能源和新兴材料，以进口结构优化推动出口结构优化。外资方面，要把利用外资与对外投资结合起来，要提升引进外资的质量，逐步推进对外投资。坚决摒弃高污染、高能耗的外资引进，注重外资引进的地区布局，引导外资向中西部地区投资。同时要鼓励中国企业走出去，拓展经济发展的新空间。总之，要推进对外开放进程不断深化，在开放项目方面全面推进对外贸易和资本国际流动。开放区域方面，应在原有开放格局基础上扩大内陆省份和沿边省份的对外交流，从而形成全方位、多层次、宽领域的对外开放格局。

二、以体制机制改革创新为龙头加快外经贸供给侧改革

一是要鼓励和支持企业从低附加值制造业向资本和技术主导的产业

转型，加大对企业在产品研发设计、市场开拓和品牌培育等方面的支持，突破创新"瓶颈"，加强人才引进，提高出口商品的科技含量和附加值，增强在国际市场的影响力和竞争力，为开辟新兴市场提供有效支撑。支持进口企业改进产品工艺技术，淘汰质量低、效益差的落后产品。即从长远来看，还要注重品牌创新和知识产权的保护，在国际市场上提升外贸产品的综合竞争实力。

二是要继续推进人民币汇率市场形成机制改革。经过1994年、2005年、2010年的人民币汇率机制改革，人民币汇率正逐渐趋于合理均衡水平。根据中国当前经济发展实际情况，增加汇率弹性，使人民币汇率形成进一步市场化显然对中国经济的发展是有利的。因此，继续推进人民币汇率形成机制中市场机制的配置作用是未来汇率改革的方向。首先，在人民币汇率改革进程中要逐步、渐进地推进市场化进程。应充分实现市场机制在人民币汇率形成机制中的作用，在参考一篮子货币基础上，形成政府适度管理与市场配置的复合机制。人民币汇率在反映市场上货币供求关系同时，由国家进行适度管理，有助于使人民币汇率在合理的区间内浮动，有助于发挥人民币在国际收支平衡中的作用。其次，完善有管理的人民币浮动汇率形成机制的同时，需加快外汇市场改革，使人民币汇率形成机制中的市场配置作用得到充分落实。在外汇市场化进程中，应积极稳妥地推进人民币资本项目可兑换进程，促进国内资本向国际资本市场有序流动，从而为积极主动地发挥市场在汇率形成机制中的基础配置性作用提供良好的市场环境；同时，应科学地创新外汇市场中金融衍生交易品种，为持有外汇的企业或个人提供更完善的对冲和避险工具，为汇率市场机制形成和外汇要素配置提供完善的市场环境。最后，对短期国际投机资本流动加强监控。在人民币汇率市场机制形成过程中，汇率波动性会引起国际投机资本利用汇率变动获利，从而会导致大量热钱频繁流入或流出，对资本项目平衡产生一定影响。因此，为了形成稳定的汇率市场，同时避免大量热钱流动对资本项目平衡产生冲击，有必要加大力度监控国际资本大规模的异常流动。

三、要深入拓展对外经贸合作，构建更高水平的全方位对外开放格局

改革开放以来，我国打开国门搞建设，成功地实现了从封闭半封闭的状态到全方位开放的伟大转折，进而成功地实现了从经济落后国家向经济大国乃至经济强国的转化。在新时代，推动形成更高水平开放格局，已经成为事关当代中国命运和能否实现民族复兴梦想的关键抉择；推动形成更高水平开放格局，是加快中华民族伟大复兴进程的必要动力；形成更高水平开放格局，是拓展中华民族伟大复兴广阔世界舞台的必要前提；推动形成更高水平的全方位对外开放格局，才能更好地统筹国际国内两个市场，有效利用国际国内两种资源，掌控和运用好国际国内两类规则；推动形成更高水平开放格局，是推动我国经济高质量发展的必要条件；推动形成更高水平开放格局，是以中华民族伟大复兴引领构建人类命运共同体的必然选择；推动形成更高水平的全方位对外开放格局，是坚定不移地贯彻开放发展理念、以开放的主动赢得发展的主动和国际竞争的主动的内在要求；推动形成更高水平开放格局，才能遏制逆经济全球化浪潮，进一步推动经济全球化的健康发展。

四、强化国际化、便利化、法制化的营商环境的建设

要进一步强化国际化、便利化、法制化的营商环境建设。为此应做到以下几点：一是要快速地实现营商环境建设理念的升华。二是要全面对标国际化、便利化、法制化营商环境一流标准，对中国营商环境建设进行大胆创新和突破。三是要明确各部门的职能定位，构建部门间的协调配合机制、问责机制，形成既统一领导，有关部门又紧密配合的良好局面。四是要建立起营商环境建设重点监测预警机制，提高应急机制效率。

参 考 文 献

[1] 安慧琳.实现民族伟大复兴必须提高文化软实力[J].理论与当代,2008(1).

[2] 白容仁.边缘上的话语——巴赫金话语理论辨析[J].外语教学与研究,2000(3).

[3] 保建云.如何应对逆经济全球化与新兴保护主义——对当前世界经济不确定性风险的分析研判[J].人民论坛·学术前沿,2017(7).

[4] 毕吉耀,姚淑梅,郝洁.世界经济展望:新兴市场风险加大[J].中国投资,2014(3).

[5] 毕乐强.区域经济外部效应及对策研究[D].大连:东北财经大学,2011.

[6] 宾建成.新国际分工体系下中国制造业发展方向与对策[J].亚太经济,2013(1).

[7] 布鲁斯.社会主义经济的运行问题[M].周亮勋等译.北京:中国社会科学出版社,1984.

[8] 蔡爱军,朱传耿,仇方道.我国开放型经济研究进展及展望[J].地域研究与开发,2011(2).

[9] 蔡明阳.逆经济全球化背景下的中国对外开放策略[J].当代经济管理,2017(5).

[10] 曹飞,刘正.中国发展国际服务贸易的思考与法律完善[J].行政与法律,2013(8).

[11] 曹令军.近代以来中国对外经济开放史研究[D].长沙:湖

南大学，2012.

［12］曹普.论对外开放与中国发展［D］.北京：中共中央党校，1998.

［13］曾庆香.试论新闻话语［D］.北京：中国社会科学院研究生院，2003.

［14］曾嵘，魏一鸣，范英.北京市人口、资源、环境与经济协调发展分析与评价指标体系［J］.中国管理科学，2000（11）.

［15］曾铮，王鹏.产品内分工理论的历史沿承及其范式嬗变［J］.首都经济贸易大学学报，2007（1）.

［16］陈继勇，吴颂.新时期武汉发展开放型经济的路径选择——基于承接产业转移和吸引FDI的比较研究［J］.武汉大学学报，2012（6）.

［17］陈建奇.当代逆经济全球化问题及应对［J］.领导科学论坛，2017（10）.

［18］陈平.话语分析说略［J］.语言教学与研究，1987（3）.

［19］陈伟光，蔡伟宏.逆经济全球化现象的政治经济学分析——基于"双向运动"理论的视角［J］.国际观察，2017（3）.

［20］陈伟光，郭晴.逆经济全球化机理分析与新型经济全球化及其治理重塑［J］.南开学报（哲学社会科学版），2017（5）.

［21］陈文玲.2013-2014年世界经济形势分析与展望［J］.经济全球化，2014（2）.

［22］陈小远.反经济全球化在中国［J］.珠江经济，2005（6）.

［23］陈须隆."建设和谐世界"与"全球治理"——两种全球话语的比较［J］.新视野，2013（3）.

［24］陈正良，周婕，李包庚.国际话语权本质析论——兼论中国在提升国际话语权上的应有作为［J］.浙江社会科学，2014（7）.

［25］陈宗胜，康健.反经济全球化的逆流与经济全球化的深化［J］.中国特色社会主义研究，2017（6）.

［26］程炜杰.贸易摩擦对中国服务贸易发展的影响与应对之策

[J]. 对外经贸实务，2013（11）.

[27] 程云川，陈利君. 中国沿边开放的态势与前景［J］. 云南社会科学，2009（6）.

[28] 崇泉. 入世 10 年：中国开放型经济的发展、挑战与未来［J］. 国际商务财会，2011（8）.

[29] 崔玉斌. 我国沿边开放的回顾与展望［J］. 边疆经济与文化，2010（10）.

[30] 戴伊. 自上而下的政策制定［M］. 鞠方安等译. 北京：中国人民大学出版社 2002.

[31] 丁嘉伦. "逆经济全球化"背景下中国金融如何安全平稳开放［J］. 国际融资，2017（9）.

[32] 丁建新，廖益清. 批评话语分析评述［J］. 当代语言学，2001，3（4）.

[33] 都亳. 世界贸易组织发展趋势及我国对策［J］. 经济纵横，2015（6）.

[34] 杜青春，张秀娥. 新形势下我国外贸企业战略转型［J］. 企业研究，2012（23）.

[35] 樊少华. 国际直接投资技术溢出效应对中国经济增长的影响［D］. 首都经济贸易大学，2013.

[36] 范柏乃，马庆国. 国际可持续发展理论综述［J］. 经济学动态，1998（8）.

[37] 梵·迪克. 作为话语的新闻［M］. 曾庆香译. 北京：华夏出版社，2003.

[38] 方丰. 外商直接投资对我国环境效应的实证研究［J］. 经济问题，2014（2）.

[39] 方福前. 可持续发展理论在西方经济学中的演进［J］. 当代经济研究，2000（10）.

[40] 费尔克拉夫. 话语与社会变迁［M］. 殷晓蓉译. 北京：华夏出版社，2003.

[41] 傅京燕. 环境资源约束与我国对外贸易的可持续发展 [J]. 国际贸易问题, 2008 (6).

[42] 傅梦孜, 徐刚. "一带一路": 进展、挑战与应对 [J]. 国际问题研究, 2017 (3).

[43] 傅瑜, 杨永聪. 全球经济治理框架的转型与重构 [J]. 国际经贸探索, 2013 (12).

[44] 甘均先. 压制还是对话——国际政治中的霸权话语分析 [J]. 国际政治研究, 2008, 45 (1).

[45] 高奇琦. 社群世界主义: 全球治理与国家治理互动的分析框架 [J]. 世界经济与政治, 2016 (11).

[46] 高铁梅. 计量经济分析方法与建模 [M]. 北京: 清华大学出版社, 2006.

[47] 高新才, 咸春林. 开放型经济: 一个文献综述 [J]. 经济问题探索, 2012 (3).

[48] 郜志雄, 卢进勇, 高菲. 中美经贸关系: 近还是远？——基于货物贸易、服务贸易和 FDI 国际比较的视角 [J]. 经济经纬, 2013 (6).

[49] 葛兰西. 狱中札记 [M]. 曹雷雨等译. 北京: 中国社会出版社, 2000.

[50] 耿倩, 郭馨梅. 我国对外贸易结构的变化及优化对策 [J]. 中国商贸, 2013 (17).

[51] 辜胜阻, 吴沁沁, 王建润. 新型经济全球化与"一带一路"国际合作研究 [J]. 国际金融研究, 2017 (8).

[52] 关白. 开放型经济理论与实务 [M]. 北京: 北京理工大学出版社, 2000.

[53] 关秀丽. "一带一路"与"逆经济全球化" [J]. 中国经贸导刊, 2017 (11).

[54] 郭殿生, 盛彬彬, 王春秋. 论上海自由贸易区设立对中国市场化改革的影响 [J]. 青年与社会, 2013 (11).

[55] 郭强. 逆经济全球化：资本主义最新动向研究 [J]. 当代世界与社会主义, 2013 (4).

[56] 哈贝马斯. 公共领域的结构转型 [M]. 曹卫东等译, 北京：学林出版社, 1999.

[57] 韩景华, 任维. 贸易条件变化的国际比较——以G20主要成员国为例 [J]. 国际经济合作, 2013 (9).

[58] 韩静雅. 新形势下中国对外贸易的发展 [J]. 现代商业, 2013 (14).

[59] 韩礼德. 篇章、语篇、信息——系统功能语言学视角 [J]. 姜望琪, 付毓玲译. 北京大学学报（哲学社会科学版）, 2011 (1).

[60] 何斌, 蒙清. 主成分分析法的几个注记 [J]. 云南师范大学学报, 2002 (2).

[61] 何敏. 国际贸易的全球治理与中国的贡献 [J]. 社会科学, 2017 (2).

[62] 贺之杲. 欧洲反经济全球化浪潮的表现及原因 [J]. 新视野, 2017 (4).

[63] 亨廷顿. 文明的冲突与世界秩序的重建 [M]. 周琪等译, 北京：新华出版社, 1999.

[64] 洪晓楠, 郭丽丽. 国家硬实力与软实力发展的辩证关系探析 [J]. 文化学刊, 2010 (6).

[65] 胡元礼, 张书弘. 中国服务贸易竞争力研究 [J]. 商业经济, 2013 (1).

[66] 胡昭玲, 刘彦磊. 产品内国际分工对中国工资差距的影响 [J]. 中南财经政法大学学报, 2014 (1).

[67] 胡壮麟. 积极话语分析和批评话语分析的互补性 [J]. 当代外语研究, 2012 (7).

[68] 华仁根, 陈翔. 上海自由贸易区为周边地区带来法律服务机遇 [J]. 唯实, 2013 (10).

[69] 黄硕风. 综合国力分析 [J]. 中国军事科学, 1989 (3).

[70] 黄硕风. 综合国力新论 [M]. 北京: 中国社会科学院出版社, 1999 (9).

[71] 黄滢. 约瑟夫·奈: 文化是中国最大的软实力 [J]. 环球人物, 2014 (1).

[72] 霍恩比. 牛津高阶英汉双解词典 (第四版) [M]. 李北达译, 北京: 商务印书馆, 2002.

[73] 基欧汉, 奈. 权力与相互依赖 [M]. 门洪华译. 北京: 北京大学出版社, 2002.

[74] 纪荣芳. 主成分分析法中数据处理方法的改进 [J]. 山东科技大学学报, 2007 (5).

[75] 纪卫宁. 话语分析——批判学派的多维视角评析 [J]. 外语学刊, 2008 (6).

[76] 季剑军. 新型国际分工体系下中国的机遇与挑战 [J]. 中国经贸导刊, 2013 (36).

[77] 贾晓薇, 宋春艳和周晓梅. 新制度经济学的基本理论述评 [J]. 扬州大学税务学院学报, 1999 (1).

[78] 姜凌, 支宏娟. 新一轮逆经济全球化浪潮下的南北经济一体化关系走向——基于美国退出 TPP 和重谈 NAFTA 的分析 [J]. 四川大学学报 (哲学社会科学版), 2017 (5).

[79] 姜跃春. 世界经济新变化与中国面临的挑战 [J]. 国际问题研究, 2014 (1).

[80] 蒋冰冰. 产品内国际分工与中国产业发展 [D]. 武汉: 华中科技大学, 2012.

[81] 蒋庚华. 中国服务贸易结构问题研究 [D]. 长春: 东北师范大学, 2011.

[82] 金碚. 经济全球化新时代产业转型升级新思维 [J]. 中国中小企业, 2017 (8).

[83] 金锡珉. 国际服务贸易模式研究 [D]. 长春: 吉林大学, 2012.

[84] 匡亚明. 权力的眼睛——福柯访谈录 [M]. 上海: 上海人民

出版社，1997．

［85］蓝江．逆经济全球化形势下的中国担当［N］．中国社会科学报，2017-04-20．

［86］朗．权力论［M］．陆震纶，郑明哲译，北京：中国社会出版社，2001．

［87］黎峰．论我国开放型经济的新阶段和新模式［J］．开放导报，2012（10）．

［88］黎峰．我国开放型经济转型升级的若干思考［J］．学习与探索，2011（1）．

［89］李炳炎．新制度经济学的本质及其对中国经济改革的影响评析［J］．马克思主义研究，2010（11）．

［90］李恒．开放型经济发展的动力机制与模式选择——以内陆省份为例［J］．华中科技大学学报，2011（3）．

［91］李建军．制度与经济增长：新制度经济学的诠释和意蕴［J］．理论与现代化，2004（2）．

［92］李静．后危机时代我国对外贸易增长的特点、问题与对策［J］．商业时代，2013（17）．

［93］李明武，袁玉琢．外向型经济与开放型经济辨析［J］．生产力研究，2011（1）．

［94］李强．当前中国贸易分工问题分析［J］．国际商贸，2013（4）．

［95］李述晟．制度视角下的中国对外直接投资促进机制研究［D］．北京：首都经济贸易大学，2013．

［96］李思阳．浅论中国国际分工地位［J］．经济研究导刊，2010（5）．

［97］李伍荣，冯源．《国际服务贸易协定》与《服务贸易总协定》的比较分析［J］．财贸经济，2013（12）．

［98］李向阳．"反经济全球化"背景下中国引领经济全球化的成本与收益［J］．中国工业经济，2017（6）．

[99] 李学勇. 全力提升开放型经济发展水平 [J]. 人民论坛, 2012 (19).

[100] 李雪. 基于服务外包的中国国际分工地位提升 [J]. 商业时代, 2013 (13).

[101] 李英, 陈立华. 拉动消费——转变经济发展方式的必然选择 [J]. 河北经贸大学学报, 2014 (1).

[102] 李用俊, 赵曙东. 开放型经济转型中所有制结构的变迁与主体选择——基于江苏的截面数据 [J]. 企业经济, 2012 (3).

[103] 李宇轩. 新型经济全球化下国际经贸规则新趋势与中国对策 [J]. 经济全球化, 2017 (6).

[104] 李哲, 汪科, 夏良科. 开放型经济背景下经济发展的动因及效应研究——基于宁波1985-2009年经济数据的实证分析 [J]. 中共宁波市委党校学报, 2012 (3).

[105] 廉晓梅, 许涛. "逆经济全球化"与东亚地区区域经济合作的发展前景 [J]. 东北亚论坛, 2017 (5).

[106] 梁丹. 中国共产党提高国家文化软实力的战略思想研究 [D]. 长沙: 湖南大学, 2008.

[107] 梁志成. 对外贸易、国际技术转移与我国技术引进的绩效分析 [J]. 国际贸易问题, 2000 (8).

[108] 林海明. 对主成分分析法运用中十个问题的解析 [J]. 统计与决策, 2007 (8).

[109] 凌建侯. 话语的对话性——巴赫金研究概说 [J]. 外语教学研究, 2000 (3).

[110] 刘朝, 楼琼. 重庆内陆开放型经济发展综合评价研究 [J]. 时代金融, 2012 (10).

[111] 刘富华, 孙维张. 索绪尔与结构主义语言学. [M]. 长春: 吉林大学出版社, 2003.

[112] 刘光溪. 试析WTO贸易政策审议机制的理论与应用价值 [J]. 世界贸易组织动态与研究, 2002 (4).

[113] 刘衡. WTO 全球经济治理中的中国与欧盟 [J]. 世界贸易组织动态与研究, 2013 (9).

[114] 刘琦, 石建莹, 李茜. 中国开放型经济发展中面临的风险及防范 [J]. 经济研究导刊, 2012 (24).

[115] 刘仕国, 吴海英. 全球价值链和增加值贸易: 经济影响、政策启示和统计挑战 [J]. 国际经济评论, 2013 (4).

[116] 刘淑敏. 绿色贸易壁垒对我国对外贸易的影响及法律对策 [J]. 对外经贸, 2013 (3).

[117] 刘小彪. "唱衰"中国的背后: 从"威胁论"到"崩溃论" [M]. 北京: 中国社会科学出版社, 2002.

[118] 刘晓玲. 开放型经济发展质量与效益评价指标体系的构建 [J]. 对外经贸, 2013 (9).

[119] 刘阳. "软力量"研究综述 [J]. 学术交流, 2009 (12).

[120] 刘耀彬, 戴璐, 庄小文. 开放经济下贸易、环境与城市化协调评价与情景模拟——以长三角 (16 城市) 为例 [J]. 华东经济管理, 2013 (5).

[121] 刘再起, 王蔓莉. "一带一路": 中国软实力的"西游"之路 [J]. 江汉论坛, 2016 (6).

[122] 刘志彪, 张二震, 田伯平. 跳出开放型经济的传统思维和路径依赖 [J]. 群众, 2012 (6).

[123] 刘志彪. 新形势下全面提升我国开放型经济发展水平的战略及政策 [J]. 审计与经济研究, 2012 (4).

[124] 刘志强, 刘迎. 对"软实力"概念的探讨 [J]. 科技咨询导报, 2007 (28).

[125] 刘志强, 陶攀. 中国对外直接投资现状和对策思考 [J]. 国际经济合作, 2013 (10).

[126] 刘志中. "一带一路"倡议与全球贸易治理机制变革 [J]. 东北亚论坛, 2017 (6).

[127] 卢仁祥. 服务贸易与货物贸易互动关系研究 [D]. 上海:

上海社会科学院，2011.

［128］卢万青，张伦军．我国的内需、外需与经济增长——基于VAR模型的实证分析［J］．山西财经大学学报，2010（2）.

［129］陆燕．在全球价值链分工中寻求制度性话语权——新一轮国际经贸规则重构与中国应对［J］．人民论坛·学术前沿，2015（23）.

［130］陆燕．2013-2014年世界经济形势：回顾与展望［J］．国际经济合作，2014（1）.

［131］罗慧，霍有光，胡彦华．可持续发展理论综述［J］．西北农林科技大学学报，2004（1）.

［132］马桂婵．构建我国开放型经济体系［J］．合作经济与科技，2012（12）.

［133］马晶梅，贾红宇和喻海霞．外商直接投资与我国经济增长空间收敛研究——基于人力资本视角［J］．经济问题探索，2013（12）.

［134］马俊．每人每天都在运用软实力——专访"软实力"之父约瑟夫·奈［N］．第一财经日报，2013-12-19.

［135］马克思，恩格斯．马克思恩格斯选集（第1卷）［M］．北京：人民出版社，1995.

［136］马克思，恩格斯．马克思恩格斯选集（第3卷）［M］．北京：人民出版社，1995.

［137］马克思，恩格斯．马克思恩格斯选集（第42卷）［M］．北京：人民出版社，1979.

［138］马克思，恩格斯．马克思恩格斯选集（第4卷）［M］．北京：人民出版社，1972.

［139］马克思，恩格斯．马克思恩格斯选集（第4卷）［M］．北京：人民出版社，1995.

［140］孟亮．大国策——通向大国之路的软实力［M］．北京：人民日报出版社，2008.

［141］苗金萍．新制度经济学理论述评［J］．甘肃科技纵横，2004（6）.

[142] 苗立普. 2011年我国消费市场趋势预测［J］. 经济研究参考, 2011（48）.

[143] 摩根索. 国家间政治：权力斗争与和平［M］. 徐昕等译. 北京：北京大学出版社, 2006.

[144] 奈. 灵巧领导力［M］. 李达飞译, 北京：中信出版社, 2009.

[145] 奈. 美国注定领导世界？——美国权力性质的变迁［M］. 刘华译, 北京：中国人民大学出版社, 2012.

[146] 奈. 权力大未来［M］. 王吉美译, 北京：中信出版社, 2012.

[147] 奈. 软力量：世界政坛成功之道［M］. 吴晓辉, 钱程译. 北京：东方出版社, 2005.

[148] 奈. 软实力再思索［J］. 国外社会科学, 2006（4）.

[149] 南英子. 实证分析中运用主成分分析法应注意的几个问题［J］. 统计与决策, 2009（21）.

[150] 倪月菊. TPP与国际服务贸易新规则及中国应对策略［J］. 深圳大学学报, 2016（1）.

[151] 诺思. 经济史中的结构与变迁［M］. 上海：上海三联书店, 1994.

[152] 诺斯, 李飞. 论制度［J］. 经济社会体制比较, 1991（6）.

[153] 潘正彦. 金融危机后中国外商直接投资区域分布前景分析［J］. 国际贸易, 2013（2）.

[154] 裴长洪. 中国开放型经济建立的经验分析——对外开放30年的总结［J］. 财经问题研究, 2009（2）.

[155] 裴长洪. 中国特色开放型经济理论研究纲要［J］. 经济研究, 2016（4）.

[156] 彭支伟. 经济全球化调整期与中国开放型经济建设［J］. 南开学报, 2012（5）.

[157] 齐晔, 蔡琴. 可持续发展理论三项进展［J］. 中国人口·资源与环境, 2010（4）.

[158] 乔榛, 徐砚凯. 新一轮世界经济转型带给中国的机遇和挑战

[J]．当代经济研究，2013（12）．

［159］桑百川，王园园．中国与世界贸易规则体系的未来［J］．学术前沿，2015（12）．

［160］桑百川，张薇薇．我国吸收外商直接投资回顾与展望［J］．国际贸易，2013（3）．

［161］沈骏霖．逆经济全球化现象浅析［J］．甘肃广播电视大学学报，2017（3）．

［162］盛斌，王璐瑶．全球经济治理中的中国角色与贡献［J］．江海学刊，2017（1）．

［163］盛斌．WTO《贸易便利化协定》评估及对中国的影响研究［J］．国际贸易，2016（1）．

［164］盛斌．迎接国际贸易与投资新规则的机遇与挑战［J］．国际贸易，2014（2）．

［165］盛玮．"逆经济全球化"：新自由主义泛滥的恶果［J］．理论导报，2017（6）．

［166］石静霞．国际经贸规则的再构建及中国的因应［J］．中国社会科学，2015（6）．

［167］宋丹阳．从金融市场发展与国际分工新视角解析世界经济失衡问题［J］．商业时代，2014（5）．

［168］宋玉华，李锋．树立开放型经济转型升级新理念［J］．浙江经济，2009（23）．

［169］苏长和．中国的软权力——以国际制度与中国的关系为例［J］．国际观察，2007（2）．

［170］苏长和．中国与全球治理——进程、行为、结构与知识［J］．国际政治研究，2011，48（1）．

［171］苏喆，秦顺华．中美产业围绕337调查的十年博弈［J］．现代财经：天津财经大学学报，2012（4）．

［172］孙敬鑫．借"中国方案"提升国际话语权［J］．理论视野，2016（4）．

[173] 孙圣民. 制度变迁理论的比较与综合——新制度经济学与马克思主义经济学的视角 [J]. 中南财经政法大学学报, 2006 (3).

[174] 孙伟. 中国与全球经济治理：角色、目标和政策 [J]. 中国经贸导刊, 2014 (1).

[175] 孙云峰. 对WTO贸易政策审议机制的探讨 [J]. 财经科学, 2004 (5).

[176] 索绪尔. 普通语言学教程 [M]. 高名凯译. 北京：商务印书馆, 1980.

[177] 索绪尔. 本真状态及其张力 [M]. 北京：商务印书馆, 2003.

[178] 太平. 中国对外开放模式的演进 [J]. 政治经济学评论, 2008 (2).

[179] 檀有志. 国际话语权竞争：中国公共外交的顶层设计 [J]. 教学与研究, 2013 (4).

[180] 汤铎铎. 新开放经济宏观经济学：理论和问题 [J]. 世界经济, 2009 (9).

[181] 唐解云. "逆经济全球化"：人性展现的钟摆效应——回到《德意志意识形态》"费尔巴哈"章 [J]. 齐齐哈尔大学学报（哲学社会科学版）, 2017 (9).

[182] 唐彦林. 奥巴马政府"巧实力"外交政策评析 [J]. 当代亚太, 2010 (1).

[183] 陶坚, 林宏宇. 中国崛起与全球治理 [M]. 北京：世界知识出版社, 2014.

[184] 陶金. 我国消费市场形势和主要特点分析 [J]. 宏观经济研究, 2007 (7).

[185] 陶攀, 洪俊杰, 刘志强. 中国对外直接投资政策体系的形成及完善建议 [J]. 国际贸易, 2013 (9).

[186] 田晓兰, 柳金甫. 用主成分分析法作综合评价时数据的预处理问题 [J]. 科学技术与工程, 2007 (5).

[187] 佟家栋等. "逆经济全球化"与实经济转型升级笔谈 [J]. 中国工业经济, 2017 (6).

[188] 万雅琴. "逆经济全球化"思潮缘何暗流涌动 [J]. 人民论坛, 2017 (13).

[189] 汪洋. 新国际分工理论演进与工序分工理论的兴起——一个线索性文献述评 [J]. 产业经济研究, 2011 (6).

[190] 王厚双, 孙丽. 相互依存中的国际贸易摩擦: 产生机理、影响与对策研究 [M]. 北京: 经济科学出版社, 2010.

[191] 王厚双, 孙丽. 战后日本参与全球经济治理的经验研究 [J]. 日本学刊, 2017 (1).

[192] 王金强. TPP背景下国际经贸规则的变革与亚太价值链的构建 [J]. 东北亚论坛, 2016, 25 (3).

[193] 王胜. 新开放经济宏观经济学理论和研究 [D]. 武汉: 武汉大学, 2005.

[194] 王学东, 孙梓青. "逆经济全球化"态势下中国引领全球气候治理的作用分析——基于演化经济学的视角 [J]. 南京工业大学学报 (社会科学版), 2017 (3).

[195] 王毅, 张业隧等. 世界知识年鉴 2016/2017 [M]. 北京: 世界知识出版社, 2017 (1).

[196] 王原雪, 张二震. 全球价值链分工视角下的区域经济一体化及中国的策略 [J]. 南京社会科学, 2016 (8).

[197] 王跃生, 李宇轩. 新型经济全球化下国际经贸规则新趋势与中国对策 [J]. 中国特色社会主义研究, 2017 (2).

[198] 王跃生, 陶涛. 世界经济结构、全球经济"双循环"与中国经济转型 [J]. 新视野, 2014 (1).

[199] 王志伟, 范幸丽. 新开放经济中的宏观经济学及其研究进展 [J]. 经济学动态, 2004 (3).

[200] 韦森. 再评诺斯的制度变迁理论 [J]. 经济学, 2009 (2).

[201] 吴贤军. 中国和平发展背景下的国际话语权构建研究 [D].

福州：福建师范大学，2015.

[202] 吴勇志，张玲. 新国际分工、全球价值链分工整合与中国企业国际化经营模式——以联想集团为例 [J]. 现代经济探讨，2013 (12).

[203] 习近平. 决胜全面建成小康社会夺取新时代中国特色社会主义伟大胜利——在中国共产党第十九次全国代表大会上的报告 [R]. http：//www. gov. cn/zhuanti/2017 – 10/27/content_5234876. htm.

[204] 习近平. 推动全球治理体制更加公正更加合理 [R]. 2015年10月13日在中共中央政治局第二十七次集体学习上的讲话，http：//www. caixin. com/2015 – 10 – 13/100862584. html.

[205] 谢春，李健. 我国新型工业化指标体系构建及评价方法 [J]. 财经理论与实践，2011 (172).

[206] 谢花林，李波. 城市生态安全评价指标体系与评价方法研究 [J]. 北京师范大学学报，2004 (5).

[207] 辛斌. 批评语言学：理论与应用 [M]. 上海：上海外语教育出版社，2005.

[208] 邢广程. 提高全球经济治理制度性话语权的思考 [J]. 中共贵州省委党校报，2015 (6).

[209] 熊必琳，陈蕊和杨善林. 中国内需结构分析及增长模式转变 [J]. 经济与管理研究，2007 (7).

[210] 徐坚. 逆经济全球化风潮与经济全球化的转型发展 [J]. 国际问题研究，2017 (3).

[211] 徐建炜，姚洋. 国际分工新形态、金融市场发展与全球失衡 [J]. 世界经济，2010 (3).

[212] 薛荣久，杨凤鸣. 国际经贸规则续构热潮与中国应对 [J]. 国际贸易，2014 (12).

[213] 杨飞虎. 波特国家竞争优势理论及对我国的借鉴意义 [J]. 学术论坛，2007 (5).

[214] 杨挺，田云华，邹赫. 2013 – 2014年中国对外直接投资特征

及趋势 [J]. 国际经济合作, 2014 (1).

[215] 姚树洁, 张宗益, 宋林. 开放与经济绩效: 中国和亚洲新兴工业经济体的比较研究 [J]. 西安交通大学学报, 2005 (9).

[216] 佚名. 唱响共产党好、社会主义好、改革开放好、伟大祖国好、各族人民好的时代主旋律——北京将隆重热烈庆祝新中国六十华诞 [N]. 中国青年报, 2009-08-25.

[217] 佚名. 硬实力·软实力·巧实力: 希拉里权力被架空 [N]. 联合早报, 2009-02-16.

[218] 佚名. 政府国际公关的定义和运作原则 [J]. 公关世界, 2010 (8).

[219] 尹正平. 全球金融危机以来国际经贸规则演变的新趋势与我国对策 [J]. 经济纵横, 2015 (11).

[220] 于津平. 国际贸易新格局与全球经济治理 [J]. 南开学报 (哲学社会科学版), 2012 (1).

[221] 于明远, 范爱军. 中国制造业国际竞争力的实证分析——基于主成分分析法的综合评价 [J]. 广东社会科学, 2014 (6).

[222] 余敏友, 刘衡. WTO 与全球经济治理: 演变、成就与挑战 [J]. 吉林大学社会科学学报, 2010 (9).

[223] 余永定. 全球不平衡条件下中国经济增长模式的调整 [J]. 国际经济评论, 2007 (1).

[224] 遇芳. 中国对外直接投资的产业升级效能研究 [D]. 北京: 中国社会科学院研究生院, 2013.

[225] 喻志军, 姜万军. 中国对外贸易质量剖析 [J]. 统计研究, 2013 (7).

[226] 袁堂军. 国际分工结构调整和中国产业的发展 [J]. 探索与争鸣, 2013 (3).

[227] 张番红. 对外贸易转型发展的思考 [J]. 宏观经济管理, 2013 (9).

[228] 张国庆. "一带一路"为共同发展提供中国方案 [J]. 经济

全球化，2017（7）.

[229] 张捷，张媛媛，莫扬. 对外贸易对中国产业结构向服务化演进的影响［J］. 财经研究，2013（6）.

[230] 张坤. 全球经济失衡的调整与东亚地区经济转型［D］. 长春：吉林大学，2013.

[231] 张茉楠. "特朗普主义"下的逆经济全球化冲击与新的经济全球化机遇［J］. 求知，2017（4）.

[232] 张琪如. "一带一路"："逆经济全球化"思潮下的中国方案［J］. 中国经贸导刊（理论版），2017（26）.

[233] 张晓兰. 前全球贸易形势及未来发展趋势［J］. 宏观经济管理，2017（7）.

[234] 张颐武. "逆经济全球化"的挑战：从特朗普看西方内部的"颜色革命"［J］. 中关村，2016（12）.

[235] 张宇燕. 经济全球化之殇：内涵、诊断与矫正［J］. 国际金融，2017（7）.

[236] 张志洲. 金砖机制建设与中国的国际话语权［J］. 当代世界，2017（10）.

[237] 赵庆寺. 中华传统文化与中国国际话语权的构建路径［J］. 探索，2017（6）.

[238] 赵雅玲，齐欣. 中国对外直接投资效应促进策略研究——基于全球FDI政策变化［J］. 经济问题探索，2013（6）.

[239] 郑春荣. 欧盟逆经济全球化思潮涌动的原因与表现［J］. 国际展望，2017（1）.

[240] 郑飞. 软实力研究中的若干重大问题——访中国文化软实力研究中心主任张国祚［N］. 中国社会科学报，2010 - 03 - 23.

[241] 中国社会科学院语言研究所词典编辑室编. 现代汉语词典［M］. 北京：商务印书馆，1996.

[242] 周厚虎. 中美软实力战略比较研究［D］. 北京：中共中央党校，2013.

[243] 周念利，王颖然，姚运. 区域服务贸易自由化发展的 GATS + 特征分析 [J]. 经济经纬，2013（4）.

[244] 朱永生. 积极话语分析：对批评话语分析的反拨与补充 [J]. 英语研究，2006（4）.

[245] 庄芮，白光裕，方领. FDI 在华布局变化对我国外贸转型升级的影响 [J]. 国际贸易，2013（1）.

[246] 宗良，黄雪菲. 新型经济全球化的前景、路径与中国角色 [J]. 金融论坛，2017，22（6）.

[247] Abbott R. The Future of the Multilateral Trading System and the WTO. July 2012, ICTSD The Future and the WTO: Confronting the Challenges.

[248] Abramovitz M. Catching Up, Forging Ahead, and Falling Behind? [J]. Journal of Economic History, 1986（46）: 315 – 406.

[249] Aghion P, Howitt P. A Model of Growth through Creative Destruction [J]. Econometrica, 1992（60）: 321 – 351.

[250] Aitken B H, Harrison A F. Spillovers Foreign Investment and Export Behavior [J]. Journal of International Economics, 1997（43）: 100 – 132.

[251] Ana Cristina Molina, Vira Khoroshavina. TBT Provisions in Regional Trade Agreements: To What Extent do They Go Beyond the WTO TBT Agreement? [R]. WTO Staff Working Paper ERSD, 2015 – 09.

[252] Antras F. Regional Trade Integration and Multinational Firm Strategies [EB/OL]. http://scholar.harvard.edu/antras/publications.

[253] Arellano M, Bond R S. Dynamic panel data estimation using DPD98 for Gauss mimeo [M]. London: Institute for Fiscal Studies, 1998: 266 – 290.

[254] Ash K. The Emergence of Global Value Chains: Implications for Trade Policy and Trade Agreements [C]. OECD, 2013（11）.

[255] Bahmani – Oskooee M, Alse J. Exports Growth and Economic

Growth: An Application of Cointegration and Error Correction Modeling [J]. Journal of Developing Areas, 1993 (4): 535 – 542.

[256] Balassa B. Exports and Economic Growth: Further Evidence [J]. Journal of Development Economies, 1978 (5): 181 – 189.

[257] Baldwin R. 21st Century Regionalism: Filling the Gap between 21st Century Trade and 20th Century Trade Rules [C]. WTO Staff Working Papers ERSD – 2011 – 08.

[258] Bhagwati J. Immiserizing Growth: A Geometrical Note [J]. Review of Economic Studies, 1958 (3): 201 – 205.

[259] Borensztein E, De Gregorio J, Lee J – W. How Does Foreign Direct Investment Affect Economic Growth? [J]. Journal of International Economics, 1998 (45): 115 – 135.

[260] Bosworth B, Collies S M. Capital Flows to Development Economies: Implications for Saving and Investment [J]. Brooking Papers on Economic Activity, 1999 (1): 143 – 169.

[261] Breton A. Competitive Governments: An Economic Theory of Politic Finance [M]. Cambridge: Cambridge University Press, 1996: 321 – 425.

[262] Brown A G, Stern R M. Free trade agreement and governance of the global trading system [C]. IPC Working Paper Series Number 113, 2011.

[263] Caves A E. Multinational Enterprises and Economic Analysis [M]. Cambridge: Cambridge University Press, 1982: 215 – 275.

[264] Coe D T, Helpman E. International R&D Spillovers [J]. European Economic Review, 1995 (39): 859 – 887.

[265] Cooper R N. Is the U. S. Current Account Deficit Sustainable? Will It Be Sustained? [J]. Brookings Papers on Economic Activity, 2001 (1): 217 – 226.

[266] Corde W M. Those Current Account Imbalances: A Sceptical

View [J]. Melbourne Institute Working Paper Series, 2006 (6): 28 – 31.

[267] Crawford J A, Mckeagg J, Tolstova J. Mapping of Safeguard Provisions in Regional Trade Agreements [R]. WTO Staff Working Paper ERSD, 2013 – 10.

[268] Crawford J – A. Market Access Provisions on Trade in Goods in Regional Trade Agreements [R]. WTO Staff Working Paper ERSD, 2012 – 20.

[269] Dollas D. Outward-oriented Developing Economies Really Do Grow More Rapidly: Evidence from 95 LDCs, 1976 – 1985 [J]. Economic Development and Cultural Change, 1992 (8): 48 – 52.

[270] Dornbusch R. Expectations and Exchange Rate Dynamics [J]. Journal of Political Economy, 1976 (6): 1161 – 1176.

[271] Dowling P. Asia's Economic Miracle: An Historical Perspective [J]. Australian Economic Review, 1997 (1): 23 – 29.

[272] Draper P. The Shifting Geography of Global Value Chains: Implications for Developing Countries, Trade Policy, and the G20 [J]. Global Summitry Journal, 2013 (4).

[273] Dür A, Baccini L, Elsig M. The design of international trade agreements: introducing a new database [J]. The Review of International Organizations, 2012, 9 (3): 353 – 375.

[274] Dutt S, Ghosh D. The Exports Growth – Economic Growth Nexus: A Causality Analysis [J]. Journal of Developing Areas, 1996 (2): 132 – 181.

[275] Easterly W. How much do Distortions Affect Growth [J]. Journal of Monetary Economics, 1993 (32): 187 – 212.

[276] Edwards S. Trade Orientation, Distortion and Growth in Developing Countries [J]. Journal of Developing Economics, 1992 (39): 31 – 57.

[277] Estevadeordal A, Shearer M, Suominen K. Market Access Provisions in Regional Trade Agreements [R]. INT Working Paper 01, 2nd

quarter 2008.

[278] Fan X Q, Dickie P M. The Contribution of Foreign Direct Investment to Growth and Stability: A Post - Crisis ASEAN - 5 Review [J]. ASEAN Economic Bulletin, 2000 (3): 312 - 323.

[279] Feder C. On Exports and Economic Growth [J]. Journal of Development Economics, 1983 (12): 66 - 73.

[280] Ferrantino M J. Using Supply Chain Analysis to Examine the Cost of Non - Tariff Measures (NTMs) and the Benefit of Trade Facilitation [R]. WTO Staff Working Paper ERSD - 2012 - 02.

[281] Fleisher B M, Chen J. The Coast - Noncoast Income Gap, Productivity, and Regional Economic Policy in China [J]. Journal of Comparative Economics, 1997 (25): 36 - 45.

[282] Frankel J A, Romer D. Does Trade arise Growth [J]. American Economic Review, 1999 (89): 379 - 399.

[283] Frankel J. Regional Trading Blocs in the World Economic System [M]. Washington, D. C. : Institute for International Economics, 1997.

[284] Gallagher K P. Challenging Opportunities for the Multilateral Trade Regime [R]. July 2012, ICTSD The Future and the WTO: Confronting the Challenges.

[285] Gelos R G, Wei S J. Transparency and International Portfolio Holdings [J]. Journal of Finance, 2005 (60): 2987 - 3020.

[286] Goldsmith R W. Financial Structure and Development [M]. New Haven: Yale University Press, 1969: 28 - 159.

[287] Goldstein M T, Rivers D. Institutions in International Relations: Understanding the Effects of the GATT and the WTO on World Trade [J]. International Organization, 61 (1): 37 - 67.

[288] Grossman G M, Helpman E. Trade, Knowledge Spillovers and Growth [J]. European Economic Review, 1991 (35): 517 - 526.

[289] Gruber J, Kamin S. Explaining the Global Pattern of Current

Account Imbalances [R]. International Finance Discussion Paper No. 846, Board of Governors of the Federal Reserve System, 2005: 159 – 258.

[290] Harris J R. Migration, Unemployment and Development: A Two – Sector Analysis [J]. American Economic Review, 1970 (60): 26 – 42.

[291] Harrison A. Openness and Growth: A Time-series. Cross-country Analysis for Developing Countries [J]. Journal of Development Economics, 1996 (48): 419 – 447.

[292] Harrold P. China: Foreign Trade Reform: Now for the Hard Part [J]. Oxford Review of Economic Policy, 1995 (4): 133 – 146.

[293] Helmut R, Yeches H. Time – varying Estimates on the Openness of the Capital Account in Korea and Taiwan (China) [J]. Journal of Development Economics, 1993 (41): 285 – 305.

[294] Hoekman B. Proposals for WTO Reform: A Synthesis and Assessment [R]. World Bank Policy Research Working Paper 5525, 2011.

[295] Hoekman B. Supporting Supply Chain Trade [C]. Robert Schuman Centre for Advanced Studies, European University Institute and CEPR October 5, 2013.

[296] Hollisa Y L. Competition Policy in Open Economies [J]. International Economic Journal, 2004 (18): 179 – 193.

[297] Holz C A. New Capital Estimates for China [J]. China Economic Review, 2006 (17): 149 – 189.

[298] Hsieh C T. Productivity Growth and Factor Prices in East Asia [J]. American Economic Review, 1999 (89): 59 – 138.

[299] Jefferson G H, Rawski T G, et al. Productivity Change and Financial Performance in Chinese Industry [J]. Journal of Comparative Economics, 2000 (28): 386 – 813.

[300] Krugman P. Bubble, Boom, Crash: Theoretical Notes on Asia Crisis [M]. MIT, 1998: 259 – 368.

[301] Krugman P. Increasing Returns, Monopolistic Competition and In-

ternational Trade [J]. Journal of International Economics, 1979 (9): 36 –79.

[302] Lee H Y, Antonio R L, Roberto R. Once Again, Is Openness Good for Growth? [J]. Journal of Development Economies, 2004 (2): 451 –472.

[303] Levine R. Bank – Based or Market – Based Financial Systems: Which Is Better? [J]. Journal of Financial Intermediation, 2002 (11): 348 –428.

[304] Lewis W A. Economic Development with Unlimited Supplies of Labor [J]. Manchester School of Economics and Social Studies, 1954 (22): 31 –91.

[305] Lipsey R G. The Theory of Customs Unions: A General Survey [J]. Economic Journal, 1960 (70): 496 –513.

[306] Littele I, Scitovsky T, Scott M. Industry and Trade in Some Developing Countries: A Comparative Study [M]. London: Oxford University Press, 1970: 236 –411.

[307] Lucas R E. On the Mechanics of Economic Development [J]. Journal of Monetary Economics, 1988 (1): 9 –24.

[308] Lucas R E. Why Doesn't Capital Flow from Rich to Poor Countries? [J]. American Economic Review, 1990 (80): 26 –96.

[309] Luiz R, De Mello Jr. Foreign Direct Investment in Developing Countries and Growth: A Selective Survey [J]. The Journal of Development Studies, 1997 (1): 1 –34.

[310] Mann C L. Breaking Up is Hard to Do: Global Co-dependency, Collective Action and the Challenges of Global Adjustment [J]. CESifo Forum, 2005 (1): 16 –17.

[311] Marshall I B, Hirvonen H, Wiken E. National and Regional Scale Measures of Canada's Ecosystem Health [M]. Boca Raton: St Lucie Press, 1993: 117 –129.

[312] Melitz M. The Impact of Trade on Intra-industry Reallocations

and Aggregate Industry Productivity［J］. Econometrica, 2003（71）: 1695 – 1725.

［313］Miroudot S, Rouzet D. Trade Policy Implications of Global Value Chains: Contribution to the Report on Global Value Chains［C］. TAD/TC/WP（2012）31/FINAL 18 – Apr – 2013.

［314］Money F M. Interest and Banking in Economic Development［M］. Johns Hopkins University Press, 1995: 9 – 25.

［315］Nogues J J, Andrzej O, Alan W L. The Extent of Nontariff Barriers to Industrial Countries' Imports［J］. World Bank Economic Review, 1986（1）: 99 – 111.

［316］Obstfeld M, Rogoff K. Foundations of International Macroeconomics［M］. The MIT Press, 1993: 45 – 89.

［317］Orefice G, Rocha N. Deep Integration and Production Networks: An Empirical Analysis［R］. WTO Staff Working Paper ERSD, 2011 – 11.

［318］Osago A, Piermartini R, Rocha N. Trade policy uncertainty as barrier to trade［R］. WTO Working Paper ERSD – 2015 – 05.

［319］Pomfret R. Growth and Transition: Why has China's Performance been so Different?［J］. Journal of Comparative Economics, 1997（25）: 422 – 440.

［320］Qian Y Y. Reform without Losers: An Interpretation of China's Dual – Track Approach to Transition［J］. Journal of Political Economy, 2000（108）: 120 – 143.

［321］Qian Y Y. The Process of China's Market Transition（1978 – 1998）: The Evolutionary, Historical, and Comparative Perspectives［J］. Journal of Institutional and Theoretical Economics, 2000（156）: 136 – 171.

［322］Ries C P, Sweeney R J. Capital Controls in Emerging Economies［M］. Colorado: Westview Press, 1997: 159 – 321.

［323］Rodriguez F, Rodrik D. Trade Policy and Economic Growth: A Skeptics Guide to the Cross-national Evidence［R］. NBER Working Paper

Series, 1998: 19 -38.

[324] Romer P M. Endogenous Technological Change [J]. Journal Political Economy, 1990 (12): 71 -102.

[325] Romer P M. Increasing Returns and Long-run Growth [J]. Journal of Political Economy, 1986 (4): 12 -37.

[326] Rostow W W. The Stages of Economic Growth: A Non - Communist Manifesto [M]. Cambridge UK: Universtiy Press, 1960: 214 -298.

[327] Rudkevich A, Duckworth M, Rosen R. Modeling Electricity Pricing in a Deregulated Generation Industry [J]. Energy Journal, 1998 (3): 19 -48.

[328] Schultz T W. Origins of Increasing Returns [M]. Blackwel, 1993: 136 -258.

[329] Schumpeter J A. Theory Economic Development [M]. MA: Harvard University Press, 1934: 369 -568.

[330] Sengupta J K. and España J R. Exports and Economic Growth in Asian NICs: An Econometric Analysis for Korea [J]. Applied Economics, 1994 (26): 322 -357.

[331] Shahin M. There is Nothing Wrong with the WTO [R]. July 2012, ICTSD The Future and the WTO: Confronting the Challenges.

[332] Shaw E. Financial Deepening in Economic Development [M]. Oxford University Press, 1973: 45 -255.

[333] Stephenson S. Trade Governance Frameworks in a World of Global Value Chains [C]. ICTSD Policy Options Paper, 2016 (1).

[334] Sung H M, Lapan H E. Strategic Foreign Direct Investment and Exchange - Rate Uncertainty [J]. International Economic Review, 1992 (41): 411 -423.

[335] Todaro M P. A Model of Labor Migration and Urban Unemployment in Less Development Countries [J]. American Economic Review, 1969 (11): 55 -67.

[336] Tong C. Review on Environmental Indicator Research [J]. Research On Environmental Science, 2000 (4): 53 – 59.

[337] Viner J. The Customs Union Issue [M]. New York: Carnegie Endowment for International Peace, 1950.

[338] Wacziarg R. Measuring the Dynamic Gains from Trade [J]. World Bank Working Paper, 1998 (11): 69 – 78.

[339] World Bank. The East Asian Miracle [M]. World Bank, Washington, D. C. 1993: 156 – 189.

[340] Wurgler J. Financial Market and the Allocation of Capital [J]. Journal of Financial Economics, 2000 (3): 58 – 62.

[341] Young A. A Tale of Two Cities: Factor Accumulation and Technical Change in Hong Kong and Singapore [M]. Mass: MIT Press, 1992: 168 – 214.

后　　记

　　《全球经济治理与国际经贸规则重构博弈：动因、影响与经验研究》是辽宁大学自由贸易试验区研究院院长、教授、博士生导师王厚双主持的国家社科基金重大项目"全球经济失衡与治理对我国开放型经济转型升级的影响与对策研究"（批准号：14ZDA085）的最终研究成果和国家社科基金重大项目"构建人类命运共同体进程中国际经贸规则重构博弈与中国的战略选择"（批准号：19ZDA053）、"推动我国经济高质量发展与构建中国特色社会主义经济学科体系研究"（批准号：18ZDA036）、辽宁省教育厅新型智库项目"辽宁特色自由贸易港政策和制度建设的体系研究"（批准号：LZK202001）、辽宁省教育厅新型智库项目"国际经贸规则新变化与辽宁自贸试验区的政策选择"（批准号：LZK202002）的阶段性成果。

　　本专著由王厚双、孙丽（辽宁大学自由贸易试验区研究院副院长、教授、博士生导师、博士、博士后）、刘向丽（辽宁大学自由贸易试验区研究院院长助理、教授、博士）负责研究框架的设计工作。郭秀慧（中共沈阳市委党校经济学教研部副主任、副教授），刘志杰（辽宁大学新华国际商学院教授），刘春芝（沈阳师范大学国际商学院副院长、教授、博士），邓平平（沈阳大学讲师、博士、博士后），李艳秀（新疆大学经济与管理学院讲师、博士、博士后），黄金宇（辽宁中医药大学副院长、副教授、博士），赵慧娥（沈阳师范大学国际商学院系主任、教授、博士、博士后），殷阿娜（河北地质大学经济学院教授、博士），卢萌（河北环境工程学院经济与管理系国际商务专业教研室主任、副教授)，于玲玲（辽宁省信息中心副研究员、博士），王必锋（宁波工程学院经济与管理学院教授、博士），张楠、刘爽、包艳（辽宁大学经济学院副教授、博士），盛新宇、王柏、孟霭禾、刘震、赵春丽、张倩（辽宁大学国际贸易学专业博士研究生），关英辉、赵泽华（辽宁大学世界经济专业博士研究生），汪海峰、陈乃博、刘文娜、陈雯雯（辽宁大学国际贸易学专业硕士研究生）等参加了本专著的相关研究工作。

"全球经济治理与国际经贸规则重构博弈：动因、影响与经验研究"课题是一个具有重要理论和现实意义的研究课题，在许多方面既存在着理论上的难题，也存在着实践上的障碍，还需要进一步研究。本专著只是进行了有益探索和尝试，希望能起到抛砖引玉的作用，恳请有关专家斧正。

王厚双
2020 年 7 月